审计学

——轻轻松松学审计

丁朝霞◎主　编

中山大学出版社
·广州·

版权所有　翻印必究

图书在版编目（CIP）数据

审计学：轻轻松松学审计／丁朝霞主编．—广州：中山大学出版社，2013.8
ISBN 978 - 7 - 306 - 04651 - 2

Ⅰ．①审… Ⅱ．①丁… Ⅲ．①审计学—教材 Ⅳ．①F239.0

中国版本图书馆 CIP 数据核字（2013）第 196424 号

出 版 人：	徐　劲
策划编辑：	熊锡源
责任编辑：	熊锡源
封面设计：	曾　斌
责任校对：	林彩云
责任技编：	黄少伟
出版发行：	中山大学出版社
电　　话：	编辑部 020 - 84111996，84113349，84111997，84110779
	发行部 020 - 84111998，84111981，84111160
地　　址：	广州市新港西路 135 号
邮　　编：	510275　　　　传　真：020 - 84036565
网　　址：	http://www.zsup.com.cn　E-mail：zdcbs@mail.sysu.edu.cn
印 刷 者：	广州中大印刷有限公司
规　　格：	787mm × 960mm　1/16　33.5 印张　752 千字
版次印次：	2013 年 8 月第 1 版　2016 年 1 月第 2 次印刷
印　　数：	3001 ~ 6000 册　　定　价：67.00 元

如发现本书因印装质量影响阅读，请与出版社发行部联系调换

序

信息化技术的变革带来了世界经济迅速发展。审计的作用也越发显得突出。美国会计学会（AAA）审计基本概念委员会把审计定义为一个系统化过程，即通过客观地获取和评价有关经济活动与经济事项认定的证据，以证实这些认定与既定标准的符合程度，并将结果传达给有关使用者。审计依照国家法规、审计准则和会计理论，运用专门的方法，对被审计单位的财政、财务收支、经营管理活动及相关资料的真实性、正确性、合规性、效益性进行审查和监督，评价经济责任，鉴证经济业务，用以维护财经法纪、改善经营管理、提高经济效益。审计的专业性和独立性，改善了重要经济信息的可靠性和可信性，使得我们在信息社会中有了重要助手，使得我们在作出各种决策时，避免由于使用了错误的信息而出现重大失误。

我们在实践中越来越认识到了审计对于经济发展的重要性。多年来，财政部、审计署以及中国内部审计协会，制定颁布了一系列的审计准则，并相应出台了有关审计实务指南和审计质量控制制度，规范了审计规章建设体系，丰富了审计学科内容。与此同时，广大的在校学生和审计实务工作者对审计学习进修的需求和热情也日益增加。组织撰写一套切合实际，并有前瞻性，符合在校生和审计实务工作者需求的教科书是十分迫切和必要的。中山大学丁朝霞博士组织一批具有扎实的审计基础理论知识和丰富实践经验的专家，精心组织撰写了《审计学——轻轻松松学审计》。这部书的主要特点是突出理论与案例相结合，"专"与"通"相结合，穿插了许多活泼生动的素材，并介绍了审计学科的前沿研究动态，使学习者能在愉快轻松的心态下完成审计知识的学习，也是众多审计教科书中的一项创新。该书表述极为形象，富有谐趣。看起来写得很轻松，好像只是加了些文学方面的文字。殊不知，要把抽象的专业内容写得如此轻松而富有深沉邃远的启迪感却是最不容易的。该书平实易解，不失独到之处；理论联系实际是本书的核心，使其成为一本审计工作人员的随身实用手册。

一般来说，理论的研究主要出自于各高校的"学院派"学者，而理论的实践者并非学者。因此，研究者很少介入理论实践过程，而实践者也很少介入理论研究。衷心感谢丁朝霞博士等这些在第一线的审计工作者为推动我国审计事业的发展而作出的辛勤努力，相信本书的读者一定能够从中获益匪浅。

编者的话

目前市面上的审计学书籍并不少，然而，这些书籍都有不足。首先，它们大多按照注册会计师审计（社会审计）准则编写，不少院校为了帮助在校学生在校考取注册会计师，直接把注册会计师考试书作为教材。然而，审计工作并不仅仅是社会审计，会计师事务所的业务也不仅仅是财务年报审计。会计师事务所经常接受政府审计与企事业单位内部审计等业务，从事各种内部控制评审和各行业审计，如合同审计、资产审计、经济责任审计等。审计人员还需要实施基建工程审计、招标审计和全过程审计等。目前的审计学教材对这些方面的论述还不全面，学生毕业参加工作后，还必须重新补充学校相关的基础知识。

其次，目前多数的审计学教材注重按注册会计师（社会审计）的要求阐述审计方法、程序和技术，而未能区分不同类型的审计所涉及的不同方法和程序。

最后，常见的审计学教材，案例少、内容枯燥，行文晦涩。

鉴于以上原因，我们认为，存在着编写一本实用的、全面的、富有趣味的审计学教材的必要。本书就是这样的一个尝试。

与其他审计学教材相比，本书的特点是：

1. 本书不仅仅讨论注册会计师从事的社会审计，还包含了政府审计和内部审计，增加了独立的有关审计方法的章节。这样，本书将能开拓读者的审计专业能力和就业覆盖面。

2. 本书论及各种类型的审计，包括财务收支审计、经济责任审计、预算执行和决算审计、基建审计、物资采购审计、效益审计和经济合同审计、计算机审计等，给初学者和实务者提供学习的机会。

3. 本书理论联系实践，重视实操性。对各种类型的审计，本书均围绕"为什么，干什么，怎么干"的问题进行阐述，各章阐述的格式规范适合国家审计、内部审计机构、事务所和企业直接使用。每章后面的小结和复习题，可提高学习的效率。

4. 本书语言生动，编排尽量活泼，好懂易读，便于读者理解和掌握。教科书一般不免会有一些专业术语、分析数据和理论观点，这些都是读者学习的难点。本书以轻松的语言和妙趣横生的例子导入各章要讨论的话题，从而帮助读者快乐、简单地进行财务分析和审计判断。专门请专业人士根据情景精心设计漫画插图，以便更好理解书中内容。在正式的审计课程前安排了轻松的财会知识准备和大量有趣的案例和情节，以学生、老师和工作人员角色扮演为主线的一系列的情景、问题和案例贯穿全书各章节，从而提高可读性和可理解性。

注册会师审计准则中常出现"控制"、"测试"和"程序"三个名词。"控制测试"和"符合性测试"即内部控制制度审计,"实质性程序"或"实质性测试"即"会计资料及财物审计"。"分析程序"就是分析内容,也可以理解为分析方法和分析手续。本书含有大量的图表、例子、趣闻,目的是为了在"充分性、完善性、适用性、严谨性和可操作性"上下功夫,以提高审计师的工作质量。

本书编者从事审计工作和审计学教学已有20年,积累了丰富的教学经验和工作经验。本书内容来源于一线的工作经验和思考,加上长期的科研及案例的成果,理论联系实际。本书共分为四编。第1编为审计基本理论,第2编为其他类型的审计,第3编为审计程序与技术,第4编为交易循环审计。其中第3编和第4编侧重社会审计的内容。具体章节的编写情况是:丁朝霞编写导篇、审计概论、社会审计、财务收支审计、预算执行和决算审计、绩效审计、内部控制审计、经济合同审计、物资采购审计、计算机审计、审计方法、内部控制及测试、生产与薪酬循环审计、筹资和投资循环循环审计等章节,并编写了大部分章节的案例和知识点;张文娟编写审计目标与审计范围、审计证据与审计工作底稿、审计计划与审计初步策略、审计报告、货币资金审计和特殊项目审计等各章;黄亮编写内部审计、经济责任审计、风险评估、风险应对和审计抽样等章;经宏编写了政府审计、建设项目全过程审计、销售与收款循环审计和购货与付款循环审计等。丁朝霞负责总撰稿。陈婧仪、梁颖对本书进行了精心的校对。鬼镰松为本书精心策划、构思和创作插图。

由于时间仓促,编者水平有限,错漏之处在所难免,请广大读者能不吝批评指正。

编者

2013年4月于康乐园

目 录

第1编 审计基本理论

第1章 导篇 ... 3
- 1.1 审计是一项制度安排 ... 3
- 1.2 审计课程前的财务知识准备 ... 5
  - 1.2.1 财务三大报表 ... 5
  - 1.2.2 财务分析 ... 12
- 1.3 审计是什么 ... 18
- 1.4 审计相关理念的小故事 ... 19
- 本章小结 ... 22
- 复习题 ... 23

第2章 审计概论 ... 24
- 2.1 审计的产生和发展 ... 24
  - 2.1.1 国外审计的产生和发展 ... 24
  - 2.1.2 国内审计的产生和发展 ... 25
- 2.2 审计的定义 ... 29
  - 2.2.1 国外定义 ... 30
  - 2.2.2 国内定义 ... 30
  - 2.2.3 审计定义的内涵 ... 30
  - 2.2.4 审计与会计的关系 ... 31
- 2.3 审计的动因和理论解释 ... 32
  - 2.3.1 审计存在的原因 ... 32
  - 2.3.2 审计动因和理论解释 ... 33
- 2.4 审计人员的社会角色 ... 34
- 2.5 审计的分类 ... 35
- 2.6 审计的依据 ... 38
- 本章小结 ... 39
- 复习题 ... 39

第3章 政府审计 ... 40
3.1 政府审计的定义与运行模式 ... 40
3.1.1 政府审计的定义 ... 40
3.1.2 政府审计的运行模式 ... 41
3.2 政府审计的目标和特点 ... 42
3.2.1 政府审计的目标 ... 42
3.2.2 政府审计的特点 ... 43
3.3 政府审计准则 ... 43
3.4 政府审计程序 ... 44
3.4.1 审计计划阶段 ... 44
3.4.2 审计实施阶段 ... 45
3.4.3 审计报告阶段 ... 47
本章小结 ... 49
复习题 ... 50

第4章 社会审计 ... 51
4.1 社会审计及行业管理 ... 51
4.1.1 社会审计的定义 ... 51
4.1.2 社会审计的业务范围 ... 52
4.1.3 注册会计师 ... 52
4.1.4 会计师事务所 ... 54
4.1.5 注册会计师协会 ... 56
4.1.6 注册会计师的行业管理 ... 58
4.2 注册会计师执业准则 ... 61
4.2.1 注册会计师执业准则概述 ... 61
4.2.2 注册会计师业务准则 ... 62
4.3 会计师事务所质量控制准则 ... 63
4.4 注册会计师职业道德规范 ... 65
4.4.1 注册会计师职业道德概述 ... 65
4.4.2 注册会计师职业道德的基本原则 ... 72
4.4.3 注册会计师职业道德概念框架 ... 74
4.4.4 注册会计师对职业道德概念框架的具体运用 ... 75
4.5 注册会计师法律责任 ... 80
4.5.1 注册会计师法律责任的成因和种类 ... 80
4.5.2 外国注册会计师的法律责任 ... 84
4.5.3 中国注册会计师的法律责任 ... 88
4.5.4 避免法律诉讼的对策 ... 91

本章小结 ································· 95
　　复习题 ·································· 95
第5章　内部审计 ····························· 96
　5.1　内部审计的定义 ··························· 96
　　5.1.1　国际上内部审计的定义 ····················· 96
　　5.1.2　我国内部审计的定义 ······················ 97
　5.2　内部审计的目标和特征 ························ 97
　　5.2.1　内部审计的目标 ························ 97
　　5.2.2　内部审计的特征 ························ 98
　5.3　内部审计准则 ···························· 99
　　5.3.1　国际内部审计准则 ······················· 99
　　5.3.2　我国内部审计准则 ······················· 99
　5.4　内部审计程序 ··························· 101
　　5.4.1　拟订审计计划 ························ 101
　　5.4.2　通知被审计单位 ······················· 102
　　5.4.3　实施审计 ·························· 102
　　5.4.4　提出审计报告、审计意见书与审计决定 ············· 102
　　5.4.5　后续审计 ·························· 102
　5.5　内部审计质量评估 ·························· 103
　　5.5.1　内部审计质量评估的定义和目的 ················ 103
　　5.5.2　内部审计质量评估的组织 ··················· 104
　　5.5.3　内部审计质量评估内容 ···················· 104
　5.6　内部审计报告 ··························· 104
　　5.6.1　内部审计报告结构 ······················ 105
　　5.6.2　如何写好内部审计报告 ···················· 105
　5.7　内部审计制度范例 ·························· 107
　　本章小结 ································ 112
　　复习题 ································· 112

第2编　其他类型的审计——从概念到行动

第6章　财务收支审计 ·························· 115
　6.1　财务收支审计的定义 ························ 116
　6.2　财务收支审计的依据 ························ 116
　6.3　财务收支审计的意义 ························ 117
　6.4　财务收支审计的内容 ························ 117
　　6.4.1　金融机构的财务收支审计的内容 ················ 117

- 6.4.2 事业组织财务收支审计的内容 ……………………………… 118
- 6.4.3 企业财务收支审计的内容 …………………………………… 118
- 6.4.4 国家建设项目的财务收支审计的内容 ……………………… 119
- 6.4.5 资金的财务收支审计的内容 ………………………………… 119
- 6.4.6 国外援款、贷款项目的财务收支审计的内容 ……………… 119
- 6.5 财务收支审计的程序 ………………………………………………… 120
- 6.6 财务收支审计的报告 ………………………………………………… 121
  - 6.6.1 财务收支审计报告的结构和格式 …………………………… 121
  - 6.6.2 财务收支审计报告(范例) …………………………………… 122
- 本章小结 ……………………………………………………………………… 132
- 复习题 ………………………………………………………………………… 132

第7章 预算执行和决算审计 …………………………………………………… 133
- 7.1 预算执行和决算审计 ………………………………………………… 133
  - 7.1.1 预算执行审计的定义 ………………………………………… 133
  - 7.1.2 财政决算审计的定义 ………………………………………… 133
  - 7.1.3 预算执行审计与财政决算审计的区别 ……………………… 134
- 7.2 预算执行和决算审计的依据 ………………………………………… 134
- 7.3 预算执行和决算审计的意义 ………………………………………… 135
- 7.4 预算执行情况和决算审计的内容 …………………………………… 135
  - 7.4.1 国家财政收支的内容 ………………………………………… 135
  - 7.4.2 预算执行和决算审计的主要内容 …………………………… 136
- 7.5 预算执行和决算审计的程序 ………………………………………… 138
  - 7.5.1 预算执行审计的程序 ………………………………………… 138
  - 7.5.2 决算审计程序 ………………………………………………… 139
- 7.6 预算执行和决算审计的报告 ………………………………………… 140
  - 7.6.1 预算执行和决算审计报告参考格式 ………………………… 141
  - 7.6.2 预算执行和决算审计报告编制说明 ………………………… 143
- 本章小结 ……………………………………………………………………… 145
- 复习题 ………………………………………………………………………… 145

第8章 经济责任审计 …………………………………………………………… 146
- 8.1 经济责任审计的概念 ………………………………………………… 146
  - 8.1.1 经济责任审计的产生和发展 ………………………………… 146
  - 8.1.2 经济责任和经济责任审计 …………………………………… 148
- 8.2 经济责任审计联席会议制度 ………………………………………… 151
  - 8.2.1 经济责任审计联席会议 ……………………………………… 151
  - 8.2.2 建立经济责任审计联席会议意义 …………………………… 152

8.3　经济责任审计实施 ……………………………………………… 153
8.4　经济责任审计评价和结果运用 ………………………………… 154
8.5　经济责任审计报告模式 ………………………………………… 156
本章小结 ………………………………………………………………… 158
复习题 …………………………………………………………………… 159

第9章　绩效审计 …………………………………………………… 160
9.1　绩效审计的定义 ………………………………………………… 160
　　9.1.1　国外对绩效审计的定义 ………………………………… 160
　　9.1.2　国内绩效审计定义 ……………………………………… 161
　　9.1.3　绩效审计定义的内涵 …………………………………… 162
　　9.1.4　绩效审计与效益审计的区别 …………………………… 163
　　9.1.5　绩效审计的分类 ………………………………………… 164
9.2　背景和理论基础 ………………………………………………… 165
9.3　绩效审计的主要内容和基本原则 ……………………………… 166
9.4　绩效审计的过程 ………………………………………………… 167
　　9.4.1　选择项目 ………………………………………………… 168
　　9.4.2　初步研究 ………………………………………………… 168
　　9.4.3　计划阶段 ………………………………………………… 168
　　9.4.4　执行阶段 ………………………………………………… 170
　　9.4.5　报告阶段 ………………………………………………… 171
9.5　局限性和风险 …………………………………………………… 173
9.6　绩效审计案例研究和视野开拓 ………………………………… 173
本章小结 ………………………………………………………………… 179
复习题 …………………………………………………………………… 180

第10章　内部控制审计 ……………………………………………… 181
10.1　内部控制审计的定义 …………………………………………… 181
10.2　内部控制审计的依据 …………………………………………… 181
10.3　内部控制审计的目标和标准 …………………………………… 182
10.4　内部控制审计的主要内容 ……………………………………… 183
10.5　内部控制审计的程序 …………………………………………… 185
10.6　内部控制审计的报告 …………………………………………… 186
　　10.6.1　内部控制审计报告的结构 ……………………………… 186
　　10.6.2　内部控制审计报告的格式(范例) ……………………… 187
本章小结 ………………………………………………………………… 195
复习题 …………………………………………………………………… 196

第11章 经济合同审计 ··· 197
11.1 经济合同审计的定义 ·· 197
11.2 经济合同审计的意义 ·· 197
11.3 经济合同审计的主要内容 ·· 199
11.4 经济合同审计的程序 ·· 201
11.5 经济合同审计的报告 ·· 205
11.5.1 经济合同审计报告的结构 ································· 206
11.5.2 经济合同审计报告的格式(范例) ························ 206
11.6 开展经济合同审计的配套措施 ·································· 208
11.7 经济合同审计的网络系统 ·· 210
本章小结 ··· 216
复习题 ··· 217

第12章 建设项目全过程审计 ·· 218
12.1 建设项目全过程审计的定义和特点 ···························· 218
12.1.1 建设项目全过程审计的定义 ····························· 218
12.1.2 建设项目全过程审计的特点 ····························· 219
12.2 建设项目全过程审计的基本内容 ······························ 219
12.2.1 投资立项阶段的审计主要内容及案例 ················· 219
12.2.2 勘查设计阶段的审计主要内容及案例 ················· 221
12.2.3 施工准备阶段的审计主要内容 ························· 223
12.2.4 施工实施阶段的审计主要内容 ························· 224
12.2.5 竣工验收阶段的审计主要内容 ························· 226
12.3 各阶段审计所涉及的资料 ······································· 228
12.4 工程审计报告的参考格式 ······································· 228
12.5 建设项目审计管理制度(范例) ································· 230
本章小结 ··· 237
复习题 ··· 238

第13章 物资采购审计 ··· 239
13.1 物资采购审计的定义 ··· 239
13.2 物资采购审计的依据 ··· 239
13.3 物资采购审计的目标 ··· 240
13.4 物资采购审计的主要内容 ······································· 240
13.5 物资采购审计的模式 ··· 242
13.6 物资采购审计的程序 ··· 242
13.6.1 物资采购前期审计 ·· 242
13.6.2 物资采购过程审计 ·· 246

13.6.3 物资采购后续审计 …………………………………………… 254
13.7 物资采购审计的报告 ………………………………………………… 255
　　13.7.1 物资采购审计报告的结构 …………………………………… 255
　　13.7.2 物资采购审计报告的格式(范例) …………………………… 256
本章小结 ……………………………………………………………………… 261
复习题 ………………………………………………………………………… 262

第14章　计算机审计 …………………………………………………………… 263
14.1 计算机审计的定义 …………………………………………………… 263
14.2 计算机审计的依据 …………………………………………………… 264
14.3 信息技术革命与计算机审计的风险 ………………………………… 264
14.4 计算机审计的方法 …………………………………………………… 269
14.5 计算机审计的技术 …………………………………………………… 272
14.6 计算机审计的程序 …………………………………………………… 273
14.7 计算机审计的证据的特殊性 ………………………………………… 275
本章小结 ……………………………………………………………………… 277
复习题 ………………………………………………………………………… 277

第3编　审计程序与技术

第15章　审计目标与审计范围 ………………………………………………… 281
15.1 审计目标 ……………………………………………………………… 282
　　15.1.1 审计目标的含义与影响因素 ………………………………… 282
　　15.1.2 审计总目标 …………………………………………………… 282
　　15.1.3 审计具体目标 ………………………………………………… 283
15.2 如何实现审计目标 …………………………………………………… 286
　　15.2.1 审计计划阶段 ………………………………………………… 286
　　15.2.2 审计实施阶段 ………………………………………………… 287
　　15.2.3 审计完成阶段 ………………………………………………… 287
15.3 审计范围 ……………………………………………………………… 288
本章小结 ……………………………………………………………………… 288
复习题 ………………………………………………………………………… 288

第16章　审计证据和审计工作底稿 …………………………………………… 289
16.1 审计证据 ……………………………………………………………… 289
　　16.1.1 审计证据的涵义和种类 ……………………………………… 289
　　16.1.2 审计证据的特征 ……………………………………………… 293
　　16.1.3 获取审计证据的审计程序 …………………………………… 296
16.2 审计工作底稿 ………………………………………………………… 300

16.2.1 审计工作底稿的定义和作用 … 300
  16.2.2 审计工作底稿的基本要素和编制要求 … 302
  16.2.3 审计工作底稿的归档 … 304
 本章小结 … 304
 复习题 … 305

第17章 审计方法 … 306

 17.1 审计方法的定义 … 306
 17.2 审计方法模式的演变 … 307
 17.3 审计方法的选用原则 … 308
 17.4 审计方法的类型 … 309
 本章小结 … 316
 复习题 … 317

第18章 审计计划与审计初步策略 … 318

 18.1 审计计划 … 318
 18.2 接受业务委托 … 320
  18.2.1 调查客户的基本情况 … 320
  18.2.2 签订审计业务约定书 … 321
 18.3 执行初步分析性程序 … 324
  18.3.1 分析性程序的五种类型 … 324
  18.3.2 常用财务比率 … 324
 18.4 评价重要性水平 … 325
  18.4.1 运用重要性原则的一般要求 … 325
  18.4.2 重要性水平的确定 … 325
  18.4.3 审计风险水平、重要性水平与审计证据之间的关系 … 328
 18.5 评估审计风险 … 329
  18.5.1 审计风险及其模型 … 329
  18.5.2 影响重大错报风险的因素 … 330
  18.5.3 重大错报风险水平与审计证据、审计成本之间的关系 … 331
 18.6 制定审计初步策略 … 331
 本章小结 … 332
 复习题 … 332

第19章 内部控制理论 … 333

 19.1 内部控制的定义 … 334
 19.2 内部控制理论的发展 … 335
 19.3 内部控制的意义和局限性 … 336
  19.3.1 内部控制的意义 … 336

  19.3.2 内部控制的局限性 ………………………………………………… 339
 19.4 内部控制的五大要素 ………………………………………………………… 339
 19.5 内部控制的分类 ……………………………………………………………… 340
 19.6 内部控制的描述方法 ………………………………………………………… 347
 本章小结 …………………………………………………………………………… 349
 复习题 ……………………………………………………………………………… 350

第 20 章 风险评估 …………………………………………………………………… 351
 20.1 风险评估的定义 ……………………………………………………………… 351
 20.2 风险评估的程序 ……………………………………………………………… 351
 20.3 了解被审计单位及其环境 …………………………………………………… 354
 20.4 评估重大错报风险 …………………………………………………………… 359
 20.5 与治理层和管理层的沟通 …………………………………………………… 364
 20.6 审计工作记录 ………………………………………………………………… 365
 本章小结 …………………………………………………………………………… 366
 复习题 ……………………………………………………………………………… 366

第 21 章 风险应对 …………………………………………………………………… 367
 21.1 针对财务报表层次重大错报风险的总体应对措施 ………………………… 367
 21.2 针对认定层次重大错报风险的进一步审计程序 …………………………… 369
 21.3 控制测试 ……………………………………………………………………… 373
 21.4 实质性程序 …………………………………………………………………… 381
 21.5 评价列报的适当性 …………………………………………………………… 386
 21.6 评价审计证据的充分性和适当性 …………………………………………… 386
 21.7 审计工作记录 ………………………………………………………………… 387
 本章小结 …………………………………………………………………………… 388
 复习题 ……………………………………………………………………………… 388

第 22 章 审计抽样 …………………………………………………………………… 389
 22.1 审计抽样的定义 ……………………………………………………………… 389
  22.1.1 审计抽样的含义 ………………………………………………… 389
  22.1.2 审计抽样分类 …………………………………………………… 390
 22.2 获取审计证据时对抽样风险和非抽样风险的考虑 ………………………… 391
 22.3 样本设计 ……………………………………………………………………… 395
 22.4 选取样本 ……………………………………………………………………… 397
 22.5 误差的性质和原因 …………………………………………………………… 400
 22.6 评价样本结果 ………………………………………………………………… 401
 本章小结 …………………………………………………………………………… 402
 复习题 ……………………………………………………………………………… 403

第23章 审计报告 · 404
23.1 审计报告的涵义与作用 · 405
23.2 重要性水平与审计意见类型 · 405
23.3 审计报告的基本内容 · 406
23.4 无保留意见审计报告 · 409
23.4.1 标准无保留意见审计报告 · 409
23.4.2 带强调事项段或其他事项段的无保留意见的审计报告 · 411
23.5 非无保留意见审计报告 · 412
23.5.1 保留意见审计报告 · 413
23.5.2 否定意见审计报告 · 415
23.5.3 无法表示意见审计报告 · 417
本章小结 · 419
复习题 · 419

第4编　交易循环审计

第24章 销售与收款循环审计 · 423
24.1 销售与收款循环概述 · 424
24.1.1 销售与收款循环中的主要经济业务 · 425
24.1.2 销售与收款循环的内部控制和控制测试 · 426
24.2 销售与收款循环的实质性程序 · 427
24.2.1 销售交易的细节测试 · 427
24.2.2 销售交易的实质性分析程序 · 430
24.2.3 收款交易的实质性程序 · 430
24.3 主营业务收入审计 · 430
24.3.1 主营业务收入的审计目标 · 430
24.3.2 主营业务收入的实质性程序 · 430
24.4 应收账款和坏账准备审计 · 432
24.4.1 应收账款审计目标 · 432
24.4.2 应收账款实质性程序 · 432
24.4.3 坏账准备的审计目标 · 437
24.4.4 坏账准备审计实质性程序 · 437
24.5 其他相关账户审计 · 438
24.5.1 应收票据审计 · 438
24.5.2 长期应收款审计 · 438
24.5.3 预收账款审计 · 439
24.5.4 应交税费审计 · 441

24.5.5　营业税金及附加审计 …… 442
24.5.6　销售费用审计 …… 444
本章小结 …… 444
复习题 …… 445

第25章　购货与付款循环审计 …… 446
25.1　购货与付款循环概述 …… 446
25.1.1　购货与付款循环中的主要经济业务 …… 446
25.1.2　购货与付款循环的内部控制与测试 …… 448
25.2　购货与付款循环的交易类别测试 …… 449
25.2.1　审查采购业务的真实性 …… 449
25.2.2　审查采购业务的完整性 …… 449
25.3　固定资产的审计 …… 450
25.3.1　固定资产审计目标 …… 450
25.3.2　固定资产的内部控制 …… 450
25.3.3　固定资产控制测试 …… 451
25.3.4　固定资产期初余额的审计 …… 451
25.4　应付账款审计 …… 453
25.4.1　应付账款的审计目标 …… 453
25.4.2　应付账款的实质性分析程序 …… 453
25.4.3　函证应付账款 …… 453
25.4.4　查找未入账的应付账款 …… 454
25.5　其他相关账户审计 …… 454
25.5.1　预付账款审计 …… 454
25.5.2　在建工程审计 …… 455
25.5.3　应付票据审计 …… 455
25.5.4　固定资产清理的审计 …… 456
本章小结 …… 456
复习题 …… 456

第26章　生产与薪酬循环审计 …… 457
26.1　生产与薪酬循环概述 …… 457
26.1.1　生产循环概述 …… 457
26.1.2　薪酬循环概述 …… 459
26.1.3　生产与薪酬循环的审计目标 …… 460
26.2　生产与薪酬循环的内部控制测试 …… 460
26.2.1　生产循环的内部控制及其控制测试 …… 460
26.2.2　薪酬循环内部控制及其控制测试 …… 462

26.3 存货成本审计 463
26.4 存货监盘 465
26.5 存货计价审计和截止审计 467
26.6 应付职工薪酬审计 468
本章小结 468
复习题 468

第27章 筹资与投资循环审计 470
27.1 筹资与投资循环概述 470
　27.1.1 筹资与投资所涉及的主要业务活动 470
　27.1.2 筹资与投资业务中涉及的主要凭证与会计记录 471
　27.1.3 筹资与投资循环的审计目标 471
27.2 筹资与投资循环内部控制及其测试 472
　27.2.1 筹资业务的内部控制和内部控制测试 472
　27.2.2 投资业务的内部控制和内部控制测试 473
27.3 筹资与投资循环的交易类别测试 474
　27.3.1 筹资的交易类别测试 474
　27.3.2 投资的交易类别测试 474
27.4 借款的审计 474
27.5 所有者权益审计 475
27.6 投资审计 477
　27.6.1 投资循环的审计目标和范围 477
　27.6.2 投资的实质性测试 477
本章小结 478
复习题 478

第28章 货币资金审计 480
28.1 货币资金审计概述 480
　28.1.1 货币资金的审计范围 481
　28.1.2 货币资金涉及的主要凭证和会计记录 481
　28.1.3 货币资金与各业务循环间的关系 481
　28.1.4 货币资金可能存在的舞弊 482
　28.1.5 货币资金的审计目标 482
28.2 货币资金内部控制测试 482
　28.2.1 货币资金业务中的内部控制 482
　28.2.2 内部控制测试 483
28.3 现金的实质性程序 488
28.4 银行存款的实质性程序 490

本章小结·· 491
复习题·· 492

第29章 特殊项目审计 ··· 493
29.1 期初余额 ·· 493
29.1.1 期初余额的涵义 ··· 493
29.1.2 期初余额审计的必要性和一般要求 ······················· 494
29.1.3 期初余额审计的目标 ··· 494
29.1.4 期初余额的审计程序 ··· 495
29.1.5 期初余额对审计意见的影响 ······························· 497
29.2 期后事项的审计 ··· 500
29.2.1 期后事项的涵义和种类 ······································ 500
29.2.2 期后事项审计的必要性和一般要求 ······················· 502
29.2.3 期后事项审计的目标 ··· 502
29.2.4 期后事项的审计程序 ··· 503
29.2.5 期后事项对审计意见的影响 ······························· 503
29.3 会计政策与会计估计 ··· 505
29.3.1 会计政策变更与会计估计变更的涵义 ···················· 505
29.3.2 会计政策变更与会计估计变更审计的必要性和一般要求 ······ 507
29.3.3 审计目标 ·· 507
29.3.4 审计程序 ·· 507
29.3.5 会计政策变更与会计估计变更对审计意见的影响 ······ 509
本章小结·· 513
复习题·· 513

参考文献 ··· 514

后记 ·· 515

第 1 编

审计基本理论

- 第1章　导篇
- 第2章　审计概论
- 第3章　政府审计
- 第4章　社会审计
- 第5章　内部审计

第1章 导　　篇

> **引例：审计在哪里？**
>
> 蓝田股份1996年在上海证券交易所上市。5年来的财务报表显示出持续的业绩高增长，三年间利润翻了三番，蓝田股份有限公司也因此被有关部门当作农业产业化的一面旗帜。蓝田股份账面资产猛增，业绩猛增。如果蓝田股份的配股能够如愿进行，蓝田的神话还会继续下去。2001年10月26日，蓝田股份接到中国证监会《行政处罚决定书》，证监会查明蓝田股份在股票发行申报材料中，伪造证明虚增资产3870万元。受此事件的影响，蓝田的配股申请没有获得批准。真正剪断蓝田资金链的是一位文弱的学者。2001年10月26日，中央财经大学研究所研究人员刘姝威的一篇600字短文直接改变了蓝田神话般的命运。刘姝威发表在《金融内参》上的600字短文的标题是"应立即停止对蓝田股份发放贷款"。文章指出，蓝田股份已经成为一个空壳，建议银行尽快收回蓝田股份的贷款。
>
> 顶着"中国农业第一股"的旗号叱咤股市，却在600字的文章面前轰然崩塌。蓝田事件中有太多的故事要回味，有太多的经验要学习，也有太多的教训要吸取。蓝田股份曾经创造了中国股市长盛不衰的绩优神话，这只传奇性的股票，在股市创造了很多不可能，而在这些不可能的背后隐藏的是一个又一个的谎言与骗局。回头看来，这些骗术十分荒唐，经不起任何推敲，甚至可笑，但在当时很多人深信不疑。证监会已事先在调查虚假资产行为，蓝田每年都有经过审计，人们会问：审计师在哪里？有关审计制度为何起不了作用？[①]

1.1 审计是一项制度安排

不同的制度下，有不同的风气和经济后果。审计是一项制度安排，学习和研究审计需要从制度入手，调研情况，发现管理问题，提出意见、建议和解决的办法，才能从根源上解决问题。比如，内部审计、效益审计、管理审计、内部控制等制度安排，都是从制度上解决问题。开展审计时应从制度本源上思考，否则将会产生"屡审屡出

---

① 参见 http://finance.qq.com/a/20101128/001113.htm

现问题"的状况，或者是"上有政策下有对策"的现象。

下面用一个趣味哲学故事"分粥"的规则说明管理中制度的重要性。①

趣闻：

不同的制度，有不同的风气。曾经有7个人住在一起，他们每天的食物就是一桶粥。如何解决分粥的问题？先后有四项不同的制度安排，一开始，第一种安排是自然而然产生的制度安排，先通过抓阄决

定由谁分粥。这种制度简单明了，容易操作，大家的机会均等，体现了公平的原则。其结果是，每个人每周只能有一天才能吃饱，就是自己分粥的那天，这不是理想的结果。于是提出第二种安排，推选一个道德高尚的人分粥，但其结果是，出现了贿赂和腐败的现象。因此做了调整，提出了第三种制度安排，组成了3人分粥委员会和4人评选委员会。分粥委员会的人员由评选委员会产生，但其后果是，两个委员会互相攻击，最后"粥都凉了"。可以说第三种制度也是不理想的。鉴于此，于是重新改革，提出了第四种制度安排，只是在原来的制度安排的基础上加一道小小的程序，即轮流分粥时，分粥的人等其他人挑完后拿剩下的一碗粥。其结果是，每个人为了不让自己饿肚子，必须尽量分得平均，其结果是呈现一片快乐和谐的氛围。

表1-1　7个人住在一起，每天的食物就是一桶粥

	制度	结果
1	抓阄决定由谁分粥	每个人每周只能有一天吃饱，就是自己分粥的那天
2	推选一个道德高尚的人分粥	出现贿赂、腐败的现象
3	组成了3人分粥委员会和4人评选委员会	两个委员会互相攻击，扯皮完时粥已凉
4	轮流分粥，分粥的人等其他人挑完后拿剩下的一碗粥	为了不让自己饿肚子，尽量分得平均。结果快乐和谐

---

① 注：所谓"分粥"的规则，是政治哲学家罗尔斯在其《正义论》中提出的，他把社会财富比作一锅粥来探讨权力制约的制度问题。

这个小故事只是一个社会问题的缩影，是为了说明不同制度产生不同的结果，通过各种假设而专门设计的案例。现实情况并不是这么的简单，一是假设社会的资源是贫乏的或者是有限的，大家对结果是在乎的。假如社会的资源很充沛，大家都很富裕，对结果无所谓，他们对制度的安排急迫性就不高了。二是假设负责分配的人员与结果是相关的。如果这些有投票权的专家由于没有自身相关性，其选择不一定是正义或道德的。但无论如何，不同的制度将产生不同的结果。审计也是一种制度安排，对组织的经济结果会产生影响。审计不仅要发现问题，更要从制度上帮忙组织解决问题，提升组织的价值。

1.2 审计课程前的财务知识准备

审计是对财务收支和有关的经济活动发表意见。可以说，审计是在会计和财务知识基础上的升华。因此在审计课程之前，应当对有关的会计和财务分析知识有所了解，才能更好地掌握和理解审计课程的内容和精髓。如果在审计课程开始之前，没有一点财会知识，或以前学习的财会知识没掌握，可能会影响后面审计知识的学习。以下内容为经过提炼精简的审计课程前的财务知识准备。

1.2.1 财务三大报表

一、三大报表的性质和特点

财务的三大报表分别是资产负债表、损益表和现金流量表，它们的性质和特点可以见下表：

表1-2 三大报表的性质和特点

报表	性质和特点				
资产负债表	存量	时点	静态	余额填列	财务状况
损益表	流量	时期	动态	发生额填列	经营成果
现金流量表	流量	时期	动态	两个报表结合填列	现金流量

流量和存量是经济分析中的两个比较重要的概念。流量是指带有时间跨度或在一个时段上所累积变动的量，可比作通过一条河段的水流量。存量则指在某一个时点上某一变量的量值，如同水池中所装的水。存量和流量是一对相互联系的概念，在一定情况下可以相互转化。经济活动总是表现为一定时期的经济流量，以及作为活动结果的经济存量，即从存量开始，经过经济流量，达到新的存量，形成周而复始的经济循环。比如以2013年某企业的银行存款为例。某企业2013年年初银行存款为500万元，这是在2013年年初这个时间点的现金存量；2013年银行存款共净收支60万元，

这是一个流量；年初的银行存款存量加上一年的流量，就等于 2013 年年末时的银行存款额 560 万元，这又形成一个新的存量。

> **趣闻：桥不见了——排水与蓄水**
>
> 　　小 B 是某高校会计学专业的学生，正在学习经济学和会计的有关专业知识，他的中文系老同学小 D 来找他聊天，说起某城市雨后淹水了，小 D 讲了个笑话："下雨 5 分钟后，A 国的马路干了，B 国的路不见了，C 国的桥不见了。"
>
> 　　说完小 D 禁不住地大笑不停。小 B 手中还捧着专业书呢，他恍然大悟地说："我终于明白什么是存量和流量了。马路干了表示没有存量了，路不见了表示有不少存量，桥不见了表示存量更多。原因是他们的排水流量不同。同样的时间内，路干了表示流量最快，桥不见了表示流量最慢⋯⋯这不仅说明了什么是存量和流量，还说明了两者的转换关系，同时还说明了同样 5 分钟各自排水的多少⋯⋯这个真是绝妙的例子呀，很经典很科学呀⋯⋯"小 D 很惊讶地看着他在自言自语并拍手称快，不解地说："这个人是不是读书读多了⋯⋯"

　　全面反映一个国家、一个企业、一个家庭的经济活动，要从存量和流量两个方面来进行，并将二者紧密结合起来。在对国家、企业、家庭的经济状况进行分析判断时，需要从流量和存量两方面来分析，既要从存量的角度来分析某个时点宏观经济和微观经济的状况，也要从流量角度来分析与以前相比的变化以及变化的过程，这样才能对形势有更全面深入的把握。

　　所以，资产负债表上的每个列报都是存量的概念，反映的是某个时点上各类资产、负债和所有者权益的存量，因此是静态的。损益表、现金流量表上的每个列报都是流量的概念，反映的是某段时期的经营成果的变化和流入的净现金流量，因此是动态的。正因为是存量的概念，资产负债表上的列报在填报时应按余额填列。因为是流量的概念，损益表上的列报在填报时应按发生额填列，现金流量表的列报根据资产负债表和损益表两者结合填列。

趣闻：审计报告用词透露专业与否

小B帮助审计老师批改师弟师妹的审计作业。这次的作业是撰写审计报告，他看到有个学生是这么写的："我们接受委托，审计了××公司××××年度的资产负债表、××××年12月31日的损益表和现金流量表……"小B觉得又熟悉又有点别扭，后来查书并认真分析后，小B指出了作业存在的问题并扣了分。审计老师在复核时不禁竖起拇指，对小B大加赞赏，说小B经得起专业的考验，作业这样写是一般人的通病，显得很不专业，一看就是外行……小B心中窃喜："这得益于存量和流量的概念，××××年度的资产负债表有12份，审计到底是确认哪个时间点？××××年12月31日的损益表和现金流量表，一天就有这么多的损益和现金流入？不可能嘛……"

二、报表反映的内容

不同的报表反映企业的内容是不同的。资产负债表反映的是企业的财务状况，损益表反映的是企业的经营成果，现金流量表反映的是企业的现金流动情况。因此，在后文提及审计的目标和审计报告时，将会提到财务报表是否在所有重大方面按照适用的财务报告编制基础编制，是否公允性反映了被审计单位的财务状况、经营成果和现金流量。也就是说，三个报表所反映的这些内容与审计意见所反映的三大报表反映内容是一一对应的。

趣闻：财务报表与健康运动

资产负债表反映的是财务状况，就像人的健康状况。损益表反映的是企业的经营成果，就像运动员的成绩。这两者相互联系。一般来说，健康状况良好的人体育成绩较好，而体育锻炼好，身体状况更加良好。当然，过度的极端运动和残酷的体育竞技会导致损伤甚至是猝死，所以不一定运动得多，就是一定身体好。同理，企业的资产负债表有如健康状况，资产越多，质量越好，反映其财务状况越好；有了良好的资产为基础，其经营能力也就越强。经营成果越好，最终会反映到企业的资产负债表上，资产越大。但如果企业过度扩张，资金周转不灵，或长期亏损，最后也会以反映到资产负债表上。这在会计理论界有两种观点，即"资产负债表观"和"利润表观"。企业资金周转情况有点像拳击比赛，一旦供应不上就给自己带来重重的一击。因

此,现金就像是企业的血液,"现金为王"。而盈亏就像棒球运动的得分,每一分都实实在在地反映成绩。各种比喻见下表:

资产负债表	健康状况
损益表	运动员成绩
资金周转	拳击
盈亏	棒球

三、会计恒等式:资产=负债+所有者权益

会计的恒等式是资产等于负债加上所有者权益。也就是说,企业的资产以各类资产的形式表示出来,其来源要么是通过负债,要么是由企业的投资者投入或捐赠。从表1-3可看出,资产负债表的左边是按流动性排列的,右边是按照还债期限长短排列的。所谓流动性,也就是变现能力,是指资产变为现金的能力。货币资金本身就是现金,应收账款一般是在短期内能直接变现的,但特殊情况下有可能坏账,因此要进行账龄分析。存货一般也是指能在短期内转变为收入的,但存货变质或因销路的原因也会导致无法变现。流动资产一般是一年内能够变现的,而长期资产一般是指使用在一年以上,资产部分从上到下,变现能力逐渐变差。如固定资产,一旦形成后,一般较难变现,其变现的周期长,价值一般可能会降低。无形资产一般情况下较少进行变现,但在重组合并时可能会有溢价变现。因此,表格的左边,其变现能力从上到下排列,有助于管理者根据变现能力进行决策。右边是按还债期限排列的,短期借款、应付账款这些都是一年内需要偿还的。负债部分从上到下,其偿还期限逐渐变长,特别是到了所有者权益,不需要偿还,除非在特殊的情况下,经股东大会决策,或破产进行清算时,股东才能撤资。右边这样的排列有助于管理者进行资金安排和筹措。管理者及有关的经营者需要对这些基本的性质有所了解方有利于经营和决策。

表1-3　资产负债表排列顺序

资产部分（按流动性排列）	负债部分（按还债期限排列）
容易换成现金	紧急偿还
流动资产：	流动负债：
货币资金	短期借款
短期投资	应付票据
应收票据	应付账款
应收股利	预收账款
应收利息	应付工资
应收账款	应付福利费
其他应收款	应付股利
预付账款	应交税金
应收补贴款	其他应付款
存货	其他应付款
待摊费用	预提费用
一年内到期的长期债权投资	预计负债
其他流动资产	一年内到期的长期负债
长期投资：	其他流动负债
长期股权投资	长期负债：
长期债权投资	长期借款
固定资产：	应付债券
固定资产原价	长期应付款
减：累计折旧	专项应付款
固定资产净值	其他长期负债
减：固定资产减值准备	缓慢偿还
工程物资	资本部分
在建工程	所有者权益（或股东权益）：
固定资产清理	实收资本（或股本）
无形资产及其他资产：	减：已归还投资
无形资产	实收资本（或股本）净额
长期待摊费用	资本公积
其他长期资产	盈余公积
无形资产及其他资产合计	其中：法定公益金
不易换成现金	未分配利润

（负债部分右侧标注"不必偿还"）

趣闻：丈母娘选女婿

小B刚毕业，看到身边的同学成双入对，有点按捺不住，也想该找女朋友了。时下女孩子有什么要求，怎么样才能取得对方父母的认可和喜爱？小B上网查了一下，看了不禁倒抽一口冷气。现在的女孩子喜欢的是"高富帅"，小B又赶紧看看女方父母的要求，不看也罢，一看双腿直打颤抖，原来小B看到的是"史上最牛丈母娘"，真是"男追女隔个妈"。罢了罢了，在大城市生存不易，不如先不找了，等到站稳根基再说。不如好好分析"最牛丈母娘"的条件吧，这还是自己的专业特长呢。且看下面：

某丈母娘开出了女婿十大条件，前面五条如下：第一个条件：必须在所在城市购买一套三室二厅的房子，面积至少要达到100平方米，房产证的名字必须是女方，而且不能搞按揭，也不能负债购买，她不想女儿嫁过去就当房奴，一辈子为房子奔波。第二个条件：必须给他们老两口购买一套三居室的房子，房产证上的名字必须是她丈母娘的名字，而且也不能搞按揭和负债购买，因为他们的房子已经破旧了，这是由于他们培养了女儿，现在他们必须获得回报。第三个条件：必须有一辆价值至少50万元的车，现在轿车已经普及，他们不想让自己的女儿受到委屈，更不能让亲戚朋友说自己的女儿嫁得寒酸，连一辆车都没有。第四个条件：必须有存款百万元以上，这样的婚姻才有保障，女方嫁后才有幸福可言，而且存款的名字必须改成女方的名字。第五个条件：男方的所有收入都必须如数交给女方管理，不得隐瞒……

小B想，敢情这是娶了个银行回家啊，像我们这种上班族，何年何月才能达到这个标准，等那时候，这个丈母娘，您的女儿也老了吧。小B觉得，这个丈母娘，肯定是一个知识型、技术型、创新型的老妈，也是个细节化管理、人性化管理的专家啊，还是有实战财务分析经验的行家。且看，第一，条件一至三提出的房子和车子，涉及的是固定资产，还分别是不动产和动产。第四个条件是存款，要的是流动资产，且是"现金为王"的流动资产，直接就是流动性最强的。第二，这丈母娘还懂得资产的价值和计价核算，房子要一定的面积以上，车子是50万以上，存款是100万以上。第三，这丈母娘深谙于资产与净资产的关系，也就是说，她懂得要的是净资产，要的是所有者权益。因为这些动产和不动产不能有负债，否则将会成为房奴，动用将来的收入来还债。第四，这丈母娘知道经营权的重要性，要抓住收入的管理权，深知未来的收入将转换为资产的道理。这是典型的"利润表现观"，但她同时还很看重资产，典型的"资产负债表观"呀，专家一般只能持一种观点，这丈母娘样样俱全。十多年前，丈母娘们经常说："要嫁人不嫁田，我们不是卖女儿，我们要的是黑马。"言外之意是强调女婿对女儿要好。如今怎么就变化这么快,生不逢时,生存难呀!

趣闻:人生的资产负债表

小B的中文系同学小D文采很好,在听了小B关于资产负债表的介绍后,他洋洋洒洒地写了人生的资产负债表:

每个人的生活都是一张资产负债表,其实英文的表达更确切,叫作Balance Sheet——生活的本质就在于此。

一项资产的获得总是通过另一项资产的减少或者负债的增加来实现。换句话说,想要得到某些东西,一定也会付出另一些东西才达到平衡。人们总是习惯于以拥有资产,特别是物质资产的多少来判断人生的成功与否,殊不知资产与负债总是如影随形。

资产的种类很多,但所有的资产负债表第一项都是相同的,那就是令人又爱又恨的——现金,你知道它的俗名叫作钱。可惜很多人只看到这第一项就对报表的主人下判断,称此人为穷或者富,却看不到这项资产增多之下所背负的债务,比如辛劳、风险、担心,甚至犯罪;或者另一些资产——与家人团聚和娱乐的时间——减少了。

父母是我们一出生就获得的原始资产。获得这项资产的同时,我们的负债也相应增加,这是一项长期负债,叫作赡养。

有些人还可能拥有另一项资产——兄弟姐妹。与此相应的债务叫作照顾。

然后是朋友。它带来的负债是守望相助,有时也可能是背叛。

> 爱人是我们人生的最大决策。拥有这项资产的意义非同小可，其影响类似于两家企业合并。我们的资产增加了一倍，但负债也增加了一倍。此外它还衍生出更多的资产和更多的负债。比如激情、快乐、亲密、稳定，比如磨合、冲突、担心、放弃一定的自由和自我。同时，这项资产特质敏感，需要经常维护这一负债才能保持质量稳定。
>
> 　　随后是子女。这更是重量级的资产，同时也是重量级的负债——可能是你后半生最大的操劳和牵挂。
>
> 　　有些人的资产负债表上还会有丰富的人生阅历，与之相伴的负债自然是大量的磨炼，或者还有远离故土的孤独。与之相反，毕生都生活在故乡的人，报表中没有漂泊这项负债，但也缺少了许多宝贵的体验作为资产。
>
> 　　还有健康，这是每个人都需要的基本资产，当然由坚持锻炼这项负债来维护其平衡。还可以列出很多相生相伴的资产与负债……正如企业有大小，人生的资产负债也各不相同。有人平静地度过一生，资产和负债都较少；也有人一生波澜壮阔，拥有大量的资产和大量的负债。
>
> 　　而名人们则像是上市公司——public 一词精确地说明了两种情况的相似。与名气、荣誉、利益等资产相伴的除了相应的负债，还有额外的要求，那就是名人们必须公开自己的人生报表，可能还会遭遇不断的追踪和审计。很难用好坏来衡量规模，存在的只是生活方式的不同。
>
> 　　其实，判断人生的不是资产，而是资产减掉负债的剩余，那才是我们的净资产。最基本的净资产当然是命运与机遇，所谓时也，运也，命也。这些与生俱来的神秘力量正像最初的注册资金，我们也许无法选择与改变。但是不论起点如何，每个人都被赋予足够的机会来经营自己的人生。
>
> 　　因此，我们应努力增加自己的无形资产来使人生充满盈余。这些宝贵的无形资产就是：平衡的心态、宽容、感激、善良、乐观、努力……
>
> （摘自百度文库）

1.2.2 财务分析

　　财务分析是以会计核算和报表资料及其他相关资料为依据，采用一系列专门的分析技术和方法，对企业等经济组织过去和现在有关筹资活动、投资活动、经营活动、分配活动的盈利能力、营运能力、偿债能力和增长能力状况等进行分析与评价的经济管理活动。它是为企业的投资者、债权人、经营者及其他关心企业的组织或个人了解企业过去、评价企业现状、预测企业未来作出正确决策提供准确的信息或依据的经济应用学科。财务分析首先要有基础的会计理论基础，它的主要职责是在结账后根据报表数据分析企业各个部门的营运能力，预算与实际费用的对比考核。审计是由审计机关和专职人员依法独立检查被审计单位的会计凭证、会计账簿、会计报表以及其他与财政收支、财务收支有关的资料和资产，对被审计单位的财政、财务收支及其他经济活动的真实性、合法性和效益性进行审查和评价的独立性经济监督活动。作出审计判断，得出审计结论，提出建议意见，需要有一定的审计证据，其中重要的一部分是要对财务数据进行分析、判断和评估。因此，审计人员应具备有财务分析能力。

> **小知识：财务分析与审计**
>
> 小B的中文系同学小D对他说："审计到底是什么，是财务分析吧。你们整天拿着报表算来算去，得出各种结论，不是财务分析是什么？"小B说："审计的确和财务分析有关系，但两者还是不一样。""有什么关系？有什么不一样？"小B却一时说不清楚，他查了一下资料，原来如此……
>
> 区别：
> 1. 目的不同。财务分析的目的是给以后的投资决策提供信息，审计多数是对被审计单位的经济活动进行事后监督。
> 2. 服务对象不同。财务分析一般服务于企业经营者和投资决策者，服务于需要了解企业经济活动的所有人，审计更多地是为治理层和管理层提供监督和服务。
> 3. 使用方法和程序不同。财务分析重在"分析"二字，是对一些报表的分析，达到一个总结和预测的作用；审计重在审查，重在发现错误、评估重大错报风险。
> 4. 职能不同。财务分析用于财务管理并提供决策信息，审计用于监督和服务。
>
> 联系：
> 1. 都在一定层面上对企业经营管理活动进行监督。
> 2. 都涉及企业内部控制制度。
> 3. 都是促进企业改善经营管理提高经济效益的手段。
> 4. 财务分析可以以审计报告为分析依据，审计报告中可以体现部分财务分析内容。

在财务分析中，杜邦财务分析体系及分析性程序对审计工作的帮助较大。

一、杜邦财务分析体系

杜邦分析法是一种用来评价公司赢利能力和股东权益回报水平，从财务角度评价企业绩效的一种经典方法。其基本思想是将企业净资产收益率逐级分解为多项财务比率乘积，这样有助于深入分析比较企业经营业绩。杜邦模型将若干个用以评价企业经营效率和财务状况的比率按其内在联系有机地结合起来,形成一个完整的指标体系,并最终通过权益收益率来综合反映。采用这一方法,可使财务比率分析的层次更清晰、条理更突出,为报表分析者全面仔细地了解企业的经营和盈利状况提供方便。

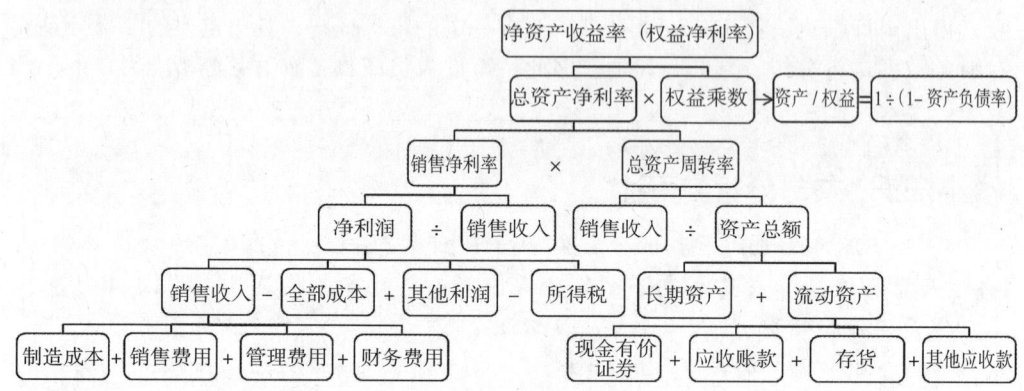

图1-1 杜邦财务分析模型

小知识：原来财务分析是这样的

小B找到了一份兼职,有公司知道他是会计专业的,聘请他对企业的财务报表进行分析。小B虽然学过理论,但没有实践经验,心里没底,赶紧请来Z老师当救兵,Z老师是某公司长年独立董事。他说:"这不难,找一个杜邦分析法的模块,或者在EXCEL表格进行也行,把各年的数据两两放进去,互相对比,做个数据的变化图,再按已有的公式把数据放进去。"于是Z老师一步步地教小B：第一,从权益报酬率开始,根据会计资料（主要是资产负债表和利润表）逐步分解计算各指标；第二,将计算出的指标填入杜邦分析图；第三,逐步进行前后期对比分析,也可以进一步进行企业间的横向对比分析。层层分析后,这可以知道企业在成本费用控制上的能力、资产的使用效率、财务上的融资能力,而这三个方面决定着企业的获利能力。小B如获至宝,这次的实践和学习真是收获匪浅。不过Z老师说:"可不要沾沾自喜,这个杜邦分析法也不是万能的。它有几个方面的局限性：第一,对短期财务结果过于重视,有可能助长公司管理层的短期行为,忽略企业长期的价值创造；第二,财务指标反映的是企业过去的经营业绩,在目前的信息时代,顾客、供应商、雇员、技术创新等因素对企业经营业绩的影响越来越大；第三,不能解决无形资产的估值问题,而无形资产对企业的竞争力影响较大。"小B听得瞠目结舌,不禁暗下决心,要争取成为一个真正的财务分析高手。

二、财务分析的主要内容

前文提到,杜邦分析法有着局限性,最主要的是对短期财务结果过度重视。因此,在财务分析时应关注下表中几个方面的内容。

能否赚钱?	收益性分析
公司是否存在破产的风险?	安全性分析
生产性是否提高?	生产性分析
公司能否稳步地成长?	成长性分析
有多少销售才合算保本?	盈亏平衡性分析

在审计中,这涉及两个方面的重要内容,一是重要性的判断,二是持续经营能力的判断。因此公司是否存在破产的风险,能否稳步成长,如何才能保本,这些既是管理决策的问题,又是审计判断的重要内容。

小知识:财务分析不能简单机械使用

小B在实习的时候,要对企业的报表进行财务分析,把学到的知识运用到实际中,殊不知却经常运用不当,得出不当的结论。指导老师Z利用这个机会对他好好地进行指导,Z老师说:"财务分析要具体分析,灵活运用,不能简单机械硬套。比如财务分析要从绝对值和相对值两个方面结合分析。"

"比如有时候仅仅有绝对值是不够的,比如A和B两家企业,同样是利润100万元,但一家的投资是1000万元,另一家的投资是3000万元,那么其资金效率和投资回报率就不同。"小B按照老师的指导,仍觉得有些分析怪怪的。

老师又"出马"诊断了。"你仅仅使用相对率来分析是不够的,要结合来使用。比如某部门对某商品价格控制的业绩。今年该商品1万元,明年1.5万元,涨50%,该部门开始控制;今年该商品1.5万元,明年2万元,涨33.3%,调控效果显著;今年该商品2万元,明年2.6万元,涨30%,调控已见成效;今年该商品2.6万元,明年3.3万元,涨26.9%,价格涨幅在控制内;今年该商品3.3万元,明年3.9万元,涨13%。因此有关报道说,过去5年成功遏制了该商品上涨过快势头。你说这分析有道理吗?"小B差点笑翻了。老师接着说:"我们要避免生活中很多抽象而虚假的统计。比如有些统计说,某城市多数人23点入睡是'夜猫',7小时睡眠量属于不足。这只是数据错误分析。因为上海17点天黑,乌鲁木齐21点还有斜阳。因此拿北京时间来

> 比较'夜猫'是没有意义的。一个睡眠不足 5 小时的失眠患者与一个睡觉时间超过 10 小时的嗜睡者，二者平均得出最合理的睡眠时间——7.5 小时！姚明与潘长江的平均身高约 1.92 米能说明什么？潘长江很高吗？从这里，我们能悟出什么呢？对数据要保持警惕，对'专家'保持警惕！君不见，'市民平均收入提高'，往往掩盖了贫富悬殊加剧的实际；'楼市均价同比下降'可能掩盖着豪华盘暂时停售，经济盘在飞快上升的实际……"
>
> 小 B 受益很多："对呀，我们做评价的时候，经常说资产上升多少，收入上升多少，就简单地肯定了业绩，因为物价上升，GDP 在不断上升，业绩能不上涨吗！"老师说："我们作为专业人士在做财务分析的时候，可不能也是这样，分析不能过于简单机械……"
>
> 部分参考来源：羊城晚报 2013 年 3 月 20 日 A13 版《广州入选"夜猫"之冠》

三、分析程序

分析程序是指审计师对财务报表相关财务及非财务数据的内在关系的预期状态和合理性的系统评估。分析程序的目的是尽快找出需要重点审计的项目、评价客户持续经营能力和收集审计证据。下面以一个案例说明分析程序的运用。

> **案例：蓝田虚假会计报表分析**
>
> 小 B 正在听 Z 老师的财务分析课程。这堂课，老师拿来几份报表让同学们进行分析，以发现该企业存在的问题。下面是几张报表的剪接。
>
> **资产负债表**
>
> 2000 年 12 月 31 日
>
> | 资产 | 期末数 | | 期初数 | |
> |---|---|---|---|---|
> | | 合并 | 母公司 | 合并 | 母公司 |
> | 应收账款 | 8571780.39 | 3000711.64 | 12418826.51 | 2966056.71 |
>
> **利润表**
>
> 2000 年度
>
> | 项目 | 本期数 | | 上期数 | |
> |---|---|---|---|---|
> | | 合并 | 母公司 | 合并 | 母公司 |
> | 主营业务收入 | 1840909605.20 | 1239574.29 | 1851429973.84 | 35312028.08 |

现金流量表

2000 年度

项目	合并	母公司
销售商品提供劳务收到的现金	2044697379.13	870355.90

一堂课过去了，同学们还没有理清个所以然来。一向成绩很好的小 B 也挠头骚耳起来。此时 Z 老师揭开谜底了，奥妙就在销售商品提供劳务的现金和收入的关系上。他说："蓝田 2000 年'销售商品、提供劳务收到的现金'20 亿元，超过了本年度'主营业务收入'18 亿元，而期初'应收账款'只有 1200 万元，这是显而易见的错误。"接着 Z 老师对有关财务分析侃侃而谈。

对 1997～2000 年报表趋势分析：流动资产逐年减少。资产逐年大幅度增加，主要是固定资产大幅度增加，固定资产占资产比例大。从 1997～2000 年蓝田股份的固定资产周转率和流动比率逐年下降，到 2000 年二者均小于 1。这说明蓝田股份的偿还短期债务能力越来越弱。

蓝田固定资产增长率超过了主营业务收入和经营活动产生的现金流量净额，说明固定资产大幅度增长主要依靠外部融资。2000 年蓝田股份的"销售商品、提供劳务收到的现金"超过了"主营业务收入"，但是其短期偿债能力却位于同业最低水平。这种矛盾来源于"购建固定资产、无形资产和其他长期资产所支付的现金"是"经营活动产生的现金流量净额"的 92%。

接着 Z 老师又说，除了利用财务分析的工具，这个案例其实是可以通过基本的分析来发现疑点的。比如，第一，应收账款怎么会如此之少？公司 2000 年销售收入 18.4 亿元，而应收账款仅 857.2 万元。第二，收入 18 亿以现金方式收回？在现代信用经济条件下，无法想象一家现代企业数额如此巨大的销售，都是在"一手交钱，一手交货"的自然经济状态下完成的。其水产品销售，不可能是直接与每一个消费者进行交易，必然需要代理商进行代理，因此水产品销售全部"以现金交易结算"的说法是难以成立的。第三，农业生产，比如每亩 3 万元的鱼意味着蓝田一亩水面至少要产三四千公斤鱼，也就是说，不到 1 米多深的水塘里，每平方米水面下要有 50～60 公斤鱼在游动，这么大的密度，不说别的，光是氧气供应就是大问题，恐怕只有在实验室才能做得到。那为什么蓝田公司鱼塘里的神话可以维持这么多年？有关公司人员说，没办法去数鱼有多少。面对洪湖上百万亩水面时，有关人士认为，蓝田究竟在湖里打了几根桩，水里究竟有多少鱼，审计师是无法审计的。Z 老师认为这种观点是不对的，因为审计就是要运用分析性复核的方法得出应有的结论，不能说要现场看到的才是证据。

因此，一个又一个疑点都指向一个共同的结果：蓝田的巨额收入从会计角度无法最终确认，蓝田的业绩真假无从辨别。结果都是谎言与欺骗。

1.3 审计是什么

在开始审计课程之前，需要知道什么是审计，审计是做什么。在此以一个简单的例子来解释审计。

趣闻：审计是做什么的？以昭君和画师故事为例[①]

小B的老师Z在教授审计的课程，按往年的经验，同学们对审计感觉很陌生，也不好理解。今年Z老师特意设计了一个故事来解释会计和审计。他是这样讲的：

汉元帝妃嫔很多，所谓"后宫佳丽三千"，皇帝不能亲自对每个美女进行选择，就让国画师毛延寿把她们的相貌画下来，按照画上的美丑召来宠幸她们。宫女们都贿赂国画师，多的给10万钱，少的也不下5万钱。只有王嫱（昭君）不肯贿赂画匠，画师毛延寿故意画丑她，甚至还画了一幅克夫相，所以得不到皇帝的召见。王昭君若贿赂，可能早已被宠幸，地位陡增；不去贿赂，等待她的命运就是独守空房，一直到老死。匈奴来朝拜汉元帝，请求赏赐一个美人作为他们的阏氏（相当于皇后）。于是皇帝按照画像让王昭君出嫁。等到出发的时候，召见了昭君，才发现原来昭君的容貌在后宫里没有人能与她相比。她善于应对问话，举止优雅大方。元帝后悔了，但是名字已经定了下来。元帝注重对外国讲诚信，所以没有换人，可谓"君子一言，驷马难追"。眼睁睁地看着"优质的国有资产流失到国外去"，过后就穷根究底地追查这件事。最后宫中的画师全部被杀，弃尸于市。

画师，小人物也，作用却这般大，宫女敢不贿赂他？有人会说，皇帝仅仅听取汇报而不去调查研究，才使毛延寿们乘隙出击。道理虽然不差，却不可能落到实际。世事千头万绪，皇帝岂可能事事分身？关键是要制定人人遵守的法律和制度，来限制无德的毛延寿们。然而，法律之光对于专制而言，无异于一只被装在瓶子里萤火虫的光芒。

[①] 参考来源：中新网－华文报摘（摘自香港《文汇报》），作者为李恩柱，原题为《不去行贿的王昭君》，部分观念引自谭劲松老师观点。

因此，王昭君的美貌可以比喻为会计的真实情况，而画师的画册相当于会计报表，王昭君的美貌能否得到真实反映，会计信息是否真实，需要有监督和激励。而审计的作用就相当于对画册进行审查，现场监督也行，事后核实也行，在于提高信息的可靠性。对于不实的样子可以"去伪存真"，对于艺术美貌需要有"客观的评价体系"，评价也不是那么容易，因此审计也有难度。同学们都听得津津有味。

1.4 审计相关理念的小故事

理念又指观念，是表象或客观事物在人脑里留下的概括的形象（《辞海》，1989）。透过复杂的表层发现一个精彩而简明的概念，继而解释事物的本质时，人们会喜不自胜。当表面截然不同的现象被某个不起眼的纽带联系在一起时，人们会感到新奇。理念是对习以为常进行挑战的全新见解。理念加上"审计"两字变成"审计理念"，更加难懂。在此以几个轻松小故事来说明一些有趣的审计道理。

趣闻：扁鹊三兄弟的医术与事前审计

根据典记，魏文王曾求教于名医扁鹊："你们家兄弟三人都精于医术，谁是医术最好的呢？"扁鹊回答："大哥最好，二哥差些，我是三人中最差的一个。"魏王不解地说："请你介绍得详细些。"扁鹊解释说："大哥治病，是在病情发作之前，那时候病人自己还不觉得有病，但大哥就下药铲除了病根，这使他的医术难以被人认可，所以没有名气，只是在我们家中被推崇备至。我二哥治病，是在病初起之时，症状尚不十分明显，病人也没有觉得痛苦，二哥就能药到病除，使乡里人都认为二哥只是治小病很灵。我治病，都是在病情十分严重之时，病人痛苦万分，病人家属心急如焚。此时，他们看到我在经脉上穿刺，用针放血，或在患处敷以毒药以毒攻毒，或动大手术直指病灶，使重病人病情得到缓解或很快治愈，所以我名闻天下。"魏王大悟。

　　这个故事说明，事后控制不如事中控制，事中控制不如事前控制。可惜大多数的企业经营者均未能体会到这一点，往往等到错误的决策造成了重大损失时才寻求弥补。弥补得好，当然是声名鹊起，但更多的时候是亡羊补牢，为时已晚。大多数人只着眼当下，很少考虑或者根本不考虑当下对未来的影响。审计工作更需要治"未病"。防患于未然，重视事前与事中审计。

足球理论与审计

　　经常听到审计人员在一些总结会上发言，汇报工作业绩如何如何之高。"一把手"领导频频点头，台下不少人惴惴不安，有人直冒冷汗。审计部门的直接领导也有点坐不住了。有位与审计部门非相关的中层领导在底下场合做了个形象比喻："君不见，一个球技高超的球员连续突破对方后卫、中锋和前锋的阻挡，直接杀到对方球门前，而对方守门员长期处于左扑右挡、险象万生的境地，全场比赛全靠尤如卡恩一样的守门员立下汗马功劳。场外的观众看得捏了把汗。人们不禁要问，前面的后卫、中锋和前锋都在做什么？是技术不如人，不努力，还是配合不好？审计就犹如优秀的守门员。人们在赞赏审计人员的同时会问，前面应配合的相关部门的作用起到了吗？内部控制有效吗？为何等最后一关才能发现问题，甚至落到损失无可挽回的地步呢？各个部门的目标是一致的，正如足球场上的运动员一样。目前这种状况，不仅于事无补，还可能很危险。扎实基础、配合和制度解决才是根本的办法。"

小知识：防火者重要，但远没有救火者风光

　　正如前面所说的，审计往往是开展一些防患于未然的工作，因此很重要。但由于工作做好了，不好的事情没有发生，也就没有人记得了。正如防火责任者很重要，但世人只记住火灾的救火英雄。那些为组织的将来打好扎实基础铺好路的人往往没有什么骄人的功绩，只会默默被人们遗忘在角落里。因此审计人员往往要做好"坐冷板凳"的准备。

木桶原理

木桶原理又称短板理论、木桶短板管理理论。所谓"木桶原理",也即"木桶定律",其核心内容为:一只木桶盛水的多少,并不取决于桶壁上最高的那块木块,而恰恰取决于桶壁上最短的那块。审计是讲究团队合作的工作,审计效用的发挥往往会受到短板的影响,因此,合理的分工,完善的复核,质量控制制度及全面的后续教育可能是比较好的解决办法。同时,审计要善于发现被审计单位的"短板",通过提出建议和意见,使被审计单位整体得到提升。

空军轰炸和陆军排查

审计是一项需要智慧的工作,审计方法和审计技巧尤其重要。在审计的运用中多数使用抽查的方式,因为业务量大而人手往往不足,审计判断、审计重要性和审计的选题成为关键。因此在审计抽样时,选择"陆军排查"还是"空军轰炸"成为审计人员最典型的两种抽样方式。"陆军排查"可以说是一个个地详细检查,而"空军轰炸"可以说是有重点地抽查,这种抽查不是盲目的,而是根据风险导向进行有选择地抽查。特别是在内部审计领域,内部审计部门往往陷入了不断地重复于"陆军排查"的局面,甚至不断地处于事先"包办"或"代替"的"保姆"的局面。但从另一层面上看,正是这种提前介入才使得内部审计发挥着更应有的作用,内部审计人员一直在事先审计和避免参与业务部门的决策降低审计风险之间徘徊。有些内部审计机构选择"空军轰炸"的方式,时不时给业务部门以突击检查,直到起到事先引导或改变业务部门的流程和行为的作用,既节约时间和精力,又能提高效率。

审计的功夫在账外

有的审计人员经常泡在办公室日夜加班忙碌,但其工作却没得到认可或重视,这与其工作的实质效果有关。"有为才有位,有位才有威。"往往能够发现问题或者能帮助到被审计单位,其工作不是坐在办公室抄报表看凭证;从业务流程入手才能真正了解企业,指出关键的问题,并提出相应的建设性的建议和意见。因此,审计的功夫在账外。

小知识：审计无为便是功

有时候工作很努力，很用心，加班加点，但其效果却很有限。原因往往在于工作没有抓住"牛鼻子"，反而被被审计单位"牵着鼻子走"，所以经常出现屡审屡发现问题，就是因为没有找到问题根源。因此，业绩不是与忙碌和付出相关，而是要懂得方法。比如建立内部控制制度，完善机制后，审计部门就像整场足球比赛还没有热身起来的守门员一样，对方的球员和球来不到我方球门。"无为而治"，原因是问题没到审计部门时已被发现或者解决。针对目前审计界工作任务重而人员稀少的矛盾，审计人员不能整天做一些一般审核的工作，犹如陆军士兵一个个地排查地雷。这样做不仅疲惫不堪，有时还"吃力不讨好"。不仅其他部门依赖审计部门的工作、推卸自己部门的职能，还加大了审计风险。所以审计人员有时得有点"武器"，懂点工作方法，时不时或偶尔当下飞行员，时不时来点战斗机重点轰炸一下，充分发现抽查检样或风险导向审计的作用。这里的"审计无为便是功"并不是说什么事都不做，而是在制度建设和建立一系列机制基础上的"审计无为便是功"。

审计无为便是功

本章小结

本章的目的是为后面的章节奠定基础，从一个"分粥"的小故事开始，阐述了以制度根源分析问题的重要性，指出审计是一种制度安排。这为后面更好地学习审计知识，补充审计课程前的财务知识积累准备。从财务三大报表的性质和财务分析入手，使初学者回忆和补充财务基本知识，同时阐述这些财务知识在审计学中的重要性。并以"昭君故事"为例，导入什么是审计以及审计的目的。最后通过几个小故事，阐述审计的相关理念。

1. 为什么说审计是一种制度安排?
2. 财务三大报表是什么?它们分别具有什么性质?
3. 存量和流量有什么不同?
4. 你认为应如何进行财务分析?
5. 请思考审计是什么,有什么目的和作用。

第 2 章 审计概论

> **引例**
>
> 小 B 准备离开校园，踏上工作之路，从事审计工作。读中文系的老同学小 D 对小 B 的工作充满好奇：什么是审计？为何有审计？审计和会计是一样的吗？审计的产生和发展又经历了哪些阶段？

2.1 审计的产生和发展

2.1.1 国外审计的产生和发展

一、国外政府审计的产生和发展

早在奴隶制度下的古埃及、古罗马和古希腊时代，就有了官厅审计机构及政府审计。审计人员以"听证"（audit）的方式，对掌管国家财物的官吏进行考核。最早的是罗马帝国，始于公元 5 年，比我国晚了将近 1100 年，由中央政府派出检查人员，分赴各地审查账目。在国外的封建王朝中也设有审计机构和人员，对国家的财政收支进行监督。法国在资产阶级大革命前就设有审计厅，在拿破仑一世时创建了审计法院。在现代资本主义国家中，大多实行立法、行政、司法三权分立的国家政权组织形式，议会为国家最高立法机关。为了监督政府财政收支，大多数国家在议会下设有专门的审计机构。英国的审计具有悠久的历史，英国王室的财政审计制度早在 13 世纪就正式建立起来。1215 年英国《大宪章》的颁布，奠定了国家审计制度的政治基础。1785 年英国取消国库审计官，组建了五人审计委员会；1834 年颁布了审计制度的法案，特设审计院长，负责国库公款的监督。1861 年，英国开始在议会下院设决算审查委员会，第一次真正建立了统一的、独立的审计机构。除了立法型的审计体制外，还有司法型审计体制、行政型审计体制等。如法国审计法院独立于立法机构，审计法院的院长由总统任命，审计法院的裁决为终审判决，且有法律效力。同时在审计理论和实务上也有了较大的发展，即把经济监督和经济管理相结合，从传统的财务审计向现代的五 E 审计、绩效审计方面发展。

二、国外社会审计的产生和发展

在 13～14 世纪，西方一些国家出现了合伙经营的企业组织形式，未参加经营管理的合伙人需要维护其权益，便委托第三者审查合伙企业账目。1720 年，查尔斯·斯内尔受托对南海公司破产案进行审查，并编制了一份审计报告书，从此，审计正式走向了民间。英国工业革命后，以发行股票筹集资金为特征的股份公司大量涌现。公司所有权和经营权相分离的现象十分普遍，对管理者进行监督成为普遍的需要，现代社会审计制度应运而生。1853 年世界上第一个职业会计团体"爱丁堡会计师协会"在苏格兰成立。英国早期的社会审计，没有系统的理论依据和方法体系，其审计目的是查防错弊，采用详细的审计方法，被称为英国式审计。20 世纪初，出于银行信贷业发展的需要，有必要对贷款企业的资产负债表进行分析性审计，以判断企业的偿债能力，美国的会计师突破了详细审计的做法，创立了资产负债表审计。1929 年的经济大危机后，美国开始重视对投资者利益的保护，1933 年公布了《证券法》，次年公布了《证券交易法》，规定了上市公司必须向交易所提出经过公证会计师审查鉴证的财务报表，即为财务报表的审计。

三、国外内部审计的产生和发展

不少国家的内部审计可追溯到古代和中世纪。由于受托经济责任关系的产生，内部经济监督也有了必要，从而产生了庄园审计、宫廷审计、行会审计、寺院审计等等。现代内部审计随着内部控制的加强而产生和发展起来，出于经济预测和事先控制的需要开展了事前审计；审计领域由财务审计扩大到对经营、管理及绩效方面的审计；现代内部审计从过去的详细审计改变为以评价内部控制制度为基础、风险导向的审计。国际内部会计师协会在 1999 年对内部审计重新定义，对内部审计功能重新定位，将内部审计定义为增加组织价值。

2.1.2　国内审计的产生和发展

我国审计历史源远流长，是世界上最早产生审计的国家之一。

一、我国政府审计的产生和发展

我国审计的最初形态是政府审计，它产生于奴隶社会末期。早在 3000 多年前的西周，我国审计就进入了萌芽阶段。根据《周礼》一书的记载，西周在天子之下设有天、地、春、夏、秋、冬六卿，冢宰为天官之长、六卿之总。其中，国家财计机构大体分为两个系统，一是掌握财政收入的"地官司徒"系统；一是掌握财政支出、会计核算、审计监督等的"天官冢宰"系统。天官系统中，大宰、小宰和司会等官职均与审计职责有关。大宰为天官之长，其中有"以八法治官府"之审计职掌，即就会计之中有失考断之；大宰还受计岁会，每三年对各级官员进行一次全面考核，并根据功过进行奖惩。小宰为大宰属员，协助大宰受计。小宰的属员宰夫是审计的主持者，是主管"治朝之法"的官员，他不掌管任何财物收支，只负责对各官府的财政厅收支进行全面的审查，就地稽查财物收支情况，如发现违法乱纪之事，可越级向官乃至国王报告。审计职责独立于财计部门，标志着我国政府审计的产生。

春秋战国时期，审计工作逐步走上制度化，规定了地方政府每年向皇帝报告其财政收支，由皇帝进行审查，这就是"上计"制度。秦汉时期，秦始皇继续发展战国的"上计"制度，并加以推行。各地方官府定期将财政收支、钱谷出入等逐级上报，由柱下史（御史大夫）进行审计。御史大夫与宰相、太尉并立，称为"三公"。御史大夫掌管政治、经济监察事项，审计是职责的一部分，直接对皇帝负责，有权处理贪污渎职人员。审计兼有经济监督和行政监督的性质，汉承秦制，并制定了有关上计实行办法的"上计律"，把上计作为一种专门制度，定为法律条款，从而使审计与法相联系，成为我国审计立法的开端。秦汉时期的审计主要表现以下几个特征：一是初步形成了统一的审计模式；二是"上计"制度建立和日趋完善；三是审计地位提高，职权扩大。因此秦汉时期是我国审计的确立阶段。

隋唐时代审计制度日臻健全。隋唐年间，在刑部下设比部，比部是独立的审计组织，独立于财政部门之外，专管"勾稽天下财赋"。比部是我国最早的独立于财政机关以外的审计监督机关。北宋初在太府寺内设有审计司，宋太宗淳化三年，设诸军诸司专勾司，专门审查军政开支。后于南宋改"诸军诸司专勾司"为"审计院"，是"审计"两字在我国历史上最早的起源。从此，"审计"一词不仅成为我国审计机构的命名，而且成为我国财政财务监督的专用名词。

元明清各朝，君主专制日益强化，元明两代未设有审计机构，财政流弊滋生。清代至末年，设有"审计院"，但形同虚设。

辛亥革命以后，中华民国于1912年在国务院下设审计处。1914年北洋政府将其改为审计院，同年颁布了《审计法》。这是我国正式颁布的第一部《审计法》。

中国人民共和国成立以前，革命根据地在第二次国内革命战争时期，在1934年公布的《苏维埃共和国中央苏维埃组织法》，规定设立中央审计委员会，并在省和直属市分设审计委员会。抗日战争和解放战争时期，在边区行署、专区、县设有审计委员会。新中国成立初期，全国学习苏联的经验，以会计检查取代了审计，国家未设立独立的审计机构。1982年12月第五届全国人民代表大会第五次会议通过的《中华人民共和国宪法》，规定了在我国建立审计机构，实行审计监督制度。1983年9月在国务院设立了审计署，县以上的各级人民政府也相继成立了审计局，独立行使审计监督权。1994年第八届全国人大常委会第九次会议通过了《中华人民共和国审计法》。1997年国务院又发布了《中华人民共和国审计法实施条例》。2006年2月28日第十届全国人大常委会第二十次会议审议通过了关于修改《审计法》的决定，决定中对原《审计法》条文作了34项修订。2010年2月2日国务院第100次常务会通过了关于修订《中华人民共和国实施条件》的决定。2010年9月1日审计署颁布了最新的《中华人民共和国审计准则》。

二、我国社会审计的产生和发展

进入20世纪以来,随着民族工业的发展,社会审计应运而生。1918年谢霖上书北洋政府推行注册会计师制度,北洋政府于同年颁布了《会计师暂行章程》。谢霖在北京创办了我国第一家注册会计师审计组织——正则会计师事务所。中华人民共和国成立很长的一段时间内取消了社会审计。1986年国务院发布了《中华人民共和国会计师条例》,1993年10月31日全国人大常委会通过了《中华人民共和国注册会计师法》,1995年财政部发布了《中国注册会计师独立审计基本准则》、《独立审计具体准则》第1号至第7号、《独立审计实务公告》第1号,有力地推动了我国注册会计师行业的发展和规范化。2006年2月,财政部发布了新的注册会计师执业准则体系,使我国的注册会计师审计逐步走向法制化、规范化。

三、我国内部审计的产生和发展

我国早期的皇室审计、寺院审计属于早期内部审计的范畴。现代的内部审计在民国时期产生,在铁路、银行系统,解放前就有了较为健全的内部稽核制度。解放初期,我国一些大型专业公司和厂矿企业也曾设有内部审计部门,但在1953年向苏联全面学习后撤销。真正的内部审计是在1983年后才逐步建立起来的。1985年12月公布了《审计署关于内部审计工作的若干规定》。1995年7月颁布了《审计署关于内部审计工作的规定》,进一步规范了我国内部审计工作。中国内部审计协会从2003年起先后制定了29个内部审计具体准则,4个实务指南。

中外审计的历史表明,审计随着经济的发展而发展,也随着受托经济责任关系而改变内涵和范围,审计体系、审计内容、审计方法和审计规范方面也随历史而不断变化,最终形成了现代审计。

下面(表2-1至表2-5)为各种审计发展一览表:

表2-1 民间审计发展阶段对比

时间	发展阶段	审计对象	使用者	审计方式	审计目的
1844年~20世纪初	英式审计	所有会计资料	企业股东	详细审计	查错防弊
20世纪初~20世纪30年代	美式审计	资产负债表	企业股东和债权人	逐渐由详细审计向抽样审计过渡	判断企业信用状况
20世纪30年代~20世纪40代	财务报表审计(现代审计)	全部会计报表及相关的会计资料	社会公众	测试内部控制制度,广泛采用抽样审计	对会计报表发表意见以确定会计报表的可信度

> **小知识：世界民间审计组织团体的几个"第一"**
>
> 世界上第一个会计职业团体——1581年创立的威尼斯会计协会
>
> 世界上第一位注册会计师——1721年负责南海公司破产事件的查尔斯·斯内尔（Charles Snell）
>
> 世界上第一个注册会计师的专业团体——1853年在苏格兰成立的爱丁堡会计师协会

表2-2 我国审计发展的4个阶段和6个时期

发展阶段	发展时期
一、古代审计产生	1. 西周初步形成
二、封建王朝审计由昌盛转衰弱	2. 秦汉最终确立 3. 隋唐宋日臻健全 4. 元明清衰弱
三、近代审计逐步演进	5. 中华民国不断演进
四、现代审计振兴发展	6. 新中国振兴时期

表2-3 新中国政府审计大事

1982.12	五届人大五次会议《宪法》91条和109条
1983.09	国家审计署成立
1988.11	国务院《审计条例》
1995.01	全国人大《审计法》（1994年10月发布）
2006.02	修订《审计法》
2010.09	颁布最新的《中华人民共和国国家审计准则》

表2-4 新中国CPA审计大事

1980.12	财政部发布《关于成立会计顾问处暂行规定》，我国恢复注册会计师的标志
1981.01	上海会计师事务所宣告成立，新中国第一家会计师事务所

续上表

1986.07	国务院颁布新中国第一部注册会计师法规——《中华人民共和国注册会计师条例》
1988.12	中国注册会计师协会成立
1991	恢复全国注册会计师统一考试
1993.10	颁布了新中国第一部注册会计师法律——《中华人民共和国注册会计师法》，1994年1月1日起施行
2001.07	施行了1个具体审计准则、2个实务公告和修订1个实务公告
2002.07	施行了2个具体准则和2个实务公告
2003.07	施行了3个具体准则和1个指南
2006.02	财政部发布新的注册会计师执业准则体系

表2-5 新中国内部审计大事

1985.08	国务院《关于审计工作的的暂行规定》
1985.10	《审计署关于内部审计工作的若干规定》
1989.12	《审计署关于内部审计工作的规定》
1995.7	《审计署关于内部审计工作的规定》
1996.12	《审计机关指导监督内部审计业务的规定》
2003.05	《审计署关于内部审计工作规定》（2003年3月4日发布）
2003.06	中国内部审计协会《内部审计基本准则》《内部审计人员职业道德规范》和10个具体准则（2003年4月12日发布）
2004.05	第二批5个具体审计准则

2.2 审计的定义

审计是社会政治、经济发展到一定阶段的产物，并随着社会政治、经济的发展而发展。审计的概念也随着审计理论研究和实务的发展而不断地修正。

2.2.1 国外定义

美国会计学会（AAA）在1973年发布的《基本审计概念说明》中对审计定义如下：审计是指为了查明有关经济活动和经济现象的认定与所制定标准之间的一致程度，而客观地收集和评价证据，并将结果传递给有利害关系的使用者的系统过程。

2.2.2 国内定义

1989年，中国审计学会对审计的定义如下：审计是由专职机构和人员，依法对被审计单位的财政、财务收支及其有关经济活动的真实性、合法性、效益性进行审查，评价其经济责任，用以维护财经法纪、改善经营管理、提高经济效益，促进宏观调控的独立性的经济监督活动。

1995年，全国审计定义研讨会将简明审计定义概括为："审计是独立检查会计账目，监督财政、财务收支真实、合法、效益的行为。"

本书定义如下：审计是由独立的人员根据授权或委托，对特定经济实体的可计量的信息及所反映的经济活动，客观地收集和评价证据，以确定并报告这些信息与既定标准符合程度的一个系统过程。

2.2.3 审计定义的内涵

（1）审计的主体：专职机构或人员。
（2）审计关系：接受委托或授权。
（3）审计的对象：特定经济实体的可计量的信息及所反映的经济活动。
（4）审计的目的：确定或解除被审计单位的受托经济责任。
（5）审计的本质：独立性。

审计各要素的相互关系见下图（图2-1）。

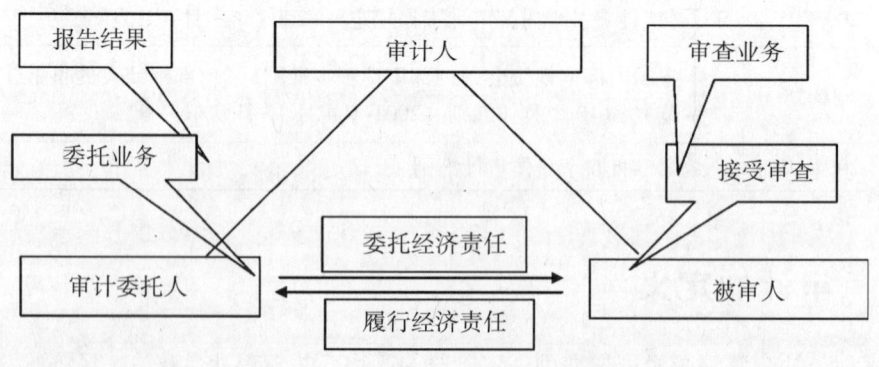

图2-1 审计的各要素关系图

2.2.4 审计与会计的关系

> **思考**
>
> 小B是某高校会计学专业的大四学生,在找工作期间,被一家事务所录取了。当时所长说:"小B,你是学会计的,那就来我们这里从事审计工作吧!"小B的其他专业的同学问他:"奇怪了,你不是学会计的吗,怎么就从事审计工作了,审计工作不是应该招聘审计专业的人员吗?"小B一时表达不清楚。到底审计和会计有什么联系和区别呢?

会计和审计二者既有联系又有区别。两者的起源密切相关,并彼此渗透、融合,同时其最终目的是一致的。但两者又有区别。会计作为一种经济管理活动,以货币为主要计量单位,以凭证为依据,借助于专门的技术方法,对一定单位的资金运动进行全面、综合、连续、系统的核算与监督,向有关方面提供会计信息,参与经营管理,旨在提高经济效益。而审计是对会计数据进行审计,判断这些信息是否公允反映

了报告期间内的发生的经济事项。审计师必须采用专业的方法搜集和解释审计证据。也就是这种专业性使审计区别于会计。两者的区别见下表:

表2-6 会计和审计的区别

项目	会计	审计
1. 本质	经济管理系统的组成部分	经济监督系统的组成部分
2. 方法	采用各种核算方法对经济业务计量	检查、监盘、观察、查询、函证、计算、分析程序
3. 职能	核算、监督、预测、决策、控制、分析	经济鉴证、经济监督、经济评价
4. 工作程序	按照经济业务发生时间先后顺序进行	按照准备阶段、实施阶段和报告阶段进行
5. 工作时间	经常性的工作	委托的情况下进行
6. 执行者	单位内部的职能部门	具有独立性、权威性的审计人员

> **趣闻：朱镕基总理"不做假账"**
>
> "不做假账"是朱镕基总理为上海国家会计学院的题词。朱总理的题词是对会计学院的学生提出希望，也是对全国所有会计人员提出警训和对整个会计工作提出要求。由这么高级的领导提出"不做假账"的要求，一方面说明，会计信息失真已达到相当的程度，给国家、企业、个人带来损失；另一方面，会计学院为中国注册会计协会委托的培训项目，其学员多以在事务所工作的审计人员为主，他们并不做账。因此"不做假账"更需要会计从业人员自勉。

2.3 审计的动因和理论解释

2.3.1 审计存在的原因

一、审计存在的前提——两权分离

所有权和经营权的分离，产生了委托代理关系。为了考察代理人受托经济责任的履行情况，需要对会计信息进行披露和审核；对于受托人来说，也有向委托方报告托管情况的责任。

两权分离只是审计存在的前提，两权分离的一开始并不必定就产生了审计，它还产生了激励和约束其他的制度安排，审计只不过是在发展成为一种较为合理、成本较低的制度安排。审计因受责任的发生而发生，亦因受审责任的发展而发展。也就是说，没有经济责任关系的存在，便不可能有审计思想、审计行为和审计制度的产生和发展。随着受托责任关系的社会化、明确化，审计在满足不断的需要中不断地成熟和完善，并充分发挥着重要的作用。但是，受托的存在仅仅为审计思想、审计行为的产生提供了可能性，审计的发生同时还取决于阶级和国家出现之后经济监督的客观需要等条件。

二、审计存在的充分条件

1. 利益冲突。企业规模的发展，导致企业的所有权与使用权开始分离。绝大多数股东不能参与企业的经营管理，报表准备者为了自身的利益，有可能存在利益冲突。这使得具有独立于两者的第三人对信息质量的检查变得有必要。

2. 经济后果。信息传递通常用来提供帮助使用者作出决策的信息，这些决策对使用者而言有显著的经济后果。

3. 信息复杂。随着对经济事项处理和传递难度的加大，使用者亲自评价信息质量越来越困难。在此情况下，对会计信息质量的专业审计需求增加了。而投资者本人由于缺乏必要的专业知识或受其他因素制约，也难以亲自履行审查公司财务报告的责任。

4 距离遥远。它是由信息使用者和经济事项、报告准备者之间的分离引起的。这种分离指诸如空间上的分离、法律或制度上的障碍以及成本和时间的限制等，或者诸多因素的综合影响使得亲自评价不可能实现。

2.3.2 审计的动因和理论解释

审计是为适应社会经济发展的需求，而产生和发展的。关于审计的动因和理论解释，主要有下面几种：

一、受托经济责任论

该理论认为，受托经济责任关系是独立审计产生的前提条件。当企业财产所有权与经营权分离后，所有者的委托与经营管理者的受托形成了受托经济责任关系。委托人为了保护自身的经济利益，需要对受托人提供的财务报告的真实性以及履行受托责任的情况进行审核和监督，以便确认和解除受托责任。但由于经济关系的日益复杂化和经济管理的客观需要，委托人由于能力、检查技术、法律、地域或经济等方面的限制，不能或无法亲自审核查实，只好委托独立的第三者进行审核查实，于是便产生了对审计的需要。

用受托责任观解释审计的本质，成为审计本质的主流理论。审计理论的先驱莫茨和夏拉夫（1961）指出："审计的起源可以追溯到与会计起源相距不远的时代……产生了需要某人受托管理他人财产的时候显然就要求对他人的诚实性进行某种检查。"劳伦斯·索耶认为，审计发生和发展的原因是多方面的，但从某种程度上说是源于受托责任。可见，审计是受托责任的基本构成要素，受托责任关系是审计存在的重要条件，审计是一种确保受托责任履行的社会控制机制，也就是说，正是受托责任导致了对审计产生需求。

二、信息论

信息论将审计定义为信息风险的活动，认为审计的本质在于增进财务信息的价值。股份公司由于经营权与所有权分离，股东根据在公司所占股份比例分享盈利或分担亏损。公司的管理部门有义务向投资者提供会计报表，报告其经营管理业绩。但由于信息不对称问题的存在，投资者、债权人及其他信息使用者无法辨别和证实管理当局所提供信息的真伪。为有效地解决这个问题，需聘请独立的审计师来提供对财务报表的鉴证职能，以降低信息风险，进而增进财务信息的使用价值。

三、代理论

股东为降低激励措施的负面影响，委托外部审计人员作为股东的代理人，对管理部门的会计报表进行审查。同时，管理者为了向投资者证明自己的行为，也会主动聘请审计人员对其业绩报告进行鉴定。该理论认为，假如没有经过检查，追求个人利益最大化的代理人将会耗费更多的资源去完成原本可以不需耗费那么多资源就能完成的事情，使得资源的最优配置无法实现。审计的本质在于促进股东和管理者之间的利益最大化。该理论强调审计的产生基于投资者和管理者的共同需求。在现实当中，审计并非是根据市场的需求而是根据法律的规定提供鉴证服务的。因此代理理论的解释与现实并不完全一致。

四、保险论

保险论认为，企业一旦经营失败，审计师就有可能被起诉，这样就为投资者提供一种保护措施。审计的本质在于分担风险，是降低风险的活动，是一个把会计报表使用者的信息风险降低到社会可接受的风险水平以下的过程。审计甚至被认为是分担风险的一项服务。根据该理论，由于财务信息的非直接性、信息提供者的偏见和动机、资料的庞杂以及交易复杂性等原因，财务信息使用者有可能得不到可靠的财务信息。

审计费用被称为保险费用，审计带来的效果被称为保险价值。

以上理论虽有不同的解释，但都说明了企业出于降低信息风险而对审计的需要。信息风险的降低对降低企业的成本有着实质性的影响。因此社会对审计的需要及审计的作用将会越来越大。

2.4 审计人员的社会角色

审计人员的社会角色定位经历了"看门狗"、"经济警察"、"法官"和"保健医生"等几个历史演变阶段。

审计人员一开始被赋予"看门狗"（watchdog）的功能，原因是当时的审计目标在于查防错弊，审计人员的作用和价值通过审计履行查防错弊的功能而体现。当时的审计业务主要局限于查找会计中的错误和舞弊行为。而后大约在20世纪后期，社会公众对审计人员的期望增加，"看门狗"的职能无法满足人们对审计日益增长的需求，人们不仅要求审计人员能查找错误和舞弊，同时还要求审计人员能对财务报表的真实公允性发表意见，就像"经济警察"维护社会的公平和稳定。但是由于现代审计受到审计技术、成本、时间以及审计环境的影响，无论审计人员如何勤勉努力，都无法保证审计后的会计信息绝对真实公允，审计人员达不到警察那样的强制性。有一些观点把审计人员看作是"法官"，因为审计人员的价值在于提高会计信息的可靠性，在财务信息披露的过程中，审计人员充当着"法官"的角色，对会计信息的真实公允作出判决。在现代的审计理论中，有不少人把审计当作企业的保健医生，特别是在内部审计领域，把审计工作当作是定期的体检，事先发现潜在的问题，并把这些问题消灭在萌芽的状态。审计长刘家义也是从这个角度，提出审计免疫系统论的。

趣闻：审计人员的角色定位

小B刚当上审计员不到一个月，正有滋有味地听着审计主管A谈论关于审计人员充当的角色。且听A娓娓道来：一开始，审计人员被当作"看门狗"，这可有好有坏。狗一方面代表忠诚，是人类的忠实的好朋友，但另一方面，从某种意义上来说，它经常被喻为"汉狗"、"丧家狗"，反正狗就是低人一等的东西。

如果直接从国外的watchdog翻译过来，审计人员与被审计人员相比就低人一等，那肯定开展不了审计。于是，随着对国外先进审计理念的引进，国人又把审计人员比作"经济警察"，警察就是要维护社会秩序，而审计人员就要通过审计工作维护会计信息的真实公允。但这样的话，从审计人员与被审计人员的关系来看并不公平，被审计的人员会认为："你是警察，我岂不是小偷？"本来就很紧张的审计关系，一下子绷得更紧。"法官"也是有点"你高高在上，我是被告"的意味。于是，最后审计人员定位在"保健医生"，是"来帮我检查出问题，提前解决问题的"，从这个角度看，就易接受多了。在国外，内部审计被视为公司治理的四大基石之一，内部审计是治理的守门员，审计成为透视公司治理的"窗口"，所以公司，特别上市公司，都不得不关注内部审计。小B听着A的"高论"，可以说是偏听偏信，但却听得津津有味。

2.5 审计的分类

一、按主体的不同分类

审计按主体的不同可分为政府审计、社会审计和内部审计。

（1）政府审计，又称国家审计。其含义是：国家或政府机构所设立的审计机构组织实施的审计监督活动。

（2）社会审计，又称为民间审计。其含义是：注册会计师受托对企业所进行的审计。

(3) 内部审计，其含义是：单位内部独立的审计部门和审计人员对本单位的财务活动和管理活动进行的审计。

表2-7 三大不同主体的审计的区别

	政府审计	社会审计	内部审计
方式	强制、无偿	受托、有偿	自愿
对象	财政收支及公共资金的合理合法	会计报表的合法公允一致	内部管理制度的执行
性质	外部行政监督	外部经济监督	外部行政监督
权责	处置权	发表意见权	报告权
独立性	单向独立	双向独立	相对独立

在审计监督体系中，政府审计、社会审计和内部审计三者，既相互联系，又各自独立，各司其职，在不同领域实施审计。它们各有特点，相互不可替代，因此不存在主导和从属的关系。政府审计的职能倾向于监督，社会审计的职能倾向于鉴证，内部审计的职能倾向于服务。

小知识

20世纪90年代末，审计系统经历了体制改革。之前，国家审计（政府审计）、社会审计和内部审计的关系就像"一机两翼"。国家审计为机身，社会审计和内部审计就像两个机翼。其三者的关系是，以国家审计为主，社会审计和内部审计为辅，是为国家审计服务的，其地位是从属的。而改革后，三者的关系就像是"三驾马车，齐驱并驾"。国家审计对财政收支、公共资金及政府投融资企业发表审计意见。社会审计对会计报表的合法公允性发表审计意见，而内部审计对部门、单位的内部管理发表意见。三者各自独立，各司其职。

二、按审计内容分类

1. 财务报表审计。它是对被审计单位的财务报表（如资产负债表、利润表、股东权益变动表和现金流量表）、财务报表附注及相关附表进行的审计。其目的在于查明被审计单位的财务报表是否按照一般公认会计准则公允地反映其财务状况、经营成果和现金流量情况。

2. 合规审计。它是为了查实和确定被审计单位财务活动或经营活动是否符合有关法律、法规、规章制度、合同、协议和有关控制标准而进行的审计。

3. 经营审计。这是为了评价某个组织的经济活动在业务、经营、管理方面的业绩,找出改进的机会并提出改善的建议,而对一个组织的全部或部分业务程序与方法进行的检查。经营审计的报告的形式和内容相对灵活,且随着业务约定的任务不同而有所不同。

三、其他分类

按审计范围分类	全部审计
	局部审计
	专项审计
按审计实施时间分类	事前审计(预防审计)
	事中审计
	事后审计
按审计实施地点分类	报送审计
	就地审计
按审计动机分类	强制审计
	任意审计
按审计是否预先通知被审计单位分类	预告审计
	突击审计
按照审计所采用的审计模式进行分类	账表导向审计
	系统导向审计
	风险导向审计

思考:为何国外的一些审计人员被称为会计师?

小 B 觉得,政府审计、社会审计和内部审计的关系先是"一机两翼",而后是"三套马车,齐驱并驾",这样的说法非常形象。小 B 在看国外的一些书籍时,看到会计师事务所的人员被称为会计师。会计师不是会计吗?面对这些疑问,审计主管 A 说:"听我细细道来。因为审计可分为政府审计、社会审

> 计和内部审计三大类,同样的,审计人员也有三种,从事政府审计的人员称为政府审计人员,从事社会审计的人员在国外称为会计师,拿到资格证的被称为注册会计师,从事内部审计的人员称为内部审计人员。在国外,会计师其实是从事审计的人员,而不是从事会计工作。其所在的事务所被称为会计师事务所。"小B恍然大悟,原来如此!

2.6 审计的依据

审计依据是指查明审计客体的行为规范,是据以给出审计结论、提出处理意见和建议的客观尺度。

审计依据的特点是层次性、相关性、地域性、时效性。选用审计依据时,必须遵循准确性原则、针对性原则、辩证性原则、有效性原则和可靠性原则。

一、按审计依据来源渠道分类

(1) 外部制定的审计依据包括:国家制定的法律、法规、条例、政策、制度;地方政府、上级主管部门颁发的规章制度和下达的通知、指示文件等;涉外被审事项,所引国际惯例的条约等。

(2) 内部制定的审计依据包括:被审计单位制定的经营方针、任务目标、计划预算、各种定额、经济合同、各项指标和各项规章制度等。

二、按审计依据性质内容分类

(1) 法律、法规。法律是国家立法机关依照立法程序制定和颁布,由国家强制保证执行的行为规范的总称,如宪法、刑法、民法、会计法、审计法、预算法、税收征管法、海关法、税法、企业法、公司法、经济合同法等。法规是由国家行政机关制定的各种法令、条例、规定等,如《企业会计准则》、《企业财务通则》等。

(2) 规章制度。主要有国务院各部委根据法律和国务院的行政法规制定的规章制度;省、自治区、直辖市根据法律和国务院的行政法规制定的规章制度;被审计单位上级主管部门和被审计单位内部制定的各种规章制度等。还有国家主管部门制定的各项财务会计制度、单位内部制定的各项内部控制制度等。

(3) 预算、计划、合同。如国家机关事业单位编制的经费预算、企业单位制定的各种经济计划、被审计单位与其他单位签订的各种经济合同等。

(4) 业务规范、技术经济标准。如人员配备定额、工作质量标准、原材料消耗定额、工时定额、能源消耗定额、设备利用定额等。此外,还有国家制定的等级企业标准、优秀企业的管理条例等。

本章小结

本章阐述了审计的产生和发展，定义，审计的动因和理论解释，审计人员的社会角色，审计的分类和审计的依据。本章由审计的产生和发展的历史入手，导入审计定义，以便读者对审计的定义有更好的理解。审计的动因和理论解释以及对审计人员的社会角色的辨析为本章的特色，便于读者更好地理解审计的理念和工作思路。

复习题

1. 审计的定义应如何理解？
2. 审计和会计有什么区别？
3. 审计有哪些基本的分类？
4. 三种不同主体的审计有何区别？
5. 审计的动因理论有哪些？
6. 审计人员的社会角色经历哪些发展过程？
7. 审计的依据有哪些？

第3章 政府审计

> **引例**
>
> 小B睡在上铺的兄弟小T通过公务员考试，考上了审计署驻XX特派办的某岗位。中文系的老同学小D问：审计署驻XX特派办属于什么类型的审计，是内部审计吗？审计署又是什么单位？是香港的廉政公署吗？这些部门一般开展的是什么审计项目？有什么特点？

3.1 政府审计的定义与运行模式

3.1.1 政府审计的定义

政府审计是指国家或政府所设立的审计机关或机构组织实施的审计监督行为。政府审计也称为国家审计（Government Audit），国家审计机关代表国家行使审计监督权力。政府审计是国家政治制度的重要组成部分，也是国家治理的监督控制系统之一，服务于国家治理的决策系统，承担着对国家治理的执行系统实施监督和约束的职责。政府审计的主要任务是对政府机关、国家财政金融机构和企业事业组织的财务收支活动的真实性和合法性进行审计监督，着重评价其运用社会公共资源的经济性、效率性和效果性。

经济性是指以最低的资源耗费，获得一定数量和质量的产出，也就是节省的程度。效率性是指从一个部门或一个项目的资源投入，力争取得最大的产出，或确保以最小的资源投入取得一定数量的产出。效果性是指既定的目标实现的程度或一项活动预期的影响与实际影响之间的关系。[①]

---

① 在"绩效审计"章节将重点介绍。

> **小知识：政府审计和国家审计是一样的吗？**
>
> 中文系的老同学小 D 问在审计署 XX 特派办工作的同学小 T："你是从事国家审计工作的，但经常听到的是政府审计，国家审计和政府审计是一样的吗？"小 B 说："我学了很久的审计学，好像也糊涂了。"小 T 回答说："从内容看是一样的，都指国家审计机关对中央和地方政府各部门及其他公共机构财务报告的真实性、公允性，运用公共资源的经济性、效益性、效果性，以及提供公共服务的质量进行审计。但又不完全一样，二者审计范围不同。在我国，国家审计一般是指国家审计署统一进行的审计，而政府审计则是指地方各级政府审计机关进行的审计。"说完，小 T 很专业地再说："不知有没有帮到你们？"

3.1.2 政府审计的运行模式

目前，政府审计在国家经济的舞台上发挥着越来越重要的作用，世界上大部分国家和地区都建立起了比较完善的政府审计组织体系。政府审计模式主要分为立法型审计模式、司法型审计模式、独立型审计模式和行政型审计模式。

一、立法型审计体制

立法型审计体制下的最高审计机关独立于政府部门，隶属于立法机构（如议会），并对其负责和报告工作。立法型审计机关的主要职能是协助立法机构对政府进行监督，并在一定程度上影响立法机构的决策。它依法独立履行职责，完全不受政府的干预。代表国家有美国和英国。

二、司法型审计体制

司法型审计体制下，最高审计机构称审计法院，属于司法系列或具有司法性质。在这种审计体制下，审计机关拥有最终判决权，有权直接对违反财经法规、制度的任何事项和人进行处理。其审计范围包括政府部门、国有企业等。司法型审计体制将审计法院介于议会和政府之间，成为司法体系的组成部分，具有处置和处罚的权利，其独立性和权威性得到进一步加强。代表国家有日本。

三、独立型审计体制

独立性审计体制下，国家审计机构独立于立法、司法和行政三权之外，它与议会没有领导关系，也不是政府的职能部门。在审计监督过程中，坚持依法审计的原则，客观公正地履行监督职能，只对法律负责，不受议会各政党或任何政治因素的干扰。但对审计出来的问题没有处理权，而交与司法机关审理。

四、行政型审计体制

在行政型审计体制下，审计机关隶属于政府行政部门或隶属于政府某一部门的领导，如泰国和中国的审计署是在总理领导下工作的。审计机关根据国家法律赋予的权限，对政府所属各部门、各单位的财政预算和收支活动进行审计。它们对政府负责，保证政府财经政策、法令、计划和预算等的正常实施。行政型最高审计机构时效性强，但其独立性不如以上三种国家审计类型。

我国政府审计是行政型审计体制的代表。我国目前的政府审计组织分三个层次：一是中央的政府审计机关，即中华人民共和国审计署，设在国务院，接受国务院总理领导，对国务院负责并报告工作。国家审计署是我国最高的政府审计机关。二是地方各级政府的审计机关。《中华人民共和国宪法》第一百零九条规定："县级以上的地方各级人民政府设立审计机关。地方各级审计机关依照法律规定独立行使审计监督权，对本级人民政府和上一级审计机关负责。"即实行双重领导体制。三是中央政府审计机关和地方政府审计机关根据需要设立的派出机构，包括设在国务院各部委的驻在机构、地方政府各厅（局）的驻在机构以及在重点地区的审计办事处。审计署驻广州特派员办事处等。派出机构不接受当地政府的领导，属于垂直领导体制。

3.2 政府审计的目标和特点

3.2.1 政府审计的目标

政府审计机构代表国家实行审计监督权力，从广义上讲，其审计目标是：加强国家的审计监督，维护国家财政经济秩序，提高财政资金使用效益，促进廉政建设，保障国民经济和社会健康发展。从狭义上来讲，政府审计的目标取决于具体审计的项目和内容，可以是经济责任审计，可以是预决算审计，也可以是效益审计。

3.2.2 政府审计的特点

政府审计与内部审计、社会审计（注册会计师审计）比较而言，有其自身的特征，主要包括：

一、审计主体特殊

政府审计一般由审计机关来完成，审计机关代表国家履行审计监督权力，具体实施审计工作的审计人员基本上都具有公务员身份。审计机关及审计人员的报酬由国家通过各级财政支付，与被审计单位无关。在大部分情况下，政府审计的独立性能得到很好的体现。

二、审计对象广

政府审计的性质决定了它所关注的是宏观经济，其对象涉及我国社会主义经济建设的方方面面，范围广、金额大、社会影响广泛。特别是对本级政府财政预决算及财务收支活动的监督。

三、审计依据政策性强

我国对政府审计制定了完善的法律法规及相关准则，为审计工作的开展提供了强有力的政策依据。包括我国《宪法》对审计机关的设置作出的明确规定、《中华人民共和国审计法》和《审计法实施条例》、《中华人民共和国国家审计准则》等。

3.3 政府审计准则

政府审计准则也叫国家审计准则，是政府审计人员实施审计工作时必须遵循的规范。我国的政府审计准则由最高审计机关——审计署制定并颁布实施。

我国现行的政府审计准则是国家审计署于2010年9月1日颁布的，其全称为《中华人民共和国国家审计准则》，共七章，包括：

第一章，总则。总则主要说明制定政府审计准则的意义、依据、作用，审计准则的适用范围，审计机关的地位和对审计工作的一般要求。

第二章，审计机关和审计人员。规范了审计机关和审计人员应该具备的资格条件及执业行为。

第三章，审计计划。审计计划和工作方案制定的依据和内容。

第四章，审计实施。对审计程序、审计证据和重大违法行为处理等审计实务的规定。

第五章，审计报告。对审计报告的内容和形式、审计意见书、审计决定书以及整改检查等的规定。

第六章，审计质量控制和责任。规定了审计机关内部控制制度要素和内容。

第七章，附则。对政府审计机关和人员工作特例、地方政府审计机关执行本准则等问题进行了规定。

3.4 政府审计程序

根据《中华人民共和国国家审计准则》的规定,政府审计程序分为三个阶段,分别是:审计计划阶段、审计实施阶段和审计报告阶段。

3.4.1 审计计划阶段

审计机关应当根据法定的审计职责和审计管辖范围,编制年度审计项目计划,年度审计项目计划报经本级政府行政首长批准并向上一级审计机关报告。

一、审计计划的内容

审计计划包括:①审计项目名称;②审计目标,即实施审计项目预期要完成的任务和结果;③审计范围,即审计项目涉及的具体单位、事项和所属期间;④审计重点;⑤审计项目组织和实施单位;⑥审计资源。

对于采取跟踪审计方式实施的审计项目,年度审计项目计划应当列明跟踪的具体方式和要求。专项审计调查项目的年度审计项目计划应当列明专项审计调查的要求。

二、审计计划的编制程序

(1) 调查审计需求,初步选择审计项目;

(2) 对初选审计项目进行可行性研究,确定备选审计项目及其优先顺序;

(3) 评估审计机关可用审计资源,确定审计项目,编制年度审计项目计划。

三、审计项目的范围

(1) 国家和地区财政收支、财务收支以及有关经济活动情况;

(2) 政府工作重心;

(3) 本级政府行政首长和相关领导机关对审计工作的要求;

(4) 上级审计机关安排或者授权审计的事项;

(5) 有关部门委托或者提请审计机关审计的事项;

(6) 群众举报、公众关注的事项;

(7) 经分析相关数据认为应当列入审计的事项;

(8) 其他事项。

四、审计项目的可行性研究

审计机关对初选审计项目进行可行性研究,确定初选审计项目的审计目标、审计范围、审计重点和其他重要事项。

进行可行性研究重点调查研究下列内容:

(1) 与确定和实施审计项目相关的法律、法规和政策;

(2) 管理体制、组织结构、主要业务及其开展情况;

（3）财政收支、财务收支状况及结果；
（4）相关的信息系统及其电子数据情况；
（5）管理和监督机构的监督检查情况及结果；
（6）以前年度审计情况；
（7）其他相关内容。

五、审计项目优先顺序

审计机关在调查审计需求和可行性研究过程中，从下列方面对初选审计项目进行评估，以确定备选审计项目及其优先顺序：

（1）项目重要程度，评估在国家经济和社会发展中的重要性、政府行政首长和相关领导机关及公众关注程度、资金和资产规模等；
（2）项目风险水平，评估项目规模、管理和控制状况等；
（3）审计预期效果；
（4）审计频率和覆盖面；
（5）项目对审计资源的要求。

六、审计计划调整的情形

年度审计项目计划执行过程中，遇有下列情形之一的，应当按照原审批程序调整：

（1）本级政府行政首长和相关领导机关临时交办审计项目的；
（2）上级审计机关临时安排或者授权审计项目的；
（3）突发重大公共事件需要进行审计的；
（4）原定审计项目的被审计单位发生重大变化，导致原计划无法实施的；
（5）需要更换审计项目实施单位的；
（6）审计目标、审计范围等发生重大变化需要调整的。

七、其他需要关注的问题

（1）必选审计项目：法律法规规定每年应当审计的项目，本级政府行政首长和相关领导机关要求审计的项目，上级审计机关安排或者授权的审计项目。审计机关对必选审计项目，可以不进行可行性研究。

（2）上级审计机关直接审计下级审计机关审计管辖范围内的重大审计事项，应当列入上级审计机关年度审计项目计划，并及时通知下级审计机关。

（3）上级审计机关可以依法将其审计管辖范围内的审计事项，授权下级审计机关进行审计。对于上级审计机关审计管辖范围内的审计事项，下级审计机关也可以提出授权申请，报有管辖权的上级审计机关审批。获得授权的审计机关应当将授权的审计事项列入年度审计项目计划。

3.4.2 审计实施阶段

审计机关应当在实施项目审计前组成审计组。审计组由审计组组长和其他成员组成。审计组实行组长负责制。审计组组长由审计机关确定，组长可以根据需要在审计组成员中确定主审，主审应当履行其规定职责和审计组组长委托履行的其他职责。

一、审计通知书

审计机关应当依照法律法规的规定，向被审计单位送达审计通知书。审计通知书的内容主要包括：①被审计单位名称；②审计依据；③审计范围；④审计起始时间；⑤审计组组长及其他成员名单和被审计单位配合审计工作的要求；⑥向被审计单位告知审计组的审计纪律要求。

采取跟踪审计方式实施审计的，审计通知书应当列明跟踪审计的具体方式和要求；专项审计调查项目的审计通知书应当列明专项审计调查的要求。

二、了解被审计单位

审计人员可以从下列方面调查了解被审计单位及其相关情况：

（1）单位性质、组织结构；
（2）职责范围或者经营范围、业务活动及其目标；
（3）相关法律法规、政策及其执行情况；
（4）财政财务管理体制和业务管理体制；
（5）适用的业绩指标体系以及业绩评价情况；
（6）相关内部控制及其执行情况；
（7）相关信息系统及其电子数据情况；
（8）经济环境、行业状况及其他外部因素；
（9）以往接受审计和监管及其整改情况；
（10）需要了解的其他情况。

三、了解被审计内部控制

审计人员可以从下列方面调查了解被审计单位相关内部控制及其执行情况：

（1）控制环境，即管理模式、组织结构、责权配置、人力资源制度等。
（2）风险评估，即被审计单位确定、分析与实现内部控制目标相关的风险，以及采取的应对措施。
（3）控制活动，即根据风险评估结果采取的控制措施，包括不相容职务分离控制、授权审批控制、资产保护控制、预算控制、业绩分析和绩效考评控制等。
（4）信息与沟通，即收集、处理、传递与内部控制相关的信息，并能有效沟通的情况。
（5）对控制的监督，即对各项内部控制设计、职责及其履行情况的监督检查。

四、审计方法

审计人员可以采取下列方法调查了解被审计单位及其相关情况：

（1）书面或者口头询问被审计单位内部和外部相关人员；
（2）检查有关文件、报告、内部管理手册、信息系统的技术文档和操作手册；

(3) 观察有关业务活动及其场所、设施和有关内部控制的执行情况;
(4) 追踪有关业务的处理过程;
(5) 分析相关数据。

五、重要性

审计人员判断重要性时,可以关注下列因素:
(1) 是否属于涉嫌犯罪的问题;
(2) 是否属于法律法规和政策禁止的问题;
(3) 是否属于故意行为所产生的问题;
(4) 可能存在问题涉及的数量或者金额;
(5) 是否涉及政策、体制或者机制的严重缺陷;
(6) 是否属于信息系统设计缺陷;
(7) 政府行政首长和相关领导机关及公众的关注程度;
(8) 需要关注的其他因素。

六、重大违法行为检查

审计人员执行审计业务时,应当保持职业谨慎,充分关注可能存在的重大违法行为。

审计人员调查了解被审计单位及其相关情况时,可以重点了解可能与重大违法行为有关的下列事项:
(1) 被审计单位所在行业发生重大违法行为的状况;
(2) 有关的法律法规及其执行情况;
(3) 监管部门已经发现和了解的与被审计单位有关的重大违法行为的事实或者线索;
(4) 可能形成重大违法行为的动机和原因;
(5) 相关的内部控制及其执行情况;
(6) 其他情况。

3.4.3 审计报告阶段

审计组实施审计调查后,应当向派出审计组的审计机关提交审计报告,按照审计机关规定的程序审批后,以审计机关的名义征求被审计单位、被调查单位和拟处罚的有关责任人员的意见。

经济责任审计报告还应当征求被审计人员的意见;必要时,征求有关干部监督管理部门的意见。

审计报告中涉及的重大经济案件调查等特殊事项,经审计机关主要负责人批准,可以不征求被审计单位或者被审计人员的意见。

一、审计报告要素

审计机关的审计报告(审计组的审计报告)包括下列基本要素:

（1）标题；
（2）文号（审计组的审计报告不含此项）；
（3）被审计单位名称；
（4）审计项目名称；
（5）内容；
（6）审计机关名称（审计组名称及审计组组长签名）；
（7）签发日期（审计组向审计机关提交报告的日期）。

经济责任审计报告还包括被审计人员姓名及所担任职务。

二、审计报告内容

审计报告的内容主要包括：

（1）审计依据，即实施审计所依据的法律法规规定；
（2）实施审计的基本情况，一般包括审计范围、内容、方式和实施的起止时间；
（3）被审计单位基本情况；
（4）审计评价意见，即根据不同的审计目标，以适当、充分的审计证据为基础发表的评价意见；
（5）以往审计决定执行情况和审计建议采纳情况；
（6）审计发现的被审计单位违反国家规定的财政收支、财务收支行为和其他重要问题的事实、定性、处理处罚意见以及依据的法律法规和标准；
（7）审计发现的移送处理事项的事实和移送处理意见，但是涉嫌犯罪等不宜让被审计单位知悉的事项除外；
（8）针对审计发现的问题，根据需要提出的改进建议。

审计期间被审计单位对审计发现的问题已经整改的，审计报告还应当包括有关整改情况。

经济责任审计报告还应当包括被审计人员履行经济责任的基本情况，以及被审计人员对审计发现问题承担的责任。

核查社会审计机构相关审计报告发现的问题，应当在审计报告中一并反映。

三、审计决定书

对审计或者专项审计调查中发现被审计单位违反国家规定的财政收支、财务收支行为，依法应当由审计机关在法定职权范围内作出处理处罚决定的，审计机关应当出具审计决定书。

审计决定书的内容主要包括：

（1）审计的依据、内容和时间；

（2）违反国家规定的财政收支、财务收支行为的事实、定性、处理处罚决定以及法律法规依据；

（3）处理处罚决定执行的期限和被审计单位书面报告审计决定执行结果等要求；

（4）依法提请政府裁决或者申请行政复议、提起行政诉讼的途径和期限。

小知识：你不知道的政府审计

2011年上半年，全国审计机关共审计（调查）48540个单位。通过审计，为国家增收节支189.8亿元，其中已上交财政118.8亿元，已减少财政拨款或补贴26.1亿元，已归还原渠道资金44.9亿元；帮助被审计单位和有关单位挽回或避免损失73.8亿元，核减固定资产投资项目投资或结算额235.6亿元。向司法、纪检监察机关移送事项268件，涉及人员278人。

全国审计机关共完成对10205人的经济责任审计。审计后，8名被审计领导干部和60名其他人员的问题被移送司法、纪检监察机关处理。

各级审计机关共出具审计报告46194份，报送专项审计调查报告2671份，向社会发布审计结果公告1398篇；提交审计专题报告、综合性报告和信息简报共59820篇，其中被党政领导和有关部门批示、采用34813篇次，占58.2%。向被审计单位或有关单位提出审计建议78314条，其中已被采纳54068条，占69%。被审计单位根据审计建议制定整改措施2993项，建立健全规章制度1277项。

（数据来源：中华人民共和国审计署网站）

本章小结

本章阐述了政府审计的定义、运行模式，政府审计的目标和特点，简要介绍政府审计准则的内容，政府审计的基本程序，以便使读者对政府审计有个总体的认识和了解。

复习题

1. 应如何理解政府审计的定义？
2. 政府审计和国家审计有什么区别？
3. 政府审计有哪几种审计体制模式？
4. 政府审计的目标和特点是什么？
5. 请简单介绍政府审计准则的基本内容。
6. 政府审计程序分为哪几个阶段？
7. 政府审计的审计报告有哪些要素？内容主要是什么？

第4章 社会审计

> **引例**
>
> 小B的同学小G工作半年有余了，省吃俭用积累了两万元。听说最近股票市场看涨，于是，他决定运用这笔资金去购买股票。但是有上千家的上市公司，应该买哪一家呢？于是，他和几个同学聚会时请教了大家。同学小Y说，很简单呀，上网查一下上市公司公布的利润表，挑一家盈利最好的公司股票来投资。但小B提醒他，最好再看看这家公司公布的审计报告，看看注册会计师的意见。小G一查，审计报告对这家公司的财务报表持保留意见。小G不懂这是什么意思，小B一时也说不清楚，只是笼统地告诉他，这家公司的财务报表有一些问题，最好不要立即购买这家公司的股票。果然，没有多久，这家公司股票的价格就开始大跌。小G觉得很庆幸，不断地打电话问小B：我想学学你们这一行，注册会计师究竟是干什么的？社会审计又是做什么的？
>
> 注册会计师对财务报表的真实公允起到鉴证的作用。诚然，这个例子和现实有点差距。从理论上看，股票的价格从长期上看应和公司的业绩相关，但在现实中某一短时期里，股票的价格受到各种复杂的、波动的因素影响，股票的价格不一定与公司的业绩、审计报告有直接必然的联系，股票的分红也不一定按照公司的业绩来进行。但长久来看，长期的股票投资应当与该公司的业绩相关。

4.1 社会审计及行业管理

4.1.1 社会审计的定义

CICPA（中国注册会计师协会）在独立审计准则中的定义为：社会审计指注册会计师依法接受委托，对被审计单位的会计报表及其相关资料进行独立审查并发表审计意见。

4.1.2 社会审计的业务范围

《注册会计师法》规定，注册会计师依法承办审计业务和会计咨询、会计服务和审计业务属于法定业务，非注册会计师不得承办。社会审计主要从事的业务范围主要有：

(1) 审计业务包括：①审查企业会计报告；②验证企业资本；③办理企业合并、分立、清算事宜中的审计业务。

(2) 会计咨询、会计服务。

(3) 受托管理与事务所业务相关的资产评估、工程造价、管理咨询、税务咨询等专业服务。

(4) 担任企业破产清算的管理人，提供破产管理相关事项的服务。

20世纪90年代以来，全球范围内的会计师事务所的业务范围呈现出多样化发展趋势，税务服务、技术服务、管理咨询服务和业绩管理服务、财务计划、IT咨询服务、电子商务、网络认证、人力资源管理、信息系统可靠性、风险评估等非审计服务得到了蓬勃发展。

4.1.3 注册会计师

引例

9月份到了，小B看到老前辈们都在全力以赴地投入注册会计师考试中，小B很羡慕，也很想成为一名注册会计师。然而，参加注册会计师考试需要考哪些科目呢？在取得全科合格证书之前，通过的科目可以保留几年有效？如果已经取得了全科合格证书，还要什么条件才能成为执业注册会计师？

一、注册会计师考试与注册制度

各个国家为了保护权益者的利益，维护注册会计师的权威性和在公众心目中的地位，相继制定了各种注册会计师考试和注册制度。

在美国，有50个州和哥伦比亚特区都通过各自的注册会计师法，确认本州从事开业活动的会计师资格，并对具备注册会计师资格的注册会计师发放注册会计师证书。在英国，为了取得特许会计师（CA）资格，申请人必须在会计师事务所工作并通过专业考试。在日本，要成为一名公认会计师，申请人必须通过类似英美考试制度的国家考试。

我国于1991年开始组织全国注册会计师统一考试，具体内容如下：

(一) 报考条件

具有下列条件之一的中国公民，可报名参加考试：

(1) 高等专科以上学历；

(2) 会计或者相关专业（指审计、统计、经济）中级以上专业技术职称。具有会计或者相关专业高级技术职称的人员，以及具有大专或相当于大学学历，或者大专同等学历，从事财务工作20年以上，确有会计业务专长的人员，可以免试部分科目的考试。

对外籍公民，按互惠原则，其所在国允许中华人民共和国公民参加该国注册会计师（或其他相应称谓）考试者，中华人民共和国政府亦允许其公民参加中国注册会计师考试。我国港澳台地区居民及按照互惠原则确认的外籍公民申请参加中华人民共和国注册会计师考试。

(二) 考试组织

财政部成立全国注册会计师考试委员会（简称全国考试委员会），下设全国注册会计师考试委员会办公室，设在中国注册会计师协会。各省、自治区、直辖市财政厅（局）成立地方注册会计师考试委员会（简称地方考试委员会），地方考试委员会办公室（简称地方考试办公室）设在各省、自治区、直辖市注册会计师协会。

全国考试委员会组织领导全国统一考试工作，确定考试组织工作原则，制定考试组织工作方针、政策，审定考试大纲，确定考试命题，处理考试组织工作中的重大问题，指导地方考试委员会工作。全国考试办公室负责具体的组织、实施考试工作，指导各地方考试办公室的工作。

地方考试委员会贯彻、实施全国考试委员会的规定，组织、领导本地区的考试工作。地方考试办公室在地方考试委员会的领导下具体负责组织本地区的考试工作。

(三) 考试范围

考试范围在考试大纲中确定。考试大纲由全国考试办公室制定，经全国考试委员会审定发布。考试划分为专业阶段和综合阶段考试。在通过专业阶段考试的全部科目后，才能参加综合阶段考试。专业阶段考试设会计、审计、财务成本管理、公司战略与风险管理、经济法、税法等6个科目。综合阶段考试设职业能力综合测试1个科目。具有会计或相关专业高级技术职称的人员，可以申请免予专业阶段考试1个专长科目的考试。考试均采取闭卷、笔试的方式进行。考试实行百分制，60分为成绩合格分数线。全科成绩合格者，领取全国考试委员会颁发的全科合格证书，单科考试合格成绩5年内有效。连续5个年度考试取得专业阶段考试全部科目考试合格成绩的学生，财政部考委会颁发注册会计师统一考试专业阶段考试合格证书。综合阶段考试科目应在专业阶段考试合格证书后5个年度考试中完成。综合阶段考试合格成绩考生，财政部考委会颁发注册会计师全国统一考试全科考试合格证书。

（四）注册登记

通过注册会计师考试全科成绩合格的，均可取得注册会计师资格，申请加入注册会计师协会，成为非执业会员，但不能执业。注册会计师依法执业，还必须按照规定，在中国境内从事审计业务工作2年以上，并符合其他审批条件。只有经批准注册并取得财政部统一印刷的注册会计师证书的，方可执行注册会计师业务。注册由省级注册会计师协会办理、报财政部备案。财政部对发现的不符合法律要求条件的注册，应当通知有关的注册会计师协会撤销注册，同时抄送中国注册会计师协会及省级财政部门。

二、注册会计师职业后续教育

（一）职业后续教育的内容和形式

（1）会计准则及国家其他有关财务会计法规。
（2）独立审计准则和其他职业规范。
（3）与执业有关的其他法规。
（4）执业所需的其他知识与技能。

（二）职业后续教育的组织和实施

职业后续教育由中国注册会计师协会及其地方组织负责组织和实施。

中国注册会计师协会的职责主要包括：制定全国性的职业后续教育制度和办法，组织全国性的职业后续教育活动，制定全国性年度职业后续教育大纲，组织全国性职业后续教育教材的编写与选定，组织全国性职业后续教育的考核与检查。

各地方注册会计师协会在其上级协会的指导下，根据职业后续教育准则及其他相关要求，组织和实施本地区的职业后续教育。

各会计师事务所也应根据职业后续教育准则和其他相关要求，合理制定本所职业后续教育计划，并有效地组织本所注册会计师的后续教育工作。

（三）职业后续教育的检查和考核

由中国注册会计师协会及其地方组织负责检查和考核注册会计师的职业后续教育情况。

执业会员每年接受职业后续教育的时间不得少于40学时，3年累计不得少于180学时；每年接受脱产培训的时间不得少于20学时，3年累计不得少于120学时。注册会计师如未能提供职业后续教育的有效记录或无故未达到职业后续教育要求的，考核时将不予通过。

4.1.4 会计师事务所

一、会计师事务所的组织形式

（一）国外会计师事务所的组织形式

（1）独资制。指注册会计师个人独立开办的事务所。特点是由个人出资并承担无限责任。

(2) 普通合伙制。由两位或多位注册会计师合伙设立的会计师事务所。特点是多人共同出资，以各自财产对合伙事务所债务承担无限责任。

(3) 有限责任合伙制。多个合伙人通过设立有限责任公司的方式组建事务所。特点是事务所以其资产对债务承担有限责任，各合伙人对个人执业能力行为承担无限责任。

(4) 股份有限公司制。通过设立股份有限公司方式组建事务所。特点是由注册会计师认购事务所股份，并以其股份为限对本所债务承担有限责任。

(二) 我国会计师事务所组织形式

我国《注册会计师法》规定，不准个人设立独资会计师事务所。

注册会计师可以发起设立有限责任会计师事务所。有限责任会计师事务所是指由发起人通过共同出资并以其出资额为限对本所债务承担有限责任，会计师事务所是以其全部资产对其债务承担责任的社会中介机构。

会计师事务所也可以由注册会计师合伙设立。合伙制会计师事务所是由2名以上的注册会计师共同出资设立，共同执业，合伙人按出资比例或协议以各自的财产对事务所债务承担连带责任的社会中介机构。

为了推动大中型会计师事务所采用特殊普通合伙组织形式，促进会计师事务所做强做大，财政部于2010年7月印发财会[2010]12号文件，要求大型会计师事务所应当于2010年12月31日前转制为特殊普通合伙组织形式，鼓励中型会计师事务所于2011年12月31日前转制为特殊普通合伙组织形式。特殊普通合伙制形式的会计师事务所，一个合伙人或者数个合伙人在执业活动中因故意或者过失造成合伙企业债务的，应当承担无限责任或无限连带责任，其他合伙人以其在合伙企业中的财产份额为限承担责任。

二、会计师事务所的组织结构

在我国，会计师事务所的组织结构大致有两种，即所长负责制和董事会领导下的主任会计师负责制。会计师事务所内部工作人员的分工大体一致，即实行主任会计师（或所长、总经理）、部门经理、项目经理（或业务经理）三级管理制度。

在国外，会计师事务所的组织结构比较复杂，因会计师事务所类型不同而各具特点，但以合伙会计师事务所最为典型。合伙会计师事务所人员构成通常包括合伙人、部门经理、高级会计师和聘任会计师。

三、会计师事务所的业务承接

在我国，注册会计师不能以个人名义承办业务，而必须由会计师事务所统一接受委托。接受委托时，应在业务约定书中明确所承办业务的种类、范围以及双方的责任，以避免客户对注册会计师所履行职责产生误解。完成审计工作时，应出具审计报告。审计报告除应由注册会计师本人签署外，还必须加盖会计师事务所的公章。注册会计师承办业务时,由会计师事务所按照收费标准统一收费。

会计师事务所在承办业务时,由于委托人不同,其被授予的权限也不同。

在接受国家机关委托办理的业务时,根据业务的需要,注册会计师有权查阅有关财务会计资料和文件,查看业务现场和设施,向有关单位和个人进行调查与核实;接受其他委托人的委托时,需要查阅资料、文件和进行调查的,则应按照依法签订的业务约定书的约定办理。

4.1.5 注册会计师协会

1995年6月19日,由1988年11月15日成立并接受财政部监督、指导的中国注册会计师协会和1992年9月8日成立并接受审计署监督、指导的中国注册审计师协会联合组成了注册会计师全国组织——中国注册会计师协会。

2000年9月,根据国务院清理整顿经济鉴证类社会中介机构领导小组《关于抓紧落实注册税务师、注册资产评估师、注册会计师行业合并统一管理工作的通知》和财政部《关于同意中国注册会计师协会与中国资产评估协会合并的通知》的要求,中国注册会计师协会、中国资产评估协会合并组成新的中国注册会计师协会,对行业实行统一管理。

一、中国注册会计师协会的职责

依法加强自律性监管,指导、督促注册会计师公正执业,严格遵守职业道德规范;加强执业标准建设,强化业务指导,不断提高注册会计师执业水平;认真组织注册会计师考试,完善后续教育制度;及时向政府有关部门反映注册会计师的建议和意见,努力改善注册会计师的执业环境;提供必要的专业援助,维护注册会计师的合法权益;加强行业与国际组织、执业机构的交流和合作。

二、中国注册会计师协会会员

(一) 会员种类

1. 个人会员。凡参加注册会计师全国统一考试成绩合格并经申请批准和按照规定原考核取得会员资格者。个人会员分为执业会员和非执业会员,其中依法取得中国注册会计师执业证书的为执业会员。

2. 团体会员。依法批准设立的会计师事务所,为中国注册会计师协会团体会员。

3. 名誉会员。对注册会计师行业作出重大贡献的境内外有关人士,由理事会批准,可授予名誉会员称号。

(二) 会员的权利和义务

(1) 中国注册会计师协会会员的权利:①参加协会的选举权和被选举权;②参加协会举办的学习和培训活动;③参加协会组织的有关专业研究和经验交流活动;④获得协会提供的有关资料;⑤通过协会向有关部门提出意见和要求;⑥监督协会工作,提出批评和建议;⑦监督协会的会费收支;⑧有申请提出协会的权利。

（2）中国注册会计师协会会员的义务：①遵守协会章程；②执行协会决议；③遵守协会纪律；④接受协会的监督、管理；⑤按期交纳会费；⑥完成规定的后续教育学习任务；⑦承担协会委托的任务。

三、协会权力机构和常设办事机构

（一）权力机构

协会最高权力机构是全国会员代表大会，其职权是：制定、修改协会章程，讨论决定协会工作方针和任务，选举、撤换协会理事，审议、批准协会理事会的工作报告等。全国会员代表大会每三年举行一次，必要时，由协会理事会决定提前或推迟召开，推迟期限一般不得超过一年。

协会理事会由全国会员代表大会选举理事若干人组成，任期三年，可以连选连任。理事会对全国会员代表大会负责，其职权是：召开会员代表大会，选举协会常务理事会成员，选举协会领导成员，推选或聘请协会常设办事机构领导成员，增补或更换协会理事，审议、批准协会常设办事机构的年度工作报告等。

常务理事会于理事会闭会期间行使理事会职权。会长代表协会，召集、主持理事会、常务理事会和全国会员代表大会，并监督、检查其决议的贯彻实施。

（二）常设办事机构

协会的常设办事机构由秘书长、副秘书长若干人并配备必要数量的专职人员组成。办事机构部门的分设，由秘书长提出方案，经理事会讨论同意后，报财政部批准。秘书长主持协会常设办事机构的日常工作。

四、地区注册会计师协会

各省、自治区、直辖市注册会计师协会是注册会计师的地方组织。其组织机构和章程，由本地区会员代表大会依法确定，报中国注册会计师协会和当地政府主管行政机关备案并接受监督和指导。各省、自治区注册会计师协会根据需要可以设立市级协会，由省级协会批准，报全国协会备案。省级以下协会的组织运行和职责权限，依照有关法律、法规及省级协会的规定办理。

五、外国会计师职业组织和国际会计职业组织简介

（一）美国注册会计师协会

美国注册会计师协会（AICPA）是美国注册会计师的全国性组织，成立目的是促进全国注册会计师的团结，保护和增强其合法权益，加强注册会计师培训和行业管理，提高注册会计师的执业水平和职业道德。

该协会目前有会员33万多人，其中执业会员约有25万人，协会下设理事会、常务理事会及各专门委员会。该协会的主要职责是：制定审计及其他相关准则和规则，研究和出版有关会计、审计、管理咨询和税务等方面的资料，组织注册会计师考试、继续教育以及为会员提供专业咨询，开展行业交流等。

（二）英国会计职业组织

英国会计职业组织现有6家相互独立的会计职业团体，即特许会计师协会（ACCA）、

英格兰和威尔士特许会计师协会（ICAEW）、苏格兰特许会计师协会（ICAS）、爱尔兰特许会计师协会（ICAI）、成本和管理会计师协会（ICMA）、特许公共财务会计师协会（CIPFA）。上述6家会计职业团体中，只有ACCA、ICAEW、ICAS、ICAI具有登记会员资格，即有权批准其会员从事独立审计业务并发给执业证书。这6家会计职业组织彼此互相独立，并相对独立于政府部门。为促进相互合作，他们共同发起成立了一个咨询委员会（CCAB），代表英国会计职业组织向国际会计师联合会提出专业意见。

（三）日本注册会计师协会

日本注册会计师协会（JICPA）成立于1949年，是日本注册会计师行业的全国性职业团体。注册会计师必须加入该协会才能进行执业。其宗旨是：维护职业声誉，提高审计业务和其他有关业务的质量，对会员进行指导、联络和监督，以及办理会员的注册登记等事宜。协会最高决策机构是总会，总会下设理事会和常务理事会及各种专门委员会。为履行其职责，协会于1966年颁布了注册会计师《行为规则》，对注册会计师在业务执行、审计意见的发表以及与其他注册会计师的关系协调等方面，均制定了明确的规则。

（四）国际会计师联合会

国际会计师联合会（IFAC）于1977年10月在德国慕尼黑成立。目前，加入该会的成员已发展到80多个国家的120多个会计职业组织。IFAC的宗旨是：在国际间开展合作和协调，力求在技术、道德和教育等方面提高水平，促使会计师资格相互承认，在世界范围内发展和繁荣会计职业。其主要目标是：为会计职业界建立国际性技术职业道德和教育准则；用共同的目标发展地区组织；组织国际会计师代表大会，促进交流，以期达到共同的目的。联合会设理事会作为执行机构，由美、英、法、日等18个国家的代表组成。联合会还下设了国际会计准则、国际审计实务、职业道德、教育、财务与管理会计、信息技术、会员资格、公共部门等专门委员会，分别负责相应方面的工作。

4.1.6 注册会计师的行业管理

一、注册会计师的行业管理体制概述

根据各国政府介入程度的不同，注册会计师的行业管理体制基本上可以分为三类。

（1）政府干预型。政府干预型的管理体制，是指在发挥注册会计师行业自我管理的基础上，政府部门具有较大的影响和作用的管理体制。目前，实行政府干预型管理体制的国家主要有日本、德国、荷兰、瑞典、法国、意大利等。

（2）行业自律型。行业自律型的管理体制，是指政府在注册会计师行业管理中较少发挥作用，主要依靠行业自我管理的管理体制。实行这种管理体制的国家主要有美国、加拿大、英国、澳大利亚、阿根廷等。

（3）政府干预与行业自律结合型。政府干预与行业自律结合型的管理体制，是指

在注册会计师管理中,政府管理与行业自我管理并重的管理体制,以我国最为典型。

二、外国注册会计师的行业管理

(一)美国注册会计师的行业管理

注册会计师在美国是受尊敬的职业,在社会上具有较高的声誉和地位,这与注册会计师的行业管理是分不开的。注册会计师行业管理主要包括外部管理和行业的自我管理。但由于一系列的会计丑闻,注册会计师行业自律的有效性受到质疑,会计师行业从以自律为主转换为以加强监管为主。

1. 外部管理。外部管理包括行政管理和法律约束。

(1)证券交易委员会(SEC)。所有上市公司在申请上市和年度备案时提交的财务报表及其他财务信息必须经由注册会计师审计。证券交易委员会有权对注册会计师违规行为进行处罚。

(2)法院。法院可以根据有关法律,对注册会计师的违约、过失和欺诈等行为作出司法审判,注册会计师对其执业行为承担相应的责任。

(3)州会计委员会。州会计委员会根据州会计法的规定,有权颁发、更换或吊销注册会计师的执业许可证。

2. 行业自我管理。管理机构主要包括财务会计准则委员会、政府会计准则委员会、美国注册会计师委员会和州注册会计师协会。

(1)美国注册会计师协会(AICPA)。负责制定和发布一般公认审计准则、职业道德规范及其他执业规范。该协会建立了同业互查委员会和 CPA 事务局,同业互查委员会进行同业互查情况的监督和检查工作。会计师事务所可自愿选择加入或不加入 CPA 事务局,但加入的事务所必须遵守该部制定的质量控制标准和其他有关要求。

(2)政府会计准则委员会(GASS)。负责制定和发布政府单位会计和报告准则,注册会计师协会要求其会员遵守该会发布的准则。

(3)财务会计准则委员会(FASB)。主要制定和发布财务会计准则公告及相关的公告解释和技术简报,其准则公告及相关解释具有较高的权威性。

(4)州注册会计师协会。其主要工作是推进有利于注册会计师的州立法,并出版专业刊物。

过去,美国注册会计师行业的监管与服务职能都集中在美国注册会计师协会(AICPA)。证券市场的系列会计丑闻,使注册会计师行业自律的有效性遭到空前质疑。美国国会于 2002 年 7 月 30 日通过了《2002 年公众公司会计改革和投资者保护法》,又称《萨班斯—奥克斯利法案》(SOX 法案),对《1933 年证券法》和《1934 年证券交易法》的许多内容作了修改和补充,包括证券市场审计监督、审计独立性、财务信息披露、公司责任、证券分析师的利益冲突、美国证交会的资源和权力、相关问题的研究报告、公司及刑事欺诈责任、强化白领刑事责任、公司税收返还和公司欺诈责任等 11 个方面。该法案加强了对上市公司和注册会计师行业的监管,其中一个显著变化是会计师行业从自律改为加强监管。

在该法案之前，美国注册会计师协会依靠会员会费的资助在维持运作，所以少量的大型会计师事务所对协会的影响很大，协会不可避免地会维护注册会计师的利益。因此，仅依靠协会自律，很难杜绝丑闻再度发生。根据 SOX 法案的规定，美国证券交易委员会（SEC）专门成立上市公司会计监督委员会（PCAOB），而原来由 AICPA 行使的对注册会计师行业的监管职能，则交给更具公共职能的 PCAOB。PCAOB 由五人组成，直接归美国证监会管辖，但不属于其内部雇员。为消除注册会计师事务所的影响，该委员会的运行经费不再由会计师事务所承担，而是改为由上市公司分担。美国证监会授权该委员会制定审计准则、会计师事务所注册权、日常监督权、调查和处罚权，检查和处理上市公司与会计师之间的会计处理分歧。

（二）日本注册会计师的行业管理

1. 外部管理。日本注册会计师协会外部管理主要包括法律规范和行政管理。

（1）法律规范。主要有《公认会计师法》，该法规定了公认会计师的业务范围、行政监督机关、行业自律团体、资格考试与注册以及法律责任等内容。

（2）行政管理。大藏省是公认会计师行业的最高管理机构，下设三个职能部门负责对公认会计师行业进行管理。

2. 行业自我管理。日本公认会计师协会是公认会计师行业自我管理的组织，负责拟定审计准则和执业规则、对会员进行业务指导、执业监督。

三、中国注册会计师的行业管理

我国注册会计师的行业管理也包括外部管理和行业自我管理两个方面。在通过法律法规对注册会计师行业进行监管的同时，充分发挥行业协会的职能。

1. 外部管理

（1）法律规范。《注册会计师法》是我国注册会计师行业管理的主要法律。该法规定了注册会计师考试与注册、注册会计师业务范围和规则、会计师事务所管理、行业协会以及法律责任等内容。

（2）行政管理。我国有权对注册会计师行业进行行政管理的部门主要有财政部门、工商税务部门和中国证券监督管理委员会。

2. 行业自我管理

我国注册会计师行业自我管理的组织是各级注册会计师协会。中国注册会计师协会是注册会计师行业的全国性组织，省级注册会计师协会是其地方组织。在财政部的领导下，中国注册会计师协会通过制定独立审计准则和其他职业规范，组织注册会计师考试与培训，规范注册会计师的执业行为，提高独立审计工作的质量。

4.2 注册会计师执业准则

4.2.1 注册会计师执业准则概述

一、注册会计师执业准则

(一) 注册会计师执业准则的作用

(1) 制定、实施执业准则,为衡量和评价注册会计师执业质量提供依据,从而有助于注册会计师执业质量的提高;

(2) 制定、实施执业准则,有助于规范审计工作,维护社会经济秩序;

(3) 制定、实施执业准则,有助于增强社会公众对注册会计师职业的信任;

(4) 执业准则的制定和实施,有助于维护会计师事务所和注册会计师的正当权益,使得他们免受不公正的指责和控告;

(5) 制定、实施执业准则,有助于推动审计与鉴证理论的研究和现代审计人才的培养。

(二) 执业准则的负效应

(1) 执业准则可能导致僵化,人为缩小注册会计师职业判断的范围;

(2) 报告使用者往往认为依据执业准则审定的财务报表是确实可靠的;

(3) 执业准则可能由于社会或政治压力,致使注册会计师职业受到操纵;

(4) 执业准则可能抑制批评性思想、建设性思想的发展;

(5) 准则越多,注册会计师的执业成本可能就越高。

二、注册会计师执业准则基本体系

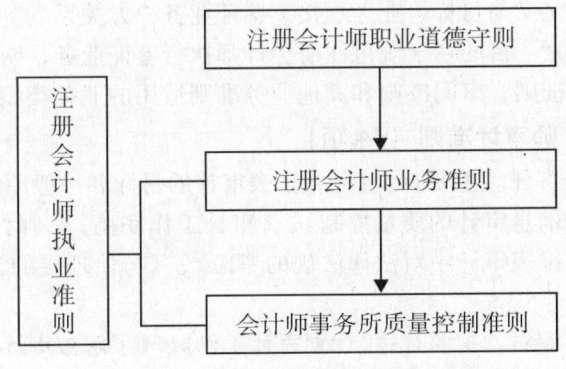

图 4-1 注册会计师执业准则基本体系

三、注册会计师执业准则的内容

中国注册会计师执业准则51项,其中注册会计师业务准则50项,会计师事务所质量控制准则1项。50项业务准则包括:鉴证业务准则48项和相关服务准则2项。其中,48项鉴证业务准则包括:鉴证业务基本准则1项、审计准则44项、审阅准则1项、其他鉴证业务准则2项。

4.2.2 注册会计师业务准则

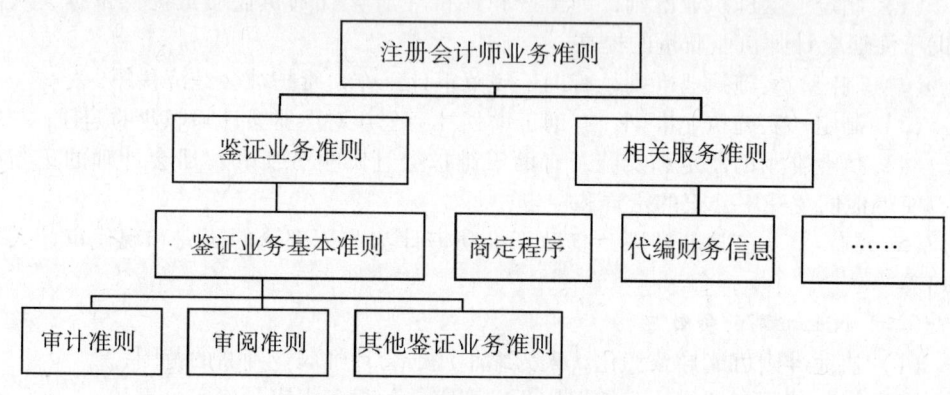

图4-2 注册会计师业务准则体系

注册会计师业务准则一共50项。具体内容如下:

一、注册会计师鉴证业务基本准则(1项)

注册会计师鉴证业务基本准则即《中国注册会计师鉴证业务基本准则》。此准则阐述了鉴证业务的定义与目标、业务承接、鉴证业务三方关系、鉴证对象、标准、证据、鉴证报告等要素。目的在于规范注册会计师执行鉴证业务,明确鉴证业务的目标和要素,确定审计准则、审阅准则和其他业务准则适用的业务类型。

二、注册会计师审计准则(44项)

1. 一般原则与责任。主要有:《财务报表审计的目标和一般原则》、《审计业务约定书》、《历史财务信息审计的质量控制》、《审计工作底稿》、《财务报表审计中对舞弊的考虑》、《财务报表审计中对法律法规的考虑》、《与治理层的沟通》、《前后任注册会计师的沟通》。

2. 风险评估与应对。主要有:《计划审计工作》、《了解被审计单位及其环境并评估重大错报风险》、《对被审计单位使用服务机构的考虑》、《重要性》、《针对评估的重大错报风险实施的程序》。

3. 审计证据。主要有:《审计证据》、《存货监盘》、《函证》、《分析程序》、《审计抽样和其他测试项目的方法》等。

4. 利用其他主体的工作。主要有:《利用其他注册会计师的工作》、《考虑内部审计工作》、《利用专家的工作》。

5. 审计结论与报告。主要有:《审计报告》、《非标准审计报告》等。

6. 特殊领域审计。主要有:《对特殊目的审计业务出具审计报告》、《验资》、《商业银行财务报表审计》等。

三、注册会计师审阅准则(1项)

即《财务报表审阅》。

四、注册会计师其他鉴证业务准则(2项)

分别是《历史财务信息审计或审阅以外的鉴证业务》、《预测性财务信息的审核》。

五、注册会计师相关服务准则(2项)

分别是《对财务信息执行商定程序》、《代编财务信息》。

4.3 会计师事务所质量控制准则

事务所质量控制准则1项,即《会计师事务所质量控制准则》,这主要是从会计师事务所层面上进行规范的。其主要内容有:

一、业务质量控制的目标和要求

业务质量控制的目的:会计师事务所的目标是建立并保持质量控制制度,以合理保证:①会计师事务所及其人员遵守法律法规、职业道德规范和执业准则;②会计师事务所和项目合伙人出具恰当的报告。

业务质量控制的要求:质量控制准则的要求旨在使会计师事务所能够实现本准则的目标。会计师事务所应当考虑是否存在特殊事项或情况,要求其建立除本准则要求外的政策和程序,以实现质量控制的目标。会计师事务所内部负责建立并保持质量控制制度的人员应当了解会计师事务所质量控制的全部内容以及应用指南,以理解其目标并恰当遵守其要求。

二、业务质量控制的要素

包括6个方面:①对业务质量承担的领导责任;②相关职业道德要求;③客户关系和具体业务的接受与保持;④人力资源;⑤业务执行;⑥监控。

三、对业务质量承担的领导责任

首先,主任会计师应制定相关政策和程序,适当履行对质量控制制度承担的责任;其次,会计师事务所的领导层应当树立质量至上的意识。

四、相关职业道德要求

这包括两个方面,既要有遵守职业道德规范的措施,也要满足独立性的要求。

五、客户关系和具体业务的接受与保持

会计师事务所应当制定有关客户关系和具体业务接受与保持的政策和程序,以合

理保证只有在下列情况下，才能接受或保持客户关系和具体业务：①能够胜任该项业务，并具有执行该项业务必要的素质、时间和资源；②能够遵守相关职业道德要求；③已经考虑客户的诚信，并没有信息表明客户缺乏诚信。如果可能导致会计师事务所拒绝该项业务，会计师事务所应当针对这种情况进行考虑：①适用于这种情况的职业责任和法律责任，包括是否要求会计师事务所向委托人报告或在某些情况下向监管机构报告；②解除业务约定或同时解除业务约定和客户关系的可能性。

六、人力资源

会计师事务所应当制定政策和程序，合理保证拥有足够的具有胜任能力和必要素质并承诺遵循道德基本原则的人员。会计师事务所应当对每项业务委派至少一名项目合伙人，将项目合伙人的身份和作用告知客户管理层和治理层的关键成员；项目合伙人应具有履行职责所要求的适当的胜任能力、必要素质和权限。

七、业务执行

关于业务执行，会计师事务所应当制定的政策和程序包括：与保持业务执行质量一致性相关的事项，监督责任，复核责任。在安排复核工作时，应当由项目组内经验较多的人员复核经验较少的人员的工作。

（一）咨询

会计师事务所应当：就疑难问题或争议事项进行适当咨询；能够获取充分的资源进行适当咨询；咨询的性质和范围以及咨询形成的结论得以记录，并经过咨询者和被咨询者的认可；咨询形成的结论得到执行。

（二）项目质量控制复核

会计师事务所应当制定政策和程序，要求对特定业务实施项目质量控制复核，以客观评价项目组作出的重大判断以及在准备报告中得到的结论。包括：要求对所有上市公司实体财务报表审计实施项目质量控制复核；制定标准，据此评价所有其他的历史财务信息审计和审阅、其他鉴证和相关服务业务，以确定是否应当实施项目质量控制复核；要求对所有符合"制定标准"的业务实施项目质量控制复核。

八、监控

监控过程应当包括：持续考虑和评价会计师事务所的控制制度；要求委派一个或多个合伙人，或会计师事务所内部具有充分、适当的经验和权限的其他人员负责监控过程；要求执行业务或实施项目质量控制复核的人员不参与该项业务的检查工作。

4.4 注册会计师职业道德规范

4.4.1 注册会计师职业道德概述

> **引例：注册会计师的独立性决定审计的价值**
>
> 小 B 最近听说了他的一个朋友小 R 在另一家会计师事务所的一个最新事件。小 R 他们的审计客户是上市公司 CD 公司。过去的 6 个月，其股票一直在飙升。事务所因为审计而知道他们掌握某些方面的先进技术，其销售收入将继续持续上升。小 R 有点坐不住了，打电话请为他操作股票的证券公司业务员 S 帮忙购买该公司的股票。S 以前也和小 R 一起工作过，所以他很了解小 R 及他们事务所的情况，他说："你确定要这样做吗？CD 公司是你们的客户。而我不同，我已离开了你们事务所。"
>
>
>
> 后来，小 R 很高兴地打电话给 S："幸亏有你，最近听到新闻说，证监会揭露了一家知名的会计师事务所严重违反独立性的事件。他们的合伙人和审计员工因为进行股票投资而被停止执业。我先前要买 CD 公司的股票就和这种情况相似，如果不是你劝我，我也像他们一样被停止执业了……"
>
> 小 B 终于明白，原来注册会计师行业是一个重视道德操守的行业，审计的独立性决定了审计的价值。小 B 思忖着："不能购买客户的股票，那其实可以尝试一些其他的投资呀，只要没有利益关系就可以了……"

一、道德和职业道德

1. 道德

道德就是以善恶评价为标准，依靠社会舆论、传统习俗和人的内心信念的力量来调整人们之间相互关系的行为规范的总和。它通过确立一定的善恶标准和行为准则，来约束人们的相互关系和个人行为，调节社会关系，并与法律一起对社会生活的正常秩序起保障作用。有时专指道德品质或道德行为。

道德也可定义为一组道德原则和价值标准。哲学家、宗教团体以及其他群体已经用各种不同的定义说明了理想的道德原则或价值标准。规定性的道德原则或价值标准包括：法律和法规、宗教教义、注册会计师等职业团体的职业道德规范，以及个别组织内部审计的行为规范。

> **小知识：六个核心道德价值标准**
>
> Josephson 协会是一个旨在促进社会道德素质建设的非营利组织。下面是 Josephson 协会道德规范促进协会制定的与道德行为相关联的 6 个核心道德价值标准：
>
> **可信赖性** 包括诚实、正直、可信任和忠诚。诚实要求以良好的意图传达实情；正直意味着无论情况如何，人都要凭良心办事；可信任意味着尽所有合理努力履行承诺；忠诚是一种促进和保护特定人群和组织利益的责任。
>
> **尊重** 包括礼貌、谦恭、尊严、宽容、接受等观念。一个值得尊重的人以体谅之心对待他人，不持偏见地接受个体差异和信念。
>
> **责任** 意味着对自己行动负责并进行约束。责任也意味着追求卓越和向榜样看齐，包括坚定不移和追求持续改进。
>
> **公平和公正** 包括平等、不偏不倚、相称、公开和适当程序等问题。公平对待意味着一贯地处理相似情况。
>
> **关怀** 意味着对他人福祉的真诚关注，还包括利他举动和善心展现。
>
> **公民** 包括遵守法律和履行社会工作的公平份额，如选举投票、服务伤员和节约资源等活动。

2. 职业道德

从业人员在职业活动中应当遵循的道德规范。它通过公约、守则、条例、誓言等形式制定，要求从业人员忠于职守，提高技术业务水平，讲究工作效率，服从秩序和领导，团结协作，以推动事业的发展。

二、注册会计师职业道德

注册会计师职业道德是指注册会计师在审计活动中应当遵循的道德规范。在美国，早在 1917 年即通过了全国性的职业道德准则。2009 年，中国注册会计师协会发布了《中国注册会计师职业道德守则》（以下简称《职业道德守则》），于 2010 年 7 月 1 日起施行。

本次发布的《职业道德守则》包括 5 个组成部分，即《中国注册会计师职业道德守则第 1 号——职业道德基本原则》、《中国注册会计师职业道德守则第 2 号——职业道德概念框架》、《中国注册会计师职业道德守则第 3 号——提供专业服务的具体要求》、《中国注册会计师职业道德守则第 4 号——审计和审阅业务对独立性的要求》

和《中国注册会计师职业道德守则第 5 号——其他鉴证业务对独立性的要求》。

本次发布的《职业道德守则》主要有以下特点：一是全面规范了注册会计师的职业道德行为。《职业道德守则》涵盖了注册会计师业务承接、收费报价、专业服务工作的开展等所有环节可能遇到的与保持职业道德相关的情形，分别提出了明确的要求。二是突出强调了注册会计师行业的社会责任。《职业道德守则》特别强调注册会计师的独立性问题，对注册会计师如何保持独立性、如何处理与审计客户的利益冲突，切实做到独立、客观、公正执业，给予了详尽指导和要求，并对涉及公众利益的审计项目（比如上市公司审计等），向注册会计师提出了更高的职业道德要求。三是为注册会计师解决职业道德遇到的问题提供了方法指导。《职业道德守则》就如何识别对职业道德产生不利影响的情形，如何评价各种情形对职业道德的影响和危害程度以及如何采取有效的防范措施解决这些不利影响等，给予了具体的方法指导。四是实现了与国际会计师职业道德守则的全面趋同。《职业道德守则》涵盖了国际会计师职业道德守则对注册会计师的所有要求和内容，是我国继审计准则国际趋同后，在职业道德准则方面实现趋同的重大行动，体现了我国对国际准则持续全面趋同的主张和承诺。

为了规范非执业会员从事专业服务时的职业道德行为，促使其更好地履行相应的社会责任，维护公众利益，中国注册会计师协会同时发布了《中国注册会计师协会非执业会员职业道德守则》。该守则从职业道德基本原则、职业道德概念框架、潜在冲突、信息的编制和报告等方面作出规定，把行业非执业会员纳入职业道德建设的规范体系。

三、注册会计师职业道德守则的作用

注册会计师职业道德守则的作用主要体现在：①作为注册会计师的行为指南；②有助于提高注册会计师的服务质量；③有利于抵制各种诱惑；④昭示道德水准，提高公众信任；⑤保护注册会计师；⑥推动注册会计师事业的发展。

四、道德困境

1. 道德发展的 6 个阶段

劳伦斯·科尔伯格（Lawrence Kohlberg）是美国儿童发展心理学家。他继承并发展了皮亚杰的道德发展理论，提出了"道德发展阶段"理论，在国际心理学界、教育界引起了很大反响。

小知识：科尔伯格的道德发展的 3 个水平 6 个阶段

1. 前习俗水平（preconventional level）

这一水平的儿童的道德判断着眼于人物行为的具体结果和自身的利害关系。包括两个阶段：

（1）服从与惩罚的道德定向阶段。这一阶段的儿童以惩罚与服从为导向，由于害怕惩罚而盲目服从成人或权威。道德判断的根据是是否受到惩罚，认为凡是免受惩罚的行为都是好的，遭到批评、指责的行为都是坏的，缺乏是非善恶的观念。

（2）相对的功利主义的道德定向阶段。这一阶段的儿童对行为好坏的评价首先是看能否满足自己的需要，有时也包括是否符合别人的需要，稍稍反映了人与人之间的关系，但把这种关系看成类似买卖的关系，认为有利益的就是好的。

2. 习俗水平（conventional level）

这一水平的儿童的特点是：能了解、认识社会行为规范，意识到人的行为要符合社会舆论的希望和规范的要求，并遵守、执行这些规范。包以下两个阶段：

（1）人际和谐（或好孩子）的道德定向阶段。此阶段的儿童以人际关系的和谐为导向，对道德行为的评价标准是看是否被人喜欢、是否对别人有帮助、是否会受到赞扬。为了赢得别人的赞同，当个好孩子，就应当遵守规则。

（2）维护权威或秩序的道德定向阶段。此阶段的儿童以服从权威为导向，服从社会规范，遵守公共秩序，遵重法律的权威，以法制观念判断是非，知法守法。

3. 后习俗水平（postconventional level）

该水平的特点是：道德判断超出世俗的法律与权威的标准，而以普遍的道德原则和良心为行为的基本依据。包括以下两个阶段：

（1）社会契约的道德定向阶段。这一阶段的儿童认识到法律、社会道德准则仅仅是一种社会契约，是大家商定的，是可以改变的。一般他们不违反法律和道德准则，但不用单一的规则去评价人的行为，表现出一定的灵活性。

（2）普遍原则的道德定向阶段。此阶段的个体判断是非不受外在的法律和规则的限制，而是以不成文的、带有普遍意义的道德原则如正义、公正、平等、个人的尊严、良知、良心、生命的价值、自由等为依据。

2. 道德困境

所谓"道德困境"是指某人面临必须对恰当行为作出决策的情形。道德困境最典型的例子是,一个人在马路上捡到巨额金钱,他面临是努力找到失主还是据为己有的决策。

科尔伯格根据道德认知发展的阶段性提出了"道德两难法",设计了虚构的道德两难故事测验"汉斯偷药"。在对道德两难故事的讨论中,启发儿童积极思考道德问题——从道德冲突中寻找正确的答案,以有效地发展儿童的道德判断力。该案例成为道德课程中的典型案例。

案例:道德两难故事测验——汉斯偷药

欧洲有个妇女患了癌症,生命垂危。医生认为只有本城某个药剂师新研制的药能治好她。配制这种药的成本为200元,但销售价却要2000元。病妇的丈夫汉斯到处借钱,可最终只凑得了1000元。汉斯恳求药剂师,他妻子快要死了,能否将药便宜点卖给他,或者允许他赊账。药剂师不仅没答应,还说:"我研制这种药,就是为了赚钱。"

汉斯别无他法,利用晚上撬开药剂师的仓库门,把药偷走了。

这是一个虚构的故事,当这样一个道德两难故事呈现给孩子们之后,科尔伯格围绕这个故事提出了一系列问题,让儿童讨论,以此来研究儿童道德判断所依据的准则及其道德发展水平。

1. 汉斯应该偷药吗?为什么?
2. 他偷药是对的还是错的?为什么?
3. 汉斯有责任或义务去偷药吗?为什么?
4. 人们竭尽所能去挽救另一个人的生命是不是很重要?为什么?
5. 汉斯偷药是违法的。他偷药在道义上是否错误?为什么?
6. 仔细回想故事中的困境,你认为汉斯最负责任的行为应该是做什么?为什么?

根据该案例,科尔伯格提出了道德发展3个水平6个阶段的模式(如表4-1所示):

表4-1 "汉斯两难"的道德推理表

水平	阶段	道德推理的特点	不该偷的理由	该偷的理由
前习俗水平	1	以惩罚与服从为定向	偷东西会被警察抓起来,受到惩罚。	他事先请求过,又不是偷大东西,他不会受重罚。
前习俗水平	2	以行为的功用和相互满足需要为准则	如果妻子一直对他不好,汉斯就没有必要自寻烦恼,冒险偷药。	如果妻子一向对他好,汉斯就应关心妻子,为救她的命去偷药。
习俗水平	3	以人际和谐为准,也称为"好孩子"取向	做贼会使自己的家庭名声扫地,给自己的家人(包括妻子)带来麻烦和耻辱。	不管妻子过去对他好不好,他都得对妻子负责。为救妻子去偷药,只不过做了丈夫该做的事。
习俗水平	4	以法律和秩序为准则	采取非常措施救妻子的命合情合理,但偷别人的东西犯法。	偷东西是不对,可不这样做的话,汉斯就没有尽到丈夫的义务。
后习俗水平	5	以法定的社会契约为准则	丈夫没有偷药救妻子的义务,这不是正常的夫妻关系契约的组成部分。汉斯已经为救妻子的命尽了全力,无论如何都不该采取偷的办法解决问题,但他还是去偷药了,这是一种超出职责之外的好行为。	法律禁止人偷药,却没有考虑到为救人性命而偷东西这种情况。汉斯不得不偷药救命,如果有什么不对的话,需要改正的是现行的法律,稀有药品应该按照公平原则加以调控。
后习俗水平	6	以普通的伦理原则为准则	丈夫设法救妻子的性命无可非议,但他没有考虑所有人的生命的价值,别人也可能急需这种药。他这么做,对别人是不公正的。	为救人性命去偷是值得的。对于任何一个有道德理性的人来说,人的生命最可贵,生命的价值提供了唯一可能的无条件的道德义务的源泉。

科尔伯格的道德发展模式表明:道德发展是连续的、按照不变的顺序由低到高逐步展开的过程,更高层次和阶段的道德推理兼容更低层次和阶段的道德推理方式,反之,则不能成立;各阶段的时间长短不等,个体的道德发展水平也有较大差异,有些

人可能只停留在前习俗水平或习俗水平，而永远达不到后习俗水平的阶段。

无独为偶，在中国发生一件类似的但却是真实的故事，引起了社会关于道德的大讨论。

案例：下岗男子"刻章救妻"骗保17万

北京下岗男子廖某为救患上尿毒症的妻子，找人刻了医院的收费章，为妻子进行免费透析治疗，4年间以此方式骗取医院治疗费17万余元。事发后，廖某被检方以诈骗罪起诉，面临3～10年的刑责。

看到这条新闻的人，或多或少有物伤其类的感觉。廖某在花光积蓄、想尽一切办法之后，为了让妻子保命，顶着违法犯罪的代价"刻章救妻"，这里面的辛酸和痛苦，情与法的冲撞，刺痛着每个普通人。

廖某的行为已经触犯法律，他也将因此受到法律惩处，这一点毫无疑问。但值得追问的是，为什么廖某会走上这条路？

妻子患上尿毒症，必须长期进行昂贵的血透，否则性命不保；自己下岗多年，仅靠低保和开摩的谋生，家里几万块的积蓄很快花光了，能借的地方都借遍了，2007年年底透析费也交不上了……这是廖某必须面对的现实，可谓走投无路。没钱，妻子就没命，怎么办？最后，廖某宁愿冒着坐牢的危险也要救妻，虽于法不合，但在感情上，也有可以理解之处。

对于廖某案件的讨论多是在于该夫妻是标准的弱势群体以及大病医疗保障问题。这些讨论引发了对医疗保障不健全的思考和提高中低收入群体的抗风险能力的课题。但这场全社会的关于道德困境的讨论还是不够的，对于本案例，可根据"汉斯两难"的道德推理表进行大讨论。

注册会计师及其他相关的人们经常在职业生涯中面临许多道德困境。比如，被审计单位威胁说，只能出无保留意见，否则将换新的会计师事务所。但此时的无保留意见是不恰当的，那么，这就是一个道德两难的问题。又如，世界通信的内部审计人员辛西亚掌握的证据使她陷入痛苦的思想斗争中。已掌握的证据足以让世界通信遭受灭顶之灾，这意味着与她朝夕相处的成千上万的同事将失去生计。同时辛西亚的丈夫在家里专职照看两个女儿，她是家庭唯一的经济支柱。在人生的旅途中，她面临着一项重大抉择：是继续追查下去，将世界通信整垮为止，还是给世界通信留下一条生路？理性最终战胜了感情，私利让位于正义。激烈的思想斗争之后，她决定将调查进行到底，并经过曲折的过程将此案真相大白。但这种选择并不容易，一般的人是做不到的，因此，她被评为2002年末《时代》杂志一年一度的新闻人物。

4.4.2 注册会计师职业道德的基本原则

注册会计师行业作为一个肩负重大社会责任的行业,应当以维护社会公众利益为根本目标。为了规范注册会计师职业道德行为,强化道德意识,提高注册会计师职业道德水准,注册会计师的职业道德的基本原则是诚信、独立、客观与公正、专业胜任能力与应有的关注、保密以及良好的职业行为。

一、诚信、独立、客观与公正

(一) 诚信

诚信,是指诚实、守信。诚信是市场经济的基石。现在许多行业都将诚信作为其职业道德的一部分。注册会计师行业的一个显著标志是对社会和公众利益承担责任。对注册会计师行业来说,诚信列为注册会计师职业道德,不仅是为了适应市场经济的需要,更重要的是,诚信是生存之本,没有诚信,这个行业就没有生存的必要。社会公众的信任是建立在注册会计师诚信的基础上。

(二) 独立

独立性是注册会计师执行鉴证业务的灵魂,注册会计师要以自身的信誉向社会公众表明,被审计单位的财务报表是真实与公允的。独立性是指注册会计师执行审计或其他鉴证业务时,应当在形式上和实质上独立于委托单位和其他组织。实质上的独立,是指注册会计师在发表意见时其专业判断不受影响,公正执业,保持客观和专业怀疑;形式上的独立,是指会计师事务所或鉴证小组避免出现这样重大的情形,使得拥有充分相关信息的理性第三方推断其公正性、客观性或专业怀疑受到损害。

(三) 客观与公正

客观性原则是指注册会计师对有关事项的调查、判断和意见表述,应当基于客观的立场,应当力求公平,以客观事实为依据,实事求是,不掺杂个人的主观愿望,也不为委托单位或第三者的意见所左右;不得因成见或偏见、利益冲突和他人影响而损害其客观性。在分析、处理问题时,不能以个人的好恶或成见、偏见行事。要求注册会计师在执业中必须一切从实际出发,注重调查研究。

公正性原则是指注册会计师在提供服务时,应当将社会公众利益置于个人利益之上,正直、诚实、不偏不倚地对待有关利益各方,不以牺牲一方利益为条件而使另一方受益。无论提供何种服务,担任何种职务,注册会计师都应维护其专业服务的公正性,并在判断中保持客观。公正还有公平交易和真实的含义。

客观性原则和公正性原则实际上适用于注册会计师提供的各种专业服务,而不仅仅局限于鉴证业务。

二、专业胜任能力和应有关注

（一）专业胜任能力

注册会计师，应当具有专业知识、技能或经验，能够胜任工作。"专业胜任能力"既要求注册会计师具有专业知识、技能和经验，又要求其经济、有效地完成客户委托的业务。注册会计师如果不能保持和提高专业胜任能力，就难以完成客户委托的业务。事实上，如果注册会计师缺乏足够的知识、技能和经验提供专业服务，就构成了一种欺诈。当然，注册会计师依法取得了执业证书，就表明其在该领域具备了一定的知识。一个合格的注册会计师，不仅要充分认识自己的能力，对自己充满信心，更重要的是，必须清醒地认识到自己在专业胜任能力方面的不足，不承接自己不能胜任的业务。如果注册会计师不能认识到这一点，承接了难以胜任的业务，就可能给客户乃至社会公众带来危害。注册会计师作为专业人士，在许多方面都要履行相应的责任，保持和提高专业胜任能力就是其中之一。

（二）应有关注

注册会计师提供专业服务时，应保持应有的职业关注、专业胜任能力和勤勉，并且随着业务、法规和技术的不断发展，使自己的专业知识和技能保持在一定水平之上，以确保客户能够享受到高水平的专业服务。应有关注要求注册会计师在执业过程中保持职业谨慎，以质疑的思维方式评价所获取证据的有效性，并对产生怀疑的证据保持警觉。

三、保密

注册会计师能否与客户维持正常的关系，有赖于双方能否自愿而又充分进行沟通和交流，不掩盖任何重要的事实和情况。只有这样，注册会计师才能有效地完成工作。如果注册会计师受到客户的严重限制，不能充分了解情况，就无法发表审计意见。同时，注册会计师与客户的沟通，必须建立在为客户信息保密的基础上。因此，注册会计师在签订业务约定书时，应当书面承诺对在执行业务过程中获知的客户信息保密。这里所说的客户信息，通常是指商业秘密。一旦商业秘密被泄露或被利用，往往给客户造成损失。因此，许多国家规定，在公众领域执业的注册会计师，应当对在提供专业服务过程中获知的信息保密，除非有法定的或专业的披露权力或义务。在未经适当或特别授权的情况下，注册会计师不得使用或披露任何相关信息。同时，还应确保协助其工作的业务助理人员及其所在的会计师事务所信守保密原则。

四、良好的职业行为

《职业道德守则》要求注册会计师遵守相关的法律和规章，维护本职业的良好声誉，避免任何损害职业形象的行为。这一义务要求注册会计师履行对社会公众、客户和同行的责任。

（一）对社会公众的责任

注册会计师应当遵守职业道德准则，履行相应的社会责任，维护社会公众利益。

注册会计师行业的一个显著标志是对社会公众承担责任。社会公众利益是指注册会计师为之服务的人士和机构组成的整体的共同利益。注册会计师行业作为一个肩负重大社会责任的行业，应以维护社会公众利益为根本目标。

（二）对客户的责任

注册会计师对社会公众履行责任的同时，也对客户承担着特殊责任。包括：

（1）注册会计师应当在维护社会公众利益的前提下，竭诚为客户服务；

（2）注册会计师应当按照业务约定履行对客户的责任；

（3）注册会计师应当对执行业务过程中知悉的商业秘密保密，并不得利用其为自己或他人谋取利益；

（4）除有关法规允许的情形外，会计师事务所不得以收费形式为客户提供鉴证服务。

（三）对同行的责任

对同行的责任是指会计师事务所、注册会计师在处理与其他会计师事务所、注册会计师的相互关系中所应遵循的道德标准。包括：

（1）注册会计师应当与同行保持良好的工作关系，配合同行工作。

（2）注册会计师不得诋毁同行，不得损害同行利益。

（3）会计师事务所不得雇用正在其他会计师事务所执业的注册会计师。注册会计师不得以个人名义同时在两家或两家以上的会计师事务所执业。

（4）会计师事务所不得以不正当手段与同行争揽业务。

（四）其他责任

这里的其他责任主要是指在业务承接方面的责任。包括：

（1）注册会计师应当维护职业形象，不得做出有可能损害职业形象的行为；

（2）注册会计师及其所在会计师事务所不得采用强迫、欺诈、利诱等方式招揽业务；

（3）注册会计师及其所在会计师事务所不得对其能力进行广告宣传以招揽业务；

（4）注册会计师及其所在会计师事务所不得以向他人支付佣金等不正当方式招揽业务，也不得向客户或通过客户获取服务费之外的任何利益；

（5）会计师事务所、注册会计师不得允许他人以本所或本人的名义承办业务。

4.4.3 注册会计师职业道德概念框架

一、职业道德概念框架的内涵

职业道德概念框架旨在为注册会计师提供解决职业道德问题的思路和方法，其目的在于防止注册会计师认为只要守则未明确禁止的情形就是允许的。

二、对遵循职业道德基本原则产生不利影响的因素及防范措施

（一）对遵循职业道德基本原则产生不利影响的因素

可能对职业道德基本原则产生不利影响的因素包括自身利益、自我评价、过度推介、密切关系和外在压力。

（1）自身利益导致的不利影响。如果经济利益或其他利益对注册会计师的职业判断或行为产生不当影响，将产生自身利益导致的不利影响。

（2）自我评价导致的不利影响。如果注册会计师对其（或者其所在会计师事务所或工作单位的其他人员）以前的判断或服务结果作出不恰当的评价，并且将据此形成的判断作为当前服务的组成部分，将产生自我评价导致的不利影响。

（3）过度推介导致的不利影响。如果注册会计师过度推介客户或工作单位的某种立场或意见，使其客观性受到损害，将产生过度推介导致的不利影响。

（4）密切关系导致的不利影响。如果注册会计师与客户或工作单位存在长期或亲密的关系，而过于倾向他们的利益，或认可他们的工作，将产生密切关系导致的不利影响。

（5）外在压力导致的不利影响。如果注册会计师受到实际的压力或感受到压力（包括对注册会计师实施不当影响的意图）而无法客观行事，将产生外在压力导致的不利影响。

（二）防范措施

防范措施是指可以消除威胁或将其降低到可接受水平的行动或其他措施。应对威胁的防范措施包括法律法规和职业规范规定的防范措施和在具体工作中采取的防范措施。

三、道德冲突的解决

在遵循职业道德基本原则时，注册会计师应当解决遇到的道德冲突问题。

（1）如果道德冲突问题仍无法解决，注册会计师应当考虑向会计师事务所或工作单位内部的适当人员咨询，寻求帮助解决问题。

（2）如果某项重大冲突未能解决，注册会计师可以考虑向相关职业团体或法律顾问获取专业建议。

（3）如果道德冲突仍未解决，注册会计师应当在可能的情况下拒绝继续与产生冲突的事项发生关联。注册会计师可视情况确定是否解除业务约定或退出某项特定任务，或完全退出该项业务，或向所在会计师事务所或者工作单位辞职。

4.4.4 注册会计师对职业道德概念框架的具体运用

一、对职业道德基本原则产生不利影响的具体情形

1. 产生自身利益导致不利影响的情形

这主要包括：

（1）鉴证业务项目组成员在鉴证客户中拥有直接经济利益；

（2）会计师事务所过分依赖向某一客户的收费；

（3）鉴证业务项目组成员与鉴证客户存在重要的密切商业关系；

（4）会计师事务所担心可能失去某一重要客户；

（5）鉴证业务项目组成员正在与鉴证客户协商受雇于该客户；

（6）会计师事务所与鉴证业务相关的或有收费安排；

（7）在评价其所在会计师事务所的人员以前提供专业服务的结果时，注册会计师发现重大错误。

2. 自我评价导致不利影响的情形

这主要包括：

（1）会计师事务所在对客户提供财务系统的设计或操作服务后，又对系统的运行有效性出具鉴证报告；

（2）会计师事务所为客户编制原始数据，这些数据构成鉴证业务的对象；

（3）鉴证业务项目组成员担任或最近曾经担任客户的董事或高级管理人员；

（4）鉴证业务项目组成员目前或最近曾受雇于客户，并且所处职位能够对鉴证对象施加重大影响；

（5）会计师事务所为鉴证客户提供直接影响鉴证对象信息的其他服务。

3. 产生过度推介导致的不利影响的情形

这主要包括：

（1）会计师事务所推介审计客户的股份；

（2）在鉴证客户与第三方发生诉讼或纠纷时，注册会计师担任该客户的辩护人。

4. 密切关系导致不利影响的情形

这主要包括：

（1）项目组成员的近亲属担任客户的董事或高级管理人员；

（2）项目组成员的近亲属是客户的员工，其所处职位能够对业务对象施加重大影响；

（3）客户的董事、高级管理人员或所处职位能够对业务对象施加重大影响的员工，最近曾担任会计师事务所的项目合伙人；

（4）注册会计师接受客户的礼品或款待；

（5）会计师事务所的合伙人或高级员工与鉴证客户存在长期业务关系。

5. 外在压力导致不利影响的情形

这主要包括：

（1）会计师事务所受到客户解除业务关系的不利影响；

（2）审计客户表示，如果会计师事务所不同意对某项交易的会计处理，则不再委托其承办拟议中的非鉴证业务；

（3）客户威胁将起诉会计师事务所；

（4）会计师事务所受到降低收费的影响而不恰当地缩小工作范围；

（5）由于客户员工对所讨论的事项更具有专长，注册会计师面临服从其判断的压力；

（6）会计师事务所合伙人告知注册会计师，除非同意审计客户不恰当的会计处理，否则将影响晋升。

二、应对不利影响的防范措施

注册会计师应当运用判断，确定如何应对超出可接受水平的不利影响，包括采取防范措施消除不利影响或将其降低至可接受的水平，或者终止业务约定或拒绝接受业务委托。

在具体工作中，应对不利影响的防范措施包括会计师事务所层面的防范措施和具体业务层面的防范措施。

（一）会计师事务所层面的防范措施：

（1）会计师事务所领导层强调遵循职业道德基本原则的重要性。

（2）会计师事务所领导层倡导鉴证业务项目组成员维护公众利益。

（3）实施和监控项目质量控制的政策和程序。

（4）制定有关政策，以识别对遵循职业道德基本原则的威胁，评价这些威胁的重要程度，采取防范措施以消除威胁或将其降至可接受水平。如果无法采取适当的防范措施，应当终止业务约定或拒绝接受业务委托。

（5）制定要求遵循职业道德基本原则的内部政策和程序。

（6）制定有关政策和程序，以识别会计师事务所或项目组成员与客户之间的利益或关系。

（7）制定有关政策和程序，以监控和管理对来源于某一客户的收入的依赖程度。

（8）当向鉴证客户提供非鉴证服务时，分派不同的合伙人和项目组，并向不同的上级报告工作。

（9）制定有关政策和程序，以防止项目组以外的人员对业务结果产生不当影响。

（10）及时与所有合伙人和专业人员沟通会计师事务所的政策和程序及其变化情况，并就这些政策和程序进行适当的培训和教育。

（11）指定高级管理人员负责监督会计师事务所质量控制系统是否适当运行。

（12）向合伙人和专业人员提出鉴证客户和关联实体的名单，要求与之保持独立性。

（13）建立惩戒机制，以促进对政策和程序的遵循。

（14）公开相关政策和程序，以鼓励和授权员工向会计师事务所的高层反映遵循职业道德基本原则方面的问题。

（二）具体业务层面的防范措施

具体业务层面的防范措施主要包括：

（1）对已执行的非鉴证业务，由未参与该业务的注册会计师进行复核，或在必要时提供建议；

（2）对已执行的鉴证业务，由鉴证业务项目组以外的注册会计师进行复核，或在必要时提供建议；

（3）向客户审计委员会、监管机构或注册会计师协会咨询；

(4) 与客户治理层讨论有关的职业道德问题；

(5) 向客户治理层说明提供服务的性质和收费的范围；

(6) 由其他会计师事务所执行或重新执行部分业务；

(7) 轮换鉴证业务项目组合伙人和高级员工。

三、专业服务委托

（一）客户的接受

在接受客户关系前，注册会计师应当确定接受客户关系是否对职业道德基本原则产生不利影响。注册会计师应当考虑客户的主要股东、关键管理人员和治理层是否诚信，以及客户是否涉足非法活动（如洗钱）或存在可疑的财务报告问题等。

（二）业务承接

在承接某一客户业务前，注册会计师应当确定承接该业务是否对职业道德基本原则产生不利影响。

防范措施可能包括：

(1) 了解客户的业务性质、经营的复杂程度以及所在行业的情况；

(2) 了解专业服务的具体要求和业务对象，以及注册会计师拟执行工作的目的、性质和范围；

(3) 了解相关监管要求或报告要求；

(4) 分派足够的具有胜任能力的员工；

(5) 必要时利用专家的工作；

(6) 就执行业务的时间安排与客户达成一致意见；

(7) 遵守质量控制政策和程序，以合理保证仅承接能够胜任的业务。

（三）客户变更委托

如果应客户要求或考虑以投标方式接替前任注册会计师，注册会计师应当从专业角度或其他方面确定应否承接该业务。如果注册会计师在了解所有相关情况前就承接业务，可能对专业胜任能力和应有的关注原则产生不利影响。注册会计师应当评价不利影响的严重程度。

如果采取的防范措施不能消除不利影响或将其降低至可接受的水平，注册会计师不得承接该业务。

注册会计师可能应客户要求在前任注册会计师工作的基础上提供进一步的服务。如果缺乏完整的信息，可能对专业胜任能力和应有的关注原则产生不利影响。注册会计师应当评价不利影响的严重程度，并在必要时采取防范措施消除不利影响或将其降低至可接受的水平。

四、利益冲突

注册会计师应当根据可能产生利益冲突的具体情形，采取下列防范措施：

(1) 如果会计师事务所的商业利益或业务活动可能与客户存在利益冲突，注册会计师应当告知客户,并在征得其同意的情况下执行业务。

(2) 如果为存在利益冲突的两个以上客户服务,注册会计师应当告知所有已知相关方,并在征得他们同意的情况下执行业务。

(3) 如果为某一特定行业或领域中的两个以上客户提供服务,注册会计师应当告知客户,并在征得他们同意的情况下执行业务。

五、应客户的要求提供第二次意见

在某客户运用会计准则对特定交易和事项进行处理,且已由前任注册会计师发表意见的情况下,如果注册会计师应客户的要求提供第二次意见,可能对职业道德基本原则产生不利影响。

如果第二次意见不是以前任注册会计师所获得的相同事实为基础,或依据的证据不充分,可能对专业胜任能力和应有的关注原则产生不利影响。

如果被要求提供第二次意见,注册会计师应当评价不利影响的严重程度,并在必要时采取防范措施消除不利影响或将其降低至可接受的水平。

防范措施主要包括:

(1) 征得客户同意与前任注册会计师沟通;

(2) 在与客户沟通中说明注册会计师发表专业意见的局限性;

(3) 向前任注册会计师提供第二次意见的副本。

六、收费

如果报价过低,可能导致不能按照适用的执业准则执行业务,将对专业胜任能力和应有的关注产生不利影响。

收费是否对职业道德基本原则产生不利影响,取决于收费报价水平和所提供的相应服务。

防范措施主要包括让客户了解业务约定条款,特别是确定收费的基础以及在收费报价内所能提供的服务,安排恰当的时间和具有胜任能力的员工执行任务。

防范措施主要包括:

(1) 预先就收费的基础与客户达成书面协议;

(2) 向预期的报告使用者披露注册会计师所执行的工作及收费的基础;

(3) 实施质量控制政策和程序;

(4) 由独立第三方复核注册会计师已执行的工作。

七、专业服务营销

注册会计师在营销专业服务时,不得有下列行为:

(1) 夸大宣传提供的服务、拥有的资质或获得的经验;

(2) 贬低或无根据地比较其他注册会计师的工作;

(3) 暗示有能力影响有关主管部门、监管机构或类似机构;

(4) 作出其他欺骗性的或可能导致误解的声明。

八、礼品和招待

如果客户向注册会计师（或其近亲属）赠送礼品或给予款待，将对职业道德基本原则产生不利影响。

注册会计师不得向客户索取、收受委托合同约定以外的酬金或其他财物，或者利用执行业务之便，谋取其他不正当的利益。

注册会计师应当评价接受款待产生不利影响的严重程度，如果款待超出业务活动中的正常往来，注册会计师应当拒绝接受。

九、保管客户资产

除非法律法规允许或要求，注册会计师不得提供保管客户资金或其他资产服务。

注册会计师保管客户资金或其他资产，应当履行相应的法定义务。保管客户资金或其他资产可能对职业道德基本原则产生不利影响，尤其可能对客观和公正原则以及良好职业行为原则产生不利影响。

注册会计师如果保管客户资金或其他资产，应当符合下列要求：

（1）将客户资金或其他资产与其个人或会计师事务所的资产分开；
（2）仅按照预定用途使用客户资金或其他资产；
（3）随时准备向相关人员报告资产状况及产生的收入、红利或利得；
（4）遵守所有与保管资产和履行报告义务相关的法律法规。

十、对客观和公正原则的要求

在提供专业服务时，注册会计师如果在客户中拥有经济利益，或者与客户董事、高级管理人员或员工存在家庭和私人关系或商业关系，应当确定是否对客观和公正原则产生不利影响。

防范措施主要包括：

（1）退出项目组；
（2）实施督导程序；
（3）终止产生不利影响的经济利益或商业关系；
（4）与会计师事务所内部较高级别的管理人员讨论有关事项；
（5）与客户治理层讨论有关事项。

如果防范措施不能消除不利影响或将其降低至可接受的水平，注册会计师应当拒绝接受业务委托或终止业务。

4.5 注册会计师法律责任

4.5.1 注册会计师法律责任的成因和种类

一、变化中的环境和注册会计师法律责任的表现形式

随着注册会计师行业的发展，注册会计师的法律责任正在逐步扩展，特别是在西

方国家，进入20世纪80年代后，无论是法院的判例解释，还是注册会计师职业团体的态度，较之以往的情形都发生了很大变化。主要原因有以下几个方面：一是消费者利益的保护主义兴起；二是有关审计保险论的运用；三是所有商业领域，注册会计师的参与日益增加。第一点表明人们开始对消费者的利益逐渐认识和重视；第二点主要体现在所谓的"深口袋"理论（deep-pocket theory）（即任何看上去拥有社会财富的人都可能受到起诉，不论其应当受到惩罚的程度如何），"风险社会化"（即把责任推向那些被认为可以避免损失或可以通过向其他人收取更高的费用转嫁损失的人），以及注册会计师越来越明显地被看做是担保人而非独立、客观的审计者和报告者；第三点反映人们开始认同投资过程中不断披露会计信息的重要性。以上的环境变化，使得注册会计师的法律责任的表现形式有以下几个方面：

（一）诉讼爆炸

一系列的企业经营失败或者因管理层舞弊造成破产倒闭的事件，使投资者和贷款人蒙受重大损失，从而将矛头指向注册会计师，指责其未能及时揭示和报告，并要求其赔偿有关的损失。迫于社会的压力，许多国家的法院判决逐渐倾向于增加注册会计师在这些方面的法律责任。

注册会计师法律责任的不断扩大，履行责任的对象随之拓宽，这些都使得注册会计师很容易被指控为民事侵权，"诉讼爆炸"（litigation explosion）也由此产生。在目前的法律环境下，指控会计师事务所和注册会计师执业不当的诉讼案件和赔偿金额日益增多。据20世纪90年代美国专家估计，由于法律诉讼案件和赔偿金额的剧增，美国会计师事务所诉讼的直接费用支出占其审计收入的20%。美国联邦储备局和美国司法部联合对与一家主要金融机构审计失败有关的会计师事务所提出诉讼，英国政府也曾经在美国起诉一家与一个现已不存在的汽车制造公司有关的会计师事务所，以求弥补损失。

（二）保险危机

伴随着"诉讼爆炸"，职业过失保险赔付急剧增长，保险赔付的增加又不可避免地导致保险费用的攀升。在美国，对执业不当的审判中，凡涉及大额赔付的，陪审团裁决的基础就是认为赔偿金额通常由保险公司而非被告承担。陪审团的裁决表明他们已先入为主地认为被告都事先投了保。很明显，在陪审团眼中，保险金额的支付就像天上掉下来的馅饼。

（三）扩展注册会计师对第三方的责任

早期的司法制度倾向于限定于注册会计师对第三方的法律责任，但20世纪70年代末以来，不少法官转而规定注册会计师对已知的第三方使用者或财务报表的特定用途必须承担法律责任。当注册会计师涉及民事侵权的案件时，诉讼带来的直接后果就是赔偿金额的持续上涨，这又导致注册会计师由于支付高额保险费用而引发提供的服务价格持续上涨。

二、注册会计师法律责任的成因

法律责任的出现，主要原因是注册会计师在执业时没有保持应有的职业谨慎，并因此导致了对其他人权利的损害。应有的职业谨慎,指的是注册会计师应当具备足够的专业知识和业务能力,按照执业准则的要求执业。在执业谨慎方面出现问题就构成了过失。在个别情况下,注册会计师可能还承担刑事责任。

注册会计师涉及法律诉讼的数量和金额目前呈上升趋势,除了法律原因外,还有以下原因:

(1) 财务报表使用者对注册会计师的责任日趋了解。

(2) 政府监管部门保护投资者的意识日益加强,监管措施日益完善,处罚力度日益增大。

(3) 由于审计环境发生很大变化,企业规模扩大,业务全球化以及企业经营的错综复杂性,使会计业务更加复杂,审计风险变大。

(4) "深口袋"理论的盛行。社会日益赞同受害的一方向有能力提供赔偿的一方提起诉讼,而不论错在哪一方。

(5) 注册会计师败诉的案例日益增多。民事法庭在审理起诉会计师事务所的案件中,会计师事务所败诉的案例日益增多。这便促使律师以收费为基础提供法律服务,无论是否有道理,都将会计师事务所作为起诉的对象。

(6) 许多会计师事务所宁愿在庭外和解法律问题,以避免高昂的法律费用和公开的负面影响,而不愿通过司法程序来解决这些问题。

(7) 法庭在理解专业性事项方面存在困难。

三、经营失败、审计失败和审计风险

经营失败,是指企业由于经济或经营条件的变化,如经济衰退、不当的管理决策或出现意料之外的行业竞争等,而无法满足投资者的预期。经营失败的极端情况是申请破产。被审计单位在经营失败时,也可能会连累注册会计师。很多会计和法律专业人员认为,财务报表使用者控告会计师事务所的主要原因之一,是不理解经营失败和审计失败之间的差别。众所周知,资本投入或借给企业后就面临某种程度的经营风险。

审计失败则是指注册会计师由于没有遵守审计准则的要求而发表了错误的审计意见。例如,注册会计师可能指派了不合格的助理人员去执行审计任务,未能发现应当发现的财务报表中存在的重大错报。

审计风险是指财务报表中存在重大错报,而注册会计师发表不恰当审计意见的可能性。由于审计中的固有限制影响注册会计师发现重大错报的能力,注册会计师不能对财务报表整体不存在重大错报获取绝对保证。特别是,如果被审计单位管理层精心策划和掩盖舞弊行为,注册会计师尽管完全按照审计准则执业,有时还是不能发现某项重大舞弊行为。

在绝大多数情况下,当注册会计师未能发现重大错报并出具了错误的审计意见时,就可能产生注册会计师是否恪守应有的职业谨慎的法律问题。如果注册会计师在审计过程中没有尽到应有的职业谨慎,就属于审计失败。在这种情况下,法律通常允

许因注册会计师未尽到应有的职业谨慎而遭受损失的各方,获得由审计失败导致的部分或全部损失的补偿。

四、注册会计师法律责任的认定

（一）违约

所谓违约,是指合同的一方或几方未能达到合同条款的要求。当违约给他人造成损失时,注册会计师应负担违约责任。比如,会计师事务所在商定的时期内,未能提交纳税申报表,或违反了与被审计单位订立的保密协议等。

（二）过失

所谓过失,是指在一定条件下,缺少应具有的合理的谨慎。评价注册会计师的过失,是以其他合格注册会计师在相同条件下可做到的谨慎为标准的。当过失给他人造成损害时,注册会计师应负过失责任。通常将过失按其程度不同分为普通过失和重大过失两种。

（1）普通过失。普通过失（有的也称"一般过失"）通常是指没有保持职业上应有的合理的谨慎。对注册会计师则是指没有完全遵循专业准则的要求。比如,未按特定审计项目取得必要和充分的审计证据就出具审计报告的情况,可视为一般过失。

（2）重大过失。重大过失是指连起码的职业谨慎都不保持,对业务或事务不加考虑,满不在乎;对注册会计师而言,则是指根本没有遵循专业准则或没有按专业准则的基本要求执行审计。

还有一种过失被称为"共同过失",即对他人过失,受害方自己未能保持合理的谨慎,因而蒙受损失。比如,被审计单位未能向注册会计师提供编制纳税申报表所必要的信息,反而又控告注册会计师未能妥当编制纳税申报表,这种情况可能使法院判定被审计单位有共同过失。再如,在审计中未能发现现金等资产短少时,被审计单位可以过失为由控告注册会计师,而注册会计师又可以说现金等问题是由缺乏适当的内部控制造成的,并以此为由反击被审计单位的诉讼。

（三）欺诈

欺诈又称舞弊,是以欺骗或坑害他人为目的的一种故意的错误行为。作案具有不良动机是欺诈的重要特征,也是欺诈与普通过失和重大过失的主要区别之一。对于注册会计师而言,欺诈就是为了达到欺骗他人的目的,明知委托单位的财务报表有重大错报,却加以虚伪的陈述,出具无保留意见的审计报告。

与欺诈相关的另一个概念是"推定欺诈",又称"涉嫌欺诈",是指虽无故意欺诈或坑害他人的动机,但却存在极端或异常的过失。推定欺诈和重大过失这两个概念的界限往往很难界定。在美国,许多法院曾经将注册会计师的重大过失解释为推定欺诈。特别是近年来有些法院放宽了"欺诈"一词的范围,使得推定欺诈在法律上成为与重大过失等效的概念。这样,具有重大过失的注册会计师的法律责任就进一步加大了。

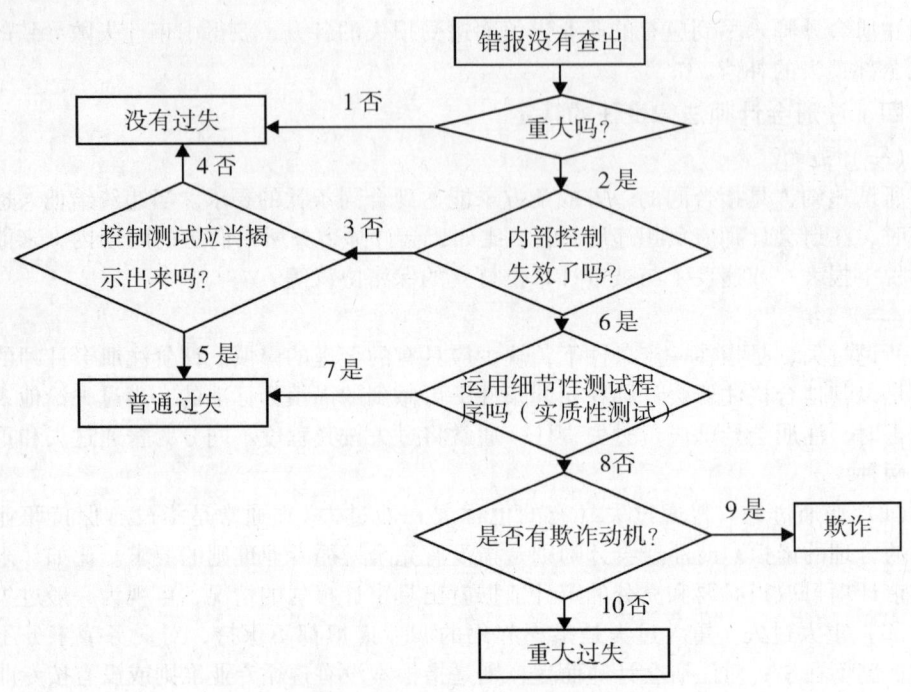

图4-3 注册会计师法律责任界定

注册会计师过失程度的大小没有特别严格的界定，在实务中也往往很难界定。前面提到了它们之间的主要区别，具体到每一个案例则由法院根据具体情况给予解释。通过上图，或许有助于理解在什么条件下注册会计师可能会判定没有过失、普通过失、重大过失或欺诈。

五、注册会计师承担法律责任的种类

注册会计师因违约、过失或欺诈给被审计单位或其他利害关系人造成损失的，按照有关法律和规定，可能被判负行政责任、民事责任或刑事责任。这三种责任可单处，也可并处。行政处罚对注册会计师个人来说，包括警告、暂停执业、吊销注册会计师证书；对会计师事务所而言，包括警告、没收违法所得、罚款、暂停执业、撤销等。民事责任主要是指赔偿受害人损失。刑事责任主要是指按有关法律程序判处一定的徒刑。一般来说，违约和过失可能使注册会计师负行政责任和民事责任，欺诈可能会使注册会计师负民事责任和刑事责任。

4.5.2 外国注册会计师的法律责任

以美国为例，美国注册会计师的法律责任主要源自习惯法和成文法。所谓习惯法，指不是通过立法而是通过法院判例引申而成的各项法律；所谓成文法，则是指由联邦或州立法机构以文字所制定的法律。在运用习惯法的案件中，法院甚至可以不按以往的判例而另行创立新的法律先例；但在成文法的案件中，法院只能按照有关法律的字面进行精确解释。

一、注册会计师对于委托单位的责任

注册会计师一旦接受委托执行业务，就负有恪尽专业职守、保持认真与谨慎的义务。在习惯法下，如果由于注册会计师的过失（即使是普通过失）给委托单位造成了经济损失，注册会计师对于委托单位就负有法律责任。遭受损失的委托单位往往指控注册会计师具有过失，从而向法院提起要求注册会计师赔偿的诉讼。

一旦委托单位对注册会计师提起诉讼，在习惯法下，委托单位就负有举证责任，即必须向法院证明其已受到损失，以及这种损失是由于注册会计师的过失造成的。注册会计师可用以下几种理由或几种理由之一进行抗辩：①注册会计师本身并无过失，即他执业时严格遵循了执业准则的要求，保持了职业上应有的认真与谨慎；②注册会计师虽有过失，但这种过失并不是委托单位受到损失的直接原因；③委托单位涉及共同过失。上面的第③点是说，原告受到的损失是由于他本身同样具有过失造成的，比如注册会计师未能查出委托单位的现金短缺而具有过失，但委托单位由于没有设置适当的现金内部控制制度就具有共同过失。共同过失的抗辩实际上也是表示注册会计师的过失并非委托单位受损的直接原因的一种方式。

二、习惯法下注册会计师对第三者的责任

法庭宣判被告违反习惯法，依据的是被告存在侵权行为，而且原告由于没有如实告知事实真相而遭受了损失。在审计和会计服务领域，不如实告知事实真相通常是和财务报表、会计凭证以及审计报告等信息不真实、不公允相联系的。即使注册会计师只是无辜地被卷入案件中，但由于他们有义务发现被歪曲的事实真相，他们仍可能要因此承担一定的法律责任。

（一）注册会计师对受益第三者的责任

受益第三者是指合同（业务约定书）中所指明的人，但此人既非要约人，又非承诺人。例如，注册会计师被审计单位委托他对财务报表进行审计的目的是为了获取某家银行的贷款，那么这家银行就是受益第三者。

委托单位之所以能取得归因于注册会计师普通过失的损害赔偿的权利，源于习惯法下有关合同的判例。受益第三者同样的具有委托单位和会计师事务所所签订合同中的权利，因而也享有同等的追索权。也就是说，如果注册会计师的过失（包括普通过失）给依赖审定财务报表（经注册会计师审计过的财务报表）的受益第三者造成了损失，受益第三者也可以指控注册会计师具有过失而向法院提起诉讼，追回遭受的损失。

（二）注册会计师对于其他第三者的责任

其他依赖审定财务报表却无合同中特定权利的许多第三者是否也像委托者和受益

第三者一样有追索权，需要分清习惯法下和成文法下不同的规定。本节讨论习惯法下注册会计师的责任。1931年美国厄特马斯公司对杜罗斯会计师事务所一案，是关于注册会计师对于第三者责任的一个划时代的案例，被称为"厄特马斯主义"的做法。杜罗斯会计师事务所对一家经营橡胶进口和销售的公司进行审计并出具了无保留意见的审计报告，但其后不久这家公司宣告破产。厄特马斯公司是这家公司的应收账款代理商（企业将应收账款直接卖给代理商以期迅速获得现金），根据注册会计师的审计意见曾给予它几次贷款。厄特马斯公司以未能查出应收账款中有70万美元系欺诈为由，指控会计师事务所具有过失。纽约上诉法庭（即纽约州最高法院）的判定意见是犯有普通过失的注册会计师不对未曾指明的第三者负责；但同时法庭认为，如果注册会计师犯有重大过失或欺诈行为，则应当对未指明的第三者负责。

因此，"厄特马斯主义"判定注册会计师对于未指明的第三者是否负有责任的关键在于过失程度的大小。普通过失不负责任，而重大过失和欺诈则应负责任。自20世纪80年代以来，许多法院扩大了"厄特马斯主义"的含义，判定具有普通过失的注册会计师对可以合理预测的第三者负有责任。所谓可以合理预测的第三者是指注册会计师在正常情况下可以预见将依赖财务报表的人。在美国，目前关于习惯法下注册会计师对第三者的责任仍然处于不确定状态。有些州的法庭坚持认为，具有普通过失的注册会计师对可以合理预期的第三者也有责任。

习惯法下注册会计师对于第三者的责任案中，举证的责任方也在原告，即当原告（第三者）提起诉讼时，他必须向法院证明：①他本身受到损失；②他依赖了令人误解的已审财务报表；③这种依赖是他受到损失的直接原因；④注册会计师具有某种程度的过失。作为被告的注册会计师仍处于反驳原告所做指控的地位。

三、成文法下注册会计师对于第三者的责任

与习惯法一样，成文法（正式立法颁布的法律）在注册会计师执业过程中占有重要的地位。对注册会计师职业产生影响的成文法包括《联邦邮件欺诈法》、《股票买卖控制法》以及后来发布的《贪污欺诈损害组织法案》。影响注册会计师执业行为的两项最重要的成文法是1933年《证券法》和1934年《证券交易法》，此外还有1970年《贪污欺诈损害组织法案》、1995年《非公开交易证券诉讼法改革法案》和2002年《萨班斯—奥克斯利法案》。

（一）1933年《证券法》

1933年《证券法》被认为是一项主要规范信息披露的法案。具体而言，该法案的出发点是为新发行证券的潜在购买者提供信息，从而使购买者可以据以作出投资决策。其规定：凡是公开发行证券（包括股票和债券）的公司，必须向证券交易委员会呈送登记表，其中包括由注册会计师审计过的财务报表。如果登记表中有重大的误述或遗漏事项，那么呈送登记表的公司和它的注册会计师对于证券的原始购买人负有责任，注册会计师仅对登记表中经他审核和报告的误述或遗漏负责。也就是说，只要注册会计师具有普通过失，就对第三者负有责任；将不少举证责任由原告转往被告，

原告（证券购买人）仅需证明他遭受了损失以及登记表是令人误解的，而不需证明他依赖的登记表或注册会计师具有过失，这方面的举证责任转往被告（注册会计师）。

在1933年《证券法》里，注册会计师如欲避免承担原告损失的责任，他必须向法院证明：他本身并无过失或他的过失并非原告受损的直接原因。因此，1933年《证券法》建立了注册会计师责任的最高水准，注册会计师不但应当对他的普通过失行为造成的损害负责，而且必须证明他的无辜，而非单单反驳原告的非难或指控。因此，1933年《证券法》对注册会计师的要求严格。

（二）美国1934年《证券交易法》

1934年《证券交易法》规定：每个在证券交易委员会管辖下的公开发行公司（具有100万美元以上的总资产和500位以上的股东），均须向证券交易委员会呈送经注册会计师审计过的年度财务报表。如果这些年度财务报表令人误解，呈送公司和它的注册会计师对于买卖公司证券的任何人负有责任，除非被告能证明他本身行为出于善意，且并不知道财务报表是虚伪不实或令人误解的。

与1933年《证券法》相比，其一，1933年《证券法》仅适用于新发行证券的购买者，而1934年《证券交易法》既适用于已发行证券的买者，又适用于已发行证券的卖者。其二，从对证据的要求看，1934年《证券交易法》的18（a）部分要求原告举证的证据，多于1933年《证券法》第11部分的要求。其三，1934年《证券交易法》涉及的财务报表和投资者数目要多。1933年《证券法》将注册会计师的责任限定在登记表中的财务报表和那些原始购买公司证券的投资者，但在1934年《证券交易法》中，注册会计师要对上市公司每年的年度财务报表和买卖公司证券的任何人负责。

1934年《证券交易法》对注册会计师的责任有所减轻。由于1934年《证券交易法》规定"除非被告能证明他本身行为出于善意，且并不知道财务报表是虚伪不实或令人误解的"。这就将注册会计师的责任限定于重大过失或欺诈行为，而1933年《证券法》则涉及注册会计师的普通过失。1934年《证券交易法》将大部分的举证责任也转往被告。但与1933年《证券法》不同的是，原告应当向法院证明他依赖了令人误解的财务报表，也就是说要证明这是他受损的直接原因。另外，1933年《证券法》要求注册会计师证明他并无过失，而1934年《证券交易法》比较宽大，只要求注册会计师证明他的行为"出于善意"（即无重大过失和欺诈）。

（三）2002年《萨班斯—奥克斯利法案》

针对安然、世通等财务欺诈事件，美国国会出台了2002年《公众公司会计改革和投资者保护法案》。该法案由美国众议院金融服务委员会主席奥克斯利和参议院银行委员会主席萨班斯联合提出，又被称作2002年《萨班斯—奥克斯利法案》（简称萨班斯法案）。法案对美国1933年《证券法》、1934年《证券交易法》作了不少修订，在会计职业监管、公司治理、证券市场监管等方面作出了许多新的规定。

其中与注册会计师相关的内容主要包括：

（1）成立独立的公众公司会计监察委员会，监管执行公众公司审计职业；
（2）加强注册会计师的独立性；
（3）加大公司的财务报告责任；
（4）要求强化财务披露义务；
（5）加重了违法行为的处罚措施。

4.5.3　中国注册会计师的法律责任

近年来我国颁布的经济法律法规中，专门规定会计师事务所、注册会计师法律责任的条款的主要法律法规有：《注册会计师法》、《违反注册会计师法处罚暂行办法》、《公司法》、《证券法》及《刑法》等。此外，为了正确审理涉及会计师事务所在审计业务活动中的民事侵权赔偿责任，维护社会公共利益和相关当事人的合法权益，根据《民法通则》、《注册会计师法》、《公司法》、《证券法》等法律，结合审判实践，最高人民法院相继出台了一系列相关司法解释。

一、民事责任的相关法律、法规、规定

（1）《民法通则》的规定。1987年1月1日施行的《民法通则》第一百零六条规定："公民、法人违反合同或者不履行其他义务的，应当承担民事责任。公民、法人由于过错侵害国家的、集体的财产，侵害他人财产、人身的，应当承担民事责任。没有过错，但法律规定应当承担民事责任的，应当承担民事责任。"

（2）《注册会计师法》的规定。1994年1月1日实施的《注册会计师法》在第六章"法律责任"中规定了注册会计师的行政、刑事和民事责任。其中，关于民事责任的条款是第四十二条"会计师事务所违反本法规定，给委托人、其他利害关系人造成损失的，应当依法承担赔偿责任。"

（3）《证券法》的规定。2005年10月27日新修订的《证券法》第一百七十三条规定："证券服务机构为证券的发行、上市、交易等证券业务活动制作、出具审计报告、资产评估报告、财务顾问报告、资信评级报告或者法律意见书等文件，应当勤勉尽责，对所依据的文件资料内容的真实性、准确性、完整性进行核查和验证。其制作、出具的文件有虚假记载、误导性陈述或者重大遗漏，给他人造成损失的，应当与发行人、上市公司承担连带赔偿责任，但是能够证明自己没有过错的除外。"

（4）《公司法》的规定。2005年10月27日新修订的《公司法》第二百零八条第三款规定："承担资产评估、验资或者验证的机构因出具的评估结果、验资或者验证证明不实，给公司债权人造成损失的，除能够证明自己没有过错的外，在其评估或者证明不实的金额范围内承担赔偿责任。"

（5）最高人民法院的解释和规定。由四川省德阳市东方企业贸易公司验资法律纠纷而引发的最高人民法院法函〔1996〕56号，成为关于注册会计师因出具虚假验资报告而应承担民事责任的第一个专门司法解释，连同最高人民法院随后颁布的法释〔1997〕10号和法释〔1998〕3号，为验资报告使用人运用《中华人民共和国注册会计师法》第四十二条向会计师事务所进行民事赔偿提供依据。2002年又进行一项解释说明,即《关于会计师事务所为企业出具虚假验资证明应如何承担责任问题的批复的解释说明》。2002年1月15日,最高人民法院又出台了《最高人民法院关于受理市场因虚假陈述引发的民事侵权纠纷案件有关问题的通知》。

二、行政责任的相关法律法规规定

(1)《注册会计师法》的规定。《注册会计师法》第三十九条第一款规定:"会计师事务所违反本法第二十条、第二十一条规定的,由省级以上人民政府财政部门给予警告,没收违法所得,可以并处违法所得一倍以上五倍以下的罚款;情节严重的,并可以由省级以上人民政府财政部门暂停其经营业务或者予以撤销。"《注册会计师法》第三十九条第二款规定:"注册会计师违反本法第二十条、第二十一条规定的,由省级以上人民政府财政部门给予警告,情节严重的,可以由省级以上人民政府财政部门暂停其执行业务或者吊销注册会计师证书。"

(2)《证券法》的规定。《证券法》第二百零一条规定:"为股票的发行、上市、交易出具审计报告、资产评估报告或者法律意见书等文件的证券服务机构和人员,违反本法第四十五条的规定买卖股票的,责令依法处理非法持有的股票,没收违法所得,并处以买卖股票等值以下的罚款。"

第二百零七条规定:"违反本法第七十八条第二款的规定,在证券交易活动中作出虚假陈述或者信息误导的,责令改正,处以三万元以上二十万元以下的罚款;属于国家工作人员的,还应当依法给予行政处分。"

第二百二十三条规定:"证券服务机构未勤勉尽责,所制作、出具的文件有虚假记载、误导性陈述或者重大遗漏的,责令改正,没收业务收入,暂停或者撤销证券服务业务许可,并处以业务收入一倍以上五倍以下的罚款。对直接负责的主管人员和其他直接责任人员给予警告,撤销证券从业资格,并处以三万元以上十万元以下的罚款。"

第二百二十五条规定:"上市公司、证券公司、证券交易所、证券登记结算机构、证券服务机构,未按照有关规定保存有关文件和资料的,责令改正,给予警告,并处以三万元以上三十万元以下的罚款;隐匿、伪造、篡改或者毁损有关文件和资料的,给予警告,并处以三十万元以上六十万元以下的罚款。"

(3)《公司法》的规定。《公司法》第二百零八条第一款规定:"承担资产评估、验资或者验证的机构提供虚假材料的,由公司登记机关没收违法所得,处以违法所得一倍以上五倍以下的罚款,并可以由有关主管部门依法责令该机构停业、吊销直接责任人员的资格证书,吊销营业执照。"

第二百零八条第一款规定:"承担资产评估、验资或者验证的机构因过失提供有重大遗漏的报告的,由公司登记机关责令改正,情节较严重的,处以所得收入一倍以上五倍以下的罚款,并可以由有关主管部门依法责令该机构停业、吊销直接责任人员的资格证书,吊销营业执照。"

(4)《违反注册会计师法处罚暂行办法》的规定。为加强注册会计师行业的监督管理，促进注册会计师事业的健康发展，维护社会公共利益和当事人的合法权益，1998年财政部根据《注册会计师法》和《行政处罚法》，制定发布了《违反注册会计师法处罚暂行办法》（以下简称《办法》）。《办法》第四条规定："对注册会计师的处罚种类包括：（一）警告；（二）没收违法所得；（三）罚款；（四）暂停执业部分或全部业务，暂停执业的最长期限为12个月；（五）吊销有关执业许可证；（六）吊销注册会计师证书。"

《办法》第五条规定："对事务所的处罚种类包括：（一）警告；（二）没收违法所得；（三）罚款；（四）暂停执行部分或全部业务，暂停执行的最长期限为12个月；（五）吊销有关执行许可证；（六）撤销事务所。"

《办法》除细化规定了注册会计师和事务所违反《注册会计师法》应当承担的行政责任的种类外，还具体规定了对违反《注册会计师法》的注册会计师和事务所实施行政处罚的主体、条件、程序，以及注册会计师和事务所减轻、免除行政责任的情形和救济途径等。

三、刑事责任的相关法律法规规定

(1)《注册会计师法》的规定。《注册会计师法》第三十九条第三款规定："会计师事务所、注册会计师违反本法第二十条、第二十一条的规定，故意出具虚假的审计报告、验资报告，构成犯罪的，依法追究刑事责任。"

(2)《证券法》的规定。《证券法》第二百三十一条规定："违反本法规定，构成犯罪的，依法追究刑事责任。"

(3)《公司法》的规定。《公司法》第二百一十六条规定："违反本法规定，构成犯罪的，依法追究刑事责任。"

(4)《刑法》的规定。《刑法》第二百二十九条第一款规定："承担资产评估、验资、验证、会计、审计、法律服务等职责的中介组织的人员故意提供虚假证明文件，情况严重的，处五年以下有期徒刑或者拘役，并处罚金。"

第二百二十九条第二款规定："前款规定的人员，索取他人财物或者非法收受他人财物，犯前款罪的，处五年以上十年以下有期徒刑，并处罚金。"

第二百二十九条第三款规定："第一款规定的人员，严重不负责任，出具的证明文件有重大失实，造成严重后果的，处三年以下有期徒刑或者拘役，并处或者单处罚金。"

第二百三十一条规定："单位犯有本节第二百二十一条至第二百三十条规定之罪的，对单位判处罚金，并对其直接负责的主管人员和其他直接责任人员，依照本节各该条的规定处罚。"

(5)《违反注册会计师法处罚暂行办法》的规定。《违反注册会计师法处罚暂行办法》第三十一条规定："注册会计师和事务所的违法行为构成犯罪的，应当移交司法机关，依法追究刑事责任。"

4.5.4 避免法律诉讼的对策

随着注册会计师地位和作用的提高,政府部门和社会公众对注册会计师的作用和责任的了解也在增加,诉讼注册会计师的案件也就时有发生。近几年来,我国注册会计师行业也发生了不少震惊整个行业乃至全社会的案件。有的会计师事务所因出具虚假报告造成严重后果而被撤销、没收财产或取消特许业务资格,有的注册会计师被吊销资格,有的被追究刑事责任。如何避免法律诉讼,已成为我国注册会计师行业非常关注的问题。

一、产生我国注册会计师法律责任的因素分析

从我国目前形式来看,引起注册会计师法律责任的不仅有会计师事务所和注册会计师自身的原因,还有整个社会环境和市场机制的原因。

（一）法制环境的不完善

（1）会计准则与审计准则的模糊性与多重选择性。我国会计准则与审计准则对会计确认、会计计量等方法规定具多重可选择性,对商誉、人力资源等评估具有模糊性,对上市公司的信息披露统一性不足。这不仅给企业操纵创造了条件,也给注册会计师在操作性上难以统一,从另一方面讲,也给注册会计师打法律责任的"擦边球"以便利。如在同一个企业,在披露利率变动风险时用敏感性分析,而在披露外汇风险时可以采用风险价值;在披露商品价格变动风险时采用公允价值作为计价基础,而在披露证券价格变动风险时可采用收益作为计价基础。

（2）会计责任和审计责任的界定和分担。会计责任与审计责任是两种不同性质的责任,既不能相互替代,也不能相互转嫁。当被审计单位出现财务危机或破产情况后,不论是信息使用者还是法官,都倾向于从有支付能力的注册会计师身上获得赔偿。实际上,被审计单位是造假者,应作为第一责任人承担主要责任。但在现实中,却总是发生绕过被审计者而要求注册会计师承担全部或主要责任的情况。

（3）注册会计师法律责任的认定依据和界定机构。在美国,《证券法》和《证券交易法》是追究注册会计师法律责任的主要成文法律依据,《独立审计准则》虽由美国注册会计师协会制定和发布,但已得到政府与社会公众的承认,是判定注册会计师法律责任的重要依据。在我国,虽然不少法律法规都对会计师事务所及注册会计师的

法律责任作了相应规定,但在《民法》和其他法规中,对于社会审计的民事责任未作详尽规定,归责原则也不明确。我国的《独立审计准则》由中国注册会计师协会拟订,经财政部批准后施行,属部门规章,其地位在法律上却没有得到应有的确认。关于注册会计师的民事责任和刑事责任的认定和裁决权归属于人民法院。《独立审计准则》被许多法官视为纯粹的行业标准,不足以作为注册会计师的执业行为的认定依据。涉及注册会计师行业的诉讼案件往往专业性很强、技术复杂程度很高,法院难以独立对案件作出精确而合理的界定。

(二) 市场运行机制的缺陷

(1) 公司治理结构存在严重缺陷。我国上市公司存在"内部人控制"现象十分严重等缺陷。经营者集决策权、管理权、监督权于一身,由被审计人变成了审计委托人。且我国上市公司的董事长和总经理大都由政府任命,其仕途与公司的发展并不一致,带有很大的不确定性。他们不是把精力放在研究企业发展战略、改善企业经营管理,而是放在如何争取上级的好感上,为此不惜操纵会计利润、粉饰会计报表。对注册会计师独立审计施加的压力也随之增大。注册会计师在激烈的市场竞争中迁就上市公司,默许上市公司造假,几乎成了一种"理性选择"。

(2) 地方保护主义的存在。我国会计师事务所的审计业务活动带有显著的地域性,注册会计师执行审计时就特别容易受到当地政府的不当干预。

(3) 监督体系薄弱,监管不到位。由于监管手段不成熟,监管人员严重不足,上市公司造假难以被及时发现查处,部分造假的上市公司没有得到处罚,对注册会计师行业的执业产生影响。

(三) 会计师事务所方面的原因

(1) 事务所治理结构不完善。此外,我国目前绝大多数会计师事务所都采取了有限责任公司的形式。几十万元的注册资本承担的却是涉及几个亿、数十亿数额的业务。在这种情况下,事务所的败德成本很低,潜在收益却很高,难以保持独立性。

(2) 质量控制制度与程序不完善,漠视职业道德。会计师事务所为了获取利润,总是想方设法"压缩"成本。如:不重视对员工的培训和后续教育;不当分工或授权;承接不能胜任的业务;不执行三级复核制度,内部控制薄弱;使事务所陷入"诚信"危机。

(四) 注册会计师自身的原因

(1) 职业道德低下。如果审计人员思想水平不高,敬业精神不强,态度马虎,随便签字盖章,就会增加审计风险,这也是引起法律责任的主要因素。

(2) 专业胜任能力不够。我国目前会计体系正处于同国际接轨的阶段,新法规不断颁布,加之拓展业务的要求,即使已取得了资格考试合格证书,也应不断加强后续学习和培训。注册会计师专业知识的欠缺可能导致审计失败。

(3) 审计欺诈的存在。不少的注册会计师或其配偶、子女是专职或兼职股民,这就使得注册会计师行业的公信力不可避免会受到公众怀疑。由于利益上的牵连,与被审计单位协同舞弊的行为也就很容易发生。

(4) 未能保持应有的职业谨慎。许多审计人员或对交易事项缺乏应有的专业怀疑，或收集的审计证据明显不足，或运用不当的审计程序，或过分信赖管理当局，或对客户舞弊的研究与重视不够。不谨慎的执业态度必然会导致法律责任的产生。

二、改善注册会计师行业环境的的应对措施

规范注册会计师的法律责任，需要通过政府、法律界、注册会计师行业、企业以及社会公众的共同努力，通过优化注册会计师的执业环境、提高注册会计师的素质、完善制度、强化责任等措施来重建一个健全、良好的社会审计体系。

(1) 完善相关法律规范，加强民事制裁。修订《公司法》，完善上市公司的治理结构；修改《注册会计师法》，在法律中明确被审计单位经营失败的责任不应归于注册会计师；建立法律责任分担制度，注册会计师对虚假的财务报告负有连带责任，尤其是连带赔偿责任。我国目前尚无一部法律对注册会计师法律责任的分担问题给予规定。由于民事责任日益重要，尽快出台有关审计民事责任的法律条文，形成以民事制裁为主、行政和刑事制裁为辅的法律责任体系。

(2) 建立权威的注册会计师法律责任认定机构。对注册会计师法律责任的鉴定是一个专业性、复杂性很强的工作，实际工作中对法律责任的认定机构较多，带来认定中的混乱。考虑由财政部出面，成立一个政府、法律界、企业界和注册会计师业内人士组成的法律责任鉴定委员会，专门负责在注册会计师法律责任的司法审判中进行责任鉴定。

(3) 加强对质量监管，建立退出机制。执业质量是事务所生存发展的基础，是事务所管理机制的核心。财政部、证监会、注册会计师协会及其他相关部门还应密切关注证券市场，对上市公司和注册会计师行业加强监督，发现违规作假的上市公司和注册会计师，应加大惩罚力度，使造假成本高于造假收益。按照市场运作规则，建立退出制度。强化资格管理，建立能进能退的机制，通过质量监控和对事务所、注册会计师的年检，剔除不符合规定的事务所。注册会计师协会可加强行业管理，如建立同业复核制度和建立审计报告评价制度。实行同业复核制度，即由另一家事务所或职业团体指定的审查人员对一家会计师事务所质量控制系统的健全性和执行情况进行调查和评估。注册会计师协会组织相关人员成立审计报告评价小组，对注册会计师出具的审计报告进行审核、监督，对于能客观、充分、真实地揭露会计问题的审计报告，应给予通报表扬，提高执业事务所的知名度；对出具虚假会计信息的审计报告，由有关部门根据法律法规对责任人进行处罚。

三、会计师事务所和注册会计师避免法律诉讼的应对措施

注册会计师避免法律诉讼的具体措施，可以概括为以下几点：

(一) 严格遵循职业道德和专业标准的要求

正如前文所充分论述的，不能苛求注册会计师对于会计报表中的所有错报事项都

要承担法律责任。注册会计师是否承担法律责任,关键在于注册会计师是否有过失或有欺诈行为。而判断注册会计师是否具有过失的关键在于注册会计师是否遵照专业标准的要求执行。因此,保持良好的职业道德,严格遵循专业标准的要求执业、出具报告,对于避免法律诉讼或在提起的诉讼中保护注册会计师具有无比的重要性。

(二)建立健全会计师事务所质量控制制度

会计师事务所不同于一般公司、企业,质量管理是会计师事务所各项管理工作的核心。如果一个会计师事务所质量管理不严,很有可能因为一个人或一个部门的原因导致整个会计师事务所遭受灭顶之灾。比如有的事务所根本没有质量管理措施,各个分所都可以总所的名义独立承揽业务、出具报告,分析出具虚假报告之事曝光之后,总所并不知情。因此,会计师事务所必须建立、健全一套严密、科学的内部质量控制制度,并把这套制度推行到每一个人、每一个部门和每一项业务,促使注册会计师按照专业标准的要求执业,保证整个会计师事务所的质量。

(三)与委托人签订业务约定书

《注册会计师法》第十六条规定注册会计师承办业务,会计师事务所应与委托人签订委托合同(即业务约定书)。业务约定书有法律效力,它是确定注册会计师和委托人的责任的一个重要文件。会计师事务所无论承办何种业务,都要按照业务约定书准则的要求与委托人签定约定书,这样才能在发生法律诉讼时将一切口舌争辩减少到最低限度。

(四)审慎选择被审计单位

中外注册会计师法律案例告诉我们,注册会计师如欲避免法律诉讼,必须审慎选择被审计单位。一是要选择正直的被审计单位。如果被审计单位对顾客、职工、政府部门或其他方面没有正直的品格,也必然会蒙骗注册会计师,使注册会计师落入它们的圈套。会计师事务所接受委托之前,一定要采取必要的措施对被审计单位的历史情况有所了解,评价它的品格,弄清委托的真正目的。尤其是在执行特殊目的审计业务时更应如此。二是对陷入财务和法律困境的被审计单位要尤为注意。中外历史上绝大部分涉及注册会计师的诉讼案,都集中在宣告破产的被审计单位。周转不灵或面临破产的公司,其股东或债权人总想为他们的损失寻找替罪羊,因此,对那些陷入财务困境的被审计单位要特别注意。

(五)深入了解被审计单位的业务

在很多案件中,注册会计师之所以未能发现错误,一个重要的原因就是他们不了解被审计单位所在行业的情况即承接被审计单位的业务。会计是经济活动的综合反映,不熟悉被审计单位的经济业务和生产经营实务,仅局限于有关的会计资料,就可能发现不了某些错误。

(六)采取风险基础审计方法

在目前我国大多数企业内部控制较差和管理人员串通舞弊的情况下,采用制度基础审计方法可能会导致审计失败的发生。对此,我们可以参考西方国家普遍采用的风险基础审计方法，根据对风险的评估分配审计资源，重点关注风险较大的领域和范围，以保证审计的真实和完整。

（七）提取风险基金或购买责任保险

在西方国家，投保充分的责任保险是会计师事务所一项极为重要的保护措施，尽管保险不能免除可能受到的法律诉讼，但能防止或减少诉讼失败时会计师事务所发生的财务损失。我国《注册会计师法》也规定了会计师事务所应当建立职业风险基金，办理职业保险。

（八）聘请熟悉注册会计师法律责任的律师

会计师事务所如果有条件的，尽可能聘请熟悉相关法规及注册会计师法律责任的律师。在执业过程中，如遇到重大法律问题，注册会计师应与本所的律师或外聘律师详细讨论所有潜在的危险情况并仔细考虑律师的建议。一旦发生法律诉讼，也应请有经验的律师参加诉讼。

本章小结

本章阐述了社会审计的定义、业务范围，介绍注册会计师、会计师事务所、注册会计师协会的基本情况，以及注册会计师行业管理的状况。同时，通过介绍注册会计师执业准则、职业道德规范和注册会计师的法律责任，以及相关的案例，使读者对于社会审计的行业管理、行业准则、道德规范和法律责任有了全面的了解和认识。鉴于注册会计师职业道德准则是新内容，本书较详细地介绍了该部分的情况，并专门对道德发展阶段和道德困境的案例进行介绍和讨论。

复习题

1. 社会审计的定义应如何理解？
2. 社会审计的业务范围有哪些？
3. 注册会计师的执业准则基本体系由哪些构成？
4. 注册会计师的职业道德的基本原则是什么？
5. 注册会计师的法律责任的成因有哪些？
6. 中国注册会计师的法律责任有哪些种类？
7. 可能导致注册会计师法律责任的原因是什么？
8. 会计师事务所和注册会计师避免法律诉讼的应对措施有哪些？

第5章 内部审计

> **引例：**
>
> 2001年末，美国发生了几起影响较大的公司腐败案。2002年美国股票市场急剧下挫，引发了美国国会自1933年和1934年《证券法案》颁布以来对公司法规最为彻底的一次调整和改革，内部审计和首席审计执行官被人们视为发现和解决工商企业报告系统、内部控制和职业道德行为等故障的主要手段。纽约证券交易所也要求所有在该所挂牌上市的公司必须建立内部审计部门，该举措也是对于内部审计发展的强有力的支持。
>
> 在我国，在审计署和各有关部门和单位的推动下，内部审计也取得了快速的发展，和国际内部审计师协会趋同的步伐也是越来越快。

5.1 内部审计的定义

内部审计是一个不断发展的概念。"内部审计不断变化，服务的组织也不断变化，内部审计职业是一个动态发展的行业。"（Krogstad, Ridley & Rittenberg, 1999）

5.1.1 国际上内部审计的定义

1999年6月，国际内部审计师学会董事会通过了内部审计的如下定义："内部审计是一项独立、客观的咨询活动，用于改善机构的运作并增加其价值。通过引入一种系统的、有条理的方法去评价和改善风险管理、控制和公司治理流程的有效性，内部审计可以帮助一个机构实现其目标。"

在2011年1月国际内部审计师协会（IIA）发布的新版《国际内部审计专业实务框架》中，内部审计全新定义为：内部审计是一种独立、客观的确认和咨询活动，旨在增加价值和改善组织的运营。它通过应用系统的、规范的方法，评价并改善风险管理、控制及治理过程的效果，帮助组织实现其目标。

1999年提出的新定义是以"风险为基础"的内部审计概念，改变以前"以控制为基础"、强调内部审计的管理职能的内部审计概念。新定义将增加价值作为内部审计的目标，是一种咨询和保证活动，是为了评价和改进风险管理、控制和治理过程的效果,内部审计应协助管理当局更好地履行管理责任,更有效地实现组织的目标。

5.1.2 我国内部审计的定义

2003年6月,我国内部审计协会发布《内部审计准则》,对内部审计给出定义:"内部审计是指组织内部的一种独立客观的监督和评价活动,它通过审查和评价经营活动及内部控制的适当性、合法性和有效性来促进组织目标的实现。"

该定义强调内部审计对经营活动和内部控制的评价,其审计范围主要是财务审计、管理审计,没有体现"风险"和"治理"的概念。王光远指出:"在借鉴国际内部审计师协会内部审计定义的同时,充分考虑中国内部审计实务发展水平,采纳其提出的内部审计的监督评价职能,而暂时不采纳其咨询职能。"(2003)

5.2 内部审计的目标和特征

> **思考:**
>
> 小B大学四年级了,在一次校园招聘中,他看到了某知名企业招聘内部审计人员的通知。针对此事,小B和他爸妈沟通找工作的事情。妈妈问:什么是内部审计?内部审计有什么特点呢?在企业从事内部审计工作具体要做些什么呢?内部审计和政府审计、注册会计师审计有什么区别呢?从事这个行业的前途如何?
>
> 某知名企业招聘内部审计人员…
>
>

5.2.1 内部审计的目标

随着世界经济的发展,各经济组织体的战略目标会随之发生变化,其所带来的是对内部审计的目标和要求会有所变化。目前的观点一般认为,内部审计的发展经历了三个发展阶段,每个发展阶段,内部审计都伴随着审计目标不断扩展。

第一阶段的内部审计,主要是以揭露经济业务和会计记录中的差错和舞弊行为为目的,主要以查错纠弊为主要目标。

第二阶段的内部审计,主要以会计事项为中心,检查企业制定的会计程序和制度是否得到遵守,审查差错和舞弊行为,对今后可能发生错误的会计事项进行预防。

第三阶段的内部审计,以企业的全部经济活动为对象,检验和审查单位内部各项管理是否有效发挥作用,评价经济活动的效率性、效果性和经济性,是内部审计和内部控制结合的内部审计。

5.2.2　内部审计的特征

内部审计作为审计的一种形式,具有区别于注册会计师审计和政府审计不同的一面。主要体现在:

1. 内部性

内部审计顾名思义,是内部审计机构在本部门、本单位主要负责人的领导和组织下,对本部门、本单位的财务收支和经济效益情况进行审计,对本部门、本单位的领导负责并报告工作。内部审计机构和被审计单位在同一组织内,内部审计人员是本部门、本单位领导在经济监督方面的助手和经济管理方面的参谋,因此,审计对象内部性是内部审计最基本的特征。

内部审计部门的利益与本部门、本单位息息相关,这就决定了内部审计担负着监督部门、单位的经济活动和为加强改善部门、单位经营管理服务的双重作用,也决定了内部审计内向服务的特点。

2. 广泛性

内部审计对某一个部门或一个单位的综合经济监督,范围是相当广泛的,既可以对部门、单位的整个经济活动过程进行监督,又可以对部门、单位的计划、预算、合同、协议的合理性进行审计,还可以对工作效率、管理水平进行审计,还可以对部门、单位遵守法律、法规、合同、制度和操作规程进行审计,审计触角可以说是无孔不入。因此,内部审计可以是财务审计,也可以是经营审计和合规审计,可以全面审计,也可以专项审计,既可以根据工作安排进行定期审计,也可以采取不定期的审计,方式多样,范围广泛。

3. 相对独立性

内部审计的独立性和权威性是相对的,是不充分的。一方面内部审计人员是本单位职员,影响了对本单位审计时的客观公正性,审计人员利益与本部门、单位的利益是休戚相关的;另一方面,内部审计人员的行为也受到了本部门、单位负责人的牵制,独立性是相对的。

4. 以经济效益为中心

内部审计的工作中心与本单位的战略目标是一致的。企业以经济效益、价值最大化为目标，内部审计也只有把工作中心放在提高经济效益上面，才能得到本部门、单位的广泛支持和重视，才能有效发挥作用。

除了上述主要特征外，内部审计还具有审计方式的灵活性、审计时间的经常性和及时性、审计结论的非强制性等几个特征。

5.3 内部审计准则

内部审计准则是制约、协调与评价内部审计活动和内部审计人员的规范性、权威性要求。

5.3.1 国际内部审计准则

美国最早进行了制定内部审计准则的尝试。1941年，国际内部审计协会（IIA）成立后，制定了《内部审计职责说明书》，对内部审计人员的职责和工作范围进行了规定。随着内部审计的发展，国际内部审计协会于1978年制定了《内部审计实务》标准，对内部审计的含义、职责、独立性、机构和人员以及工作范围和程序等都作了比较具体的规定。主要内容包括：

（1）内部审计部门的独立性、内部审计师的客观性以及内部审计部门在组织上的地位等方面规定。

（2）内部审计师的熟练程度和应具有的职业谨慎，主要包括业务熟练、人员配备、知识技能训练、适当的监督、遵守行为准则、人事关系和信息传达、进修教育和应有的职业谨慎等方面的规定。

（3）内部审计的工作范围主要包括工作范围，信息的可靠性和完整性，遵守政策、计划、程序、法律和条例，资产的保护，资源的节约和有效使用，业务经营和规划中既定目标及其完成等方面的规定。

（4）内部审计工作的执行，主要包括审计计划的制订，资料的检查和评价，报告结果和事后查询等方面的规定。

（5）内部审计部门的管理主要包括目的、权利和责任，计划、政策和程序，人员管理和发展，外部审计师，质量保证等方面的规定。

5.3.2 我国内部审计准则

中国内部审计准则依据《中华人民共和国审计法》、《审计署关于内部审计工作的规定》及相关法律法规制定。

1. 中国内部审计准则目标

（1）贯彻落实《中华人民共和国审计法》、《审计署关于内部审计工作的规定》以及相关法律法规，加强内部审计工作，实现内部审计的制度化、规范化和职业化。

（2）促使内部审计机构和人员按照统一的内部审计准则开展内部审计工作，保障内部审计机构和人员依法行使职权,保证内部审计质量,提高内部审计效率,防范审计风险,促进组织的自我完善与发展。

(3) 明确内部审计机构和人员的责任,发挥内部审计在强化内部控制、改善风险管理、完善组织治理结构、促进组织目标实现的作用。

(4) 建立与国际内部审计准则相衔接的中国内部审计准则。

2. 中国内部审计准则体系

中国内部审计准则是中国内部审计工作规范体系的重要组成部分,由内部审计基本准则、内部审计具体准则、内部审计实务指南三个层次组成。

(1) 内部审计基本准则。内部审计基本准则是内部审计准则的总纲,是内部审计机构和人员进行内部审计时应当遵循的基本规范,是制定内部审计具体准则、内部审计实务指南的基本依据。

(2) 内部审计具体准则。内部审计具体准则是依据内部审计基本准则制定的,是内部审计机构和人员在进行内部审计时应当遵循的具体规范。

(3) 内部审计实务指南。内部审计实务指南是依据内部审计基本准则、内部审计具体准则制定的,为内部审计机构和人员进行内部审计提供的具有可操作性的指导意见。

3. 中国内部审计准则的约束力和约束范围

内部审计基本准则、内部审计具体准则是内部审计机构和人员进行内部审计的执业规范,内部审计机构和人员在进行内部审计时应当遵照执行。内部审计实务指南是对内部审计机构和人员实施内部审计的具体指导,内部审计机构和人员在进行内部审计时应当参照执行。

中国内部审计准则适用于内部审计机构和人员进行内部审计的全过程。中国内部审计准则适用于各类组织。无论组织是否以盈利为目的,也无论组织规模大小和组织形式如何,内部审计机构和人员在进行内部审计时,都应遵循内部审计准则。

小知识:

小B和同学在网上看到了"国际注册内部审计师"的信息,都觉得这个专业认证比较陌生。那么,什么是国际注册内部审计师呢?

国际注册内部审计师是由国际注册内部审计师协会出题,全球统一阅卷、改卷、评分,证书是由国际注册内部审计师协会颁发但中国审计署会出具中文的对应证书。所以CIA英语的证书是全球一样的,全球承认是国际注册内部审计师协会的合格会员,CIA英语的证书是证明你在"内部审计"的领域达到国际注册内部审计师协会的要求。证书永久有效,但必须要参加"国际注册内部审计师"协会的后续教育。CIA资格和证书是目前全世界认可的唯一

"会计审计领域的最高资格和荣誉"。

会计审计领域的最高资格和荣誉

"国际注册内部审计师考试"科目共4科，必须在2年内通过，每科80个单项选择题，75分为通过，即答对75%，考试时间为两天，上下午各考一科，一科考试时间为3.5个小时：

考试四个科目为：（1）内部审计过程（internal audit process）；（2）内部审计技术（internal audit skills）；（3）管理控制和信息技术（management control and information technology）；（4）内部审计环境（internal audit environment）

国际注册内部审计师考试于1998年11月首次在中国开考，由中国国务院、审计署和"国际注册内部审计师考试"协会监考，考试地点在广州市中山大学。首次考试的中国考生中有4名一次通过全部科目，这4名考生分别来自上海和广州。1999年11月，中国审计署宣布新增山东省济南市为中国的第二个"国际注册内部审计师"考场。

5.4 内部审计程序

思考：

小B大学四年级被安排到一个知名企业内部审计部门实习，很快他就面临着一个新审计项目，面对这么多的师兄师姐还有前辈们，他想给大家一个好印象，但又陷入了深深的思考中……完整的内部审计程序应该是怎样的呢？

根据审计署颁布的关于内部审计工作的规定，内部审计工作的主要程序是拟订审计项目计划、通知被审计单位、实施审计、提出审计报告、征求被审计单位意见、出具审计意见、作出审计决定和进行后续审计。

5.4.1 拟订审计计划

拟订审计计划首先需要确定审计项目。内部审计部门确定审计项目应该主要考虑以下几个方面因素：

(1) 上级部门交办的任务；
(2) 本部门、本单位负责人要求审查的事项；
(3) 根据本单位具体情况及群众提供的线索确定的审计事项；
(4) 根据现有工作能力确定。

确定审计项目后，可以拟订审计项目计划。审计计划内容主要包括立项依据、审计范围和内容、审计方式、审计工作步骤、时间安排、审计人员组成及分工等。审计项目计划拟订后，应报送本部门、本单位负责人批准后实施。

5.4.2 通知被审计单位

对下属单位开展内部审计工作时，应当在实施审计前，下达审计通知书，明确审计的范围、内容、目的、人员组成等，通知被审计单位做好准备。如果对本单位的经济活动进行审查，一般无需下达审计通知书。

5.4.3 实施审计

按照审计项目计划的安排，内部审计人员根据审计目标，运用各种审计方法对被审计事项实施深入细致的审查，取得审计证据，形成评价意见，编写审计工作底稿。审计项目实行组长负责制，审计负责人负责对审计工作底稿进行复核，对于审计中发现的问题，审计人员可随时向有关单位和人员报告。

5.4.4 提出审计报告、审计意见书与审计决定

内部审计在终结阶段的主要工作步骤为：
(1) 审计人员根据审计结果撰写审计报告初稿。
(2) 审计人员将审计结果送交被审计单位征求意见，并就双方分歧的意见进行磋商，达成一致。对于严重分歧的意见，应及时向内部审计部门的领导报告，审计部门在证据充分的情况下，可以作出结论。
(3) 审计报告定稿后，需报经本单位领导人审查批准。
(4) 本单位领导根据审批后的审计报告签发审计意见书和审计决定，并送达被审计单位。被审计单位必须执行审计决定，如果被审计单位对审计意见书和审计决定有异议，可以向内部审计机构所在单位负责人提出，该负责人应当及时处理。

5.4.5 后续审计

根据具体的审计事项，需要根据情况进行后续审计，检查被审计单位采纳意见和执行审计决定的情况，保证审计决定切实得到贯彻执行。

> **思考：内部审计人员应具备什么样的素质？**
>
> 小B的同学很担心自己胜任不了所在知名企业内部审计的实习岗位。内部审计人员需要怎样的素质呢？将来单位负责人招聘内部审计人员会考虑什么呢？到时会找到什么样的工作呢？他向小B的审计经理A请教。审计经理A很热心地说："我看一个内审人员素质的高低，不看他工作年限的多少，也不看他职位的高低。我只看他的财务知识。也许你会很纳闷，内审需要用到那么多的财务知识吗？"
>
> A咽了下口水，继续说："我的回答是：是的！财务知识才是我们审计的基础和主题。如果你的大部分时间已经不是对财务方面的审计，只会有两种情况。①你已经成为一个真正的审计人员，这也是审计的最高境界；②你对财务根本就是一窍不通，充其量只能算是个内部控制员，或者流程员。"
>
> "如果你不精通财务，很难想象，采购环节你是如何核对应付账款的。我在这一块经常发现有对账错误，这个环节也是审计容易出效益的地方。销售环节也是一样。至于生产成本审计一块，如果你能清楚掌握本公司的成本核算方法，熟知本公司的仓库管理，你就可以对公司的财务报表提出建议，观察行业与自己的净利水平，对公司的产品定价提出建议；就可以了解公司的销售策略和战略重点，分析公司仓库的管理现状，建议各种流程优化。如果你是在一家以出口为主的企业，而你的财务知识又不熟练，那后果将会是灾难性的。要知道，人民币升值一点点，可能就决定着你们企业的生死存亡，而财务收款的政策导向无疑又起到推波助澜的作用。因此，这就逼迫我们审计人员必须要学习国际业务结算、进出口报关知识。我曾经看到一家子公司财务由于对人民币升值的错误预期，造成信用证结汇的短期融资损失，而这些损失通常都是数以十万计的。"小B的同学茅塞顿开，觉得除了专业知识，他还得学习不少其他的知识。

5.5 内部审计质量评估

5.5.1 内部审计质量评估的定义和目的

内部审计质量评估，是指由具备职业胜任能力的人员，以内部审计准则、内部审计人员职业道德规范为标准，同时参考风险管理、内部控制等方面的法律法规，对组织的内部审计工作进行检查和评价的活动。内部审计质量评估的目标是促进内部审计机构和人员遵循内部审计准则和内部审计人员职业道德规范,提高内部审计工作质量和内部审计人员职业胜任能力,提升组织内部各个层级对内部审计工作的认可程度和满意程度,改善内部审计环境,增强内部审计工作的有效性。

5.5.2 内部审计质量评估的组织

内部审计质量评估包括内部评估和外部评估两种形式,由组织根据情况选择实施。

内部评估由组织内部的人员实施,可以由内部审计、人力资源、内部控制、风险管理等部门的人员参与。

外部评估由中国内部审计协会或者其认定的机构实施。选择实施外部评估的组织,应当向中国内部审计协会或者其认定的机构提出书面申请,由双方协商评估时间、评估人员、评估费用等事宜。接受申请的机构应当在确定实施评估后的一个月内向中国内部审计协会备案。

参与外部评估的人员应当具备良好的审计职业道德和一定的审计工作经历,具有被评估组织所在行业、领域的相关知识或者经验,接受过中国内部审计协会组织的内部审计质量评估培训。内部审计质量评估机构应当具备以下条件:

(1) 从事地方或行业内部审计管理工作或提供内部审计咨询服务;
(2) 拥有一定数量具备内部审计质量评估资格的人员;
(3) 中国内部审计协会会员单位。

内部审计质量评估的程序包括前期准备、现场实施和出具评估报告3个阶段。评估可以运用问卷调查、访谈、现场查阅文档等方法。内部审计质量评估的结果包括总体遵循准则、部分遵循准则和未遵循准则3种。

5.5.3 内部审计质量评估内容

内部审计质量评估主要包括如下内容:
(1) 内部审计准则和内部审计人员职业道德规范的遵循情况;
(2) 内部审计组织结构及运行机制的合理性、健全性;
(3) 内部审计人员配置及专业胜任能力;
(4) 内部审计业务开展及项目管理的规范程度;
(5) 各利益相关方对内部审计的认可程度和满意程度;
(6) 内部审计增加组织价值、改善组织运营的情况。

5.6 内部审计报告

内部审计报告是内部审计工作的"产品",是内部审计工作成果的反映。

5.6.1 内部审计报告结构

完整的内部审计报告结构具备以下内容：

（1）审计概况。说明审计立项依据、审计目的和范围、审计重点和审计标准等内容。

（2）审计依据。说明在审计过程中遵守的国家制定的相关法律、法规，上级单位制定的制度等外部依据。

（3）审计结论。根据已查明的事实，对被审计单位经营活动和内部控制所作的评价，结论要正确、客观、公正、实事求是，该肯定就肯定，该否定就否定，不能含糊不清，更不能掺杂任何个人意志。

（4）审计决定及审计建议。针对审计发现的主要问题提出的处理、处罚意见或合理化建议。审计建议要确保可行性，不仅要体现一定的政策性和指导性，符合有关法规和制度要求，同时也要结合实际情况有较强的针对性和可操作性，否则被审计单位难以达到整改要求。

5.6.2 如何写好内部审计报告

写好内部审计报告有下面几条建议：

1. 条理要清晰

撰写内部审计报告中主要一点是重要事项优先。以此类推，直到报告完毕。在写作中要说明为了查明什么，已经抽查了多少数量或资料，经过汇总、核对与分析发现了什么问题，事情的严重性（最好能说明金额数量），此举违反了什么法规、制度及工作程序。还要有当事人及主管领导的解释，以及现在的管理与控制状况。最后是内审人员就此事所提出的管理建议。一般对某个审计发现的问题进行报告时，写作顺序为：为了审计×××，抽查了×××，发现×××，金额数量×××，违反×××，当事人或主管解释×××，我们建议×××，等等。这样的写作顺序显得条理比较清楚。

2. 表达要简明

内审报告写作时尽可能多用图表，图形或表格能把复杂的数据及文档一目了然地展示给报告的使用者，实际工作中的例子也恰好证实了这一点。

3. 分析要详尽

（1）收集数据要具体。注明抽查的数量、发现问题多少件（单）及汇总金额是多少等，数据越具体，对后期的分析和对比就越容易，结论就越准确。

（2）分析思路要开阔。分析思路不能局限于项目之内、公司之间，要把项目审计取得的数据放在更大的深度与广度分析。如区内数据要放到全市、全省仍至全国范围来看，而市场信息要与网上信息比较。通过多方多维度的对比分析，情况就会逐渐明朗。此分析方案对价格的变更等分析尤为适用。

（3）了解原因要深入。管理层主要是针对发现的问题而采取必要的管理措施，而查找事件发生的原因是内审工作必不可少的步骤，对事情了解深入，才能给出比较合理的原因与解释。

4. 归类要合理

同类问题统一归纳，撰写时按工作流程顺序书写。由于审计项目时间较长、审计人员较多、发现问题较多且复杂，在写作报告时容易产生以下问题：

（1）报告问题不按问题重要性或工作流程顺序。在写作审计报告时，一般是按工作流程顺序各点分类书写。例如，撰写采购的内部审计报告时，可以按采购部门工作流程顺序书写，即：按采购申请单、采购比质比价、领导审批、发出订购单、物资验收单、财会付款等顺序分类报告。

（2）报告问题没有分类，各类问题常常交差罗列，整篇文章读起来杂乱无章，无法掌握重点及类别。例如，第一点讲系统软件出现的问题，第二点讲工作流程的问题……第五点又讲关于系统软件的问题。这样简单的罗列无法集中深入地揭示问题和剖析问题形成的原因，自然也就无法提出好的对策和建议，报告使用者也难以归纳问题的要点，不便于执行相关的管理措施。

5. 建议要可行

建议方案水平的高低，直接影响到管理层对问题的解决速度与决策。撰写管理建议时最常见也最忌讳的毛病就是针对性不强，分析问题部分与管理建议之间缺乏相关性，造成建议没有针对性，管理建议泛泛而论，没有明确的方案与做法，没有操作性，更不用说效果了。如常见的有"建议加强会计法合同法的学习，提高自觉遵守国家法律法规的意识"；"建议进一步完善公司管理制度，加强内控管理"；等等。

案例

如工程预算（总报价）与实际验收时数量相差较大，由于验收人员责任心不强，验收流于形式等，所以我们针对所发现的问题提出建议：

1. 财务部按重新核准的装修工程款及相关审批手续，调整工程项目费用，对于未付的工程款，在支付时予以扣除；对于已付完工程款的项目，建议在质保金中扣除。

2. 建议集团总部制定或修改验收制度，对所属公司在进行工程验收时实行交叉验收制度，即a公司的验收人员对b公司完工项目进行验收，b公司的验收人员对a公司完工项目进行验收。

上述第一点对于具体单位具体问题有针对性地提出建议措施，提醒财务部在支付款项时要扣除剔减的工程款；第二点则是对整个集团或个别公司存在的管理漏洞提出一个解决的方案，防止以后出现类似的情况。这两个建议都

> 可行且有针对性,一个建议治标另一个则治本,这种有针对性的建议对于完善公司的管理制度非常有利。

5.7 内部审计制度范例

XXXX 有限公司内部审计管理制度

第一章 总　　则

第一条　为了加强集团公司内部审计工作,改善企业经营管理,提高集团公司整体效益,根据《中华人民共和国审计法》、《审计署关于内部审计工作的规定》、《中国内部审计准则》、《广东省内部审计办法》等有关法律法规,结合集团公司实际,制定本制度。

第二条　本制度所称内部审计,是指集团公司内部审计机构按照国家大的法律、法规和政策以及集团公司的规章制度,独立监督和评价集团公司及有财务收支或经营活动的部门与全资、控股、参股企业所发生的经济活动的真实性、合法性和效益性的审计活动;搞好内部审计工作是加强集团公司企业管理的重要内容,是企业自我约束、自我发展的重要措施。

第二章 内部审计机构和审计人员

第三条　审计部是集团公司的内部审计机构,在集团公司董事会及其审计委员会的领导及业务指导下,依法行使审计监督职权,定期向集团公司提交审计工作报告,同时接受××市内部审计协会及上级审计部门的业务指导和监督。

第四条　集团公司内部审计机构应根据上级审计机关的要求,及时向上级审计部门报告内部审计工作的相关信息和工作情况。

第五条　审计人员应具备以下条件:

(一)政治思想觉悟高,热爱祖国、热爱公司、热爱本职工作、遵纪守法、忠于职守。

(二)实事求是、廉洁奉公、保守机密、勤勉尽责。

(三)有较高的审计、会计、经济或工程技术、法律等专业水平和相关工作经验,获得内部审计人员岗位资格证书。

第六条　审计人员实施内部审计时,应执行回避制度。

第七条　审计人员依法行使职权受国家法律保护,任何单位和个人不得打击报复。

第八条 内部审计机构的负责人和其他审计人员的聘用或解聘,按集团公司有关规定执行。

第三章 内部审计机构的职责范围和权限

第九条 集团公司内部审计机构行使下列职权:

(一) 根据内部审计工作的需要,要求被审计对象及时提供真实和完整的生产、经营、财务收支计划、预算执行情况、决算、会计报表和其他有关文件、资料。

(二) 参加集团公司及所属单位有关会议,召开与审计事项有关的会议,参与研究制定有关的规章制度。

(三) 检查有关生产、经营和财务活动的资料、文件和现场勘查实物。

(四) 检查有关的计算机系统及其电子数据和资料。

(五) 就审计事项有关的问题,依法向有关单位和个人开展调查和询问,取得相关证明材料。

(六) 对正在进行的严重违法违规、严重损失浪费行为,做出临时制止决定。

(七) 对可能被转移、隐匿、篡改、毁弃的有关财务会计及相关经济活动的资料或者资产,报经集团公司领导批准,予以暂时封存。

(八) 对阻挠审计工作,拒绝提供有关资料或提供虚假资料,拒不执行审计决定的单位和个人,报经集团公司领导批准后,可采取必要的措施,并提出追究责任的建议。

(九) 参与集团公司对相关社会审计中介机构或者专业人员的选聘工作,并对所选聘的社会审计中介机构或者专业人员的工作质量进行审查和评价。

(十) 提出纠正、处理违法违规行为的意见以及改进经营管理、提高经济效益的建议。

(十一) 检查、督促审计结论的执行,对遵纪守法、成绩显著的单位或个人提请集团公司领导表扬和奖励;对违法违规和造成损失浪费的单位和人员,给予通报批评或者提出追究责任的建议。

(十二) 对集团公司经营活动中的重要问题及个别事项开展专项审计或审计调查,提出改善管理、提高效益的建议。

(十三) 向上级主管单位和审计部门反映审计工作的重大事项。

(十四) 法律、法规规定及集团公司董事会、集团公司主要负责人在管理权限范围内授予的其他权限。

第十条 集团公司内部审计机构负责对集团公司范围内的下列事项进行审计监督:

（一）国家财经法规及集团公司财务规章制度的执行情况。

（二）股东资产及其他资产的安全、完整与增值情况。

（三）会计资料和经济信息的真实性和正确性情况。

（四）各种经营方案、计划、预算的制订和执行情况。

（五）内部控制的健全性和有效性以及风险管理情况。

（六）有财务收支的经济活动及经济目标责任制的完成情况。

（七）资产抵押、担保等贷款和对外单位提供担保情况。

（八）重大经济合同签订及执行情况。

（九）重大经营决策、重大投资活动情况。

（十）所属全资、控股、参股企业的管理及资金使用情况。

（十一）兴办合资、合作经营企业及合作项目所投入资金财产的使用及其效益情况；市外、境外投资的合法性、安全性、效益型情况。

（十二）所属单位主要负责人任期经济责任审计。

（十三）所属单位合并、分设、撤销的财产清算。

（十四）建设项目的建设程序及竣工决算审计和监督（具体操作见《建设项目审计管理制度》）。

（十五）法律、法规规定和上级审计部门、集团公司领导交办的其他审计事项。

第四章　内部审计工作的程序

第十一条　内部审计机构应当实行审计项目计划管理。年度审计计划应当报经集团公司主要负责人批准后实施。

第十二条　内部审计机构根据集团公司内部审计计划和临时审计事项，组成两人以上的审计工作小组，拟定审计工作方案，由审计部负责人审核后实施。

第十三条　内部审计工作应遵循以下基本工作程序：

（一）准备阶段：根据确定后的审计事项组成审计工作小组，并提前3个工作日向被审计单位发出审计通知书。特殊审计业务可在实施审计时送达。审计通知书主送被审计单位，必要时可抄送相关单位。涉及单位内个人责任的审计项目，应抄送被审计者本人。

审计通知书的主要内容包括：

1. 审计的范围、内容、时间和方式。

2. 审计工作小组的组成人员名单。

3. 对被审计单位的要求。

被审计单位应当配合审计工作并提供必要的工作条件。

（二）实施阶段：听取情况介绍，收集有关资料，审查企业管理制度、经营计划、经济合同及有关账表、凭证、实物等，对有关情况进行调查取证，编制审计工作底稿。

（三）报告阶段：整理资料、综合分析，并出具审计报告（征求意见稿）。审计报告的主要内容：

1. 审计的内容、范围、方式、时间。
2. 被审计单位的主要情况。
3. 实施审计的主要情况。
4. 审计评价、意见、建议。

（四）成果阶段：出具审计报告、审计意见书，并跟踪落实。

第十四条　内部审计工作需要掌握的资料：

（一）被审计单位主要负责人、行政业务机构设置；人员配置；资金、财产概况；基本财务状况以及经纪业务活动的内容，新成立公司还需了解工商注册情况。

（二）了解内部控制制度建立、健全情况。

（三）了解被审计单位风险管理情况。

（四）通过被审计单位的报表、账簿、凭证、合同了解其财务收支方面的真实性、合法性；经济效益、工资、奖金、福利发放情况；应收、应付款发生情况和业务费开支及其他成本费用的支出情况。

（五）通过对被审计单位的现金和其他实物的盘点，了解其是否账实相符、账账相符，管理制度是否严密，是否有挪用、侵占、贪污等情况。

（六）其他与审计事项有关的基本资料。

第十五条　审计报告（征求意见稿）应征求被审计单位或被审计人的意见，同时将审计报告（征求意见稿）和《审计报告（征求意见稿）意见回复单》送达被审计单位，被审计单位或被审计人应在接到审计报告（征求意见稿）之日起5个工作日内，将《审计报告（征求意见稿）意见回复单》填写完整后送交审计组，逾期未提出书面意见的视为无异议。

第十六条　审计工作小组收到《审计报告（征求意见稿）意见回复单》后，应尽快核实、研究或修改，出具正式审计报告及审计意见书，报集团公司领导审批。

第十七条　内部审计人员对审计过程中发现的问题应及时向有关单位反映，并提出改进建议。

第十八条　被审计单位对审计意见必须限期整改、执行，收到审计意见书10日内，回复整改落实时间表及将采取的措施，在60日内将《审计意见书执行情况回复单》填写完整后送回集团公司内部审计机构。如有异议或执行中有困难的，可在收到审计意见书后10日内向审计部门提出书面意见。

第十九条　内部审计人员应及时检查被审计单位对审计意见书的执行情况及对审计建议的采纳情况。

第二十条　内部审计机构应根据国家有关规定建立审计档案。具体操作按《集团公司内部审计档案管理规定》实施。

第二十一条　其他审计程序，依照《中国内部审计准则》执行。

第五章　内部审计工作的保障措施

第二十二条　内部审计机构对于在审计中发现的能严格遵守财经法规、经济效益显著、贡献突出的单位和个人，可以向集团公司主要负责人提出表扬和奖励的建议。

第二十三条　被审计单位、相关单位及有关人员不配合内部审计工作、拒绝审计或者提供资料、提供虚假资料、拒不执行审计决定或者报复陷害内部审计人员的，集团公司主要负责人应当及时予以处理；构成犯罪的，移交司法机关追究刑事责任。

第二十四条　内部审计机构应当遵守国家、省事及集团公司关于内部审计工作的有关规定。

第二十五条　内部审计机构应当不断提高内部审计业务质量，并依法接受上级审计机关对内部审计业务质量大的检查和评估。内部审计人员应积极参与上级审计机关组织的业务培训和后续教育。

第二十六条　集团公司各级领导及有关单位应提供必要的条件，保障内部审计工作的顺利进行，采取有效措施保障审计人员的人身安全及个人利益不受损害，防止审计人员受到打击报复。

第二十七条　对于认真履行职责、忠于职守、坚持原则、做出显著成绩的内部审计人员，集团公司应给予一定的精神和物质奖励。

第二十八条　内部审计人员有下列情形之一的，由集团公司按照有关规定予以处理；涉嫌犯罪的，依法移送司法机关处理：

（一）玩忽职守，造成严重后果的；

（二）利用职权谋取私利的；

（三）弄虚作假，徇私舞弊，隐瞒查出的问题或者提供虚假审计报告的；

（四）泄露国家秘密、被审计对象商业秘密的；

（五）违反法律、法规、规章的其他情形。

第二十九条　集团公司有关人员有下列情形之一的，由集团公司按照有关规定予以处理；涉嫌犯罪的，依法追究刑事责任：

（一）打击、报复、陷害内部审计人员或者有关举报人的；

（二）授意、指使、强令内部审计机构或者内部审计人员出具违反法律、法规规定的审计报告的，对正在损害国家和单位利益，不及时制止或者制止不力造成重大危害和损失的；

（三）违反法律、法规、规章的其他情形。

第六章　附　　则

第三十条　本制度适用于集团公司本部及所属全资、控股企业。参股企业可参照执行。

第三十一条　本制度由集团公司审计部附则解释。

本章小结

本章分别从国际和国内的角度阐述了内部审计的定义、内部审计的目标和特征、我国内部审计准则、内部审计程序、内部审计质量评估和内部审计报告。为了使读者更好地运用内部审计原理进行实际操作，本章提供了内部审计报告结构供读者参考，并就如何写好内部审计报告提出相关的建议。

复习题

1. 内部审计的定义应如何理解，新旧定义有什么区别？
2. 内部审计的目标是什么？
3. 内部审计有什么特征？
4. 请简单介绍国际内部审计准则和我国内部审计准则。
5. 内部审计程序有哪些？
6. 内部审计质量评估有哪些内容？
7. 内部审计报告在结构上有哪些内容，如何写好内部审计报告？

第 2 编

其他类型的审计——从概念到行动

- 第 6 章　财务收支审计
- 第 7 章　预算执行和决算审计
- 第 8 章　经济责任审计
- 第 9 章　绩效审计
- 第 10 章　内部控制审计
- 第 11 章　经济合同审计
- 第 12 章　建设项目全过程审计
- 第 13 章　物资采购审计
- 第 14 章　计算机审计

第6章 财务收支审计

引例：

最近小B对《周礼·仪礼·礼记》颇有研究，他发现中国西周王朝有着健全的会计制度。在会计科目上有"九贡"、"九赋"、"九功"、"九式"的设置，对经济事项分门别类地进行会计核算。在记账符号上有"入"、"出"、"余财"或"受"、"用"等符号，通俗易懂、简明扼要。在会计凭证上有"法"和"式法"，强调会计凭证的真实性和合法性。在会计报告上有"岁会"、"月要"、"日成"的规定，相当于今天的年报表、月报表、日报表之说。在会计考核手段上，有"司书、职内、职岁与职币之间的参交互考"，也就是今天会计人员的牵制制度。"职内"专管收入，"职岁"和"职币"专管支出，其考核目的是实行"相互牵制，防止伪诈之事发生"。西周官厅的"以参互考日成，以月要考月成，以岁会考岁成，以周知四国之治，以诏王及冢宰废置"的钩考制度，具有激励机制的功能。对于经济管理有功过者，施行"凡失财用、物辟名者，以官刑诏冢宰而诛之；其足用、长财、善物者，赏之"的奖惩制度。（注：《周礼·仪礼·礼记》）

小B感叹说，枉学了这么多年的会计和审计，这不就是一套完整的财务收支会计制度和内部控制牵制制度吗？我们今天的管理还不一定能达到这么完善的程度。在做财务收支审计的时候，应借古鉴今，按这一套制度来进行"钩考"。

6.1 财务收支审计的定义

财务收支审计是对金融机构、企事业单位的财务收支及有关的经济活动的真实性、合法性所进行的审计监督。以企业财务收支审计为例,审计内容主要有:企业制定的财务会计核算办法是否符合《企业财务通则》、《企业会计准则》以及国家财务会计法规、制度的规定,对企业一定时期内的财务状况和经营成果进行综合性的审查并作出客观评价。

6.2 财务收支审计的依据

> **趣闻:**
>
> 　　小B最近研究国学有点入迷。他看到,孔子曰:"其身正,不令而行;其身不正,虽令不从。"(《论语·子路》)孔子认为执事者自身行得正,站得稳,不发命令,事情也行得通;若是自身不正派,即使下了命令,下属也不会听从。所以执事者要加强品德修养,规范审计行为。
>
> 　　孔子又曰:"苟正其身矣,于从政乎何有!不能正其身,如何正人!"(《论语·子路》)孔子认为执事者自身正派,从政没有什么困难;若自身不正派,怎能让别人信服! 小B若有所思:兵家要身先士卒,法家要以身作则,依法行使职权,就像我们审计要依法审计,凡事讲究审计依据,执行客观公正廉洁的审计道德。

　　财务收支审计的主要目标是对被审计单位经济活动的真实性和合法性作出审计和评价。因此,财务收支审计的主要依据有国家的法律、法规,国家主要部门或地方各级政府制定的规章制度,单位自己制定的会计控制制度、计划、预算、合同等。

　　(1)法律、法规。如《审计法》第8条至第25条规定了国家审计机关以财务收支为审计对象的主要内容。《宪法》、《刑法》、民法、会计法、审计法、预算法、税收征管法、海关法、各种税法、企业法、公司法、经济合同法等也是财务收支审计的依据。法规是由国家行政机关制定的各种法令、条例、规定等,如《企业会计准则》、《企业财务通则》也是财务收支审计的依据。

　　(2)规章制度。国务院各部委的规章制度,省、自治区、直辖市的规章制度,被审计单位上级主管部门和被审计单位内部制定的各种规章制度等。如国家主管部门制定的各项财务会计制度,单位内部制定的各项内部控制制度等。

(3) 预算、计划、合同。单位编制的经费预算,企业单位制定的各种经济计划,被审计单位与其他单位签订的各种经济合同等。

6.3　财务收支审计的意义

财务收支审计是《审计法》赋予审计机关的神圣职责,也是各级审计机关对各级行政事业单位实施审计监督的一项审计任务。其作用主要是揭露和处罚行政事业单位财务收支方面的违规违纪违法问题,确保国家财政资金管理和使用的真实、安全、有效。促进财政财务收支行为制度化、规范化,同时,现行开展的干部经济责任审计和探索推广的效益审计,都是以财务收支审计为基础。

6.4　财务收支审计的内容

根据《审计法》第 8 条至第 25 条的规定,国家审计机关以财务收支为审计对象的主要内容包括金融机构的财务收支审计、事业组织财务收支审计、企业财务收支审计、国家建设项目的财务收支审计、基金与资金的财务收支审计和国外援款、贷款项目的财务收支审计等 6 个方面。

6.4.1　金融机构的财务收支审计的内容

《审计法》第 18 条规定:"审计署对中央银行的财务收支,进行审计监督。审计机关对国有金融机构的资产、负债、损益,进行审计监督。"中央银行是指中国人民银行,它是国务院的一个部门,是政府的银行。国有金融机构包括国家政策性银行、国有商业银行,国有保险、信托投资、证券经营、租赁机构,其他国有金融机构等。

(1) 中央银行财务收支审计。中国人民银行及其分支机构都属于我国最高审计机关即审计署的审计对象,不可授权下级审计机关审计。对中央银行审计的内容包括两方面:一是审查在金融业务活动中发生的各项财务收支及其结果的真实、合法和效益;二是审查人民银行每个会计年度是否将其收入减除该年度支出,并按照国家核定的比例提取总储备金后的净利润,全部上缴中央财政。

(2) 国家金融机构资产、负债、损益的审计。根据《审计法》第 18 条第 2 款的规定,审计机关对国有金融机构、国有资产占控股地位或者主导地位的金融机构比照国有企业对其资产、负债损益进行审计监督。在资产方面,主要对其内部控制制度、贷款业务、利息计算、应收款项、低值易耗品、固定资产、无形资产、递延资产和其他资产进行审计。在负债方面,主要对流动负债和长期负债的真实性、合法性进行审计。在损益方面,主要对各种收入、投资收益、租赁收益、各种费用支出、收益分配等方面的真实性、正确性及合法性进行审计。

6.4.2 事业组织财务收支审计的内容

《审计法》第19条规定："审计机关对国家的事业组织的财务收支，进行审计监督。"所谓国家事业组织是指由国家创办的，不直接从事物质资料生产，以改善社会生产和人民生活条件、增进人民物质文化生活而发展科学和文化教育、医药卫生和福利救济事业为目的的非营利的组织。国家兴办的学校、科研机构、文艺团体、医院、医药卫生检疫机构、广播电视电影机构、图书馆及体育馆等，均属于国家事业组织。国家财政对国家事业组织分别采取全额预算拨款、差额预算拨款、由本单位自收自支的预算管理方式。但不论采取何种管理方式，这些单位均是审计机关监督的对象。值得提出的是，如果事业组织实行企业化管理，执行国家对企业的有关规定，就不再作为事业组织对待。

对事业组织的财务收支进行审计，一是对其收入进行审计，主要审查事业性收费的合规性，有无擅自设置项目、超范围、超标准收入，是否全部入账，有无先分后收、多分少收以及坐支的现象，是否正确计算税金，有无偷漏税款情况等。二是对其支出的审计，主要审查各种支出费用是否违反了国家有关规定，是否真实合法。三是对其成本、费用的审计，主要审查各种成本、费用开支有无超范围、超标准的现象，是否遵循了配比原则、权责发生制原则，计算是否正确，有无以计划成本、估算成本代替实际成本。此外，还要审查事业单位预算结余计算是否正确、真实，是否按规定提取和使用专用基金，有无扩大开支范围和提高开支标准的情况等。

6.4.3 企业财务收支审计的内容

《审计法》第20条规定："审计机关对国有企业的资产、负债、损益，进行审计监督。"第22条规定："对国有资产占控股地位或者主导地位的企业的审计监督，由国务院规定。"由此可见，我国审计机关不仅有权对国有企业财务收支进行审计，而且有权对国有资产占控股地位或者主导地位的企业财务收支进行审计。国有资产占控股地位的企业，是指国有资产占企业的总资产50%以上的企业。国有资产占主导地位的企业，是指国有资产在该企业中虽不占有控股地位，但其资产与其他股东的资产相比，出资额较大。

对国有企业进行审计的内容，主要包括对其资产、负债和损益的审计。对国有企业审计监督的重点范围：

一是与国计民生有重大关系的国有企业，如属于国民经济基础产生的国有企业，属于国民经济支柱产生的国有企业，其他对国民经济有重大影响的国有企业，包括邮电、通信、交通、能源、航空、钢铁、电力、国防工业、高科技电子产业、商业企业、粮食行业等。

二是接受国家财政补贴较多或者亏损较大的国有企业，接受国家财政补贴较多的企业有公共汽车行业、煤气公司等。

三是国务院和本级地方人民政府指定的国有企业。

对审计监督重点范围内的企业，均要进行定期审计。

6.4.4 国家建设项目的财务收支审计的内容

《审计法》第23条规定："审计机关对国家建设项目预算的执行情况和决算，进行审计监督。"在预算的执行情况方面，审计的重点内容是：建设项目是否严格按批准的预算内容执行，有无超预算情况；建设支出是否恰当，是否应纳入建设项目的范围，在预算与原计划中能否对号就位，有无设计外的投资；支出以后移交完成投资用工量是否符合规定，无虚报不实之处；完成投资工作量与实际进度是否一致、相符；等等。在竣工决算方面，主要是对竣工决算编制依据、项目建设及预算执行情况、交付使用财产和在建工程进度、转出投资、尾工工程、结余资金、基建收支、投资包干结果、竣工决算报表、投资效益等内容进行审计和评价。

6.4.5 资金的财务收支审计的内容

《审计法》第24条规定："审计机关对政府部门管理的和社会团体受政府委托管理的社会保障基金、社会捐赠资金及其他有关基金、资金的财务收支，进行审计监督。"一是审查各种基金、资金的筹集是否真实合法；二是审查各种基金、资金的管理是否合理、合法，是否专项专用，有无挪用、损失、浪费及贪污行为；三是审查各种基金、资金、收入使用的真实、合法；四是审查社会保障基金管理机构管理费的提取、使用的真实、合法性，以及现金收付和会计核算的正确性等。

6.4.6 国外援款、贷款项目的财务收支审计的内容

《审计法》第25条规定："审计机关对国际组织和外国政府援助、贷款项目的财务收支，进行审计监督。"一是对国际金融组织援助和贷款项目财务收支进行审计。主要审查报表种类、格式和科目是否符合规范，报表数据是否正确，报表内容是否真实，报表基础是否一致，报表说明及补充资料是否齐全，等等。二是对我国借用外国政府贷款或受其援助项目的国外资金及配套资金的财务收支的真实性、合法性和效益进行审计。主要审查外国政府贷款的筹措和使用是否符合我国贷款协议和外汇管理、金融管理的有关规定，审查用外国政府贷款购入的设备物资是否按照规定用途使用，审查外国政府贷款项目配套资金是否及时投入，审查外国政府贷款项目有无效益、是否具有偿还能力。

小知识：财政收支审计和财务收支审计的不同

修订后的《审计法实施条例》规定："审计法所称财政收支是指依照《中华人民共和国预算法》和国家其他有关规定，纳入预算管理的收入和支出，以及下列财政资金中未纳入预算管理的收入和支出：行政事业性收费……"；"审计法所称财务收支是指国有金融机构、企事业组织以及依法应当接受审计机关审计监督的其他单位，按照国家财务会计制度的规定，实行会计核算的各项收入和支出"。

由此可见，财政收支审计和财务收支审计不同。财政收支审计的内容是财政性质的资金，是一切凭借公共权力聚集的收入和一切为满足公共需求而形成的支出，而财务收支审计的内容是不属于财政性质的资金，这类收支是不应纳入财政预算管理的资金的收入和支出。与审计内容相对应，财政收支审计与财务收支审计的对象也不同，发现问题的处理处罚规定也不同。

6.5 财务收支审计的程序

财务收支审计的程序一般分为准备阶段、实施阶段及报告阶段。

一、准备阶段

组成审计组，制订审计方案，实施审计日向被审计单位发出审计通知书。被审计单位做好审计资料的准备工作，并为审计人员提供必要的工作条件。

二、实施阶段

审计人员按照国家有关法律、法规、政策、规定，根据审计原则要求，通过审查会计凭证、账簿、报表，查阅与会计事项有关的文件、资料，检查现金、有价证券，向有关人员调查等方式进行审计并做好审计记录。

三、报告阶段

审计组提出审计报告，对被审计事项作出评价，征求被审计单位意见，上报有关领导，抄送有关主管部门。对违反财经纪律、制度，需要依法处理、处罚的，提出审计意见或审计决定，报领导批准后下达被审计单位，抄送有关部门。审计决定自送达之日起生效。

下面是一般的流程图：

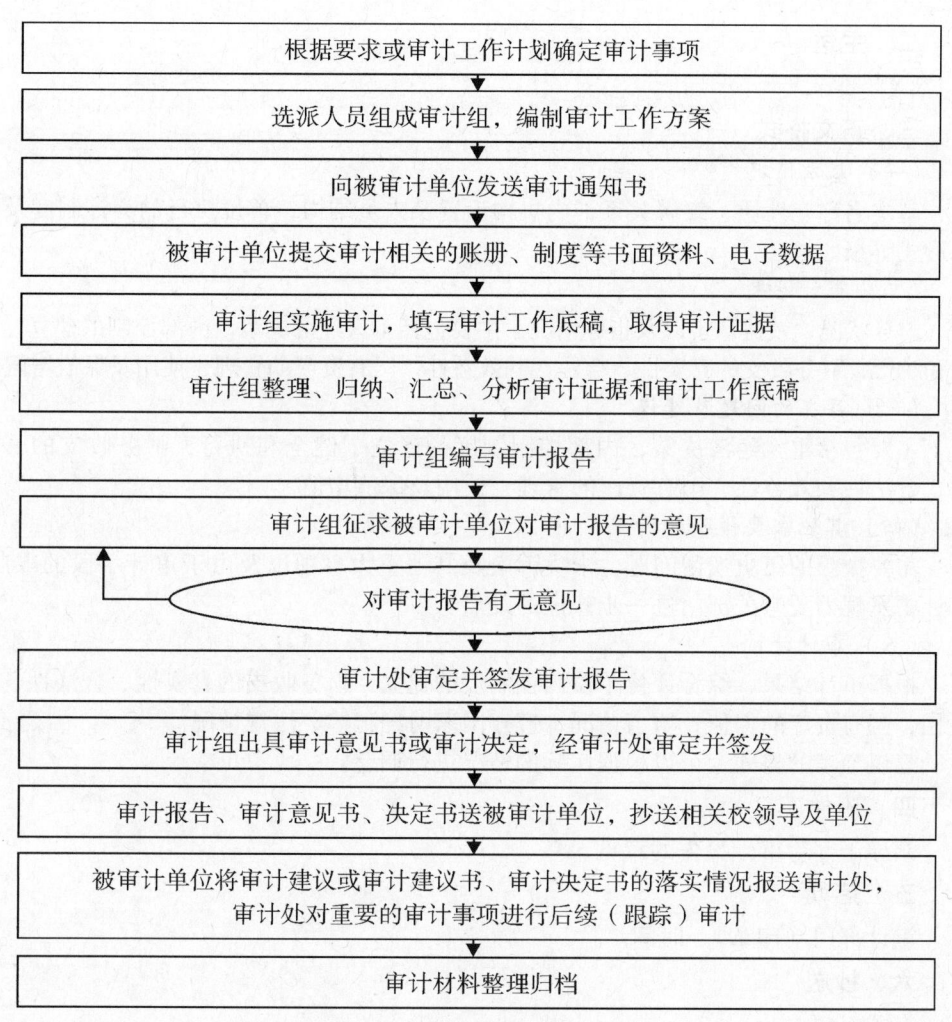

图6-1 财务收支审计工作流程

6.6 财务收支审计的报告

6.6.1 财务收支审计报告的结构和格式

下面为一般的财务收支审计报告的结构和格式,随着具体内容的不同进行修改。

一、标题

关于XXX(审计对象、审计内容)的审计报告。

二、主送

XXX 领导。

三、正文格式

（一）基本情况

基本名称、性质、隶属关系、内机构设置及人员结构，单位执行的会计制度及核算形式等级。

（二）审计结果

财务状况、效益认定以及指标情况。主要包括重大经济决策，内部控制的建立、健全和执行，财务收支的真实性、合法性和效益性，国有资产的管理、使用及保值增值。

（三）存在的问题及建议

主要包括重大经济决策，内部控制制度的建立、健全和执行，财务收支的真实性、合法性和效益性，国有资产的管理、使用及保值增值。

（四）其他需要说明的情况

需要披露的历史遗留问题、未决诉讼及其他重大事项以及由于审计手段的限制、审计中发现需要有关部门进一步查证的疑点。

（五）审计评价

根据审计结果，综合评价单位内控制度的建立，财务收支的真实性、合法性、效益性，国有资产的保值、增值情况，遵守国家财经纪律、法规情况。

建议参考的格式，可以根据实际的情况进行调整。

四、附件

领导干部对审计报告的意见。

五、落款

审计部门（印章）、时间。

六、抄送

有关部门。

6.6.2 财务收支审计报告（范例）

一、会计师事务所财务收支审计报告范例

审 计 报 告

ABC 有限公司：

我们接受委托对贵公司 XXXX 年 XX 月 XX 日至 XXXX 年 XX 月 XX 日的财务收支及资产负债情况进行了审计。贵公司对提供的会计资料的真实性、完整性负责,我们的责任是发表审计意见。我们的审计是依据《中国注册会计师独立审计准则》进行的。在审计过程中,我们结合贵公司实际情况,实施了包括抽查会计记录等我们认为必要的审计程序。

一、基本情况

贵公司于XXXX年XX月XX日领取XXXXXXXXXXX号企业法人营业执照,注册资本XXX万元,法人代表XXX,经营范围:XXXXXXXXXXXX。

贵公司下设XXXX分公司、XXXX分公司……其中,XXXX分公司于XXXX年XX月注销。

二、审计情况

(一) 财务收支情况

1. 收入情况

XXXX年XX月XX日至XXXX年XX月XX日,贵公司累计实现销售收入XXXX元,其中XXXX年实现销售收入XXXX元,XXXX年实现销售收入XXXX元,XXXX年实现销售收入XXXX元。

收入组成:①工程及设计收入XXXX元;②器材销售收入XXXX元;③物管收入XXXX元;④委托代办收入XXXX元。

2. 成本费用情况

XXXX年XX月XX日至XXXX年XX月XX日,贵公司累计发生销售成本XXXX元,营业费用XXXX元,管理费用XXXX元,财务费用XXXX元,主营业务税金及附加XXXX元,营业外收支净额XXXX元,所得税XXXX元。

销售成本组成:①工程及设计成本XXXX元;②器材销售成本XXXX元;③物管成本XXXX元;④委托代办成本XXXX元。

3. 利润实现情况

XXXX年XX月XX日至XXXX年XX月XX日,贵公司累计实收净利润XXXX元。其中:①XXXX年实现净利润XXXX元;②XXXX年实现净利润XXXX元;③XXXX年实现净利润XXXX元。

(二) 资产负债及所有者权益状况

1. 资产情况

截至XXXX年XX月XX日,贵公司资产总额XXXX元。其中:货币资金XXXX元,应收账款XXXX元,其他应收款XXXX元,坏账准备XXXX元,长期投资XXXX元,固定资产原值XXXX元,净值XXXX元,土地使用权XXXX元。

固定资产、应收账款及其他应收款明细表见附件。

2. 负债情况

截至XXXX年XX月XX日,贵公司负债总额XXXX元。其中:应付账款XXXX元,应付福利费XXXX元,未交税金XXXX元,其他应交款XXXX元,其他应付款XXXX元。

应付账款及其他应付款明细表见附件。

3. 所有者权益情况

截至XXXX年XX月XX日,贵公司所有者权益总额XXXX元。其中实收资本XXXX元,资本公积XXXX元,盈余公积XXXX元,未分配利润XXXX元。

资本公积的形成情况:①XXXX年XX月XX日至XXXX年XX月XX日增加资本公积XXXX元,均系所得税减免金额;②XXXX年结转XXXX元。

盈余公积的形成情况:①XXXX年XX月XX日至XXXX年XX月XX日增加盈余公积XXXX元,均系从利润中提取;②XXXX年结转XXXX元。

三、存在问题

(1) 截至XXXX年XX月XX日,应付款项中应付工资余额XXXX元,工会经费XXXX元,教育经费XXXX元,劳动保险费XXXX元,福利费XXXX元,共计XXXX元。经审计,系XXXX年至XXXX年XX月从成本费用中计提,其中应付工资大部分按XXXX元/月/人的标准计提,计提依据不充分,与实际支付情况亦不相符。

(2) 截至XXXX年XX月XX日,应收款项中个人所得税余额XXXX元。经审计,系贵公司代职工支付的所得税。根据税法及会计制度,应按个人所得税法规定进行核算。

(3) 截至XXXX年XX月XX日,实收资本XXXX元,营业执照注册资金XXXX元,两者不一致。

四、审计意见

(1) 我们认为,除上述问题造成的影响外,贵公司XXXX年XX月XX日至XXXX年XX月XX日表列的财务收支及资产负债情况在重大方面符合企业会计准则和《XXX企业会计制度》的规定。

(2) 对审计报告所述问题按相关法规制度规定处理。

附件:

1. XXXX年XX月XX日资产负债表
2. XXXX年XX月XX日至XXXX年XX月XX日损益表
3. 固定资产明细表
4. 应收账款及其他应收款明细表
5. 应付账款及其他应付款明细表

二、内部审计机构财务收支审计报告范例

关于公司 XXXX 年度财务审计报告

XXX 审字（XXXX）第 XX 号

一、基本情况

公司是 XXX 综合型生产企业，厂区占地面积 XXX 亩，拥有从业人员 XXX 人。

公司实收资本 XXX 万元，其中 XXX 公司投入资本 XXX 万元，占 XXX%；XXX 公司投入资本 XXX 万元，占 XXX%。

此次内部审计的依据是《XXX 管理规范》（报批稿）及集团相关制度规定，并参照 XXX 企业会计准则、《企业财务通则》以及相关法规制度等进行。

二、审计中发现的问题

（一）货币资金循环

（1）盘点实有现金 XXX 元，与账面数差额 XXX 元，其中，白条抵库 XXX 元。盘盈现金 XXX 元，经询问系出纳人员换岗交接时遗留差额及平时现金收付零头所致。

（2）在货币资金控制流程方面存有不相容岗位职务未分离的情况，出纳人员负责收付款、制单、记账。

（3）银行印鉴与支票未分离，或分离形同虚设。审计中发现，出纳人员填制好银行支票后直接在主管会计处提取并加盖银行印鉴。支票未经主管会计审核程序，印票分离形同虚设。

（4）银行余额调节表编制人为出纳人员本身，形成"自账自调"，不符合内部控制规范。

（5）在现金管理方面不规范，存在白条抵库现象，如货款退票未及时进行账务处理等。

（6）部分付现业务未及时进行账务处理，借款用途不清晰。

（7）现金账实不符，且原因可追溯至出纳人员岗位交接时，现金长短款未及时进行相应处理。

（二）销售与收款循环

（1）从随机抽查的 XXX 份合同中发现，有合同签订不规范的情况：
①均没有填写合同编号。
②有 XXX 份合同没有填写数量。

③按集团规定 XXX 销售不得赊欠，但在签订的销售合同上有"货到付款"或"延期付款"的条款。经询问，系业务员为拓展业务先垫资，再收款。表面上将风险转嫁到业务员身上，其实不然。

因合同主体仍为公司本身，且业务员与客户形成单线联系，大笔货款资金经转个人之手，很容易牵涉诉讼事项，形成潜在风险，并在财务对账环节造成混乱。

（三）采购与付款循环

由不良资产中"预付账款"审计内容可以看出，公司采购业务员与供应商单线联系，采购部门对供应商信息没有建立相应信息台账，导致业务员离职后，与供应商无法联系，已付款或发票无法取得。同时，容易形成纠纷，构成潜在诉讼风险。

（四）生产循环

公司成本核算方法采用分步法与品种法相结合。

经审核，辅助生产成本主要有供料和电修，其成本费用通过"生产成本—辅助生产成本"归集，化验室费用通过"制造费用"归集。上述费用均按固定比例 XXX 分配计入熟料及水泥工段基本生产成本。电耗成本按各车间抄表数分配，供电局与抄表总数之间差异，在"管理费用"中核算，不再进行分配。

关于辅助生产、化验费用及电费的分配，集团各子公司所采用的分配方法不尽一致，缺乏科学且令人信服的依据，同时也造成集团内部各子公司之间成本费用不是在一条起跑线上的对比，从而失去合理性。

材料核算，目前采用实际成本法。月底材料进行暂估入库核算，下月红字冲回。大宗材料基本按固定单价计算暂估金额。经抽查5种单价较高或耗用量较大的大宗材料，其暂估核算基本遵循一贯性，但暂估单价的确定依据为固定单价，未按合同价或采购价等进行调整，暂估产生的不合理价差因素由当期成本承担。

经抽查盘点 XXXX 年 X 月 XX 日消耗性材料，存在仓库部门与财务部门账面金额不一致现象。差异的原因主要系暂估单价有误、材料串库或凭据传递失误等。经询问，目前仓库并行两套系统和一套手工账，仓库工作人员过少（仅三人），工作量较大，加上为集团上市准备审计用资料，所以对账环节被忽视。

从 XXXX 年度大宗材料平均采购价格看，总体呈涨价趋势。其次，XXXX 年度的大修费用增多，也是成本上升的一方面原因。而从 XXXX 年与 XXXX 年的 XXX 销售价格对比看，整体上略有下降。

大宗原燃材料的消耗量确定，采用实地盘存制"以存挤耗"，盘点方法采用目测尺量等，盘点结果参考化验室提供的配比结果做相应调整。经抽查7月和12月的配比化验结果并测算，与相应料耗核对一致。

采用实地盘存制以存挤耗，计量准确性较低，数据可调，成本控制不严，掩盖了生产及管理中存在的问题，使成本分析和考核数据失真。

（五）长期投资

截至XXXX年XX月XX日，长期投资余额为XXX万元。经了解，该投资系集团公司的直接划款与调整安排行为，XXXX年分别以投资A公司XXX万元和B公司XXX万元的名义划款XXX万元，创新公司未见相关投资协议及合同，对该投资不清楚，造成创新公司长期投资"名存实无"的虚账。

在集团即将上市的大环境下，应理清各项资产权益关系。

（六）固定资产

（1）管理和使用该项资产的部门未建立固定资产台账，无固定资产卡片，未对资产进行编号管理。

（2）资产使用部门未明确固定资产责任人。

（3）未按规定进行固定资产年度盘点，无年度固定资产盘点记录，无月度固定资产抽盘记录。

（4）部分固定资产分类不合理，并影响计提折旧的合理性。按照集团规定办公设备应按5年计提折旧，XX公司却有部分办公设备归属于电气设备，并按电气设备类的折旧年限10年计提折旧。公司拟在2007年进行相应调整。

（七）财务收支

（1）经审核，企业的财务收支控制较好，费用报销由申请人写明事由，部门负责人、公司总经理及财务负责人签字认可后，财务付款。

（2）公司有报销单据不合规现象，费用单据抬头与本公司名称不一致，其费用不允许所得税前抵扣，形成潜在补税义务，建议公司尽快办理名称变更手续。

（3）审计中发现有外部单位领用本公司材料用于工程项目等，公司未做材料销售处理，未计提相应增值税和企业所得税，形成潜在纳税与波及罚款。公司以前年度也有此种情况。仅XXXX年度，XXXX项目领用材料XXXX元，增加"其他应收款"，未计提相应税金。

（4）公司按规定比例计提职工教育经费，但有职工培训费用未在经费中列支，直接计入当期成本费用的现象，导致成本重复负担。

（5）XXXX年XX月购入XXT土地使用权，财产手续未办理完毕就确认为无形资产。根据规定，资产转移手续办理完毕后方可确认资产及进行相应摊销处理。

(6) 公司未计提工会经费，按XXXX年计提工资额计算，应补提工会经费XXXX元。

(7) XXXX年度公司按工资总额XX%计提职工福利费，从XXXX年起施行的会计准则规定，应付福利费已不要求计提，发生的职工福利性开支计入当期损益。

(八) 税务风险

公司税务风险意识不强，审计中发现XXXX年度多项潜在税务风险。如：

(1) 以顶账形式销售，有顶账单位与发票抬头不一致现象，应附有相应协议。

(2) 原材料视同销售业务，未计提增值税。

(3) 财政奖励性拨款挂其他应付款，未计补贴收入，形成企业所得税纳税风险。该项拨款在XXXX年度转作补贴收入处理。

(4) 资源综合利用项目规定的材料有一定的配比标准，创新公司在搭配上达不到规定标准，公司修改了账务数据。但相关生产及化验等基础数据不会随之更改，形成潜在税务风险。

(5) XXXX年度公司因运输发票不能抵扣事项查补XXXX年至XXXX年税款，仅补税部分涉及金额XXXX万元，其中，增值税XXXX万元，城建税XXXX万元，教育费附加XXXX万元。XXXX年度有关运输发票实行认证程序，会相应减少上述损失。

(6) 公司存在计缴印花税不足的现象。

(九) 不良资产

1. 其他应收款

截至XXXX年底，其他应收款余额为XXXX万元。经了解，其中应收"XXXX"款项XXXX万元，系XXXX年支付的租赁费未开具发票挂账所致XXXX。此笔应收款项已不属于真正的债权，形成"虚资产"。

2. 预付账款

XXXX

3. 在建工程

XXXX年度期初余额为XXXX元，系购入的未安装未使用设备，建议公司进行转资或相关清理处置。

4. 固定资产清理

截至XXXX年底,固定资产清理科目余额XXXX万元,XXXX年度无发生额。经查,系以前年度处理报废资产挂账余额,已不属于资产性质。

按相关规定,"固定资产清理"科目年末如有余额不应挂账,应按相应规定作转销处理,待报批后按差额再做调整,建议公司按规定进行处理。

(十) 未分配利润

XXXX年度,公司实现账面净利润XXXX万元,经营活动产生的净现金流量为XXXX万元,经营活动净现金流入量与净利润的比值达XXXX%,净利润质量较好,主要得益于销售回款率较高,达XXXX%。

XXXX年度期初未分配利润XXXX万元,实现净利润XXXX万元,调减以前年度损益(补交以前年度电费及调整以前年度坏账准备)XXXX万元,调整后可供分配利润XXXX万元。提取法定盈余公积XXXX万元后,可供投资者分配利润XXXX万元。

XXXX年度公司账面利润总额XXXX万元,审计调增成本费用XXXX万元,调增补贴收入XXXX万元。……考虑相关因素后,利润总额XXXX万元,计划目标XXXX万元,完成XXXX%。

三、公司XXXX年度财务指标与XXXX对比,详见下表。

指标	XXXX年实际	集团XXXX企业平均值	对比高低
获利能力			
固定资金利润率(%)	9.54	8.17	1.37
成本费用利润率(%)	11.63	6.50	5.13
销售收入利润率(%)	10.76	6.19	4.57
毛利率(%)	15.60	14.36	1.24
经营管理能力			
总资产周转率(%)	60.78	89.40	-28.62
总资产周转天数(天)	592.32	402.69	189.63
流动资产周转率(次)	1.76	2.72	-0.96
流动资产周转天数(天)	204.82	132.16	72.66
存货周转率(次)	9.86	11.62	-1.76
存货周转天数(天)	36.50	30.97	5.53

续上表

指标	XXXX年实际	集团XXXX企业平均值	对比高低
应收账款周转率（次）	31.71	60.77	-29.06
应收账款周转天数（天）	11.35	5.92	5.43
销售回款率（%）	105.23	101.80	3.43
流动资金运用效益			
流动资金利润率（%）	27.42	39.11	-11.69
变现与偿债能力			
资产负债率（%）	59.36	63.82	

四、审计建议

（一）规范现金管理，加强控制，实行有效的职责分离，严格借款手续和支票手续，严禁白条顶库，随时清点库存现金，确保账实相符。

（二）建议销售公司规范合同管理，严禁个人接触货款资金，防止风险。

（三）建立供应商销售总平台，分组管理，力避业务员单线操作。

（四）建立销售人员经济责任终身制，避免因销售人员离职而引起的无法解决的后续经济问题。

（五）随时掌握大宗材料价格变化，采用合理的暂估基础。财务部门与仓库部门应及时核对账务，并查明差异原因，做到账账相符。

（六）研究并尝试"永续盘存制"的可行性，为集团改革计量基础提供参考意见。

（七）尽早与集团协调理清长期投资事项，进行相应会计调整处理。

（八）根据相关规定合理划分固定资产类别，建立台账、编号，明确相关责任人，定期盘点资产，完善固定资产管理。

（九）遵循权责发生制原则和配比原则，正确计提相应期间的工会经费。

（十）建立税务筹划体制，防范税务风险，避免不必要的纳税损失。

（十一）不良资产在XXXX年底之前进行相应处理。

审计部

XXXX年XX月XX日

三、财务收支审计实施方案范例

财务收支审计实施方案

一、审计依据
1. 《XXX 审计工作实施办法》（试行）
2. XXX《关于对 XX 公司进行财务收支审计的通知》

二、审计目的
通过审计，评价被审计单位财务收支的合法性、真实性，以及内部控制制度健全有效性。

三、审计方法
审阅、检查、分析性复核、监盘、查询、询问以及根据实际情况需要采取的其他方法。

四、审计范围
XX 公司内控制度、预算执行、财务收支情况，遇重大问题可追溯或延伸至有关年度。

五、审计内容
(1) 审查内控制度的健全性和有效性。
(2) 审查收入管理、成本开支、费用控制的真实性、合法性。
(3) 审查会计政策执行的一贯性和一致性，评价会计信息质量。
(4) 审查会计核算模式、科目设置是否符合企业实际情况。
(5) 审查账户设置、原始凭证、会计凭证管理、传递等会计基础工作情况。
(6) 审查被审计单位预算执行情况。
(7) 审查会计报表编制的合规性，会计报表及合并报表、附注说明所反映内容的真实性、完整性和准确性，资产负债表日后事项处理的正确性、完整性，关联方交易披露的充分性。

六、审计方式
就地审计（报送审计）

七、审计组成员
审计组长：XXX
成员：XXXXXX

八、审计时间安排：
XXXX 年 XX 月 XX 日至 XXXX 年 XX 月 XX 日

本章小结

本章阐述了财务收支审计的定义、依据、意义、内容、程序和报告的内容。为了便于读者掌握财务收支审计的实际操作能力,提供了财务收支审计报告的格式和要求清单以及相应的范例。

复习题

1. 财务收支审计的定义应如何理解?
2. 财政收支审计和财务收支审计有什么区别?
3. 财务收支审计的主要内容是什么?
4. 如何进行财务收支审计?
5. 财务收支审计的报告如何撰写?

第7章 预算执行和决算审计

引例：

小B和同学小K到国家审计署实习，带领他们实习的处长H安排他们进行年度的预算执行情况和决算审计。就要真枪实弹上阵了，小K才知道"书到用时方恨少"。"难道我上课的时候没有认真听？上课的时候好像没有学呀？"原来的《审计学》课程都是围绕社会审计（注册会计师审计）展开的。那么，什么是预算执行情况审计？什么是决算审计？它们又有什么不同？处长H找了一些资料，同时细细地和他们讲解起来。

7.1 预算执行和决算审计

7.1.1 预算执行审计的定义

预算执行审计是指各级审计机关依据本级人大审查和批准的年度财政预算，对本级财政及各预算执行部门和单位，在预算执行过程中筹集、分配和使用财政资金的情况以及组织政府预算收支任务完成情况和其他财政收支的真实、合法、效益性所进行的审计监督。从审计的对象来看，预算执行审计的对象涉及本级财政部门及其内设机构、本级地方税务部门及其直属分支机构、本级政府直接管理的一级预算单位、本级金库及下一级财政等有关部门和企事业单位。

7.1.2 财政决算审计的定义

财政决算审计是指对地方政府年度财政预算执行总结果及所编制决算的合法性、合规性、真实性实施的审计。财政决算是财政预算执行的总结，是国家经济活动在财政上的集中体现，反映国家的政策和各项事业的进程与成果，是研究经济问题，制定经济政策的参考，也是预算设计、实施、管理、平衡、资金使用效果和财政监督的全面检验。财政决算审计对于纠正违反财政预决算制度、财务制度和税收法规的行为，维护财政决算的真实性、合法性、准确性、维护国家整体利益和各级地方的合法权益，促进国家财经政策和宏观调控措施的落实，加强财政管理，完善财政法规，有着重要的作用。

7.1.3 预算执行审计与财政决算审计的区别

预算执行审计与财政决算审计的共同点是两者同属财政审计范畴。它们的主要区别在于：一是审计主体不同。预算执行的审计主体是同级审计机关，财政决算的审计主体是上级审计机关。二是审计的内容不同。预算执行审计主要是揭示预算执行中预算收入不按规定预算级次、预算科目、缴库方式和期限缴入国库，隐瞒、截留、占用、挪用或拖欠预算收入，不按预算办事，办理无预算、超预算拨款，擅自改变支出用途，越级办理预算拨款等问题；分析评价预算执行结果。财政决算审计主要是揭示编报财政决算弄虚作假，估列代编，将本年度收支转为下年度收支，下年度收支列为本年度收支，预算内收支转为预算外收支，预算外收支转为预算内收支等问题；分析评价财政决算的真实性、完整性以及财政收支规模和财政收支结构。

7.2 预算执行和决算审计的依据

小知识：

小B和同学小K跟着带他们实习的处长H开始了预算执行情况和决算审计。刚到被审计单位，市里的一个领导就给他们一个下马威："谁让你们来审计的？有什么好审计的？"小B和小K哪见过这种阵势！说时迟那时快，H说："财政关系是一种责任关系。审计自古就是对国家财政的监督。预算执行审计是国家机关第一位任务。宪法赋予了审计机关对国务院各部门和地方各级政府的财政收支进行审计监督的权力。审计法、预算法都对国家审计机关的预算执行情况和决算审计作了规定。"市领导被说得目瞪口呆，小K忍不住对小B说："处长真是帅呆了……"

我国宪法规定，国家设立审计机关，对国务院各部门和地方各级政府的财政收支

进行审计监督。我国《审计法》第 2 条第 2 款规定，国务院各部门和地方各级人民政府及其各部门的财政收支，应当接受审计监督。在上述规定的基础上，《审计法》第 16 条和第 17 条又作了更明确的规定：审计机关对本级各部门（含直属单位）和下级政府预算的执行情况和决算以及预算外资金的管理和使用情况，进行审计监督。

按照《审计法》第 17 条的规定，审计机关在本级行政首长领导下，对本级预算执行情况进行审计监督，是指预算经本级人民代表大会审查和批准后，审计机关对本级财政部门是否按照批准的预算，代表政府具体组织落实收入和支出。

预算法规定：各级政府审计部门对本级各部门、各单位和下级政府的预算执行、决算实行审计监督。

政府采购法规定：审计机关应当对政府采购进行审计监督；政府采购监督管理部门、政府采购各当事人的有关政府采购活动，应当接受审计机关的审计监督。

审计署在国务院总理领导下，对中央预算执行情况进行审计监督，向国务院总理提出审计结果报告。地方各级审计机关分别在省长、自治区主席、市长、州长、县长、区长和上一级审计机关的领导下，对本级预算执行情况进行审计监督，向本级人民政府和上一级审计机关提出审计结果报告。由此可见，审计机关有权对国家财政收支进行全面的审计监督：一是有权审计财政部门具体组织的预算的执行和汇总的决算；二是有权分别审计本级各部门的预算执行和决算；三是有权审计下级政府的预算执行和决算；四是有权审计本级各部门和下级政府预算外资金的管理和使用情况。

7.3 预算执行和决算审计的意义

财政关系是一种责任关系。审计自古以来就是对国家财政的监督。预算执行审计是国家机关第一位任务。从方向看，财政审计要逐步实现由收支审计并重向以支出审计为主的转变，同时部门预算执行审计是对国家财政资金主渠道之一的监督。从作用上看，我国预算执行和决算审计逐步建立了对部门预算执行情况的经常性审计制度，各级政府和各类单位接受审计监督的意识加强了，越来越主动及时地纠正审计发现的问题。预算执行和决算审计查出一批重大违法违规问题和经济案件，从体制、机制和法制方面深入分析产生问题的深层次原因，从深化改革的高度提出审计建议，促进了财政体制改革措施的实施和不断完善。

7.4 预算执行情况和决算审计的内容

7.4.1 国家财政收支的内容

掌握国家财政收支的内容有助于理解预算执行和决算审计的内容。国家财政是指国家为了维持其存在和实现其社会管理职能，凭借政权的力量参与国民收入分配的活动。国家财政收支包括财政收入和财政支出两个方面。我国财政收入既包括预算收入也包括预算外收入两部分。预算收入主要包括税收收入、依照规定应当上缴的国有资产收益、专项收入和其他收入。预算外收入，是指各地方、各部门、各单位不纳入国家预算，自行管理使用的财政性资金，即预算外资金，如各种附加和其他不纳入预算的基金收入等。这些基金是国家财政资金来源的重要组成部分，也是国家的财政收入。我国财政支出也包括预算支出和预算外支出两个方面。预算支出主要包括：经济建设支出，教育、科学、文化、卫生、体育等事业发展支出，国家管理费用支出，国防支出，各项补贴支出和其他支出。预算外支出是指财政性预算外资金的支出，如各地方、各部门、各单位自行管理使用的、不纳入国家预算的那部分财政性资金的支出。

7.4.2 预算执行和决算审计的主要内容

预算执行和决算审计的内容主要分为以下三个方面：

1. 本级财政预算执行情况的审计

按照《审计法》第17条的规定，审计机关在本级行政首长领导下，对本级预算执行情况进行审计监督，是指预算经本级人民代表大会审查和批准后，审计机关对本级财政部门是否按照批准的预算，代表政府具体组织落实收入和支出。这种审计的被审计单位是本级财政部门，审计内容是本级财政部门代表政府具体组织的预算执行情况。审计的范围主要包括以下几个方面：

（1）预算批复和预算变化审计。审查本级财政部门向本级各部门（含直属单位）批复预算情况，如有预算变化就应查明变化的原因、项目、数额、措施及有关说明。

（2）本级预算收入审计。审查预算收入的征收、退库、划解、入库情况。主要应查明预算收入的征收部门是否按照法律、法规、规定及时、足额地征收，有无违反法律、法规、规定的减征、免征、缓征现象，有无截留、占有或挪用现象。

（3）预算支出拨付审计。审查本级财政部门是否依照法律、行政法规规定和国务院财政部门的规定，及时、足额地拨付预算支出资金。

（4）国库的审计。审查中央国库和地方国库是否按照国家有关规定，及时准确地办理预算收入的收纳、划分、留解和预算支出的拨付；有无未经本级政府财政部门同意，私自动用国库库款或以其他方式支配已经入库的库款的现象。

（5）政府预备费的审计。审查政府预备费的设置，是否符合预算法的规定，按本级预算支出额的1%～3%设置；审查预备费的动用，是否报经本级政府决定，是否用于当年预算执行的自然灾害救济开支及其他难以预见的特殊开支，有无用于不正当投资的现象。

（6）预算周转金的审计。审查预算周转金的设置，是否遵循了国务院的规定，是否用本级财政的预算结余设置和补充，其额度是否正常，是否用于预算执行中的资金周转，能否保证及时用款，有无挪作他用的现象。

2. 本级各部门和下级政府的预算执行情况和决算的审计

（1）预算执行审计。对本级各部门的预算执行情况审计与对本级财政部门预算执行情况审计的内容是一致的，重点是要查明各部门执行年度预算和财政、财务制度的情况，以及相关的经济建设和事业发展情况。对下级政府预算执行情况审计，重点是要查明下级政府和财税部门在组织预算执行工作中，执行税收法律、法规情况，以及分配使用中央财政转移支付资金的情况；同时，对地方财政工作中关于全局的重大问题，应进行重点审计或开展专项审计调查。

（2）决算审计。根据我国《预算法》第72条、《审计法》第16条的规定，审计机关对下级政府决算审计包括审查批准前审计和报送备案审计。下级政府将本级财政决定草案报告本级人民代表大会审查和批准之前，审计机关应进行审计，也即是对年度会计报告和预算执行结果审查。审查的主要内容包括：决算是否真实、符合规定；收入是否合法，其应缴部分是否足额上缴；支出是否按规定列拨，有无以拨代支的情况；决算结余中按规定结转下年度继续使用的资金是否符合规定，结转项目有无超过规定的范围等。地方各级政府按《预算法》规定将批准的决算报上一级政府备案，对报送备案的下级政府决算，审计机关应进行审计。审计的内容与批准前决算草案审计基本相同。审计机关审计之后如果认为报送备案的决算有同法律、行政法规相抵触或者其他不当之处，需要撤销批准决议的，应当及时报告本级人民政府，由政府按照《预算法》的有关规定，提请本级人民代表大会常务委员会审计议定；经审议决定撤销的，该下级人民代表大会常务委员会应当责成本级政府依照《预算法》的规定，重新编制决算草案，并提请审查和批准。

3. 预算外资金审计

预算外资金按其管理部门，在中央可分为财政部管理的预算外资金、财政有偿使用资金以及中央各部门（含直属单位）管理的财政性预算外资金和基金；在地方可分为地方财政部门的预算外资金、有偿使用资金和事业、行政单位的预算外资金。预算外资金按收取形式，可分为税收附加、行政事业性收费、事业发展提取的专用资金。按国务院规定，预算外资金项目应由财政部规定。其项目分为：农业税附加、城镇公用事业费附加、养路费、车辆购置附加费、新菜地开发建设基金、高等院校学校基金、教育费附加、税收分成、修理基金、事业发展基金、福利基金、奖励基金等。

预算外资金审计主要包括的内容：一是对预算外资金管理政策审查，即主要审查预算外资金管理是否遵循了国家的统一政策和法规，有无违反规定，自行增设项目，自行制定政策、制度规定的情况；二是对预算外收入审查，即主要查明收入项目、收费标准、提取比例等是否符合国家规定，有无坐支、贪污、挪用、隐瞒、截留或私设"小金库"等现象；三是对预算外支出审查，主要查明支出是否符合开支的规定，有无健全的手续，有无乱支乱列现象等；四是对预算外资金管理审查，主要查明有无健全的预算外资金管理制度，收支手续是否清楚，有无健全准确的记录，是否经常进行核对并对不相符情况进行纠正。

7.5 预算执行和决算审计的程序

7.5.1 预算执行审计的程序

一、预算执行审计的一般流程

预算执行审计和其他财政收支审计项目的程序相似,一般分为准备阶段、实施阶段及后续审计阶段。

二、预算执行审计程序与审计重点

1. 预算执行总体审计程序

(1) 预算单位人员基本情况:分析预算单位人员数量变化的情况,结合部门和三方方案检查是否存在多报人员编制数或实有数,套取财政基本经费预算。

(2) 预算执行情况检查:检查预算资金在结转、批复、拨付、结余等业务环节中的执行情况,检查部门预算批复是否及时和准确,检查用款计划,资金拨付是否严格执行预算和财政制度,是否及时、足额,是否存在影响财政资金使用效益的现象。

(3) 会计凭证完整性审计:通过凭证断号审查,检查采集数据的完整性。

(4) 财务数据平衡性检查:检查被审计单位财务数据的平衡性。对总账科目的年初和年末余额的平衡性进行审查,并检查凭证的平衡性。

(5) 预算执行差异审计:通过预算安排与实际执行相对比进行审查。

(6) 自行调整预算,调剂使用专项资金审计:重点对专项资金是否存在自行调整预算,是否存在自行调剂使用等情况进行审计。

2. 预算编制与批复审计

(1) 预算收入编制情况分析:对收入预算编制情况进行结构性、趋势性的分析,检查收入预算的编制是否存在异常变化的情况。对比相关文件资料,检查收入等正常收入是否存在"收入预算不完整,应纳入预算管理的预算外资金收入、经营收入等正常收入未纳入或未全部纳入预算","动用上年结余安排本年支出为纳入预算进行管理"等现象。

(2) 预算支出编制情况分析:对支出预算编制的情况进行分析,通过对编制差异的分析,检查是否存在"预算编制不完整","基本支出预算不真实","项目支出预算不符合规定"等现象。

(3) 追加预算执行情况审计:检查申请追加预算的理由是否合理,程序是否合理,手续是否齐全,支出是否规范。

3. 预算资金拨付审计

(1) 预算资金拨付情况结构与趋势分析:利用结构分析法、趋势分析法,分析预算资金的拨付进度和拨付金额,检查是否存在"不按项目实施进度申请支付资金"

等影响财政资金的使用效益的现象。

（2）项目预算收入支出情况分析：检查预算项目收入支出的情况，分析是否存在"挪用项目资金，用于职工福利或其他日常开支"，"未经批准，自行调整项目支出预算"，"未经批准，将国家建设项目资金用于其他国家建设项目或非国家建设项目"，"对政府投资的基本建设项目搞超概算投资，包括未经批准擅自增加建设内容，提高建设标准，扩大建设面积造成实际投资超出概算"等现象。

（3）零余额账户与基本账户之间转换的合规、合法性检查。检查零余额财政用款额度是否存在违规向其他账户划拨资金的情况。

（4）审查是否存在无预算、超预算支出。

（5）检查资金直接支付、授权支付的相关科目设置是否适当，支付记录是否准确。

（6）检查资金拨付合规性，有无巨额、异常的支付情况。

（7）审查有无将单位资金违规拨入个人账户。

4. 基本支出预算审计

（1）基本支出预算编制。检查人员经费、公用经费预算编制情况。检查是否存在"基本支出预算不真实"，"擅自扩大支出范围"，"擅自提高开支标准"，"未经批准随意调整基本支出预算"，"虚列支出套取财政资金"等现象。

（2）审查核实违规发放津贴补贴和收取兼职报酬等问题。

（3）审查利用虚假发票套取资金形成"小金库"等问题。

5. 项目支出预算审计

（1）检查项目支出预算编制情况，财政拨款情况，使用以前年度结余安排项目支出情况，项目支出预算执行情况，是否存在"项目支出预算编制不合规"、"未按规定批复项目支出预算"、"未按规定执行项目支出预算"、"基建项目履行程序不规范"等违规情况。

（2）检查是否存在虚假项目套取预算资金的情况。

（3）检查是否存在基本支出挤占项目支出问题。

（4）检查是否存在未经批复使用结余资金。

（5）检查有无利用应付及暂存、代管项目、委托工作等方式虚列项目支出以及转移项目资金的问题。

（6）检查是否违反基本建设工程审批程序进行基本建设投资。检查是否存在多年停工的基建项目，或虽未停工，但进展缓慢的基建项目。

7.5.2 决算审计程序

决算审计是对决算报表及其资产、负债、净资产、收入和支出进行的审查和评价。

决算报表审计是对决算报表的真实性、合法性和完整性进行审查和评价。

1. 应关注的风险领域

主要包括报表存在不合法项目的风险，收入和支出中存在不真实项目的风险，支出标准不合规定的风险,专项经费未专款专用的风险,支出核算不正确的风险等。

2. 审计内容

(1) 审查财务决算报表是否完整,并进行复核性检查。包括:财务决算报表是否齐全,是否符合上级主管部门的统一要求;每张报表内容填列是否完整、正确;项目填列是否齐全,表内对应项目之间数据勾稽关系是否正确,应当填写的"报表附注"是否填列;对应报表之间数据勾稽关系是否正确;是否有年度财务情况说明(文字部分);是否按有关规定签名盖章。

(2) 核对报表项目数据填列与对应的账户余额或发生额是否一致,检查表、账是否相符。按照报表所列项目,逐一与会计账簿进行核对。

(3) 对报表项目内容的真实性进行检查验证,应用预算执行审计成果对收入、支出类项目执行分析程序;检查各项资产的实有数与报表填列数是否一致;审查各项净资产的形成过程,分别进行验算。

(4) 对会计核算情况进行检查,是否符合《会计法》等规定;是否定期将会计账簿记录与实物、款项(货币资金、有价证券等)及有关报表、资料相互核对,账实、账账、账表是否相符;采用的会计处理方法是否前后期一致,有无随意变更;确有必要变更,是否将变更的原因及影响在年度决算报表情况说明中反映;财务管理与会计核算中的内部控制制度是否健全、有效。

(5) 审查财务分析指标,包括:经费自给率,预算收支完成率,人员支出与公用支出分别占事业支出的比率,资产负债率,平均支出增减率以及其他财务指标等是否真实、准确,能否恰当地反映财务状况,收支结果和事业发展情况。

7.6 预算执行和决算审计的报告

预算执行和决算审计报告可分为五个部分:一是被审计单位基本情况,二是实施审计情况,三是审计评价意见,四是审计发现的主要问题及处理处罚意见,五是审计建议。

小知识:

预算执行和决算审计进入尾声了,小 B 和同学小 K 正在紧张地整理审计工作底稿。处长 H 对他们说:"写审计报告是最能锻炼审计人员能力的。这次审计的报告就由小 B 来起草吧。"小 B 吓得腿都软了:"我哪有这个本事?"处长 H 说:"不怕,报告分为五个部分,我这里有些现成的格式和范例,你先依样画葫芦。到时有什么问题,我在后面顶着呢。"小 B 稍宽了心,如饥似渴地读了起来。且看下面的报告格式和范例。

7.6.1 预算执行和决算审计报告参考格式

×　×　审　计　厅　（局）审　计　报　告
×审×报［20××］××号

被审计单位：××××××××

审计项目：20××年度预算执行和其他财政收支情况审计

根据《审计法》第十六条规定，我厅（局）派出审计组对×××（以下简称××）20××年度预算执行情况和其他财政收支情况进行了审计。现出具如下审计报告：

一、被审计单位基本情况

××是省（市）财政一级预算单位，内设办公室、财务处等×个处室，所属事业单位×个，其中：财政拨款单位×个，即××、××和××；财政补贴单位×个，即××、××和××；经费自理单位×个，即××、××和××。人员编制××人，其中行政编制××人、事业编制××人；实有在职人员××人，其中行政人员××人、事业人员××人。另有×个社团组织。

省（市）财政批复××20××年度预算总额××万元，其中财政拨款××万元，预算外资金××万元，事业收入、经营收入、附属单位上缴收入××万元，用事业基金弥补收支差额××万元，动用上年结余××万元。年度预算总额中，追加预算××万元，其中12月份追加预算××万元。××决算报表显示20××年度收到财政拨款××万元、行政单位预算外资金××万元，事业收入、经营收入、附属单位上缴收入××万元，用事业基金弥补收支差额××万元，动用上年结余××万元；预算支出完成××万元；年末累计结余××万元，其中当年结余××万元。

省（市）财政批复××本级20××年度预算××万元，其中财政拨款××万元，用事业基金弥补收支差额××万元，动用上年结余××万元。年度预算中，追加预算××万元，其中12月份追加预算××万元。决算报表显示，××本级20××年度收到财政拨款××万元、预算外资金××万元，用事业基金弥补收支差额××万元，动用上年结余××万元；预算支出完成××万元；年末累计结余××万元，其中当年结余××万元。

二、实施审计情况

审计组自20××年×月×日至×月×日对××20××年度预算执行和其他财政收支情况进行了送达审计。这次审计了××本级，所属××、××和××等×个二级预算单位，同时对××单位、××协会使用财政拨款情况进行了延伸审计。审计时限为20××年度，部分事项向以前年度进行了追溯。我们的审计是在被审计单位对其提供的与审计相关的会计资料、其他证明材料的真实性、完整性作出书面承诺的基础上进行的,我们的责任是对其提供的这些资料发表审计意见。我们实施了在当时情况下认为有必要采用的审计程序:×××××××××××××××××××××××××××××××××××××。审计工作得到××××的积极配合,进展顺利。

三、审计评价意见

审计认定,20××年××收入××万元,净调增(减)××万元;支出××万元,净调增(减)××万元;上年结余××万元,净调增(减)××万元,本年结余××万元,净调增(减)××万元,年末累计结余××万元,净调增(减)××万元。

审计结果表明,×××。

四、审计发现的主要问题及处理处罚意见

此次审计了××本级××年度预算资金××万元(其他资金××万元),查出当年违规问题金额××万元,管理不规范问题金额××万元,损失浪费问题金额××万元;查出以前年度违规问题金额××万元,管理不规范问题金额××万元,损失浪费问题金额××万元。审计了××所属单位××年度预算资金××万元,(其他资金××万元,)查出当年违规问题金额××万元,管理不规范问题金额××万元,损失浪费问题金额××万元;查出以前年度违规问题金额××万元,管理不规范问题金额××万元,损失浪费问题金额××万元。

(一)××本级存在的主要问题及处理处罚意见

1.××××××××××××××××××××。

2.××××××××××××××××××××。

……

(二)××所属单位存在的主要问题及处理处罚意见

1.××××××××××××××××××××。

2.××××××××××××××××××××。

……

五、审计建议

××××××××××××××××××××××××××××××××××××××。

(印章)

20××年×月×日

7.6.2 预算执行和决算审计报告编制说明

本参考格式根据预算执行审计项目的一般特点编写，只适用于预算执行审计项目。除特殊情况外，省级预算执行审计项目审计报告应按照参考格式编写。市级预算执行审计项目可以结合各市审计实际，按照准则要求完善审计报告格式和内容。

审计报告中单位的名称（包括被审计单位名称）应使用全称或标准简称，没有标准简称的，第一次称呼应使用全称，其后如需使用简称，应在第一次使用全称后标注"（以下简称××）"。

审计报告中的数值（包括百分数）除整数值外，小数点后一律保留两位，数值之间存在勾稽关系的，应保持勾稽关系正确。金额单位应根据具体情况和需要确定，基本情况中可以使用万元或亿元，审计发现问题中一般以"元"为单位，数字如是万元以上的整数，可以使用万元。

审计报告中应明确交代审计范围，包括审计年度和延伸审计单位。审计报告应反映审计认定的收支余情况。

审计组审计报告提出的处理处罚建议，应依法提出并为业务会议审定留有余地。审计业务会议审定审计报告决定对审计事项加重或增加处罚的，审计报告应当再次征求被审计单位的意见。

一、关于引言段

引言段应简要说明审计依据、审计对象名称、审计的会计期间、审计事项概括等。

二、关于被审计单位基本情况部分

该部分包括被审计单位的主要职责、内部机构设置、人员及定编情况，预算管理体制，预算批复、执行、调整情况，决算报表反映财政、财务收支结余状况等。如所属单位少、资金量小，可以不再表述机关本级预算和决算的基本情况。另外，预算执行审计工作方案要求专项审计和调查的内容可分项简要列示。该部分反映的内容一般应与审计实施方案确定的审计事项密切相关，其他内容尽可能少写或不写。

三、关于实施审计情况部分

该部分包括审计范围（审计对象范围和时间范围），审计方式和审计实施的起止时间，审计的主要内容和重点，实施的主要审计程序，被审计单位对提供的会计资料真实性、完整性的承诺情况，其他需要说明的情况。

四、关于审计评价意见部分

该部分总体上应执行《审计机关审计事项评价准则》和《审计机关审计项目质量控制办法（试行）》第58条第5项的规定。具体要求包括：

（1）发表审计评价意见应运用审计人员的专业判断，并考虑重要性水平、可接受的审计风险、审计发现问题的数额大小、性质和情节等因素。

(2) 对所审计的事项发表审计评价意见。预算执行审计报告至少应对如下方面进行评价：被审计单位的预算执行是否遵守了预算法及其他法律法规的规定；使用预算资金是否符合效益性要求，是否存在重大损失浪费；财务处理是否符合会计法、相关会计准则和会计制度的规定；财务会计报告是否按照《会计法》、相关会计准则和制度的规定编制，是否在所有重大方面公允反映了预算执行情况和财务状况；是否建立了完善的内部控制制度，并有效地执行；是否严格执行了以前年度的审计决定，落实了以前年度审计建议；是否重视本次审计发现的问题并及时整改。被审计单位存在的其他财政收支问题，也应予以评价。若当年的审计工作方案提出了上述以外的审计事项，也应该在该部分对该审计事项作出审计评价。对审计过程中未涉及、审计证据不充分、评价依据或者标准不明确以及超越审计职责范围的事项，不发表审计评价意见。

(3) 审计评价意见不能与审计发现的问题相矛盾。

(4) 审计评价用语要平实、适度，以写实为主。

五、关于审计发现的主要问题及处理处罚意见部分

该部分是审计报告的核心内容，具体表述审计发现的主要问题及处理处罚意见，并进行适当分类。

(1) 审计发现的问题中增加引言段，概述审计的预算资金金额、其他资金金额（全年财政批复的综合预算之外的资金，如银行贷款等，不包括预算之外违规形成的资金）、发现问题金额（按本级和所属单位划分，区分当年预算执行、以前年度预算执行，分别按违规问题、管理不规范问题和损失浪费问题进行汇总表述，该三类问题的划分标准按照审计统计报表口径，违规问题金额含未上审计决定的违规问题金额，问题金额的构成需编制审计工作底稿）。

(2) 审计发现的问题分为本级和所属单位两大部分。部门本级和所属单位在预算执行中的问题分别作为本级和所属单位存在的主要问题；该部门向所属单位批复预算、拨付资金等预算管理方面的问题应在本级存在的主要问题部分列示。

(3) 审计发现的问题按重要性程度排序。每个问题一般应列有标题，标题一般应包含对问题的定性用语和金额。

(4) 每个违法违规问题包括三部分内容，即：违法违规事实、定性及依据、处理处罚决定或移送处理决定及依据。

(5) 事实表述一般应包括违法违规主体、时间、主要情节、金额、截至审计时的状况等，文字要简洁，避免过程或细节描述。

定性用语必须规范、准确，不得模棱两可、含糊其辞。定性和处理处罚决定应列出明确的法规依据，引用法规应准确、规范。一般和常见问题可引用法规名称和条款，其他问题和审计人员认为有必要的法规依据可以引用相关条款相关具体内容。在引用法律和法规时，一般应列明文件名称、具体条款序号；在引用规章和规范性文件时，一般应列明发文单位、文件名称、发文号和具体条款序号。

处理处罚决定应列明金额,特殊情况无法列明的,应作出说明。

(6) 需要移送处理的事项,一般应写入审计报告,并注明该问题已(将)移送处理。对于一些不宜让被审计单位知悉的内容(主要是指涉嫌犯罪的事项),可不写入审计报告。

(7) 该部分只反映违法违规问题、管理不规范问题和损失浪费问题。如果审计中发现不属于上述三类问题的其他需要研究、关注的问题,且确有必要在审计报告中反映,则应单独设立一部分反映。

六、关于审计建议部分

该部分不是审计报告的必备内容,只在必要时对被审计单位提出改进管理、完善有关规章制度的意见和建议。

所提意见和建议应针对审计发现的问题或者需要研究、关注的问题,应具有可操作性,便于被审计单位和其他有关单位整改。建议的对象一般为被审计单位,如果涉及被审计单位以外的其他有关单位,应建议被审计单位及有关单位处理。原则上该部分直接提出建议,不再描述具体问题。

本章阐述了预算执行和决算审计的定义,预算执行审计和决算审计的区别,预算执行和决算审计的依据和意义,预算执行和决算审计的内容、程序和报告的内容。为了便于读者掌握预算执行和决算审计的实际操作能力,本章提供了预算执行和决算审计的格式和要求以及范例给读者。

复习题

1. 预算执行审计和决算审计的定义应如何理解?
2. 预算执行和决算审计的依据有哪些?
3. 为什么说预算执行审计是国家审计机关的第一任务?
4. 预算执行和决算审计的主要内容是什么?
5. 如何进行预算执行和决算审计?
6. 预算执行和决算审计的报告如何撰写?

第 8 章 经济责任审计

> **引例：**
>
> 据统计，1998 年至 2010 年 10 月，全国各级审计机关审计领导干部共计 41 万多人，其中，党政领导干部 38 万多人、国有企业领导人员 3 万多人。审计查出由领导干部直接责任造成的违规问题金额和损失浪费问题金额合计 684 亿多元；各级党委和干部管理、纪检监察部门参考审计结果，免职、降职、降级、撤职和其他处分共计 1.81 万人；移送纪检监察和司法机关 0.72 万人。全国各级审计机关通过经济责任审计，向各级党政领导提交审计报告、综合报告和专题报告等超过 40 万篇，为党委和政府的宏观经济决策提供了重要的参考依据，对推动经济社会科学发展发挥了积极作用。

8.1 经济责任审计的概念

8.1.1 经济责任审计的产生和发展

> **小知识：中国古代官员审计制度的形成——上计制**
>
> 上计制是春秋战国秦汉至魏晋时期，国家对地方各级官员进行稽察考核的一种制度，其中就包括审计的内容。可以说，在这一时期，中国古代的官员审计制度得到了初步的发展。上计制在战国时期已制度化，并严格按照规定的期限进行。在当时，中央重要官员和地方官吏每年要把所属地区的户口、垦田和租税收入等预算数字写在木券上。到了年终，官吏必须进京，到国王那里如实申报这一年来的财政收支情况。国王则根据木券亲自考核。最后根据考核结果，决定官吏的升降、任免和赏罚。到了秦汉时期，随着统一的封建中央集权国家的建立，上计制全面系统化。汉代的《上计律》把上计制作为一项专门的制度固定下来。同时，审计的三种基本方法——查账法、查询

> 法和比较分析法在上计制中也初步运用。（参见刘轶：《中国古代官员任期经济责任审计制度的嬗变及其启示》）

经济责任审计是具有中国特色的审计模式，是我国所独有的考察干部的重要手段。经济责任审计的前身是离任审计，始于1985年。1986年，审计署制定并颁布《关于开展厂长离任经济责任审计工作几个问题的通知》，推动了离任审计的发展。但在20世纪80年代后期到90年代前期，离任审计仍然处于初步发展阶段，以企业厂长（经理）为主要对象。至20世纪90年代中期，离任审计得到全面发展，从企业扩展到机关、事业单位，而且引起中央到地方各级党委、政府的普遍重视。经过多年的摸索，经济责任审计已从县级以下领导干部扩大到地厅级，并积极稳妥地开展了省部级领导干部审计试点，取得了丰硕的成果。

经济责任审计作为一项具有中国特色的经济监督制度，在促进对权力的制约监督、促进依法行政、加强对干部的监督管理和党风廉政建设等方面发挥了重要作用，引起了党中央、国务院领导的高度重视，并寄予厚望。2004年11月全国召开经济责任审计工作会议，中共中央政治局常委、国务院总理温家宝，中共中央政治局常委、中央纪委书记吴官正就经济责任审计工作作出重要批示：开展经济责任审计工作，对于健全领导干部监督管理体制，加强党风廉政建设，提高党的执政能力，推进依法行政具有重要意义。2007年，胡锦涛总书记在党的十七大报告中指出，确保权力正确行使，必须让权力在阳光下运行，重点加强对领导干部特别是主要领导干部、人财物管理使用、关键岗位的监督，健全质询、问责、经济责任审计、引咎辞职、罢免等制度。2009年12月，温家宝总理在全国审计工作会议暨全国审计系统先进集体和先进工作者表彰大会上指出，要规范和拓展对党政领导干部和国有企业领导人员的经济责任审计，促进各级领导干部树立科学的政绩观，增强法制观念和责任意识。2009年9月，刘家义审计长指出，审计署探索建立了在国际上尚无先例的经济责任审计制度，将进一步加强经济责任审计，扩大省部级干部离任审计范围，研究形成科级、县级、地厅级"三级"领导干部的经济责任审计制度化，加快推进对省部级领导干部的经济责任审计。

中共中央办公厅、国务院办公厅于2010年10月印发了《党政主要领导干部和国有企业领导人员经济责任审计规定》，并发出通知，要求各地区各部门结合实际认真贯彻执行。通知指出，规定的颁布施行，是贯彻落实党的十七大和十七届四中全会精神的重要举措，是加强经济责任审计法规制度建设、规范经济责任审计行为、促进经济责任审计工作科学发展的现实需要，对于增强领导干部依法履行经济责任意识、完善领导干部管理和监督机制、促进惩治和预防腐败体系建设具有重要意义。通知强调，地方各级党委和政府要切实加强对经济责任审计工作的领导，党政主要领导干部和国有企业领导人员要依法依规自觉接受、主动配合经济责任审计。通知要求，各地区各部门要按照中央的统一部署和要求，结合实际情况，研究制定加强领导干部经济责任审计的具体措施。

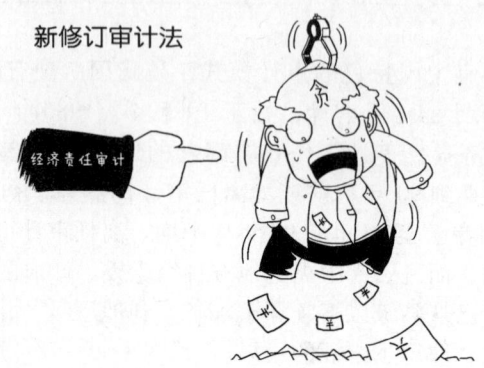

8.1.2 经济责任和经济责任审计

一、经济责任定义

《党政主要领导干部和国有企业领导人员经济责任审计规定》对经济责任的定义如下：经济责任是指领导干部在任职期间因其所任职务，依法对本地区、本部门（系统）、本单位的财政收支、财务收支以及有关经济活动应当履行的职责、义务。

> 经济责任审计产生的理论基础是受托经济责任关系。受托经济责任关系也称作委托代理关系。

二、经济责任审计对象和内容

（一）经济责任审计对象

（1）地方各级党委、政府、审判机关、检察机关的正职领导干部或者主持工作一年以上的副职领导干部。

（2）中央和地方各级党政工作部门、事业单位和人民团体等单位的正职领导干部或者主持工作一年以上的副职领导干部；上级领导干部兼任部门、单位的正职领导干部，且不实际履行经济责任时，实际负责本部门、本单位常务工作的副职领导干部。

（二）经济责任审计内容

领导干部的经济责任审计依照干部管理权限确定。地方审计机关主要领导干部的经济责任审计，由本级党委与上一级审计机关协商后，由上一级审计机关组织实施。经济责任审计应当以促进领导干部推动本地区、本部门（系统）、本单位科学发展为目标，以领导干部守法、守纪、守规、尽责情况为重点，以领导干部任职期间本地区、本部门（系统）、本单位财政收支、财务收支以及有关经济活动的真实、合法和效益为基础，严格依法界定审计内容。

> **小知识：经济责任审计内容的新变化**
>
> 按照中央要求，审计署从 2000 年开始对省部长进行经济责任审计试点，试点范围逐步扩大。截至 2010 年，共对 53 名省部长进行了经济责任审计，规模在逐渐扩大。仅 2009 年和 2010 年就达到 37 名。对省部长经济责任审计试点，为全面推进省部级党政领导干部经济责任审计探索了路子，积累了经验，奠定了基础。

（1）地方各级党委和政府主要领导干部经济责任审计的主要内容是：本地区财政收支的真实、合法和效益情况，国有资产的管理和使用情况，政府债务的举借、管理和使用情况，政府投资和以政府投资为主的重要项目的建设和管理情况，对直接分管部门预算执行和其他财政收支、财务收支以及有关经济活动的管理和监督情况。

（2）党政工作部门、审判机关、检察机关、事业单位和人民团体等单位主要领导干部经济责任审计的主要内容是：本部门（系统）、本单位预算执行和其他财政收支、财务收支的真实、合法和效益情况，重要投资项目的建设和管理情况，重要经济事项管理制度的建立和执行情况，对下属单位财政收支、财务收支以及有关经济活动的管理和监督情况。

（3）国有企业领导人员经济责任审计的主要内容是：本企业财务收支的真实、合法和效益情况，有关内部控制制度的建立和执行情况，履行国有资产出资人经济管理和监督职责情况。

在审计以上主要内容时，应当关注领导干部在履行经济责任过程中的下列情况：贯彻落实科学发展观，推动经济社会科学发展情况；遵守有关经济法律法规、贯彻执行党和国家有关经济工作的方针、政策和决策部署情况；制定和执行重大经济决策情况；与领导干部履行经济责任有关的管理、决策等活动的经济效益、社会效益和环境效益情况；遵守有关廉洁从政（从业）规定情况等。

有关部门和单位、地方党委和政府的主要领导干部由上级领导干部兼任，且实际履行经济责任的，对其进行经济责任审计时，审计内容仅限于该领导干部所兼任职务应当履行的经济责任。

> **案例：经济责任审计的一些理念**
>
> 小 B 所在的会计师事务所最近接受政府的委托，对政府的一些官员进行经济责任审计。小 B 所学习的和实际开展的多为财务报表审计，此时审计主管

A讲了一些经济责任审计的理念:"我这里纯属个人看法啊。"于是A开始谈论关于"先审计后运用"、"方向、路线、教练员、驾驶员"理论、"常做体检,能吃药解决问题的少做手术"、"手上要有点核武器"等理论:

"先审计后运用是经济责任审计的灵魂。我们这几个项目都是政府委托的,他们等着报告出来后才决定人员的任用。我们手上的重担既神圣又不易呢。审计质量很重要。方向、路线、教练员、驾驶员是指要强调多方人员的密切配合和分工。比如政府部门主管审计的官员给我们提供了方向、路线,高级审计主管和项目主管负责当教练员,广大的审计人员充当驾驶员。这样分工合理又不会迷失方向。常做体检,能吃药解决问题的少做手术,是指多做届中审计,多做事先的'定期检查',经济责任审计的目的是为了客观评价经济责任人,帮助单位提高管理,而不是为了'找碴'。'手上要有点核武器'是指审计人员要有一定的水平,提出的问题和建议能够帮助到被审计单位,能发现一些有价值的问题,这样才能够得到被审计单位的尊重。"

三、经济责任审计作用

经济责任审计一产生就显示了其他审计无法替代的作用,无论是在保护国家财产的安全、完整、保值、增值方面,还是在健全领导干部的监督管理、促进廉政建设方面,都取得了显著的成效,发挥了重要的作用。

(1) 有利于加强干部监督管理,正确评价和使用干部。社会主义市场经济体制的逐步建立为领导干部施展才干提供了广阔的舞台,但同时也向我们的干部考察工作提出了挑战。实施领导干部经济责任审计,倡导定性与定量相结合,联系领导干部任期目标,通过对相关的经济指标等情况进行分析考核,对其任期工作业绩作出评价,能够达到客观、公正地确认其经济业绩,全面评价考核领导干部任期业绩的目的,为正确评价和使用干部提供了依据,同时有利于干部更好地履行职责,防止短期行为。

(2) 揭露和惩治腐败分子,规范干部行为,促进廉政建设经济责任审计立足于财政、财务收支审计,落脚点在于查明个人经济责任。经济责任审计,既对事又对人,而且审计涉及领导干部任职期间,一般时间较长,往往能够发现年度财政、财务收支审计不易发现的问题,有利于揭露和惩治腐败分子。另外,经济责任审计着眼于防范,健全了监督制约机制,有利于发现财务管理漏洞,健全财务管理制度,提高财务管理水平,促使领导干部自我约束、自我完善,增强纪律观念,促进廉政建设。

(3)核实了家底,客观公正地鉴定了前后任的经营业绩和经济责任。经济责任审计立足领导干部所在部门、单位的财政、财务收支的真实、合法、效益情况。一方面能够摸清家底,有利于继任者了解接任单位的真实情况,明确工作思路,缩短适应期,尽快进入角色;另一方面由于明确了离任者的经济责任,事实上也就划清了前后任的责任,改变了"新官不理旧账,旧官一走了之"的不良状况,有利于工作的交接,保持工作的连续性。

经济责任审计所起到的免疫系统功效如下图8-1所示:

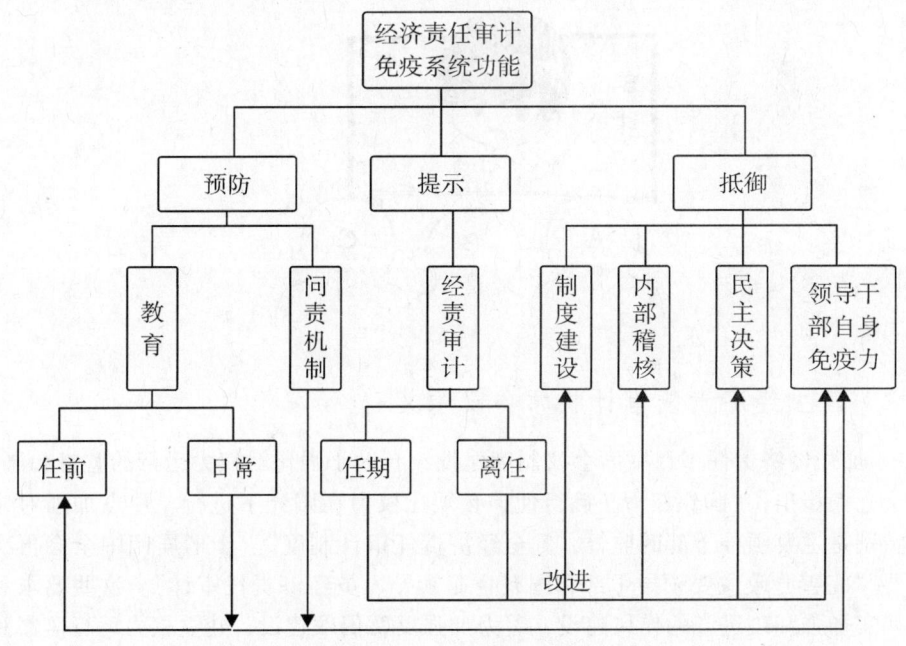

图8-1 经济责任审计所起到的免疫系统功效

8.2 经济责任审计联席会议制度

8.2.1 经济责任审计联席会议

各级党委和政府应当加强对经济责任审计工作的领导,建立经济责任审计工作联席会议(以下简称"联席会议")制度。联席会议由纪检、组织、审计、监察、人力资源社会保障和国有资产监督管理等部门组成。

联席会议下设办公室,与同级审计机关内设的经济责任审计机构合署办公,负责日常工作。联席会议办公室主任为同级审计机关的副职领导或者同职级领导。联席会议的主要职责是研究制定有关经济责任审计的政策和制度,监督检查、交流通报经济责任审计工作开展情况,协调解决工作中出现的问题。联席会议办公室的主要职责是研究起草有关经济责任审计的法规、制度和文件,研究提出年度经济责任审计计划草案,总结推广经济责任审计工作经验,督促落实联席会议决定的有关事项。

经济责任审计应当有计划地进行。组织部门每年提出下一年度经济责任审计委托建议,经联席会议办公室研究后提出经济责任审计计划草案,由审计机关报请本级政府行政首长审定后,纳入审计机关年度审计工作计划并组织实施。

8.2.2 建立经济责任审计联席会议意义

1. 加强经济责任审计联席会议制度建设,有助于强化对权力运行的监督和制约。党的十七大指出,"确保权力正确行使,必须让权力在阳光下进行,重点加强对领导干部特别是主要领导干部的监督,健全经济责任审计制度"。十七届四中全会再次提出,要"完善党政主要领导干部和国有企业领导人员经济责任审计"。这些要求和部署是切实加强和改进党的作风建设,着力加强反腐倡廉建设,建立权力运行监督和制约机制的助推器。加强经济责任审计联席会议制度建设,有利于发挥联席会议各成员单位的职能优势,了解并掌握重要信息资源,以便于明确经济责任审计目标和重点,提高审计质量和效率;有利于实现审计信息成果等资源共向;有利于动员各方力量共同对权力运行实施监督和制约。

2. 加强经济责任审计联席会议制度建设,有助于推动有关制度的建立和完善。研究制定有关经济责任审计的政策和制度是经济责任审计联席会议的主要职责之一。经济责任审计是推动干部问责等制度的建立健全、促进干部管理使用水平提高的有效途径。当前,经济责任审计结果报告主要是为干部监督管理即组织部门服务,审计发现的问题需要通过问责才能体现审计部门的价值和权威,但审计部门没有明确的问责权力，问责涉及组织、人事等相关部门。经济责任审计联席会议制度则很好地解决了这一问题，相关问责部门均为联席会议成员单位，实行部门联动，责任共担，共同作为，对重大经济违法违规问题以制度的形式加大相关部门的问责力度，从而推动突出问题的整改，同时，推动有关制度的建立和不断完善。

3. 加强经济责任审计联席会议制度建设，有助于提高政府公信力。当下，信息时代高速发展，社会大众越来越多地通过网络、电视、报纸等途径关注政府的执政行为，领导干部的"有所为"、"有所不为"都会成为社会关注的焦点，稍有不慎就会成为众矢之的。经济责任审计在关注被审计领导干部经济行为、经济评价、审计成果运用、违法违规问责的情况下，更需要将真相还原给大众，通过审计公示，审计结果公开、公告，责任追究等多种途径和方式推进审务公开，建立和提升审计的大众认可度。经济责任审计联席会议制度，为经济责任审计结果的公开提供了平台保障，通过多个部门的联动公开，扩大审计成果的影响，不断提升社会对经济责任审计的信任度，提高政府的公信力。

4. 加强经济责任审计联席会议制度建设，有助于提升审计风险管理能力。经济责任审计不同于其他的常规审计，其潜在的审计风险不同于其他常规项目，受主客观干扰影响比较大；同时，经济责任审计既要对委托的组织部门负责，又要对被审计的领导干部负责，还要对热切关注的社会大众负责，一旦产生风险或审计成果反映、运用不当，就会造成难以估量的不利影响。经济责任审计联席会议制度，对审计计划作出科学的安排，对审计成果作出综合分析判断，集中组织、纪检、审计、国资等各方面的意见，然后再提交当地党委和干部监督、管理部门作为干部考核、任免依据，可以最大限度地降低审计风险和干部使用风险，提高经济责任审计风险管理能力性。

8.3　经济责任审计实施

审计机关应当根据年度经济责任审计计划，组成审计组并实施审计。

一、审前准备

审计机关应当在实施经济责任审计 3 日前，向被审计领导干部及其所在单位或者原任职单位（以下简称所在单位）送达审计通知书。遇有特殊情况，经本级政府批准，审计机关可以直接持审计通知书实施经济责任审计。

二、审计过程

审计机关实施经济责任审计时，应当召开有审计组主要成员、被审计领导干部及其所在单位有关人员参加的会议，安排审计工作有关事项。联席会议有关成员单位根据工作需要可以派人参加。审计机关实施经济责任审计，应当进行审计公示。

审计机关在经济责任审计过程中，应当听取本级党委、政府和被审计领导干部所在单位有关领导同志，以及本级联席会议有关成员单位的意见。

审计机关在进行经济责任审计时，被审计领导干部及其所在单位，以及其他有关单位应当提供与被审计领导干部履行经济责任有关的下列资料：

（1）财政收支、财务收支相关资料；

（2）工作计划、工作总结、会议记录、会议纪要、经济合同、考核检查结果、业务档案等资料；

（3）被审计领导干部履行经济责任情况的述职报告；

（4）其他有关资料。

被审计领导干部及其所在单位应当对所提供资料的真实性、完整性负责，并作出书面承诺。审计机关履行经济责任审计职责时，可以依法提请有关部门和单位予以协助，有关部门和单位应当予以配合。

三、审后安排

审计组实施审计后，应当将审计组的审计报告书面征求被审计领导干部及其所在单位的意见。根据工作需要可以征求本级党委、政府有关领导同志，以及本级联席会议有关成员单位的意见。被审计领导干部及其所在单位应当自接到审计组的审计报告之日起10日内提出书面意见；10日内未提出书面意见的，视同无异议。

审计机关按照《审计法》及相关法律法规规定的程序，对审计组的审计报告进行审议，出具审计机关的经济责任审计报告和审计结果报告。审计机关应当将经济责任审计报告送达被审计领导干部及其所在单位。审计机关应当将经济责任审计结果报告等结论性文书①报送本级政府行政首长，必要时报送本级党委主要负责同志；②提交委托审计的组织部门；③抄送联席会议有关成员单位。审计机关在经济责任审计中发现的应当由其他部门处理的问题，依法移送有关部门处理。

被审计领导干部所在单位存在违反国家规定的财政收支、财务收支行为，依法应当给予处理、处罚的，由审计机关在法定职权范围内作出审计决定。被审计领导干部对审计机关出具的经济责任审计报告有异议的，可以自收到审计报告之日起30日内向出具审计报告的审计机关申诉，审计机关应当自收到申诉之日起30日内作出复查决定；被审计领导干部对复查决定仍有异议的，可以自收到复查决定之日起30日内向上一级审计机关申请复核，上一级审计机关应当自收到复核申请之日起60日内作出复核决定。

上一级审计机关的复核决定和审计署的复查决定为审计机关的最终决定。

8.4 经济责任审计评价和结果运用

审计机关应当根据审计查证或者认定的事实，依照法律法规、国家有关规定和政策以及责任制考核目标和行业标准等，在法定职权范围内，对被审计领导干部履行经济责任情况作出客观公正、实事求是的评价。审计评价应当与审计内容相统一，评价结论应当有充分的审计证据支持。审计机关对被审计领导干部履行经济责任过程中存在问题所应当承担的直接责任、主管责任、领导责任，应当区别不同情况作出界定。

一、直接责任

直接责任是指领导干部对履行经济责任过程中的下列行为应当承担的责任：

（1）直接违反法律法规、国家有关规定和单位内部管理规定的行为。

（2）授意、指使、强令、纵容、包庇下属人员违反法律法规、国家有关规定和单位内部管理规定的行为。

（3）未经民主决策、相关会议讨论而直接决定、批准、组织实施重大经济事项，并造成重大经济损失浪费、国有资产（资金、资源）流失等严重后果的行为。

（4）主持相关会议讨论或者以其他方式研究，但是在多数人不同意的情况下直接决定、批准、组织实施重大经济事项，由于决策不当或者决策失误造成重大经济损失浪费、国有资产（资金、资源）流失等严重后果的行为。

（5）其他应当承担直接责任的行为。

二、主管责任

主管责任是指领导干部对履行经济责任过程中的下列行为应当承担的责任：

（1）除直接责任外，领导干部对其直接分管的工作不履行或者不正确履行经济责任的行为；

（2）主持相关会议讨论或者以其他方式研究，并且在多数人同意的情况下决定、批准、组织实施重大经济事项，由于决策不当或者决策失误造成重大经济损失浪费、国有资产（资金、资源）流失等严重后果的行为。

三、领导责任

领导责任是指除直接责任和主管责任外，领导干部对其不履行或者不正确履行经济责任的其他行为应当承担的责任。

各级党委和政府应当建立健全经济责任审计情况通报、审计整改以及责任追究等结果运用制度，逐步探索和推行经济责任审计结果公告制度。

有关部门和单位应当根据干部管理监督的相关要求运用经济责任审计结果，将其作为考核、任免、奖惩被审计领导干部的重要依据，并以适当方式将审计结果运用情况反馈审计机关。

经济责任审计结果报告应当归入被审计领导干部本人档案。

> **小知识：不同制度对责任界定的区别**
>
> 2010年12月的《党政主要领导干部和国有企业领导人员经济责任审计规定》关于经济责任界定和以前相比有明显的不同。一是关于直接责任，以前的规定是：（一）直接违反国家财经法规的行为；（二）授意、指使、强令、纵容、包庇下属人员违反国家财经法规的行为；（三）失职、渎职的行为；（四）其他违反国家财经纪律的行为。《规定》第（一）、（二）条由原来的"国家财经法规"增加为"法律法规、国家有关规定和单位内部管理规定的行为"，不限定财经法规，而扩大到法律法规，增加了国家有关规定和单位内部管理规定的行为。新规定的直接责任中有：（三）未经民主决策、相关会议讨论而直接决定、批准、组织实施重大经济事项，并造成重大经济损失浪费、国有资产（资金、资源）流失等严重后果的行为；（四）主持相关会议讨论或者以其他方式研究，但是在多数人不同意的情况下直接决定、批准、组织实施重大经济事项，由于决策不当或者决策失误造成重大经济损失浪费、国有资产（资金、资源）流失等严重后果的行为。第（三）、（四）条强调了民主决策的重要性，以及造成浪费等经济后果，其实是引导有关领导执行民主决策意见。多数人不同意的情况下执行属于直接责任，这一点是值得审计人员在进行经济责任审计时注意的。
>
> 规定所称的主管责任，是指：（一）除直接责任外，领导干部对其直接分管的工作不履行或者不正确履行经济责任的行为；（二）主持相关会议讨论或者以其他方式研究，但是在多数人同意的情况下决定、批准、组织实施重大经济事项，由于决策不当或者决策失误造成重大经济损失浪费、国有资产（资金、资源）流失等严重后果的行为。领导责任，是指除直接责任和主管责任外，领导干部对其不履行或者不正确履行经济责任的其他行为应当承担的责任。

8.5 经济责任审计报告模式

一、基本情况

（一）审计的基本情况

(1) 审计依据、审计期间、审计范围及重点、审计方法。
(2) 简介被审计单位和领导配合审计的情况，审计报告征求意见的情况。

(二)单位及经济责任人的基本情况
(1)单位概况。
(2)被审计领导干部任职情况,包括何时起任现职,本届任职时间,主管工作情况。

二、审计结果
(一)重点审计内容
1. 预算执行和其他财务收支情况
(1)预算执行情况。对预算管理、收入预算执行情况、支出预算执行情况和预算执行结果进行审查和评价。主要包括预算编制、批复和调整是否科学、合理、合规,收入预算是否真实、合法、完整,支出预算是否真实、合法、有效。同时,要对预算收入、预算支出执行的结果和差异原因等进行确认和评价。

决算审计重点对年度财务报告反映的年末财务状况、年度收支结果和事业发展计划完成情况进行审查。主要包括各项收支项目、往来款项、货币资金和财产物资的年终清理结算是否真实、客观、合法,决算报表及财务情况说明书是否全面、完整、正确。同时,要对各项资金使用效益情况进行确认和评价。

(2)其他财务收支情况。对其他财务收支情况进行审核和评价。
2. 重大经济事项决策情况
包括重要投资项目的建设和管理情况、重要经济事项管理制度的建立与执行情况。

(1)重大经济决策指:①国家有明确规定要经过民主讨论、集体研究、科学决策、申报审批等程序决策的经济事项;②单位规定要经过民主讨论、集体研究、申报审批等程序决策的经济事项。

(2)重大经济决策审计的内容:

经济责任审计报告应反映审计期间所作的全部重大经济决策,审计侧重决策过程、决策依据、决策结果。主要内容有:①投资决策;②年度预算和决算;③资产管理和大宗物资采购;④大额资金筹集和使用;⑤重大经济担保事项;⑥重大经济政策制定与调整;⑦其他重大经济事项。

(3)重大经济决策的程序和效果方面是否有下列的问题:①决策程序不规范,即重大经济事项未经集体决策,或经集体决策,但决策程序不规范。②决策内容不合规,即决策事项与法律法规不符。③决策效果未达到预期目标:决策效益差,未体现出投资效益和效果;决策论证不充分,造成经济损失;投资失误,损失严重;决策执行不力,导致决策效果差;决策执行后存在潜在损失等。

3. 内部管理情况
(1)主要内部控制内容。即评价被审计单位根据国家有关财经法规,建立健全内部控制制度的情况。主要是评价内部控制制度是否严密、环环相扣,是否能起到查错纠弊的作用,包括经济责任制、重大经济事项民主决策、货币资金管理、实物资产管理、对外投资管理、基建工程项目管理、支出审批程序和费用开支标准、收费及其他收入管理、往来款的管理、筹资活动管理、预算管理、内部监督和其他管理等方面。

（2）主要内部控制健全情况。

（3）主要内部控制执行情况。即评价被审计单位执行内控制度的情况，确定每项制度的执行是否有效。主要是审计人员在健全性评价的基础上，对内部控制制度的有效性进行测试。

（二）审计关注内容

（1）贯彻落实科学发展观。

（2）与领导干部履行经济责任有关的管理、决策等活动的经济效益、社会效益和环境效益情况。

（3）遵守廉政规定情况。

三、审计期间主要财务状况及收支情况

1．财务状况

包括资产状况、负债状况和净资产状况。

2．收入支出情况

包括收支概况、收入情况和支出情况。

3．基本建设财务情况

包括：①基本建设资金来源情况，并做结构分析；②基本建设投资计划额及完成情况；③审计期间房屋建筑面积、账面价值增长情况以及主要竣工项目。

四、需要说明的事项

（1）未违反有关规定或无法可依，但明显不合理或存在风险的事项。

（2）审计期间发生的刑事案件、内部审计发现并移送纪检处理的违法违规事件。

（3）其他部门检查发现的，已得到纠正或正在纠正的问题。

（4）审计中发现有疑问，但因资料或其他条件的限制难以得到证实的事项。

（5）其他需要说明的事项。

五、审计建议

针对此次审计中发现的主要问题提出的相应建议或处理意见。

本章阐述了经济责任审计的产生和发展，经济责任和经济责任审计的定义、对象、内容和作用，介绍了经济责任联席会议制度与经济责任审计评价和结果运用制度，便于读者更好地了解经济责任审计这一具有我国特有的审计模式。

1. 经济责任审计的定义应如何理解?
2. 经济责任审计是如何产生和发展的?
3. 经济责任审计对象和内容是什么?
4. 经济责任审计有什么作用?
5. 什么是经济责任审计联席会议制度?
6. 如何实施经济责任审计制度?

第 9 章　绩效审计

9.1　绩效审计的定义

> **小知识：各国对绩效审计的不同称谓**
>
> 美国称为绩效审计（performance auditing）。
> 瑞典称为效果审计（effectiveness auditing）。
> 英国称为货币价值审计（value for money auditing）。
> 澳大利亚称为效率审计（efficiency auditing）。
> 加拿大称为综合审计（comprehensive auditing）。
> 也有国家称为专题审计（theme auditing）或全面审计（full-scope auditing）。
> 鉴于此，最高审计机关国际组织在第 12 届会议上，对绩效审计作出了统一定义，指出绩效审计就是对经济性、效率性和效果性的审计。

9.1.1　国外对绩效审计的定义

《美国政府审计准则》2003 年修订版中将绩效审计（performance auditing）定义为：绩效审计是指对照客观标准，客观地、系统地收集和评价证据，对项目的绩效和管理进行独立的评价，对前瞻性的问题进行评估或对有关最佳实务的综合信息或某一深层次问题进行的评估。绩效审计还要为负责监督和采取纠正措施的有关各方在改进项目经营和决策以及加强公共责任方面提供信息。

瑞典国家审计署审计长伯格伦将效果审计（effectiveness auditing）定义为：中央机关的效果审计是检查机构或活动的效果和生产能力，其目的是检查经营活动是否有效地、有组织地和经济地进行。效果审计也应对改进各级中央机关的工作提出意见。效果审计的最终目的是促进公共机关的效果。

英国国家审计署认为：货币价值审计（value for money auditing）中的"货币价值＝经济性×效率性×效果性"。

澳大利亚国家审计署将效率审计（efficiency auditing）定义为：独立、公正、系统地对一个单位管理运行情况的检查,以评价管理活动是否做到经济、效率、有效果,内部管理程序是否有利于促进提高经济、效率和效果,并提出管理建议。

加拿大审计署颁布《绩效审计指南》将综合审计(comprehensive auditing)定义为:对政府活动进行有组织、有目的、有系统的检查,并对上述政府活动进行绩效评价,将评价结果报告议会,以促进加拿大政府活动的透明性,提高公共服务的质量。

德国联邦审计院1993年《审计指南》中将绩效审计定义为:绩效审计是审查预期目标与完成这些目标所投入的资源之间的关系。最理想的投入产出关系是确保以最少的投入完成既定目标,或者以既定的资源来取得最大的产出。同时在对不同的获得好的投入产出比进行评估时,主要是审议目标的完成情况、投入的合理性和投入与产出的关系等绩效方面。

综合以上各国对绩效审计的定义,可以归纳为以下三个方面:
(1)从经营审计角度定义;
(2)从经济性、效率性和效果性角度定义;
(3)从投入与产出及项目评估视角定义。

9.1.2 国内绩效审计定义

审计署审计长刘家义从政府履行责任定义绩效审计,绩效审计是对政府履行公共责任,配置、管理、利用经济与社会资源的合理性、有效性、科学性进行的审查、分析、考量和评价。

彭华章认为,所谓绩效审计,是指国家审计机关对政府部门及相关组织的期望功能或公共资金、项目、政策的期望目标的实现是否达到或超过既定标准或要求以及实现的手段和方式是否经济、有效所进行的检查、监督和评价,并寻求改进途径,帮助其尽可能的尽善尽美地实现其功能。(彭华章:《政府效益审计论》)

卓越认为,绩效审计是国家审计发展到一定阶段的审计形式,是具有独立性的审计机关及其人员利用专门的审计方法,依据一定的审计标准和程序,客观系统地对整个政府部门及其有关活动的积极性、效率性和效果性进行审查,促进政府活动的透明性和服务质量提高,为实施监督和服务提供信息。(卓越:《绩效管理概论》)

对于经济效益审计的定义,主要有以下两种定义:

南京审计学院的陈思维教授认为,效益审计由国家审计机关对政府机关和事业单位以及它们所管理、实施的预算支出项目的经济、效率和效果性进行独立监督和评价的活动。

我国大多学者认为:"经济效益审计是由审计机构或审计人员,对被审计单位项目的财务收支或经济活动的效益性进行审查,评价经济效益优劣和有关方面经济责任,提出建议,促进改善经营管理,提高经济效益的一种经济监督活动。"(曹宏举:《美国与瑞典政府绩效审计》)

本书对绩效审计定义为:绩效审计是由具有独立性的审计机构或审计人员,依据一定的审计标准和程序,利用专门的审计方法、客观系统地对整个政府部门或一项经济活动的经济性、效率性和效果性进行审查,对是否有效地利用各种资源发表独立意见的过程。

9.1.3 绩效审计定义的内涵

绩效审计概念可以从以下几个方面的内涵来理解:

(1) 主体:具有独立性的审计机构或审计人员。一般来说是政府审计机构和具有综合素质的审计师。

(2) 对象:整个政府部门或一项经济活动。一般来说是指政府部门、国有金融单位、国有企业、财政公共收支、政府实施的项目、政策等。

(3) 标准:经济性、效率性和效果性、质量、公平等。

(4) 目标:多层次性、多元性、信息提供、价值增值。

(5) 性质:独立性。

(6) 本源:公共资源受托责任。

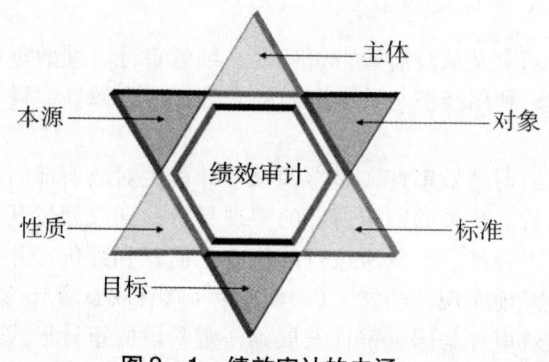

图 9-1 绩效审计的内涵

小知识:我国近几年开展的政府绩效审计例子

节能减排专项审计调查跟踪采访报道(2010年9月)。
新农保基金审计调查跟踪采访报道(2010年7月)。
新农合基金审计调查跟踪采访报道(2010年6月)。
汶川地震灾后恢复重建审计跟踪采访报道(2010年5月)。
农村饮用水安全状况审计调查跟踪采访报道(2009年5月)。
汶川地震灾后恢复重建审计跟踪采访报道(2009年4月)。

> 种粮农民补贴资金审计调查跟踪采访报道（2009年3月）。
> 病险水库除险加固审计调查跟踪采访报道（2009年3月）。
> 汶川地震救灾款物审计跟踪采访报道（2008年6月）。
> 资料来源：审计署网站

9.1.4 绩效审计与效益审计的区别

在理论界和实务界，经常将绩效审计与效益审计两个术语混同使用。原因是，我国经济效益审计始于20世纪80年代末，正值经济体制改革逐步深化、传统经济向市场经济转化的阶段，企业效益问题成为深化改革的突出问题，审计自然要将帮助促进企业提高经济效益作为审计目标纳入其审计职责范围。根据经济效益的定义：经济效益是"经济活动投入与产出、消耗和成果、费用和效用之间的对比关系"，因此，效益审计主要是从挖掘企业潜力、分析企业投入产出的角度开展的。这样用经济效益审计术语来表示绩效型审计当然就成为了主流用法。从90年代起，绩效审计的概念使用较多，出现了目前效益审计术语与绩效审计术语混用的阶段。

> **小知识：绩效审计与效益审计的区别**
>
> 小B接到领导安排的任务，准备开展某个项目的绩效审计。在做审计准备时，小B查到很多书籍和资料，都是关于效益审计。绩效审计和效益审计是不是一回事呢，这两者有什么区别？
>
> 第一，"效益"与"绩效"这一术语在词意上有区别。
>
> 使用绩效审计这一术语时，这里的"绩效"应由三个要素构成，即经济性、效率性、效果性。在使用"经济效益审计"这一术语时，这里的"经济效益"从词义上讲，应是指投入与产出的关系。绩效审计三要素中的第二个要素，即"效率性"，是反映投入与产出的关系内容的。因而，从词义上讲，"经济效益审计"术语只与"绩效审计"术语中的第二个要素，即效率性审计的概念有相似或重合之处，而无法将绩效审计中的第一个要素和第三个要素，即经济性审计和效果性审计，涵盖进去。从词义上看"效益审计"只能反映绩效审计的一部分或其中的一个环节。因此，从用词规范上看，使用绩效审计术语较为妥当。
>
> 第二，使用绩效审计术语符合国际惯例。
>
> 关于绩效型审计的术语使用问题，1986年4月在悉尼召开的最高审计机

关第12届国际会议，把"绩效审计"列入了正式议题。会议建议以"绩效审计"这一术语统一各种有关绩效型审计的名称，并在最后的会议文件《关于绩效审计、公营企业审计和审计质量的总声明》中正式使用了"绩效审计"。因此就国家审计机关而言，开展的主要是对政府部门和公营企业的审计。可见，绩效审计是国际上较为通行的叫法。

第三，绩效审计术语更能涵盖不同领域的绩效型审计工作。

效益审计的开展，最初主要从促进企业提高经济效益开始，因此效益审计术语更适用于企业。而对国家机关及事业单位绩效情况的审计，若简单使用"效益审计"显得有些牵强。而使用"绩效审计"，则既可适用于企业，又可适用于国家机关、事业单位的绩效型审计。因此本章采用绩效审计这一专业术语。

小知识：一般审计和绩效审计的区别

	一般审计	绩效审计
时间	事后	事前（确定目标）、事中和事后（评价）
内容	对资金使用合法性和合规性审查	侧重对资金使用经济性、效率性和效果性的评价
目标	提供"鉴证和报告"	发现管理中存在的问题，找出原因，提出政策建议，从而提高资金使用效益，提高政府工作效率

9.1.5 绩效审计的分类

1. 按内容分类

按内容分，绩效审计包括：

（1）政府投资的绩效审计，如海上田园风光旅游区项目的绩效审计；

(2) 专项资金的绩效审计，如福利彩票公益金绩效审计；
(3) 公共服务的绩效审计，如市政公园建设和管理的绩效审计；
(4) 部门预算的绩效审计，如环保局预算的绩效审计；
(5) 资源利用的绩效审计，如市大工业区建设和管理的审计调查；
(6) 部门行政效率的绩效审计。

2. 按项目类型分类

按项目类型分，绩效审计包括：
(1) 对一个特定单位的绩效审计；
(2) 对一个项目的绩效审计（一个部门或跨部门的项目）；
(3) 对一个事项的评估。

3. 按审计模式分类

按审计模式分，绩效审计包括：
(1) 以结果为导向的绩效审计（直接测试结果的绩效审计）；
(2) 以程序为导向的绩效审计模式（测试管理程序与内部控制的绩效审计）。

9.2 背景和理论基础

1986年4月在悉尼召开了最高审计机关第12届国际会议，会议文件《悉尼总声明》指出，最高审计机关的两大任务是合规性审计和绩效审计，其中合规性审计包括了财务审计和合法性审计。目前绩效审计在西方发达国家已达到70%～80%，美国为85%。我国审计署在2003—2007年的五年规划中指出，效益审计（单位、项目、投资绩效审计）要上升到50%左右，但实际不到5%。

小知识：克里斯托弗·波利特对绩效审计的观点

作为会计师，提供旨在改进公共组织受托责任和透明度的报告。

作为管理顾问，帮助公共组织自我改进。

作为一个科学或研究型组织，创造、发现或区分关于公共组织和项目运作的新知识。

作为裁决者，对公共组织的行为合法性作出判断。

> **小知识：绩效审计的重要性**
>
> 绩效审计目前是一股风靡全球的浪潮，成为现代国家审计发展的不可逆转的大趋势。它所引起的最重大的变革，将不仅仅是审计范围的根本变动，而且推动整个世界国家审计向深度的空前发展。在现代国家审计史上，绩效审计的采用是具有划时代意义的催产剂。因此，能否不失时机地选择并接受绩效审计是衡量一个国家的国家审计是否具有活力的标志之一。
>
> ——文硕：《世界审计史》

从绩效审计的理论基础上看，绩效审计的产生源于公共资源受托责任。公共资源受托责任同样存在着两权分离，是受托经济责任的特殊形式。公共资源受托责任包括：①财务责任，即使用中保证资源安全完整；②管理责任，即通过有效控制实现管理目标；③报告责任，即定期向所有者报告资源使用情况。

公共资源受托责任的检查有两种方法：一是全民检查，二是所有者授权某检查机构检查后向民选立法机构报告。为了降低交易成本，通常选择后者。该检查机构就是具有专业能力和执业标准的审计机构，从而产生了绩效审计。

从绩效审计的现实需求上看，绩效审计产生的过程源于几个方面：第一，纳税规模扩大，纳税人监督意识加强；第二，预算制度改革，滚动预算发展到零基预算；第三，民主意识的增强，社会发展客观要求绩效审计。

9.3 绩效审计的主要内容和基本原则

简而言之，绩效审计就是考虑是否做到了经济性、效率性、效果性？钱花得是否少，花得是否值，花得是否好？

一、什么是经济？

首先，经济与投入相关；其次，它指以较低的成本获取所需要的投入；最后，还须保证质量。

与经济性相关的审计内容包括：

（1）是否以最好的价格购入所需的原料设备；
（2）实际所花费用是否与预算一致；
（3）资源的利用程度；
（4）是否存在人浮于事的现象；
（5）各种投入是否获得最佳配比。

二、什么是效率?

效率是关于投入和产出的关系,通常以比率表示,以一定的投入获取最大的产出,并保证质量。

与效率相关的审计内容包括:
(1) 项目的可行性研究是否与客观实际相符,是否有可操作性;
(2) 用其他方式实施该项目所需成本是否会更低一些;
(3) 工作的方式方法是否最为合理;
(4) 是否存在可避免的障碍;
(5) 职责分工是否存在不必要的重叠;
(6) 内部部门的相互协作;
(7) 是否有节约费用和及时完成工作的激励机制。

三、什么是效果?

效果与项目的产出相关,指取得了事先确定的结果。

与效果相关的审计内容包括:
(1) 是否在规定时间以合理的成本实现了既定的目标;
(2) 是否对项目目标对象进行了准确的定位;
(3) 公众对项目提供的服务或产品是否满意;
(4) 项目目标对象是否使用了所提供的产品或服务。

小结:绩效审计评价的内容和基本原则(3E):

经济测定——投入资源的成本

效率测定——投入与产出之间的比率

效果测定——组织目标的实现

9.4 绩效审计的过程

小结:绩效审计在实施中的过程

☐ 选择项目
☐ 初步研究
☐ 计划阶段
☐ 实施阶段(现场工作)

> ☐ 报告阶段
> ☐ 事后跟踪

9.4.1 选择项目

关注和考虑能促进增值的项目，特别是能提高经济活动的经济性、效率性和效果性，使有限的审计资源能达到一个适当的审计覆盖面。

如何选择项目（选择的要素）：

（1）预计的工作效果；
（2）财务的重要性；
（3）管理风险；
（4）事项的重要性；
（5）敏感的项目，社会关注的事项；
（6）以前审计中发现或者其他监管机构认为有必要审计的；
（7）可审性。

9.4.2 初步研究

初步研究包括：桌面研究、文献查寻和向利益关系方及被审计单位员工咨询。

初步研究的目的包括下面两个方面：首先，确定项目是否有继续进行的必要；其次，为项目开发一个审计参考的规范或说明。

9.4.3 计划阶段

计划阶段包括5个方面的内容。

1. 调查了解被审计单位或项目

主要是了解：①被审计单位的工作目标；②业务运行系统；③经济责任关系；④资源和制约因素；⑤信息的可获取程度；⑥确定风险领域；⑦确定绩效审计的领域重点。

> **思考：了解被审计单位的结果应如何应用？**
>
> 小B请教审计主管A："了解被审计单位的情况后应怎么办？"于是A说："我们应……"
>
> 在设计审计方案时，用以确定适当的审计测试措施。
>
> 通过调查了解，以收集所有的相关信息。

> 在必要时修改审计措施。
> 将被审计单位的有关信息与同类型单位进行比较。
> 用以形成审计结论并提炼审计建议。
> 用以考虑审计建议的可行性。

2. 确定审计的关键领域事项

主要考虑：①重要程度；②管理风险；③审计后的可能影响；④审计的可能性。

3. 确定审计目标和范围

（1）准确把握审计目标的重要性：①是审计准备阶段的一个重要步骤；②为审计人员指出了一个工作的方向；③帮助确定审计的范围、程序、判断标准和审计结论；④节约审计资源。

（2）影响审计目标的因素：①审计机关的法律授权；②被审计单位的性质；③所审查的领域；④可以利用的审计资源。

（3）影响审计范围的因素：①所审查的领域；②审计目标；③所需审计证据的种类；④审计所覆盖的时间。

（4）确定审计范围的确定，主要考虑以下问题：①审计目标是什么？②重点领域是什么？③预计花多长时间？④有哪些可供使用的审计资源？⑤审计结束时可能取得的结果是什么？

小知识：审计目标举例

1. 美国电子政务项目的审计目标：①审计某年度联邦机构是否按计划的数额对10个计划项目进行了投入；②审计投入的及时性和投入迟缓的原因。

2. 美国空军采购项目的合同管理审计的目标：①识别所购备件价格增长情况；②确定空军是否获取并分析了充分的信息以保证价格的公平合理；③考察所购备件的竞争程度。

3. 某市审计局污水处理项目工程绩效审计的目标：①对项目投资效益作出客观评价；②分析投资、预算管理中存在的缺陷，提出改进建议。

4. 住房公积金绩效审计的目标：①住房公积金制度的运行效果；②相关管理部门的管理效率；③住房公积金的资金使用效益。

（引自审计署科研所崔振龙的《绩效审计》）

（5）确定审计内容要考虑的内容：①围绕审计目标；②按项目的管理与业务流

程展开;③关注所审计事项的效益计量方法;④关注所审事项效益的影响因素;⑤关注经济责任关系;⑥考虑审计后所能产生的影响。

4. 确立审计标准

(1) 什么是评价标准?审计评价标准是用于评价被审计活动经济、效率、效果的合理的、可达到的业绩标准。它反映该事项规范化的控制模式,代表了良好的实务。

(2) 审计评价标准的重要性:①为审计组与审计机关之间就审计的性质进行沟通提供基础,为审计人员与被审计单位管理人员的沟通提供基础;②将审计目标与审计测试方法联系起来;③形成审计证据收集的基础;④为揭露问题提供依据。

小知识:好的审计评价标准的特征

好学的小 B 问:"好的审计评价标准是什么?"审计主管 A 回答说:"一个好的审计判断标准的特征有以下几点:可实现、客观、可接受、能被理解、可靠、适当和完整。"小 B 又问:"那么该从哪里获取有效的审计标准呢?"A 说:"有效审计标准来源于财务规则、业务程序、项目指南、技术标准、相关立法、管理的最佳实务、管理规则(制度)、专业标准。"小 B 频频点头:"这下可有武器了。"

---

5. 编制审计方案

审计方案的主要内容包括:审查的领域、审计目标、审计的判断标准、所需要审计证据的类型、证据来源、审计技术和审计测试措施。

9.4.4 执行阶段

绩效审计的执行阶段主要是通过确定需研究的问题、收集数据、分析数据和分析审计证据来完成的。

小知识:收集审计证据的6步骤

小 B 开始了绩效审计的执行阶段,但一开始就呆住了,在取证阶段不知如何入手。审计主管 A 手把手辅导小 B。原来,有效取证包括以下 6 个步骤:

(1) 明确审计目标;

(2) 明确审计评价标准；
(3) 确定何种证据可以用于回答问题；
(4) 研究证据的来源；
(5) 设计取证的技术与方法；
(6) 对证据进行分析。

1. 确定需研究的问题

一般可通过"问题分析法"来确定需研究的问题：①明确状况与困难；②找出需解答的关键性问题；③找出次要问题和证据来源；④建立研究方法。

2. 收集数据的方法

收集数据的方法有：①访谈；②观察；③查阅档案和文件；④查阅数据库；⑤焦点小组座谈（focus groups）；⑥个案研究；⑦调查等。

3. 分析数据

对数据可运用以下方法进行分析：①经济分析（成本/利益，财务）；②统计分析（调查及管理数据、建立模型、时间序列图）；③定性分析；④对标（benchmarking）。

4. 审计证据的分析

对审计证据，需进行如下处理：
①详细检查；②判断结果；③不同来源数据的关联研究；④不同方面审计观察的联系；⑤确定重要的趋势；⑥不同观点的对比；⑦检查原因；⑧评估事件发生的顺序；⑨组织支持性证据。

9.4.5 报告阶段

绩效审计报告阶段主要包括以下几个方面：
(1) 形成初步的审计结论；
(2) 就审计发现问题与被审计单位交换意见；
(3) 起草审计报告；
(4) 后续审计。

小知识：绩效审计报告的内容和要求

小B着手写绩效审计的报告了，但他不知道应如何入手。一个好的绩效审计报告应符合什么要求，审计报告的质量标准又是什么？下面请看审计主管A的详细描述。

1. 绩效审计报告的内容
(1) 简介：简单介绍所审项目的背景和工作目标
(2) 审计的总体目标和范围
(3) 分领域的具体审计目标
(4) 对数据来源和审计方法的说明
(5) 对评价标准的说明
(6) 重要的审计发现
(7) 对每一个具体目标的审计结论
(8) 审计建议
(9) 总结

2. 一个好的审计报告的要求
(1) 内容：
■ 应反映完整的审计过程
■ 声明审计的判断标准，被审计单位的实际情况，产生差异的原因，所产生的影响，以及审计结论
■ 明确的审计建议
(2) 结构——有一个明确的逻辑流程
(3) 语言风格：
■ 简洁
■ 避免含糊
■ 准确
■ 逻辑性强

3. 绩效审计报告的质量标准
(1) 相关性和客观性
(2) 可靠、有效、连贯性
(3) 重要性、可比性、可理解
(4) 透明度和可用性

　　绩效审计报告不同于一般的审计报告，由于评价标准更难把握，因此，报告的客观公正更为重要。因此，需要注意以下几个方面：①审计发现的问题与审计结论分别列示；②以中立语言表述和解释事实；③提出看问题的不同角度和不同观点；④包括相关的问题、论点、证据；⑤具有建设意义。

　　那么如何写好审计建议？一般应使用"应当式的语句"，简洁且指向具体，通常说"应当做什么"而不是"如何去做"，以及建议应具有可行性，被审计单位能够落实。

9.5 局限性和风险

开展绩效审计存在着局限性和风险，主要有以下 4 个方面。

（1）被审计项目或机构的预期目标难以确定。

（2）评价体系和审计程序不确定。

第一，绩效审计的对象差异很大，表现为环境、目标、职责、所使用的资源、提供的服务、管理方式等都不相同。

第二，与企业相比，评价体系不统一，有两种风险：①评价指标的确定受主观影响大；②评价结果不为被计审计单位（项目）管理层接受。

第三，审计程序不统一。表现在：①准则和指南无法就工作内容和操作规程作详细的规定；②审计过程的设计随意性大，受主观影响强；③与被审计机构（项目）自身业务相冲突。

针对以上问题，可以对这些风险加以控制：①与被审计机构（项目）管理层充分协商；②借鉴国际、国外的审计准则或指南；③尽快制定我国审计机关绩效审计的指南或手册。

（3）缺乏法律依据。各国法律对审计机关职责的授权程度不同。在我国，审计机关开展的绩效审计政府行为，必须有完善的法律依据，目前我国的绩效审计处于非完全授权的状态，绩效审计可能遭遇越权审计的风险。

解决的途径主要有：①在现有职责中寻找突破口进行延伸审计；②通过行政法规或部门规章补充授权；③修订法律，包括修改《审计法》。

（4）依据的资料缺乏可靠性。

第一，绩效审计应以财务审计、合法性审计为前提，以确保评价指标测算和评价结果的正确性。如果被审计单位的财务资料的真实性、合法性还不足，开展绩效审计有效性将会大打折扣。

第二，对非财务信息的可靠性缺乏认定的手段，比如进行评价时，有关技术统计资料、行业资料的可靠性不足时，评价的准确性将受到影响。

第三，缺乏科学设计收集资料的方法，因此需要注意现象之间的相关联系，提高科学性。

9.6 绩效审计案例研究和视野开拓

> **小知识：英国绩效审计项目范围广泛**
>
> 英国审计署对苏格兰博物馆和艺术馆的服务和收藏品的安全性进行审计。

对入境机场口岸工作效率的审计，涉及口岸员工和入境旅客的人数比例、员工休病假的时间占全部工作时间的比率等。

英国审计署对肥胖问题的绩效审计，指出因为国人体重超标，国家每年增加了15亿英镑的医疗支出，还提出了一些减少和防范肥胖的措施。

小知识：澳大利亚新南威尔士州审计署的2005—2006年度绩效审计概况

新进行的绩效项目12个：

（1）救援服务协调。新南威尔士州州立救援委员会协调不同的救援服务提供者，警察、救护、消防均提供这一服务，协同难度大。应向单一服务提供者方向改革。

（2）年中预算监控。财政部和政府机构对预算执行的监督问题，有信息不分享、不按月分析和控制等缺陷。

（3）青少年司法部关于对青少年犯罪的干预和改造计划问题。主要问题是IT交流的数据不准确，该部没有中长期的计划，干预措施不能满足需要。

（4）资产管理。对财政部、改造服务部、消防大队、电站博物馆等单位实施的资产管理改革的效果进行审计。

（5）政府机构使用绩效信息改进服务的情况。调查了10个项目，其中，4个机构没有足够的信息提供对其服务绩效的全面说明，2个未能证明其服务的绩效，9个有目标，但不愿公布其实现目标的结果，很少进行比较。

（6）Liverpool到Parramatta巴士运营线路（LPT）。这是西悉尼的第一条高速巴士运营线路，1988年立项，2003年2月运营，州立运输局（STA）通过其WSB（西悉尼巴士）赢得了8年运营合同。审计发现三个问题：①LPT花纳税人的钱从9800万澳元增加到34600万澳元；②其服务收益不能衡量；③竞标时，STA缺乏足够文件支持其超过原先研究建议的65%投资的决定。

(7) 关于4个政府机构重新选址的决定。审计认为，未经过评估程序，未对重新选址与预期进行对比分析等。政府不接受，认为这不属于审计范围，是政府的政策事务（政策不受审计）。审计署则认为政府的政策目标是一个更高的层次，但为落实这些政策采取的措施则是可以审计的，这些措施应保证政策的效率、绩效、经济的执行。

(8) 关于对私人资助的学校工程的奖励程序（过程）的审计。

(9) 关于政府合作改进服务的绩效。即审计任一项涉及几个机构时如何合作才能更好地提供服务的问题。审查了三个项目：原著民就业计划、道路安全计划、精神病人转移计划（从司法系统转入医院或社区）。

(10) 改造服务部的罪犯改造计划审计（Dept. of Corrective Service）。

(11) 穿城隧道审计。

(12) 关于州电力公司监督问题的审计。该公司总投资200亿，每年该州分得年利税10亿。审计提出意见：政府应更积极主动监控，获取信息，公开信息；财政部应跟踪分析监督。

3个跟踪审计项目：

(1) 医院设备采购（2002年审计），根据审计意见，仓库数从74个减少到26个，减少2/3，2005年节约6000万澳元。

(2) 公共交通的逃费（2000年审计），整改结果，逃费率从2000年4.1%降到2005年2.3%。

(3) 新南威尔士州警察局和改造服务部的病假管理问题（2002年审计）。

2006—2007年度绩效审计项目计划：

(1) 2002年审计报告后政府机构关于本地蔬菜种植规定的变化，在防止非法的土地整理（land clearing）方面的进展。

(2) 新南威尔士州州立道路的状况及道路与交通局的管理维护。

(3) 教育培训部为那些不能参加公立学校学习的伤障儿童是否提供了特别的教育服务？能否满足需要？

(4) 医院如何管理护士和吸引新的护士职员？

(5) 法律援助是否由那些应得到的人获得？

(6) 新南威尔士州的公共卫生系统是否对主要流行性疾病爆发有了应急准备？

(7) 卫生部为老年人就地治疗提供的援助效果如何？

(8) 政府的青少年司法体系在预防青少年犯罪方面的管理如何？

(9) 警察在管理和利用现有资源减少室内犯罪和抓获罪犯方面效果如何？

(10) 政府对无家可归者提供的服务如何？

(11) 城市铁路公司（City Rail）对于信号指示失误进行预防和反应的效果如何？

(12) 机构合并/分立的成本和效益。

(13) 2003 年审计长关于警察援助专线的审计报告以来新南威尔士州警察局的改进情况。

(14) 2001 年审计长关于医疗救护的预备和反应的审计报告以来新南威尔士州的救护服务改进情况。

(15) 2000 年审计长关于学校在教学上使用计算机的报告以来教育培训部的改进情况。

小知识：新西兰审计署 2005—2006 年的绩效审计项目

1. 2007 年 2 月发表关于内务部对非卡西欧类赌博机控制效果的审计报告。主要围绕三个问题：①对运营商和场地的执照发放；②运营商和场地费用；③资金向社区的分配。

2. 社会发展部劳动就业与收入司联络中心的绩效（一年回复 600 万个电话）。

3. Residention Rates Postponement（住房价格缓交）：地方政府理事会的一项政策的绩效评价。

4. 2002—2005 年健康资助计划的绩效。审计发现地区健康理事会、卫生部的司局长们未能单独保存该项资金分配的档案。

5. 国内收入部：纳税人审计的绩效——跟踪审计（follow-up audit），2003 年审计时提了 11 条建议，这次就是看这 11 条的落实情况。

6. 教育部：学校资产管理审计。2006 年 6 月发布报告，学校资产是第二大公共资产，总资产 70 亿新元。2001 年曾进行过审计，但我们的建议只被部分采纳。

7. 新西兰住房合作公司：该公司向超过 19 万人提供住房，管理资产总额超过 110 亿新元。对该房产的购买与租赁计划的绩效进行审计。

8. 关于 2002 年《地方政府法》规定的地方政府管理准则的实施绩效的审计。

9. 农业与林业部：海运集装箱的生物安全风险控制问题，该部有两年时间来部署实施"进口卫生标准"（已经过修订的），但仍没有完全实行到位。

10. 资源保护部：公地的计划与管理审计。该部负责管理 850 万公顷的公共土地，相当于新西兰全部土地面积的 1/3。

11. 研究、科学和技术基金会：拨款计划的绩效。

12. 西海岸经济发展资金的管理审计。2000 年 5 月，为了制止对原生森林的采伐，一次性拨款 1.2 亿新元资助西海岸地区经济发展，其中 9200 万新元拨至西海岸发展信托基金；2800 万新元平均分给西海岸的 4 个地方政府。

13. 地方博物馆和美术馆的收藏管理审计。

14. 信息技术和健康信息管理的进展审计：WAVE 报告（the working to add value through e-information）（Advisory Board）。

15. 财政部：关于毛利人政策的认识和应对能力审计。

新技术：美国绩效审计的技术方法

美国绩效审计的技术方法主要有绩效衡量基础审计方法和过程基础审计方法。

一、绩效衡量基础审计方法

1. 定量分析法

（1）统计方法。包括描述性统计抽样方法和推断性统计抽样方法。

（2）分析程序。分析程序是一种包含不同类型进行比较的审计方法，主要有 8 种类型。

一是比率分析法。该方法是将一种类型与其他类型的均衡比较。

二是成本利益分析法。它是指一个项目或一个决策的项目成本和项目实际所产生的货币价值之间的比较。

三是成本效果分析。它是指一个项目或活动的成本与可量化的产出或效果的比较，该效果应该大于实际或估价产生的货币价值。

四是回归分析法。该方法是衡量两种或多种变量之间的统计关系。审计人员可用以估计一个项目对某一人群所产生的效果。

五是 DEA 法。DEA 法通过将单个投入与产出的比较模型推断真实世界的多个投入和产出之间的比较。

六是时间序列法。该方法是将一段时间内的有效数据进行分类。这个方法可用来研究过去和现在之间形式的不同，也可用于项目的远景规划。

七是间断时间法。该方法是一种实施了该行为以前所观测到的资料与实施了以后所观测到的资料的比较。它可以用来评估或审计某一决策活动所产生的实际影响。

八是基准法。该方法是以最佳的案例为基准,并将组织中的其他事例与其进行比较,寻找差异。

2. 定性分析法

(1) 调查问卷法。问卷可以通过邮寄、电话或直接上门等形式。但每一种管理的形式应当以唯一的方式进行,确保问答具有代表性和相关性。

(2) 面谈法。面谈法有助于审计人员获得被审计人员的经营、业务活动、关系方、动机等相关的辅助证据。面谈法在不同的审计阶段中均有不同的用途。

(3) 流程图法。流程图法是一种直观描述工作过程的方法。它可以帮助管理部门区分冗余的不适当的步骤,不适当的次序,冗长的、无效的或浪费的现象。

(4) 最优实例复核法。这种方法将最优的实例作为绩效标准,将它与被审计单位进行比较,从而找到改进方法,并设定目标和制定计划来改善管理。

(5) 内容分析法,是一种调查数据涵义的分析性方法。

二、过程基础的审计方法

指审计人员对过程控制是否存在以及对实现合理的绩效目标而提供合理保证的证据是否充分作出判断。主要有两种方法:

(1) 内部控制问卷调查法;

(2) 典型的同类控制系统比较法。

审计人员通过调查、参照典型案例、审查相类似业务提供的信息或应用其他任何有效的控制系统基本原理等手段确定典型的控制系统。

美国绩效审计报告和绩效审计结果的执行情况

一、美国绩效审计报告内容

(1) 审计的目标、范围和为达到审计目标而使用的方法。这涉及:①审计机关为什么承担这个项目和审计的潜在目标;②这个目标是怎样完成的,包括收集的证据以及使用的分析技术;③审计的范围和审计过程中受到的重大信息和范围的限制。

(2) 审计结果,包括审计发现问题、结论、建议。

(3) 审计师遵循GAGAS方面的情况。

(4) 被审计单位负责官员的意见简述。

(5) 如果可能的话，注明报告省略的机密和敏感信息的性质。

二、绩效审计结果的执行情况

美国审计机关在审计实施阶段、审计报告分发阶段和审计结果执行阶段三个不同的时期采取三种不同方式监督审计结果的执行和问责。

1. 向外部部门报告

在审计实施过程中，对于舞弊、违法行为、违反合同和拨款协议规定，或者滥用的行为，法律和相关法规有明确规定的，审计师应该直接向被审计单位以外的机构报告这种信息。

2. 公布审计报告

根据《美国政府审计准则》（GAGAS）规定，除非有法律或条例方面的限制，审计报告副本应向公众公布，以便进行监督。审计结果向公众公开，纳税人可以从审计机关的网站上全文下载审计报告，使各政府部门绩效和职责执行情况置于纳税人的监督之下，民众问责的压力往往比某一部门更大，甚至可以令官员引咎辞职。

3. 立法机关的监督问责

(1) 制订法案、动议、决议和法律解释；

(2) 听证会；

(3) 审批预算案。

本章小结

本章阐述了绩效审计的定义、分类、主要内容和基本原则、程序，同时介绍了绩效审计的案例研究及各国绩效审计的做法。绩效审计多数主要是从政府绩效审计，经辨析。本书认为，绩效审计不只是政府绩效审计，应包括特定的单位、事项和项目的绩效审计。因此从更广泛的角度给出绩效审计的定义。同时通过较新的案例研究和视野开拓，拓宽知识结构。通过对审计案例研究，可以给我国目前的政府绩效审计带来以下的启示：①开展绩效审计是政府审计发展的趋势；②改善我国政府绩效审计的法律环境；③建立适合我国政府审计特点的绩效评价标准；④借助立法机关的权力推动审计成果的利用。

复习题

1. 绩效审计的定义应如何理解?
2. 绩效审计和效益审计有什么区别?
3. 绩效审计有哪些分类?
4. 绩效审计的基本原则是什么?
5. 绩效审计的程序有哪些?
6. 绩效审计的报告内容有哪些,绩效审计报告有什么质量标准?

第 10 章 内部控制审计

> 引例：
> 小 B 的事务所接受委托，准备对一个企业的内部控制进行审计。内部控制测试经常进行，但独立作为一个项目进行审计还是前所未有，小 B 感觉到很困惑：内部控制测试不是为了财务报表审计服务的吗，为何要单独审计？内部控制审计要审计什么内容？要独立出报告吗？如何撰写内部控制审计报告？审计主管 A 为他解惑：随着经济的发展和业务的发展，越来越多的单位觉察到内部控制评审特别重要。有了需求就有了此项业务。审计的业务要随着需求的转变而不断变化，才能与时俱进。

10.1 内部控制审计的定义

内部控制审计是通过对被审计单位的内控制度的审查、分析测试、评价，确定其可信程度，从而对内部控制是否有效作出鉴定的一种现代审计方法。从一定程度上看，内部控制审计是内部控制的再控制，它是企业改善经营管理、提高经济效益的自我需要。

一般情况下，企业内部审计部门负责内部控制审计，也可以委托不负责年审的会计师事务所开展内部控制审计。

10.2 内部控制审计的依据

财政部、审计署、证监会、银监会和保监会制定的《企业内部控制基本规范》是内部控制审计的重要依据。依据沪深两市的上市公司内部控制指引，沪深两市鼓励上市公司董事会开展内部控制自我评估，在披露年报时披露内部控制自我评估报告，并且同时披露负责年报审计的会计师事务所的审核评价意见。具体的依据如下：

(1)《证券法》(中华人民共和国主席令［2005］第 43 号) 第 149 条；
(2)《企业内部控制基本规范》(财会［2008］7 号)；
(3)《证券公司管理办法》(中国证券监督管理委员会令［2001］第 5 号) 第 31 条；
(4)《证券公司客户资产管理业务试行办法》(中国证券监督管理委员会令［2003］第 17 号)；

（5）《公开发行证券的公司信息披露内容与格式准则第2号〈年度报告的内容与格式〉》（证监公司字［2007］212号）第9条；

（6）《上海证券交易所上市公司内部控制指引》（2006年）［2-6］；

（7）《深圳证券交易所上市公司内部控制指引》（2006年）。

10.3 内部控制审计的目标和标准

内部控制审计的目标是检查并评价内部控制的合法性、充分性、有效性及适宜性。内部控制的合法性、充分性、有效性及适宜性，具体表现为其能够保障资产、资金的安全，即保障资产、资金的存在、完整、所有权、金额正确、处于增值状态。所以，我们可以将内部控制审计的具体目标概括为：检查并评价内部控制能否确保资产、资金的安全，即检查并评价内部控制能否保障资产、资金的存在、完整、所有权、金额正确、处于增值状态。

内部控制审计目标与财务报表审计目标有一定的联系。内部控制审计的前四个目标实际就是财务报表审计的具体目标。企业管理层向外提供一张资产负债表，表上反映有多少资产，其明示或暗示了这样几个声明：资产负债表上反映的资产是存在的、是完整的、是属于自身的、金额是正确的。相应地，外部财务报表审计的具体目标也就是鉴证企业管理层的这些声明是否属实。

内部控制的评价标准总体来说是适当、合理、有效的。在进行内部控制审计时评价标准有两个层面：①判断组织已有标准的适当性；②基于组织利益最大化原则选择标准。

内部审计和外部审计在进行内部控制审计时，其目的和标准有所不同（如下表）。

表10-1　内部审计和外部审计的内部控制审计不同

评价主体	评价目的	评价标准
内部审计	促进实现组织目标，强化内部制度建设	合理、适当、有效性
外部审计	评估控制风险，确定细节测试的重点	健全、有效性

第10章 内部控制审计

> **小知识：内部控制审计与财务报表审计在审计目标上的不同**
>
> 小B最近接手了第一例内部控制审计，不知如何入手。审计主管A对他说，先看相关的资料，从内部控制审计的目标看起吧。小B问："内部控制审计不就是财务报表审计的一类吗，能有什么不同？"A说："那可不同。"那么内部控制审计与财务报表审计在具体审计目标上有什么不同呢？主要有以下两点不同：
>
> （1）财务报表审计直接评价的是财务报表，或者说直接评价资产、资金本身的安全状态，其目标对象是资产、资金本身，而内部控制审计直接评价的是内部控制能否保障资产、资金的安全，其目标对象是内部控制，而资产、资金只是作为中间的观察对象而存在。
>
> （2）财务报表审计主要评价财务报表所反映的存量资产、资金的"静的安全"，一般不评价资产、资金的"动的安全"，即不评价资产、资金在流转中的增值性；而由于内部控制既要保障资产、资金"静的安全"，又要保障其"动的安全"，所以内部控制审计既检查资产、资金的"静的安全"，又检查资产、资金的"动的安全"。

10.4 内部控制审计的主要内容

内部控制主要包括内部控制环境、风险评估、控制活动、内部控制信息和沟通以及内部监督制度（见第三编第19章内部控制测试）。

图10-1 内部控制五要素

> **小知识：**
>
> 内部控制的五要素与内部控制的有效性有不同的影响，具体表现如下：
>
> | 五要素 | 实质和关系 |
> | --- | --- |
> | 1. 控制环境 | 影响内控有效性的各种因素 |
> | 2. 风险评估 | 影响组织目标实现的各种障碍，评估其发生概率和损失大小 |
> | 3. 控制活动 | 将风险控制在可以接受的水平（不影响组织目标的实现） |
> | 4. 信息沟通 | 有效控制的必要条件，或控制活动的载体 |
> | 5. 监督 | 对以上要素充分、有效的连续监控 |

内部控制审计主要是对这5个方面进行评价。在具体审计时，评价范围可以是全部活动的全部控制要素，也可以是部分活动和部分控制要素。

第一，内部控制环境，即评价以公司治理结构、机构设置和权责分配、内部审计、人力资源政策、企业文化在内的内部控制环境对企业经营管理活动的影响。

第二，风险评估，即分析企业风险控制目的设置的合理性，评价开展风险评估范畴的全面性、风险评估结果的有效性和风险应对策略的科学性。

第三，控制活动，即评价企业根据风险评估结果设置的内部控制措施的科学性和控制效果的有效性。

第四，内部控制信息和沟通，即评价企业内部控制相关信息在收集、处理和传递程序的科学性，分析信息技术在内部控制信息和沟通中所发挥作用的情况，判断企业在反舞弊工作重点领域相关工作机制的有效性。

第五，内部监督制度，即分析企业内部审计机构和其他内部机构在内部监督中的职责权限情况，判断企业实施内部监督的程序、方法和目的要求的科学性，评价内部控制监督制度的有效性。

> **内部控制审计工作手册：各要素的审查内容**
>
> 1. 控制环境的审查内容
> （1）经营活动的复杂程度；
> （2）管理权限的集中程度；
> （3）管理行为守则的健全、有效性；
> （4）管理层对逾越既定控制程序的态度；

(5) 组织文化及组织成员的理解和认同；
(6) 法人治理结构的健全和有效性；
(7) 组织各层人员的知识和技能；
(8) 重要岗位的权责相称程度和胜任程度；
(9) 组织结构和职责划分的合理性；
(10) 员工聘用、培训、业绩考核与激励。

2. 风险管理机制的健全、有效性评价内容

风险——由于不确定因素的存在，影响组织目标实现的可能性。

(1) 可能引发风险的内外因素；（识别）
(2) 风险发生的概率和预计后果；（评估）
(3) 对抗风险的能力；（应对）
(4) 风险管理的具体方法和效果。（机制）

3. 控制活动的适当、合法、有效性

控制目标——可以接受的风险水平，即不影响组织目标实现的风险水平。
控制活动——各种内部控制的程序以及各种应对措施。

(1) 评价控制活动的适当性；
(2) 对风险的识别和应对作用；
(3) 对组织目标实现的保证（相对）作用；
(4) 活动执行的有效性。

4. 组织获取和处理信息的能力

目标——信息管理系统的安全可靠和有序运行。

(1) 获取财务、非财务信息的能力；
(2) 信息处理的及时性和适当性；
(3) 信息沟通传递渠道的便捷与畅通；
(4) 管理信息系统的安全可靠性。

5. 监督的内容：

(1) 内部审计机构实施的独立监督，评价内部审计发挥作用的状况；
(2) 管理层的自我评估。

10.5 内部控制审计的程序

内部控制审计的程序主要有以下几个步骤：

(1) 了解企业的内部控制情况，并做相应的记录。这是内部控制制度审计的第

一步,其主要目的是通过一定手段,了解被审计单位已经建立的内部控制制度及执行的情况,并进行记录、描述。

(2) 初步评价内部控制的健全性。确认内部控制风险,确定内部控制是否可依赖。在对控制环境、控制程序和会计系统进行调查了解,对被审计单位内部控制有了一个初步的认识的基础上,应对内部控制风险和内部控制的可依赖程度作出初步评价。

(3) 实施测试程序,证实有关内部控制的设计和执行的效果。通过对内部控制进行初步评价,可基本掌握被审计单位内部控制的强弱环节,为进一步的细节测试确定一个前提。

(4) 评价内部控制的强弱,评价控制风险,确定在内部控制薄弱的领域扩展审计程序,制定审计方案。

小知识:内部控制审计记录的内容

执行完内部控制审计的程序后,该做什么呢?当然是记录啦。内部控制审计记录的内容如下:
(1) 内部控制审计计划及重大修改情况;
(2) 相关风险评估和选择拟测试的内部控制的主要过程及结果;
(3) 测试内部控制设计与运行有效性的程序及结果;
(4) 对识别的控制缺陷的评价;
(5) 形成的审计结论和意见;
(6) 其他重要事项。

10.6 内部控制审计的报告

内部控制审计报告包括基本情况、总体评价和主要问题及建议。其主要内容包括检查和评价采购及付款、销售及收款、存货管理及成本核算等业务流程相关制度的有效性和日常执行的遵循性。

10.6.1 内部控制审计报告的结构

不同类型的组织开展的内部控制审计报告内容和格式可能不同,如内部审计的报告格式可以对各种业务流程的相关内部控制分别进行详细描述和评价(参考格式可见后文的《内部审计机构的内部控制报告的参考格式》)。按照《企业内部控制基本规范》，标准内部控制审计报告应当包括下列要素：

（1）标题；
（2）收件人；
（3）引言段；
（4）企业对内部控制的责任段；
（5）注册会计师的责任段；
（6）内部控制固有局限性的说明段；
（7）财务报告内部控制审计意见段；
（8）非财务报告内部控制重大缺陷描述段；
（9）注册会计师的签名和盖章；
（10）会计师事务所的名称、地址及盖章；
（11）报告日期。

10.6.2 内部控制审计报告的格式（范例）

一、内部审计机构内部控制审计报告范例

审 计 报 告
XX 监审（XX）200 号
XX 有限责任公司内部控制审计报告

XX 有限责任公司董事会：

　　集团监察审计部根据核准的 XXXX 年年度审计计划，于 XXXX 年 XX 月 XX 日—XX 日对 XX 有限责任公司实施了内部控制审计。本次审计的主要目的是检查和评价采购及付款、销售及收款、存货管理及成本核算等业务流程相关制度的有效性和日常执行的遵循性。我们审阅了相关制度，与相关采购、销售、仓储、财务等部门人员进行了面谈，并抽查了相关业务的处理文件。现将审计中情况报告如下：

　　一、财务收支管理

　　公司财务核算总体比较规范，能够按《企业会计制度》执行，公司财务部制订了财务管理条例使之成为日常财务管理、核算的标准。现主要突出的问题是财务总监如何直接参与企业业务管理，特别是对重大的资本性支出、费用性支出加强事前审核和监督。

　　关于货币资金支出缺乏财务总监的审批手续：

　　本次审计，我们抽查了公司部分收付款凭证。发现公司在部分收付款作业中相关业务单证及审批手续并不完备，特别是财务总监没有在重要财务

收支上履行审批责任。举例如下:

(1)……

(2)……

审计建议:

公司制订了完备的财务部管理文件,对财务部的日常工作都作了相应的规章制度。但没有对各种支出的审批程序、审批权限作出清晰的规定,出现了以上情况。我们建议:

(1)财务收支均应由内部填制单证,并经授权程序批准,包括提现、资金划拨等业务。建议公司设计相关单证及授权审批程序。

(2)……

(3)……

二、采购及付款

公司采购有较为完备的采购作业管理标准。对供应商质量审计、采购物资入库时的质量检查及验收、付款审批等环节的实务操作有适当控制。公司采购部门及相关岗位对采购管理和岗位职责较为熟悉。

采购环节的主要审计发现:

1. 供应商相对集中,主要原料采购供应商选择,缺乏年度复查程序,供应商名录基本维持不变,新供应商开拓力度较弱。

审计建议:

(1)我们建议公司宜实施一年一度的供应商复审制度,同时通过对供应商的供货质量、过去履约情况以及生产现场等方面进行年底系统复查,来选择有利于公司生产和成本较低的供应商。

(2)密切关注供应商竞争环境及市场出现的新供应商,逐步开拓新的供应商……

(3)有些原料如需维持独家供应情形的……

2. 采购价格缺乏系统、严格的询价、比价等价格核定程序,采购价格合理性缺乏足够的支持。

审计时,我们通过对主要原料两年的采购价格收集与分析,公司主要原材料采购价格较去年均有较大幅度的增长。

部分主要原材料不含税进价对照表 单位:元

品名	单位	本年进价	上年进价	同比增长%

目前公司所有的采购都没有保存过询价、比价资料。经了解公司采购价格

以采购员询价为基础，价格变动不大由供应部负责人予以核定，变动较大的口头上报主管厂长和总经理核定后实施采购。由于这种做法缺乏系统、严格、及时的询价、比价等价格核定程序和书面文件，我们担心采购价格合理性是否能够得到保障。

审计建议：

（1）对于固定供应商，我们建议公司应制定价格审核机制。该机制可根据采购件的特点，采用定期独立询价、议价，收集公开市场成交价格等方式来控制价格。

（2）采购部门应密切关注主要材料、物资市场供求、价格变动情况，进行趋势预测，提出最有利的采购时机和合理交易价格，为管理层采购决策提供支持。

（3）询价、比价资料是证明采购人员谨慎勤勉的直接资料，也是保证采购人员谨慎勤勉的重要控制手段。对于大宗物资采购，公司应该建立询价比价制度，并制定统一的询价表、制定规范的比价记录规则，并要求采购人员留有询价、比价资料，为管理层决策提供必要的依据，也为未来采购提供参考。

3. 签订采购合同缺乏必要的核准程序。

我们抽查了公司当年与供应商签定的采购合同，在上述合同中，没有看到管理层同意订立合同的核准资料。

审计建议：

采购合同应经一定的核准程序。核准程序应有书面纪录。我们建议公司设计合同会签单，按分层授权原则核准采购合同。所有合同的盖章生效，必须依签核完整的合同会签单为基础。

三、存货管理

公司已制定存货管理标准，对岗位设置、存货分类、出入库单据及流转、存货计量以及存货储存等控制环节已作明确，在日常操作中，原材料和成品仓库由供应部负责管理，实际控制较好。主要不足之处为：

1. 公司仓储部门隶属于采购部门，有违不相容岗位必须分开的原则。

仓储部门在公司管理体系中承担着检查核实供应商提供的物资在数量、外观质量等方面是否符合核定的采购订单要求，评估供应商售后服务质量的职责。仓储部门隶属于采购部门，客观上会削弱对采购业务的监督。

审计建议：

按目前公司组织体系和生产规模，我们建议仓储部门直接隶属于财务管理。这样做，一方面可解决岗位冲突问题；另一方面，可更好的保证库存信息质量。

2. 公司存货中存在一定比例的残次冷背，并且没有计提足够的减值准备。

经对存货库龄以及生产领用、销售出库等调查分析，截至审计基准日，公司材料中1年以上的冷背物料XX万元，成品中呆滞品XX万元，二者占存货总成本的XX%，公司未计提任何减值准备。

审计建议：

(1) 加强市场开发和加大冷背存货的消化力度以减少资金占用，并计提相应减值准备。

(2) 对存货减值损失应考核到相关责任人。

3. 公司存货管理方面的表单填写存在不规范的情况，对业务的完整记录产生不利影响。

审计建议：

(1) 检查所有表单，对没有编号的进行重新设计，同时完善表单间的引用设计。并根据需要制定编号原则。编号一般以月度为单位连续编号为好，个别业务量较少的单据可以年度为单位连续编号。

(2) 规范入库单的填写，如按目前由采购员填写入库单方法，库管必须将实际点收数量填入进货单的实收数量栏内；或者改由库管按实际点收数量填写入库单，并由库管和采购签字确认。

四、销售及收款

1. 合同的审核表现为事后控制。

公司授权业务员在购销合同上签字盖章，业务员将双方签字盖章的购销合同交财务部开票，开票前财务部信用审核员将对购销合同进行审核。如审核通不过，则退回重批，会使已签约的购销合同无法履行，可能造成违约，同时产生财务部和市场营销部之间的矛盾以及公司和客户之间的矛盾。

审计建议：

建议公司在合同签字盖章以前，各职能部门对合同进行事前审核，如产品品种、质量、价格、交货期、信用额度、结算方式、外汇损益、运输方式、运保费承担、法律诉讼等内容逐一进行审核、把关，重大问题审核通过方可授权市场营销部签署合同。

2. 信用期和信用额度标准制订不合理。

公司在购销合同上给予客户的信用期一般为90天、60天、30天、现款等，而信用期长短的标准是根据客户离公司地理位置的远近而定。公司给予客户的信用额度统一为该年销售额的10%，信用期和信用额度的确定不科学，没有考虑客户的信誉度、还款能力、应收账款的大小等因素。

审计建议：

充分考虑各种因素，对相关客户进行信用评定，确定可行的、差别化的客户信用期和信用额度。

3. 现金收款。

审计建议：

严格执行银行的现金管理条例。减少现金交易，货款通过银行结算方式直接汇入公司账户。

4. 应收账款的管理。

审计建议：

五、资产管理

六、成本核算管理

本次内控审计得到公司各部门相关人员的配合与协助，使审计工作得以顺利完成，特此致谢！

因限于重点，审计工作无法触及所有方面；审计方法以抽样为原则，因此在报告中未必揭示所有问题。

根据公司内部审计部门手册的规定：被审计单位及其相关责任人员，不因其业务经过审计而代替、减轻或解除其应有的管理责任。

附件：MM公司主要内控流程图（略）

1. 采购付款业务
2. 存货管理业务
3. 生产成本核算
4. 销售收款业务
5. 货币资金
6. 工薪循环

XX集团监察审计部
XXXX年XX月XX日

关键词：审计报告、XX公司、内部控制

主办单位：XX集团监察审计部　　印发：10份

抄报：XX集团董事会

二、会计师事务所内部控制审计报告范例

1. 标准内部控制审计报告

内部控制审计报告

××股份有限公司全体股东：

按照《企业内部控制审计指引》及中国注册会计师执业准则的相关要求，我们审计了××股份有限公司（以下简称××公司）××××年××月××日的财务报告内部控制的有效性。

一、企业对内部控制的责任

按照《企业内部控制基本规范》及企业内部控制应用指引的规定，建立健全和有效实施内部控制，并评价其有效性是企业董事会和经其授权的经理层的责任。

二、注册会计师的责任

我们的责任是在实施审计工作的基础上，对财务报告内部控制的有效性发表审计意见，并对发现的非财务报告内部控制的重大缺陷进行披露。

三、内部控制的固有局限性

内部控制具有固有局限性，存在不能防止和发现错报的可能性。此外，由于情况的变化可能导致内部控制变得不恰当，或对控制政策和程序遵循的程度降低，根据内部控制审计结果推测未来内部控制的有效性具有一定风险。

四、财务报告内部控制审计意见

我们认为，××公司按照《企业内部控制基本规范》和相关规定在所有重大方面保持了有效的财务报告内部控制。

五、非财务报告内部控制的重大缺陷

在内部控制审计过程中，我们注意到××公司的非财务报告内部控制存在重大缺陷（描述该缺陷的性质及其对实现相关控制目标的影响程度）。由于存在上述重大缺陷，我们提醒本报告使用者注意相关风险。需要指出的是，我们并不对××公司的非财务报告内部控制发表意见或提供保证。本段内容不影响对财务报告内部控制有效性发表的审计意见。

××会计师事务所

　　　　　　　　　　　　　　　　　　　中国注册会计师：×××
　　　　　　　　　　　　　　　　　　　　　　（签名并盖章）

（盖章）

　　　　　　　　　　　　　　　　　　　中国注册会计师：×××
　　　　　　　　　　　　　　　　　　　　　　（签名并盖章）

中国××市

　　　　　　　　　　　　　　　　　　　××××年×月×日

2. 带强调事项段的无保留意见内部控制审计报告

内部控制审计报告

××股份有限公司全体股东：

　　按照《企业内部控制审计指引》及中国注册会计师执业准则的相关要求，我们审计了××股份有限公司（以下简称××公司）××××年××月××日的财务报告内部控制的有效性。

　　（"一、企业对内部控制的责任"至"五、非财务报告内部控制的重大缺陷"参见标准内部控制审计报告相关段落表述。）

　　六、强调事项

　　我们提醒内部控制审计报告使用者关注（描述强调事项的性质及其对内部控制的重大影响）……本段内容不影响已对财务报告内部控制发表的审计意见。

××会计师事务所　　　　　　　　　　　　中国注册会计师：×××

　　　　　　　　　　　　　　　　　　　　　　（签名并盖章）

（盖章）

　　　　　　　　　　　　　　　　　　　　中国注册会计师：×××

　　　　　　　　　　　　　　　　　　　　　　（签名并盖章）

中国××市

　　　　　　　　　　　　　　　　　　　　××××年×月×日

---

3. 否定意见内部控制审计报告

内部控制审计报告

××股份有限公司全体股东：

　　按照《企业内部控制审计指引》及中国注册会计师执业准则的相关要求，我们审计了××股份有限公司（以下简称××公司）××××年××月××日的财务报告内部控制的有效性。（"一、企业对内部控制的责任"至"三、内部控制的固有局限性"参见标准内部控制审计报告相关段落表述。）

四、导致否定意见的事项

重大缺陷,是指一个或多个控制缺陷的组合,可能导致企业严重偏离控制目标。

(指出注册会计师已识别出的重大缺陷,并说明重大缺陷的性质及其对财务报告内部控制的影响程度。)

有效的内部控制能够为财务报告及相关信息真实完整提供合理保证,而上述重大缺陷使××公司内部控制失去这一功能。

五、财务报告内部控制审计意见

我们认为,由于存在上述重大缺陷及其对实现控制目标的影响,××公司未能按照《企业内部控制基本规范》和相关规定在所有重大方面保持有效的财务报告内部控制。

六、非财务报告内部控制的重大缺陷

(参见标准内部控制审计报告相关段落表述。)

××会计师事务所   中国注册会计师:×××
                 (签名并盖章)

(盖章)

                 中国注册会计师:×××
                 (签名并盖章)

中国××市   ××××年×月×日

4. 无法表示意见内部控制审计报告

内部控制审计报告

××股份有限公司全体股东:

我们接受委托,对××股份有限公司(以下简称××公司)××××年××月××日的财务报告内部控制进行审计。

(删除注册会计师的责任段,"一、企业对内部控制的责任"和"二、内部控制的固有局限性"参见标准内部控制审计报告相关段落表述。)

三、导致无法表示意见的事项

（描述审计范围受到限制的具体情况。）

四、财务报告内部控制审计意见

由于审计范围受到上述限制，我们未能实施必要的审计程序以获取发表意见所需的充分、适当证据，因此，我们无法对××公司财务报告内部控制的有效性发表意见。

五、识别的内部控制重大缺陷（如在审计范围受到限制前，执行有限程序未能识别出重大缺陷，则应删除本段）

重大缺陷，是指一个或多个控制缺陷的组合，可能导致企业严重偏离控制目标。

尽管我们无法对××公司财务报告内部控制的有效性发表意见，但在我们实施的有限程序的过程中，发现了以下重大缺陷：

（指出注册会计师已识别出的重大缺陷，并说明重大缺陷的性质及其对财务报告内部控制的影响程度。）

有效的内部控制能够为财务报告及相关信息真实完整提供合理保证，而上述重大缺陷使××公司内部控制失去这一功能。

六、非财务报告内部控制的重大缺陷

（参见标准内部控制审计报告相关段落表述。）

××会计师事务所　　　　　　　　　　　　中国注册会计师：×××

　　　　　　　　　　　　　　　　　　　　　　（签名并盖章）

（盖章）

　　　　　　　　　　　　　　　　　　　　中国注册会计师：×××

　　　　　　　　　　　　　　　　　　　　　　（签名并盖章）

中国××市　　　　　　　　　　　　　　××××年×月×日

本章小结

本章阐述了内部控制审计的定义、意义、主要内容和程序。内部控制的审计逐渐成为风险控制和管理的重要手段，为了使读者更好地理解，本章增加了内部控制审计的报告结构和格式。在内部控制审计报告的格式中，分别从内部审计机构和会计师事务所的角度提供内部控制审计报告的格式，以便从事不同类型的实务工作者参考，并成为实务工作指南。

1. 内部控制审计的定义应如何理解？
2. 内部控制审计的依据有哪些？
3. 内部控制审计的内容有哪些？
4. 内部控制审计的目标和标准有哪些？
5. 内部控制审计有哪些程序？
6. 内部控制审计的报告格式有哪些内容？
7. 根据书中的例子，结合具体的单位草拟一份内部控制审计报告。

第 11 章　经济合同审计

> **引例：**
>
> 小 B 的同学小 F 到了一家国企从事内部审计，业务主管部门由于合同签订的问题，一字之差，使企业蒙受重大的损失。这主要是业务主管部门的责任，但由于审计部门没有参与合同草签前的审计，加之损失重大，公司董事会要求内部审计部门对全公司的合同进行全面审计，因为各个部门的目标是一致的，都是为了公司的整体利益。由于这是一项新型的审计，小 F 所在的审计部门可忙坏了。更糟糕的是，对于经济合同审计应如何入手、从何做起，大家心中没底，都处于焦头烂额之中。

11.1　经济合同审计的定义

经济合同是指平等民事主体的法人、其他经济组织、个体工商户、农村承包经营户相互之间，为实现一定的经济目的，明确相互权利义务关系而订立的合同。主要包括购销、建设工程承包、加工承揽、货物运输、供用电、仓储保管、财产租赁、借款、财产保险以及其他经济合同。

经济合同审计是指由审计部门对经济合同的签订、执行过程和结果进行的审计监督、检查、评价和咨询活动。从程序上看，经济合同审计可分为合同草签前的审计、合同执行过程中的审计和合同执行结束前的审计，从而实现对经济合同全过程的审计监督、评价和咨询。

经济合同审计贯穿合同执行的整个过程，既有事前审计的性质，又有全过程审计的性质。在政府审计和内部审计中运用较多，社会审计在对报表审计时也涉及合同的签订和执行。特别是在内部审计部门，经济合同审计越来越成为审计工作开展的重要内容。

11.2　经济合同审计的意义

经济合同审计作为一种特殊的审计类型，是随着社会和企事业单位的需要应运而

生的。在当前,开展经济合同审计的工作具有如下意义:
(1) 帮助合同的签订部门完善经济合同条款,避免潜在的经济纠纷;
(2) 依法维护合同当事人的合法权益;
(3) 完善企业内部控制机制,加强相关业务部门责任,避免经营风险。

案例:"订金"与"定金"——一字之差,天壤之别

一字之差,大家会认为小事一桩,没什么大不了的,但在经济合同中,一字之差,那就是大事了。比如经济合同中的"订金"与"定金"两者的"订"与"定"的差别。某公司刘总拟向一家电子公司购买一批电子元器件,准备卖给国外客户,因当时国外客户尚未正式向其下订单,所以刘总就与这家电子公司口头约定:先签订一份买卖合同,预付20%的货款,等国外客户下订单后,再通知电子公司备货,如果国外客户在10日内不下订单,就取消与电子公司的买卖合同,预付货款不计息退回。电子公司老板也表示同意。于是双方签订了书面合同,合同中电子公司老板把预付20%的货款20万元写成支付定金20万元,而且没有把双方口头约定的内容写进去。刘总虽然发现了问题,也提了出来,但电子公司老板说没问题,不会亏他的,让他放心。谁知,当刘总按照合同约定把20万元他认为的预付货款付给电子公司后,却迟迟等不来国外客户的订单。眼看10天期限将过,刘总在第九天终于得到国外客户的答复:受金融危机影响生意不好做,决定不再订货!得此消息,刘总立即电话通知电子公司取消买卖合同,并要求电子公司退回预付货款20万元,电子公司老板说:"可以,你要给个书面通知。"不疑有诈的刘总遂发了一份书面通知给电子公司。之后,电子公司却没有将预付货款退回,一拖再拖之后,刘总给电子公司发了最后通知:再不退款,就到法院起诉。电子公司依然不理不睬。刘总无奈之下只好将电子公司告上法庭。庭审中,电子公司以刘总支付的是"定金"而不是预付货款为由进行抗辩,最后,法庭判决:本案适用定金罚则,刘总所交的20万元归电子公司所有,电子公司无需返还,驳回刘总公司的诉讼请求。接到判决,刘总当场晕倒!

分析:上述案例刘总吃了哑巴亏,追悔莫及。刘总的问题在于,一是由于太相信对方,而不坚持把口头约定的内容写入合同。二是不了解"定金"与"订金"的区别,误认为"定金"就是"订金",而订金也就是预付货款,也就没在意对方把预付款写成了"定金"。在法律上,"定金"与"订金"的含义是有着天壤之别的。"定金"是指在合同订立或在履行之前支付的一定数额的金钱作为担保的担保方式,适用定金罚则,即给付定金方不履行合同义务

的,无权请求返还定金;接受定金方不履行合同义务的,双倍返还定金。而"订金"则是我们常说的预付货款,其法律意义是当事人的一种支付手段,不具有担保性质。合同履行的只作为抵充货款,不履行也只能如数返还。这在《合同法》第一百一十五条有明确的规定。由此看来,做生意没有一点法律常识和自我保护意识,那肯定要吃亏的。

因此,古人云"一字千金",从经济合同角度来看一点没错,甚至是一字万金!

(参考资源来源: http://axiaogg.m.oeeee.com/blog/archive/2009/3/21/677802.html)

11.3 经济合同审计的主要内容

经济合同审计主要是从经济合同的立项依据、签订合同的合法性、经济合同的主要条款和经济合同的履行情况进行审查。

(一)审查经济合同立项的依据

(1)检查合同项目是否列入年度计划,是否经有关领导、部门批准;

(2)检查合同项目是否经过可行性研究项目评估,其技术性、经济性是否先进、合理;

(3)检查与立项有关文件资料的真实性、可靠性。

(二)审查签订经济合同的合法、有效

(1)检查签约另一方的可信程度,包括是否具备法人资格,营业执照是否有效,注册资金、技术等级是否真实,如果是特种行业,是否具有经营许可证明;

(2)检查经济合同的内容是否符合国家法律和行政法规;

(3)检查经济合同的签订是否遵守平等互利、协商一致、等价有偿的原则;

(4)检查经济合同的订立是否符合法律规定的形式和程序,涉及法律裁定的条款是否完善；

（5）检查经济合同的签订是否损害国家利益或社会公共利益，是否具备经济合同要求必须具备的条款。

（三）经济合同主要条款的审查

（1）标的审查，即经济合同当事人双方权利和义务的表述是否具体、明确、合法，双方是否协商一致；

（2）数量与质量的审查，即数量的规定是否具体、明确、合理；质量是否既满足要求又兼顾成本，执行国家质量标准，名称、代号、编号是否清楚；

（3）价款的审查，即价款的计算方式和计算过程是否正确，价款的支付方式及结算币种是否明确；

（4）履行期限、履行地点是否明确，标的物的结算方式是否具体；

（5）违约的赔偿责任和赔偿金的数额是否明确。

案例

某公司总经理牛总签订了一份应当利润颇丰的合同，最后却得不偿失。怎么回事呢？原来，牛总经理碍于合作方是老朋友的情面，不好意思在合同里向对方提及赔偿责任和赔偿金。其下属偷懒，让合同文件由对方起草，对方在合同里增加了对其有利的条款。该合同用词不当，用了很多形容词"巨大的"、"优良的"以及模棱两可的词语如"大约"、"相当"等。

分析：鉴约双方往往碍于情面，不愿意提及违约责任，或对此轻描淡写。在起草和修改合同中，不能被合作方牵着鼻子走，应对鉴约负责人晓以利害，不但要规定违约责任，还尽可详尽，使各方违约责任与其义务相一致并落到实处。

一般来讲，合同文本由谁起草，谁就掌握主动。因为口头上商议的东西要形成文字，还有一个过程，有时仅仅一字之差，意思则有很大区别。起草一方的主动性在于可以根据双方协商的内容，认真考虑写入合同中的每一条款。而合作方则毫无思想准备，有些时候，即使认真审议了合同中的各项条款，但由于文化上的差异，对词意的理解也会不同，难以发现于己不利之处。如果一开始对方就提出一份完整的合同文本，迫使我方按照合同文本的内容讨论每项条款，将使我方在谈判中处于极端被动的地位。一方面，由于思想准备不足，容易让对方塞进一些对我方不利的条款或遗漏一些对方必须承担义务的条款；另一方面，按对方事先拟好的合同文本进行谈判，极大地限制了我方谈判策略和技巧的发挥，并且很难对合同进行比较大的修改或补充，甚至有的只是在对方的合同上签字。因此，在谈判中，应该争取拟就合同谈判的草稿。

三、合同用词不能使用形容词如"巨大的"、"重要的"、"优良的"、"好的"、"大的"、"合理的"等,也避免使用模棱两可的词语如"大约"、"相当",亦不要泛指如"一切"、"全部"(若必须用该字眼,就应写下"包括但不限于……")。简称必须有解释,容易产生误解和歧义的词语要有定义,用词要统一,标点符号亦不可轻视。俗话说:一字值千金,合同文书表现尤为典型。合同用语不确切,不但使合同缺乏操作性,而且还会导致纠纷的产生,这方面案例可以说举不胜举!

(四)经济合同履行情况的审查
(1)检查双方是否恪守信誉,全面履行义务;
(2)检查合同执行中是否存在弄虚作假、假公济私、行贿受贿行为;
(3)检查不履行合同的原因、责任及损失。

11.4 经济合同审计的程序

一、事前阶段(或称计划阶段)

经济合同审计事前阶段也称为经济合同草签前的审计。经济合同草签前的审计是指当事人就相关经济事项协商达成一致,合同条款也已基本确定,但双方尚未签字前所进行的审计。经济合同草签前的审计是经济合同审计的重点和关键,因为经济合同一经双方签字即具有法律效力,合同签订过程中的任何失误,在实质上就已经给企业造成了损失(企业形象、信誉方面的损失,甚至是经济方面的损失)。

因此,审计部门对于重要的经济合同,应当在谈判过程中就介入,这样既了解情况的来龙去脉,又为以后的审计打下基础。

(一)审计目标

主要包括:①确保经济合同符合企业生产经营活动或者其他活动的需要;②确保经济合同的条款完整,意思表达清楚准确;③确保经济合同合法合规合理,避免经济纠纷,预防经营风险。

(二)应索取的资料

内容包括:①对方的《企业法人营业执照》和《企业法人代码证》的复印件;②对方相应的资格证书或者等级证书的复印件;③对方单位介绍信、法人代表身份证,或者代理人的本人身份证和有效授权委托证书;④对方当事人开户银行账号;⑤对方提供的履行相应经济合同能力的证明材料;⑥选择对方签订合同的理由的书面报告;⑦业务部门到对方实地考察的书面报告(对方地点、生产经营活动及管理情况、技术水平、履行经济合同内容的能力等);⑧经济合同专草本。

案例：名片不能代替证书

张先生最近签订了一笔大生意的合同,连日庆贺,但结果却是"竹篮打水一场空"。原来,到具体执行时才发现对方签订的合同无效,原因是来签订合同的对方人员不具备签约资格。之所以有如此大的纰漏,是因为张先生只看到对方的名片就来签约!

合同是具有法律效力的法律文件。因此,要求签订合同的双方都必须具有签约资格。否则,即使签订合同,也是无效的合同。在签约时,要调查对方的信资情况,应该要求当事人相互提供有关法律文件,证明其合法资格。一般来讲,重要的谈判、签约人应是董事长或总经理。有时,具体业务谈判,即使出现签约的不是上述人员,也要检查签约人的资格。如了解对方提交的法人开具的正式书面授权证明,常见的有授权书、委托书等。了解对方的合法身份和权限范围,以保证合同的合法性和有效性。审查对方当事人的签约资格,一定要严肃认真,切不能草率从事,以避免吃亏受骗的现象发生。进行信资调查,了解对方的企业信誉及其行为能力和责任能力是十分重要的。此外,不要轻易相信对方的名片,名片不能代替证书。有的人名片官衔很大,实际上是虚假信息。

(三) 审查的主要内容

(1) 了解各类经济合同的管理方式和决策机制。通过口头询问或书面调查等形式了解:①经济合同的签订是否经过适当授权;②签订合同的决策程序是否完善;③合同签订与执行的具体部门和负责人;④对合同执行的检查监督机制是否健全。

(2) 审查签订经济合同的必要性。包括:①明确经济合同项目的内容,审查企业现有资源是否可以满足该需要;②是否已列入企业生产经营计划、投资计划或者其他计划,且符合该计划的要求;③是否已安排了相应的财务预算。

(3) 审查经济合同内容的合法性、合规性和合理性。其内容为:①审查经济合同是否符合国家法律法规的规定，是否有违反国家利益或者公共利益；②审查经济合同是否符合本企业经营方针、政策、计划的要求，履行该合同能否给企业带来预期利益；③对方的主体资格是否合法，签订合同的当事人是否有签订该合同的权利；④对方是否有履行该经济合同的能力和诚意；⑤选择对方签订合同的理由是否充分，是否有其他更好的签订合同的对象。

（4）审查经济合同条款和内容是否完整正确，意思表达是否清楚准确。内容为：①审查标的的名称是否规范；②审查数量和质量表述是否正确；③审查款项和酬金是否明确合理；④审查合同履行的期限、地点和方式是否明确和合理；⑤违反合同的责任是否明确。

不同的经济合同，其条款和内容不完全相同。审计人员应当按照不同的合同范本进行对照和审核。

案例：以购销合同为例，说明经济合同应包括的条款

小B刚参加经济合同审计的培训班回来，他的部门就接手了一项购销合同草签前的审计。他雄心勃勃地接过来准备大干一番，谁知一接手就傻眼了，不知如何入手。审计主管A过来指导："首先查看购销合同有什么条款，再一一进行核对。"小B茅塞顿开，按这个思路认真地干起来。

购销合同应包括的主要条款：①产品的名称（注明牌号和商标）、品种、型号、规格、等级、花色；②产品的技术标准（含质量要求）；③产品数量和计量单位；④产品包装标准和包装物的供应和回收；⑤产品的交货单位、交货方法、运输方式及运费的承担方式、到货地点（包括专用线、码头等）；⑥接（提）货单位或者接（提）货人；⑦交（提）货期限；⑧验收方法；⑨产品价格；⑩结算方式、结算时间、开户银行、账户名称、账号、结算单位；⑪违约责任；⑫当事人协商同意的其他事项。

按既定的经济合同审计流程一一核对。购销合同是否包括了上述条款？所缺的条款是否不必要？每一条款的表述是否完整、清楚、明了、准确？相关的内容是否合理、合法？

根据审查结果，小B提出详尽的书面意见，并同合同签订部门讨论解决办法，以完善合同，实现合同审计的目标。

这次经济合同审计，小B打了个胜仗，顺利地完成了领导交办的任务。

对于一些重大经济合同的审计，还应咨询法律顾问和相关方面的专家的意见，以便充分完善合同条款，防止在合同中存在任何法律方面或技术方面的问题。

小知识：

合同在签订时，甲方的工作人员为了省事，请求乙方先起草合同，这样对甲方特别不利。审查时应注意特别容易遗漏的问题。一般来说，在合同中比较容易忽视的问题有：①与执行该合同相关的营业税、个人所得税等税金的代扣代缴的问题，特别是与个人或者外方签订的经济合同；②与执行该合同相关的服务及后续服务的要求及相关费用的承担问题；③合同执行过程中可能存在的风险分担问题，特别是技术服务或者技术转让合同。

二、事中阶段（或称实施阶段）

经济合同审计事中阶段又称为合同执行过程中的审计。在审计过程中，审计人员需要对照经济合同的内容，检查财务反映内容的准确性与真实性，从而发现被审计单位有无违法违纪行为。

（一）审计目标

包括：①检查合同执行情况，维护经济合同的严肃性；②检查合同变更或者解除是否符合条件，手续是否完备。

（二）审计的主要内容和方法

（1）以重要合同为基础，深入到合同执行部门，检查合同的执行情况及存在的问题，对于未执行或者未完全执行的合同，查明未能执行的原因，以及是否明确通知对方。例如，分批销售合同，查明对方是否按合同条款执行，货款是否按照合同规定及时足额支付。若对方没有及时足额支付货款，企业是否采取相应催收措施，是否在前欠未清之前，暂停供货，或者签订其他补充协议等。

（2）审查合同的变更或者解除是否符合法定条件，相关手续是否完备。首先，应审查经济合同的变更或者解除是否合规。按照经济合同法的规定，只有满足下列条件之一，经济合同的变更或者解除才合法：①当事人双方协商同意，且不因此损害国家利益和社会公众利益；②由于不可抗力致使经济合同的全部或者部分义务不能履行；③由于另一方在合同约定的期限内没有履行合同。其次，应审查经济合同的变更或者解除的形式是否合法。按规定，应当采用书面形式，如文书、电报、传真等形式。

（3）审查合同纠纷的处理是否及时、合法、合理。

（4）审查经济合同违约责任是否按法律规定或者合同约定进行及时、合理、合法的处理。

小知识：

　　（1）营业环节经济合同，主要包括产品销售、物资采购、货物运输和仓储等方面的经济合同。审查要点：①经济合同存在的真实性；②经济合同是否执行或完全执行；③经济合同业务操作的可靠性和合理性；④经济合同是否还有后续合同或重要补充协议，其中是否有违法乱纪行为。

　　（2）资金环节经济合同，主要有借款合同和借出款项合同等。审查要点：①经济合同存在的真实性；②借入款项是否为企业本身经营需要；③签订合同手续是否完备；④借出款项以何种形式收取资金占用费；⑤借出款项是否存在挪用等不正常现象。

　　（3）财产环节经济合同，主要有建筑工程合同、财产保险合同和财产租赁合同等。这类经济合同一般数量不多，但存在错弊的现象较常见。审查要点：①工程合同价格是否通过招标确定，直接发包项目有无高套定额标准、高冒算、招高报价问题；②建筑工程费用支出是否真实、合理、合规和合法，有无损失浪费及虚列支出问题；③建筑工程的完成额是否准确，是否足额计缴各项税费；④工程施工单位是否以各种形式给予工程回扣；⑤财产保险合同的保费返还是否全额入账；⑥财产租赁合同中租赁物的名称、数量、租赁期限及租金额是否明确、合理，有关税费是否正确计缴。

　　（4）对外投资环节经济合同，主要有联营合同。审计要点：①联营合同的签订是否有项目可行性报告；②投资效益情况是否正常，有无巨大损失；③投资资金的回收是否及时准确。

三、事后阶段（或称报告阶段）

　　经济合同审计事后阶段又称为经济合同执行结束前的审计，即在经济合同已经履行，即将清算，以解除双方的合同经济责任前所进行的审计。一些非常重要的经济合同应当进行此类审计，如投资合同的清算审计、建筑安装工程合同的竣工决算审计等。审计人员应特别重视某些对企业资产负债及损益状况存在重大影响但在财务报表上又无法准确反映而具有合同依据的事项。如对外担保合同使担保方存在连带赔偿责任；以某种形式资金投向证券、期货市场，一旦不慎将给企业带来巨大损失等。对此类合同需详细审查：①签订合同的决策程序是否正常；②是否符合国家政策和法律；③已签合同将使企业承担的风险以及可能产生的潜盈或潜亏是否及时披露。

11.5　经济合同审计的报告

　　经济合同审计报告是经济合同审计的成果。一般来说，经济合同审计不需要有专门的审计报告，经济合同审计的草签前阶段可以将发现的问题及相关的意见或建议直接向有关部门反映，并及时修正整改。而对已经履行完的合同发现的问题，应进行归纳和分类，向业务部门和职能部门提出相关的报告或函件，避免在以后新签订的合同出现同样的问题，对提出的问题及时督促处理。同时，审计部门可以针对一个阶段一定范围的合同的签订和执行情况进行审计，以便提交审计报告。

11.5.1 经济合同审计报告的结构

1. 审计概况

说明审计立项依据、审计目的和范围、审计重点和审计标准等内容。

2. 审计依据

说明在审计过程中遵守的国家制定的相关法律法规，上级单位制定的制度等外部依据。

3. 审计问题

根据已查明的事实，对被审计单位经营活动和内部控制所作的评价、结论要正确、客观、公正、实事求是，该肯定就肯定，该否定就否定，不能含糊不清，更不能掺杂任何个人意见。

4. 审计决定和审计意见及建议

针对审计发现的主要问题提出的处理、处罚意见或合理化建议。

11.5.2 经济合同审计报告的格式（范例）

ABC 公司审计部门
审计报告
20XX 年第 01 号

被审计单位：ABC 公司下属 8 家企业

审计项目：20XX—20XX 年度经济合同的审计

关于对 ABC 公司 20XX—20XX 年度经济合同的审计报告

ABC 公司董事会：

为促进 ABC 公司经济合同管理工作的制度化、规范化，防范经济风险，根据 ABC 公司年度审计计划的安排，审计部组成审计组于 20XX 年 XX 月 XX 日至 XX 月 XX 日，对下属 8 个公司的 20XX—20XX 年度（包括在以前年度签订但在该年度完成的经济合同）合同签订及执行情况进行了审计。在审计过程中，审计组得到了各个下属公司及相关部门的积极配合和支持。现将审计情况报告如下：

一、概况

ABC公司目前有下属公司8个,分别是:XX……公司。各企业依托总公司的平台,发展特色产业,经过二十多年的艰苦努力,目前已在XX等方面在同行业中享有较高的知名度和影响。20XX—20XX年度累计上缴总公司收入550万元,取得较好的经济效益。

二、审计依据

我们的审计依据是国家的《合同法》及相关的国家法律法规,我司的《XX发展规划》、《XX经济管理办法》及相关的规定。

三、审计中发现的问题

(1) 部分企业未按合同规定时间足额上缴指标。审计发现,《M公司承包经营协议书》规定"20XX年12月31日前交50万元",《N宾馆承包经营合同》规定"每年6月30日、12月31日之前两次上缴,每年150万元",截至审计结束之日,M公司未按时上缴指标,N宾馆已上缴60万元。

(2) N宾馆签订的承包经营合同与招标公告不符。审计发现,《N宾馆承包经营合同》中规定"N宾馆每年向公司上缴75万元",未能反映出招标公告中第十条"应聘人自己测算上缴指标,年递增率按5%,分年度上缴"的要求。对于上述承包形式的变更,没有当时招标委员会的书面认可及其他任何形式的证明。

(3) 合同的执行缺乏有效的监督手段。部分承包经营合同中规定,除完成上缴指标外,剩余的净收入要按一定的比例提取发展基金、奖福基金等。但审计发现,由于缺乏有效的监督手段,致使其成为一种形式。如《F宾馆承包经营合同》第5条规定:"超额指标由经营负责人按规定比例支配,其中发展基金30%、福利基金30%、奖励基金40%。"但由于总公司无法掌握其经营情况,F宾馆是否提取、提取是否正确,总公司无法控制,从而容易造成资产的流失。

(4) 个别企业缺乏承包经营合同,上缴指标未明确。审计发现,下属公司8个中仅有5个签订经营合同,其他3个企业没有经营指标也没有任何书面形式的上缴协议,指标上缴随意性大,致使每年上缴指标的完成缺乏强制性。

(5) 部分合同内容不够严密、条款不够完备。审计发现所签订经营合同中,仅有一份合同参照《XX经营合同范本》签订,《XX承包经营合同》(副本)中对于合同重要条款的错误直接涂改,涂改处未加盖公章,《XX经营协议》中对双方违约责任及争议的解决方式未作明确规定。

四、审计意见和建议

根据审计中发现的问题,结合我司合同管理现状,审计组提出如下建议:

(1) 补充或重签《N宾馆承包经营合同》，同时要求N宾馆补交20XX年上缴指标与招标公告中规定的差额50万元。

(2) 按合同规定未及时足额缴纳上缴指标的企业，应尽快兑现上缴指标，其中，M公司25万元、Z公司75万元。

(3) 进一步加大总公司对下属企业的监督力度，尤其合同执行的监督力度。对于没有签订承包经营合同的企业，合理确定上缴指标，补签承包经营合同，减少上缴指标的随意性。

(4) 在合同签订过程中尽量增加合同签订的透明度。总公司制定《招投标管理暂行规定》，以后的合同签订按照总公司的《招投标管理暂行规定》的有关条款执行，发挥各职能部门的监督作用。

(5) 签订承包经营合同时，慎重选定承包经营方式，科学合理测算上缴基数，针对不同企业的实际利润情况及其财务控制情况，采取上缴指标包干、上缴指标递增包干或利润分成等不同承包形式，维护总公司的利益。

随着总公司的业务扩展，所签经济合同的类型、数量大幅度增加，总公司的经济合同的管理还处于相对薄弱的环节。没有明确的合同管理部门负责经济合同的管理工作，合同多部门存放、多部门管理，无法实行有效的动态控制，工作被动。为规范管理，建议建立一套切合公司实际的合同管理办法。从各部门主管到业务经办人员都要对合同管理引起足够重视。

20XX年X月XX日

11.6 开展经济合同审计的配套措施

经济合同是合同主管部门的职责，审计人员在进行经济合同审计时，应建立合同管理制度，妥善地处理好与相关部门的关系，取得有关领导的支持。

(1) 必须建立企业经济合同管理制度，明确各部门的经济合同责任和企业重大经济合同必须经过审计。管理制度应当明确规定审计部门、其他业务部门在签订和执行经济合同过程中的责任和权限；哪些经济合同属于重大经济合同，必须经过审计；明确合同审计的主要程序和办理办法；明确合同的审计要点。同时必须明确规定未经审计的重要合同，财务部门不得支付任何相关款项。这是开展经济合同审计的制度保证，没有该制度，合同审计就不可能形成制度化、规范化，合同审计也就没有制度依据，可有可无，或者流于形式。

(2) 审计部门相应制订较为详细具体的经济合同审计实施办法，以指导企业经济合同的审计。

（3）设立相应的审计机构和审计人员，专司经济合同审计之职。规模比较大的企业可以下设专职合同审计部门，或者设专人负责经济合同的审计。在人手不够时，再聘请兼职审计人员，实施交叉审计。所聘请的兼职审计人员必须品质好、素质高、能力强、经验丰富，并应对他们的工作进行适当的指导。

（4）领导支持和重视经济合同审计，是搞好经济合同审计的必要条件。领导应在这些方面给予足够的支持；在出现不同意见时，能支持审计部门的正确意见；经常听取审计部门对重要经济合同审计结果的汇报，并对提出的问题督促及时处理。

（5）取得被审计单位的理解和支持是发挥经济合同审计的关键。审计部门在进行经济合同审计时，应注意：不以监督检查者自居；遇到问题多听取业务部门的意见；遇到不同意见，要采取分析说理的方式；多提出具有可操作性的合理化建议，帮助业务部门提高经济合同的签订和执行水平。

案例

小B的同学小F到了一家国企从事内部审计，在处理经济合同审计时与相关部门有较大的争议，双方闹得不可开交。加上对经济合同审计不熟悉，小F觉得很多工作如一团乱麻，无从下手。小B收到求救信号，觉得自己还不够级别，特意请来自己的审计主管A当救兵。审计主管A开出两个处方：一是要妥善处理好几个关系，二是建议内部审计对经济合同审计的制度和流程。

首先，要处理好几个关系。

（1）正确处理审计部门审计与合同主管部门审查的关系。审计部门与合同主管部门两者是相辅相成的关系，共同的目标是把企业的经济合同管理工作做好。在具体工作上，应各有侧重。合同主管部门主要负责合同的谈判、起草，负责合同条款内容的审查；审计部门作为经济监督部门重点应放在合同价款、标的金额的审计上，对有问题的合同条文有修改权，对合同价格不利有变更权，同时对合同主管部门的合同管理工作进行监督。

（2）正确处理审计部门与经办部门（单位）的关系。审计部门是监督部门，有纠正经济合同中不合理的资金支出的权力。通过审计，规范经办部门及合同经办人的行为，增强经办人员的责任心。合同经办部门是经济合同的当事人，最了解经济合同形成的全过程以及每一个环节。在审计工作中，审计部门应充分听取并尊重经办部门、经办人员的意见。变更合同价款要有充分的依据，要以理服人，千万不可主观武断，更不得滥用职权。

(3) 应注意原则性、灵活性的正确运用。审计人员在办理经济合同审计事项时，要把原则性与灵活性有机结合起来。讲原则，就是要不谋私利、严格要求、坚持标准、秉公执法；讲灵活，就是要结合实际情况，具体问题具体分析、具体对待，如对标的价格的确定要注意市场行情的变化，根据具体情况灵活机动地处理。

(4) 应注意区分经济合同的轻重缓急，区别对待。经济合同审计要坚持急事急办、特事特办的原则。生产急需的要及时审计；属于特殊需要的，只要有主管领导签字可先办审计；一般合同要在规定的时间内审计完毕，以保证企业生产经营活动正常有序地运行。

其次，制订相关的合同管理办法和审计指南（见后文）

经指导，小F如获至宝，工作越发顺利了。

11.7 经济合同审计的网络系统

目前，很多企事业单位的经济业务较快，但合同管理的现状不理想。很多企事业单位没有明确的合同管理部门负责经济合同的管理工作，由于合同要经过企业内部不同的部门，合同多部门存放、多部门管理，每份合同在哪个环节受阻不能及时反映，在哪个部门延误无从了解，无法实行有效的动态控制，工作被动，还有可能带来法律风险。笔者认为，针对这种现状有两个解决办法和相应的思路：一是建立合同管理和跟踪提醒管理系统。将合同的重要条款和不同时节的内容输入电脑系统，不同部门根据系统的提醒及时处理，提高效率，便于落实责任制。二是通过OA系统对经济合同进行管理。通过计算机网络办公信息系统，实现跨区域管理，同时对各种合同的每个流程环节，各个职能部门在线进行登录、复核和审批，实现各环节的监督节点的在线管理。

第11章 经济合同审计

小知识：某公司计算机网络系统管理经济合同情况

中国石油XX分公司属于国家特大型炼油、化工企业，拥有7个生产厂。在20XX年，在公司总部与各生产厂之间建立了计算机局域网，利用LOTUS NOTES软件在公司各部门之间形成了计算机网络办公信息系统。安全、方便、快捷的办公系统把地域跨度很大的各地分公司及其下属企业连成一个有机的整体。审计部门通过涉足网络管理系统，将公司经济合同的审计工作融入公司经营管理之中，发挥了审计保驾护航的功能。

（1）网络审计系统的建立。一开始，审计部门只有对经济合同计算机OA网络系统的网上浏览权，该系统建立在LOTUS办公系统之中，包括工程、销售、技术、加工承揽等合同，为审计部门对经济合同进行及时抽审带来了极大的便利。但是，由于该系统对审计部门只设置浏览权而没有操作权，对于确定的抽审项目，只能通过向合同管理部门和法律部门发通知的方式进行，影响了工作效率，各部门职责也无法明确。为此，审计部门与信息中心、法律部门和系统软件的开发商进行了反复沟通，终于把审计设置为OA系统软件的一个节点，具备了审计控制传递程序，完善了抽查监督节点的操作功能。这样，就能顺利保证审计抽审20%～40%的合同流入审计支点，其他合同在主流中照常流动。

（2）网络审计系统的具体实施。经济合同从开始提出到最终形成，其在OA系统中实施的流程是：首先，由生产厂将签订的经济合同采用规范的合同文本通过OA系统软件上报给公司有关职能部门（如修理合同上报公司机动处等），在这一过程中，审计部门可以通过OA系统网络对该合同进行浏览。此环节为审计部门设置了"未鉴别"、"已抽审"、"不抽审"三项功能，并且三项审计功能所反映该部分合同的合计金额列示在首页位置，三种审计状况一目了然，审计部门可随时了解其抽审目标20%～40%的完成情况。由于所有待审批的经济合同全部显示在"未鉴别"状态之中，在这一环节，审计人员根据经济合同的金额、内容、付款方式等，对经济合同作出职业判断，确定对于哪些合同应当进行抽审。对于需要抽审的合同，审计人员在审计状态栏中对其做需要审计的标记。而对于不需抽审的经济合同，审计人员就可把其放到"不审计"流程中去，由公司法律部门审批，再经公司有关经理签字批准，然后返回到法律部门、公司有关职能部门及生产厂最后执行。对于需要抽审的合同，审计人员针对它做需要审计的标记，使它不能进入到下一环节的流程当中去。这时，在合同经办单位的网络系统中，其经办人员就可看到本单位合同必须经过审计的提示，随后即刻向审计部门提供与该合同相关的资料，接受审计部门的抽审。经审计，经办单位按照审计人员提出的意见整改后，审计人员在该合同审计意见栏内签署意见，同意合同可以执行，进入下一环节的流程中，继续在OA系统中执行有关职能部门审批程序，以便形成合法有效的合同。

(3) 作用。计算机网络合同审计给审计工作打开了全新的局面，对公司各部门经济合同管理，作出客观、公正的评价；极大地增强了审计部门的威慑力，发挥了审计的免疫功能作用，减少了有关部门作弊的可能性；规范了公司各部门之间的业务流程，使部门的沟通更加畅通；真正实现审计工作由事后审计向事中审计、事前审计的转变；节支增效，效果显著，经过审计部门不到半年初步抽审，经济合同直接审减金额560万元。

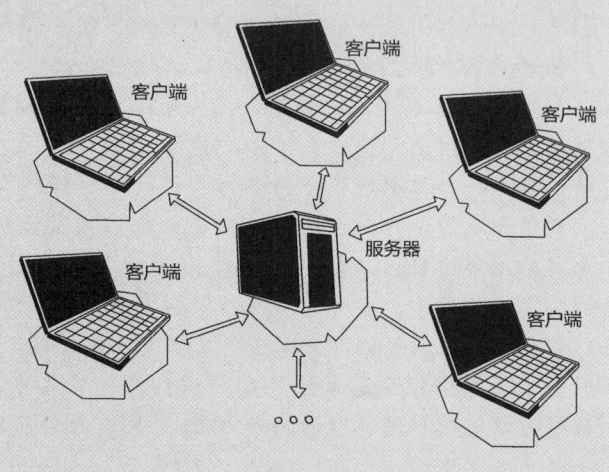

附录：某企业合同审计管理办法

一、范围

本标准规定了合同审计工作的程序、内容及方法。

本标准适用于工厂及所属各单位的合同审计工作。

二、引用文件

《XX工业经济合同审计规范》

三、职责

(一) 企业主管领导职责

1. 负责合同审计工作的组织领导。

2. 负责审批合同审计工作计划，合同审计资料签章后，企业主管领导有权审批合同审计报告。

（二）审计监察部职责

负责合同金额在 20 万元以上的采购、支出类项目的审计，包括：采购合同、加工承揽合同、财产租赁合同、建设工程合同及其他接受有偿服务的合同审计。

（三）被审计单位职责

1. 负责及时提供相关的资料，包括：

（1）合同、补充合同或协议书；

（2）合同金额产生的依据资料：包括但不限于招投标资料、比质比价资料、重大项目的审批文件；

（3）物资、设备采购合同还应提供工艺参数、技术指标等影响合同履行的审批手续或相关专业人员的书面意见资料；

（4）合同另一方企业营业执照、资质等级证书、税务登记证书、安全生产许可证等；

（5）有关影响合同履行、违约责任等的资料；

（6）其他与合同有关的资料、文件。

2. 被审计单位应配合审计监察部完成合同审计工作，有权对审计结果提出异议并对审计结果予以签认。

3. 经审计需要修改或完善的合同内容和条款，应按审计确认的方式和内容进行修改或完善。

四、管理内容与方法

（一）建设工程合同

1. 审计协议书中承包方资质条件：承包人是否为通过招投标方式确定的中标单位，承包人的营业执照、资质等级证书、信用等级证明、安全生产许可证、项目经理任职资格及安全证书等资料的真实性。

2. 审计工程款的支付方式：是否符合招标文件中规定的支付时限和支付方式，是否按照规定预留了审计保证金，是否存在可能超拨的条款和约定。

3. 审计项目经理的资格：项目经理是否为承包人投标文件中承诺的人员，项目经理部成员是否为承包人投标文件中承诺的人员，项目部成员资格是否符合相关规定。

4. 审计项目管理条款：对于报验、隐蔽藏工程的验收、变更、签证、材料设备价款的管理程序是否合法合规，是否有明确、可操作的约定。

5. 审计结算条款：合同价款的选择方式是否准确、正确；合同价款的调整条件、方式、范围、内容、程序是否符合相关规定，是否具有可操作性，是否违背招投标的精神；是否有预留质量保修金的条款。

6. 审计违约责任和争议处理条款：对违约责任的认定是否清楚明确；对违约责任的追究与处理是否明确具有可执行力；争议约定是否明确无歧义，是否存在损害发包人利益的约定。

7. 审计合同附件：是否按照国家规定签署了质量保修书，保修书约定的保修期限是否符合规定，保修金的预留与支付是否符合要求，承包人承揽工程一览表是否全面、准确，发包人提供的设备、材料表是否符合约定。

（二）采购合同

1. 审计合同供货方资质条件：供货商是否为通过招投标、议价方式确定的单位，供货商的营业执照、信用等级证明、安全生产许可证等资料的真实性。

2. 审计材料款的支付方式：是否符合招标、议价文件中规定的支付时限和支付方式，是否符合工厂或上级部门关于合同价款支付的规定。

3. 审计合同价款：材料、设备价款形成的依据资料是否真实；有无相关的考察、比价、招投标资料；价款中有无违背招投标或议价精神的情况。

4. 审计支付条款：是否约定了支付的方式、期限；约定是否符合相关规定；是否对提供不合格、不及时、不符合运输、包装、装卸条件的情况约定了认定与处罚条款。

5. 审计违约责任和争议处理条款：对违约责任的认定是否清楚明确；对违约责任的追究与处理是否明确具有可执行力；争议约定是否明确无歧义，是否存在损害发包人利益的约定。

6. 其他内容：重点审计物资与设备采购的工艺参数、技术指标的设置、考核、认定、处理内容是否有使用单位、管理部门、专业技术人员出具的书面材料，书面材料是否有相关人员的签章，是否存在违反工厂关于物资与设备采购文件规定的行为。

（三）其他合同审计

主要审计合同价款的认定、支付条款、结算条款、违约责任认定、争议解决方式的约定是否符合法律、法规、制度的要求，是否存在损害发包方利益的行为；是否经过了相关部门的审批；是否存在超标准、超权限的签约行为。

五、审计处理

对合同审计中发现的问题，由审计监察部及时提出审计建议，并对建议落实情况进行记录。

六、报告和记录

审计报告、审计记录底稿、审计意见书、审计决定。

小知识：企业的经济合同审计操作指南

1. 对经济合同主体资格的审查。①审查签订合同的主体是否依法登记的企业法人，或依法产生、存在的组织。《合同法》第二条规定："合同是平等主体的自然人、法人、其他经济组织之间设立、变更、终止民事权力义务关系的协议。"不能与不具备法定条件的经济组织（如内部车间、班组等）签订合同，因为他们对外不能独立享有经济权利和承担义务。②审查签订的合同是否符合主体的经营范围。按照《企业法人登记管理条例》的规定，企业法人应当在国家工商行政管理部门登记注册的经营范围内从事经营活动。因此，应审查其经营活动是否超出了在工商行政管理部门登记注册的经营范围。③审查合同主体过去履约的情况。在现实的经济生活中，因签订合同的对方是买空卖空的皮包公司，或是"五无工厂"（即一无厂房、二无设备、三无人员、四无资金、五无技术）而受骗上当时有发生。因此，应了解对方过去的信誉和生产经营活动，查证对方是否有条件保证合同的按期履行。

2. 对授权委托人代理资格的审查。《合同法》第九条规定："当事人依法可以委托代理人签订合同，并根据授权范围以委托人的名义签订，才对委托人直接产生权利和义务。"当事人依法授权使代理人取得代理权，从而形成委托代理关系。在审核代订合同时应注意：被委托代理人是否取得委托人书面委托证明书，委托人对代理人的代理权限规定是否明确，被委托代理人是否在委托人委托的范围内签订合同。

3. 对签订合同合法性的审查。《合同法》第七条规定："当事人订立合同必须遵守法律和行政法规，任何单位和个人不得利用合同扰乱社会经济秩序，损害社会公共利益。"通过对合同的合法性的审核，防止单位利用合同进行违法活动和牟取暴利的行为发生，确保企业合法经营。

4. 对合同适应性的审查。企业拟签订的合同，应与本企业经营、生产和偿付能力相适应，这是保证合同全面履行的基本要求。审核时，内部审计人员应注意对企业的情况进行全面分析了解，努力避免签订与本企业不相适应的合同，以防止没有实际履行能力而使企业涉嫌合同欺骗。

5. 对合同条款完备性的审查。根据《合同法》的相关规定，合同条款主要包括两类：一类是根据法律规定或按合同性质必须具备的条款，一类是当事人一方要求必须规定的条款。在审核合同时，要根据合同的基本条款要求关注其主要条款是否完备（如标的、数量、质量、价款或报酬、履约、违约责任等），对有可能引起纠纷的条款要予以修补，使其具体、明确、完善。

6. 对合同条文用词准确性的审核。合同是一种法律文书；依法成立的合同，对当事人来说具有法律约束力，当事人应该按照约定履行自己的义务。所以，合同条文的用词一定要准确清楚，避免词语含糊，模棱两可，否则，就可能发生纠纷。一般来说对合同条文用词的审核，要集中在主要条款的关键词语上，如合同标的、数量与质量、价格、违约责任等。

7. 对合同形式合理性的审核。《合同法》第十条规定："当事人订立合同，有书面形式、口头形式和其他形式。"法律、行政法规规定应当采用书面形式的，审核当事人订立合同是否同时采用这一形式，否则，该合同便不能成立；当事人采用信件、数据电文等形式订立合同的，应审核是否在合同成立前签订确认书；当事人采用合同书形式订立合同的，应审核双方当事人是否签字或者盖章；当事人采用格式条款订立合同的，应审核提供格式条款的一方是否遵循公平原则确定当事人之间的权利和义务。

8. 对合同订立程序合规性的审核。合同订立的程序是指双方当事人对合同内容反复磋商、取得一致意见的过程。对合同订立的一般程序，应审核合同的订立是否经过要约和承诺两个阶段；对合同订立的特殊程序，应审核是否办理了特殊的法律手续，如需要公证、鉴证或担保的，是否办理了公证、鉴证或担保事项。

9. 对合同变更真实性的审核。根据《合同法》的有关规定，只有在当事人协商一致，或不可抗力致使合同部分不能履行时，可以变更合同。在审核时查证变更的理由是否真实；是否存在当事人一方法定代表人或发生合并（分立）而非正常变更的情况；变更合同是否采用了书面形式；变更按特殊程序签订的合同时，是否按特殊程序处理。

（来源：西安财经学院会计系梁芬莲）

本章小结

本章阐述了经济合同审计的定义、意义、经济合同审计的主要内容，审计程序，经济合同审计报告的格式。经济合同审计是一种新型的审计，在实际工作中难有现成的指引和操作办法。为了使读者更好地理解，本章特意增加了每个审计阶段的审计目标、程序、特别提示，介绍了经济合同审计的管理办法，经济合同审计需要处理的几个关系、配套措施，经济合同的审计操作指南等。本章的特色体现在回答了"为什么""干什么"和"怎么干"中的"怎么干"，旨在帮助审计人员和初学者明确工作思路，提高实际工作能力，在一定程度上可以作为实务工作者的工作指南。

1. 经济合同审计的定义应如何理解？
2. 开展经济合同审计有什么意义？
3. 经济合同审计的内容有哪些？
4. 如何进行经济合同审计，有什么程序？
5. 在进行经济合同审计时，应处理哪几个方面的关系？
6. 开展经济合同审计工作，应采取那些配套措施？
7. 根据本章例子，能否草拟经济合同管理办法和审计报告？

第 12 章 建设项目全过程审计

12.1 建设项目全过程审计的定义和特点

12.1.1 建设项目全过程审计的定义

建设项目全过程审计是审计机构依据国家有关的法律、法规和相关规定，运用现代审计理论和方法，对建设工程项目从投资论证到竣工决算全过程管理和技术经济活动的真实性、合法性和效益性进行连续、全面、系统的审计监督和评价工作。

随着我国社会主义市场经济的高速发展，各个领域的基本建设项目不断启动，建设规模不断扩大，涉及的资金越来越多，再加上建设工程项目本身具有建设周期长、涉及环节多、专业技术性强的特点，仅仅依靠事后的工程结算审计已经无法满足加强管理、防范风险、控制造价、提高投资效益的要求。因此，建设项目全过程审计这一新型的审计理念和审计方式，得到了大家的认可和普遍采用。

> **案例**
>
> 小 B 正在自习在校期间没有学习过的基建工程审计方面的知识。他发现一个很奇怪的现象，关于基建工程审计方面，现在的趋势是事前审计、关口前移，但为何有的称之为"全过程跟踪审计"，有的称之为"全过程审计"？带着不解，他向审计主管 A 请教。审计主管 A 娓娓道来……下面是他的阐述：
>
> 跟踪审计的原意是想通过改变审计方式全程跟进服务和管理，从而提高效益和增加组织的价值。从这一方面来讲，是比较形象的；但从字眼上看，"跟踪"两字让人感觉鬼鬼祟祟的，为何要跟踪人家？是不信任人家吗？从这个角度，一开始就提跟踪审计，会让职能部门和相关的部门感觉不舒服。所以我们在给客户提供咨询、评估制度的时候，建议使用"全过程审计"，这样既能体现事前审计、全程跟进介入，又能考虑到相关部门的感受，这样我们的建议才容易被接受。
>
> 小 B 听后茅塞顿开："我们在工作中可是要考虑被审计单位的感受和心理特征啊！"

12.1.2 建设项目全过程审计的特点

相比较传统的结算审计，建设项目全过程审计具有如下特点：

1. 关注过程

传统审计模式是在工程竣工后集中一次开展审计。建设项目全过程审计是从建设项目立项到竣工决算全过程的审计，包括投资立项阶段、勘察设计阶段、施工准备阶段、施工阶段和竣工验收阶段，并且每一个阶段都有其自身的特殊性，需要根据情况采用不同的审计方法。

2. 兼顾全面

传统审计主要是工程审计和财务审计，以工程造价和结算为重点。建设项目全过程审计是工程审计、财务审计、管理审计、效益审计的全面审计，兼顾工程造价的真实性、资金管理使用的合规性、工程管理的规范性和项目整体的效益性。

3. 对象多样

传统审计的对象主体是施工单位，客体是预决算资料；建设项目全过程审计对象不仅有施工单位，还包括设计单位、监理单位、材料供应商、设备供应商、业主单位、代理业主单位以及参与建设过程的其他相关单位。

4. 较高的审计风险和专业要求

建设项目全过程审计贯穿建设项目始终，既要从立项到决算各个阶段做好咨询、预审和控制，又要在各个阶段实施监督、鉴证和评价，涉及面广、工作量大、要求高、难度大，审计风险大幅度提高，同时，对审计人员的专业素质和全面的知识结构也提出了更高的要求。

12.2 建设项目全过程审计的基本内容

根据建设项目管理的业务流程为主线，包括对建设项目投资立项阶段、勘察设计阶段、施工准备阶段、施工阶段和竣工验收阶段等业务管理活动的审查和评价。

12.2.1 投资立项阶段的审计主要内容及案例

一、几个概念

项目建议书：为建设项目投资提出建议，在一个确定的地区或部门内，以自然资源和市场预测为基础，选择建设项目。

可行研究报告：在项目建议书经批准后，进行技术上、经济上的可行性研究和论证，为决策提供可靠的依据。分为投资机会研究、初步可行性研究和可行性研究三个阶段。

二、可行性研究报告的真实性和完整性审计

1. 真实性审计

（1）检查市场调查及市场预测中数据获取方式的适当性及合理性；

（2）检查财务估算中成本项目是否完整，对历史价格、实际价格、内部价格及成本水平的真实性进行测试。

2．完整性审计

检查可行性研究报告是否具备行业主管部门发布的《投资项目可行性研究指南》规定的内容。

3．深度要求审计

可行性研究报告深度需满足以下条件要求：建设方案是否具备初步设计条件，投资估算的差异要控制在10%以内，项目融资应附有融资方意见，征地、规划需附有当地政府主管部门的意见。

4．可行性研究报告投资估算和资金筹措施审计

（1）检查投资估算和资金筹措的安排是否合理；

（2）检查投资估算是否准确，并按现值法或终值法对估算进行测试。

5．可行性研究报告财务评价审计

（1）审计内容：检查项目投资、投产后的成本和利润、借款的偿还能力、投资回收期等的计算方法是否科学适当，检查计算结果是否正确、所用指标是否合理。

（2）审计重点：投资估算，财务可行性，规划指标，规模确定。

（3）审计方法：审阅法、对比分析法等，通过相关资料和技术经济指标的对比（拟建项目与国内同类项目对比）来确定差异，发现问题。

三、环境影响评价审计

1．环境影响评价文件

根据建设项目对环境的影响程度，国家对建设项目的环境影响评价实行分类管理：对可能造成重大环境影响的建设项目需编制环境影响报告书，对可能造成轻度环境影响的项目需编制环境影响报告表，对环境影响很小的项目需填报环境影响登记表。

2．环境评价单位

编制单位必须有经批准的资质证书，不同资质承担的范围和规模不同。

环境影响报告书的编制划分为18个行业类别，而环境影响报告表的编制不分行业类别。

3．环境影响评价工作的总体进度要求

实行审批制的建设项目，建设单位应当在报送可行性研究报告前完成环境影响评价文件报批手续；实行核准制的建设项目，建设单位应当在提交项目申请报告前完成环境影响评价文件报批手续；实行备案制的建设项目，建设单位应当在办理备案手续后和项目开工前完成环境影响评价文件报批手续。

四、经典案例

"巨人大厦"的倾覆

1992年,在珠海科技重奖的吸引下,史玉柱带着他的团队,将巨人高科技公司总部从深圳迁到珠海,第二年便获得第二届珠海科技重奖。

不久之后,巨人开始"头脑发热",一度将业务扩张到几十个领域。在时任市政府领导的殷切期盼下,史玉柱将巨人大厦设计方案一改再改,在没有经过充分论证可行性的情况下,将设计高度从18层升至71层,打算建成当时中国的第一高楼。而且由于1994年底到1995年上半年是巨人效益最好的时候,史玉柱认为仅仅依靠集团自身的资金就可以顺利建成大厦,所以没有向银行申请任何贷款。他把各子公司交来的毛利2570万人民币仅留下的850万作为流动资金,其他全部投入了巨人大厦。巨人大厦开工后,因为没有经过充分的地质勘查,从基础施工就出现了问题。大厦正建在三条地质断裂带上,为解决断裂带的积水问题,大厦多投入了3000万。期间,珠海还发生过两次水灾,大厦地基两次被泡,整个工期耽误10个月。1996年9月11日,巨人大厦终于完成了地下室工程。同年11月,相当于三层楼高的首层大堂完成。此后,大厦即将以每五天一层的速度进入建设的快速增长期,但是,巨人大厦在国家政策收紧和流动资金短缺导致的经营管理出现问题的情况下资金告急。由于巨人集团与银行缺乏交往且没有任何融资应急方案,银行这时采取了袖手旁观的态度,不愿给巨人集团贷款。

1997年初,巨人大厦停工,巨人集团也名存实亡。

(资料来源:《巨人不死密码》作者:彭征 张路)

12.2.2 勘查设计阶段的审计主要内容及案例

一、勘察设计阶段工作的流程

首先,勘察单位根据批准的项目建议书承接主管部门委托的勘察工作,调查后编制有关图表和报告。

其次,勘察设计结束后,根据建设单位下达的初步设计任务书及规划要求,开始初步设计文件的编制工作,其中包括设计方案及工程项目总概算书。

最后，初步设计经主管部门批准后，可进行施工图设计，编制相应的概预算书。

二、勘察设计阶段审计的重要性

建设项目勘察设计阶段审计是建设项目审计的重要内容，对节约建设资金，避免损失浪费，都具有十分重要的意义。一般建设项目的勘察设计费用仅占总投资额的3%，但勘察设计阶段对工程造价的影响却达到80%左右。控制工程造价的关键在于施工前期的投资决策和设计阶段；而在项目作出投资决策后，控制工程造价的关键在于设计阶段。同时，对概算的审计也是政府审计的重点，要审计有无超概算、超规模、超标准的情形；概算对于建设单位的项目管理、效益对比具有举足轻重的作用。

三、建设项目勘察设计阶段的审计重点

1. 勘察设计单位的选定情况审计

根据标的金额的高低确定勘察设计单位的选择程序：公开招标、邀请招标、直接委托。

审计内容：审计检查委托设计（勘察）的范围是否符合已报经批准的可行性研究报告；审计检查需要采用公开招标方式选择设计（勘察）单位的建设项目是否采用了公开招标的方式，投标单位及中标单位的资质是否合法合规；审计招投标程序是否合法、公开，其结果是否真实、公正，有无因选择设计（勘察）单位失误而导致的委托风险；审计检查勘察设计招标文件、合同是否按规定备案。

2. 勘察设计单位设计情况的审计

勘察设计单位设计情况的审计主要包括以下内容：审计勘察设计单位资格、等级是否合法合规，审计工程勘察工作报告，审计设计任务书（审批），初步设计审计，施工图设计审计。

初步设计审计主要包括：检查报经批准的初步设计方案是否符合经批准的可行性研究报告；检查初步设计深度是否符合规定，有无因设计深度不足而造成投资失控的风险；检查初步设计方案的修改情况。

施工图设计审计主要从控制工程造价的角度，在符合国家设计规范要求和施工现场实际条件的情况下，对施工图纸提出完善、深化和优化的意见和建议，由建设项目工程主管部门统筹考虑。

发改投资［2005］907号规定：对不依据批准的初步设计方案进行施工图设计的项目，发改委将要求修改或重新进行施工图设计，并暂停开工建设。

3. 建设项目勘察设计费用审计

该阶段涉及的费用主要有：勘察费、设计费、设计补偿费和技术方案使用费、招投标代理费、招投标交易服务费等。

> 设计费收费的依据是：计价格［2002］10号国家计委、建设部关于发布《工程勘察设计收费管理规定》的通知。
>
> 招标代理服务费收费依据是：国家计委关于印发《招标代理服务收费管理暂行办法》的通知。

4. 设计概算审计

设计概算审计主要包括以下内容：审核设计概算编制内容与要求是否一致；审核设计概算编制内容是否全面、费用构成是否完整、计算是否合理；是否按照单位工程概算、综合概算和总概算三级编制形式编制；审查修正概算的依据是否有效，内容是否完整，数据是否准确；是否按规定办理相关审批手续。

5. 设计（勘察）合同审计

设计（勘察）合同审计主要包括以下内容：订立合同的主体是否合格，内容是否合法合规，是否与招标文件规定的范围、内容、要求相符合；是否对设计单位的服务项目、内容、质量等作出明确规定，特别是对限额设计是否作出具体规定；设计收费的计费依据、收费标准是否符合规定，支付方式是否妥当；是否明确规定协作条款和违约责任条款。

12.2.3 施工准备阶段的审计主要内容

一、两个关注

（1）审查征地拆迁费用支出是否真实、合法，管理是否符合有关规定，"三通一平"费用的支出是否真实、合法。

"三通一平"是指基本建设项目开工的前提条件，具体指：水通、电通、路通和场地平整。

（2）是否按照国家的法律法规和相关规定开展施工总承包的招投标工作。

> 2002年国家发展计划委员会第3号令第七条：单项建设工程合同估价200万以上，物资设备采购100万以上，设计、监理等服务合同在50万元以上的必须实行招投标；即使单项合同金额达不到以上标准，建设投资在3000万以上的基本建设项目必须实行招标。

二、重点进行施工合同审计

1. 施工合同审计主要内容

检查合同是否明确规定工程范围，工程范围是否包括工程地址、建筑物数量、结构、建筑面积、工程批准文号等；检查合同是否明确规定工期，以及总工期及各单项工程的工期能否保证项目工期目标的实现；检查合同的工程质量标准是否符合有关规定；检查合同工程造价计算原则、计费标准及其确定办法是否合理；检查合同是否明确规定设备和材料供应的责任及其质量标准、检验方法；检查所规定的付款和结算方式是否合适；检查隐蔽工程的工程量的确认程序及有关内部控制是否健全，有无防范价格风险的措施；检查中间验收的内部控制是否健全，交工验收是否以有关规定、施工图纸、施工说明和施工技术文件为依据；检查质量保证期是否符合有关建设工程质量管理的规定，是否有履约保函；检查合同所规定的双方权力和义务是否对等，有无明确的协作条款和违约责任；检查采用工程量清单计价的合同，是否符合《建设工程工程量清单计价规范》的有关规定。

2. 总包合同①审计重点分析

对合同中关于工程价款结算调整条件、工程款支付条件、设计变更和索赔支付条件等方面应在合同专用条款部分针对招标文件作详细约定，避免合同在执行过程中在施工、竣工结算阶段产生争议；对于总包合同承包范围约定方面要明确，对分包项目总包职责及费用约定要清楚，防止施工过程中发生总、分包和各分包单位之间的争议，产生总包管理费、配合费和交叉施工索赔费用增加；对总包工期和质量奖惩方面约定要明确，提高合同条款对施工单位工作的激励作用，避免出现因最后工期紧张，施工单位以赶工措施为原因提出索赔，并可以通过合同条款对总包单位行使有效的监控管理，使工程在确保工程质量的前提下，实现业主对工程的工期目标；对合同中关于施工进场准备条件以及不可抗力、工程保险、竣工验收等条款，结合工程特点予以明确；合同中约定了各种索赔、变更洽商的实效性。

3. 建设项目合同审计问题

主要有：无设计、总承包合同、承包合同；未经招标签订应招标的项目合同；签订经济合同的履行者不具备法人资格；签订合同的手续不全，如企业指定的委托人没有正式法人授权委托书或盖章不是企业的章，签字人不是企业法人；未经审核、验资或设计任务书未经批准就签订了合同；合同签字内容不严密、不完整或合同签订后不按合同条款办理，引发合同争议；验工计价或投资拨款超过了合同价款；阴阳合同；合同条件与招、投标书不一致；工程结算不遵守合同约定；未按规定预留质保金或签订保修书；无合同管理台账、管理制度；虚假合同。

12.2.4 施工实施阶段的审计主要内容

投资估算：是前期项目立项阶段的投资总额估算。

设计概算：是设计文件的组成部分，是关于工程总费用文件。

---

① 总包合同指约定一家承包商组织实施某项工程或某阶段工程的全部任务，对主承担全部责任，履行承包商所拥有的全部权利的合同。

施工图预算：是施工单位根据施工图纸计算的工程造价。
施工预算：是施工单位内部管理预算，考虑了节约因素。
工程结算：是施工单位编制的向建设单位办理工程价款的结算。
竣工决算：是建设单位编制的建设项目全部实际成本的技术经济文件。

一、工程预算审计（招标控制价审计）

（1）工程量计算审计。采用工程量清单报价的，要检查其符合性。在设计变更，发生新增工程量时，应检查工程造价管理部门与工程管理部门的确认情况。

（2）单价套用审计。检查是否套用规定的预算定额、有无高套和重套现象；检查定额换算的合法性和准确性；检查新技术、新材料、新工艺出现后的材料和设备价格的调整情况，检查市场价的采用情况。

（3）审查预算定额、取费基数、费率计取是否正确。

（4）审查各项取费基数、取费标准的计取套用的正确性。

（5）利润和税金计取是否合理性。

二、进度款支付审计

（1）检查进度款的支付方式是否符合执行合同的约定。

每期支付进度款时，要求施工单位将工人工资发放明细（工资不直接给包工头）交给业主审核；对工程款的拨付要控制最后一次拨付占总造价的比例（一般付至70%～80%，竣工结算审核后支付余款），防止超付。

（2）检查预付款、保留金等扣除是否正确，是否符合合同约定。

施工企业应纳的营业税、城市维护建设税、教育费附加、价格调控基金，按税法规定由建设单位代扣代缴。

三、设计变更的审计

设计变更：指在已完成的施工设计图纸基础上所做的改变，设计变更一般由设计单位和总承包单位提出。

变更设计：一般是指建设单位、监理单位、施工单位、设备供应商提出对设计的修改。

设计变更是施工过程当中的重点审计内容，防止施工单位通过设计变更提高工程造价和利用投标时的不平衡报价获取超额利润。

设计变更的控制原则：深化和完善设计，尽量减少施工过程当中因为图纸不完善而导致的设计变更；在每一项变更之前，必须实行工程量及造价增减分析，并经原设计单位同意。如果变更后工程造价超出总概算，必须经有关部门审查同意，防止通过变更设计增加设计内容，提高设计标准，增加工程造价。

变更审批程序：应根据变更涉及的造价金额分层审查，通过基建部门、审计部门、基建审计工作办公会、基建项目资金管理小组会议（基建和审计部门的主管领导参会）和甲方资金使用最高决策会议等形式，按照变更所涉及金额的高低，进行分权限的层级审核制,既提高审批效率,又保证资金使用的安全高效。

四、索赔事项审计

(1) 审核索赔事件记录是否翔实,提供的索赔材料是否真实合法,签字手续是否齐全;

(2) 检查索赔工程款的计算依据是否充分,执行清单子目是否正确;

(3) 注意办理反索赔文件,诸如拖延工期影响其他承包单位进场、施工、设备安装、验收等。

12.2.5　竣工验收阶段的审计内容

一、结算审计

(1) 审查结算方式是否符合合同约定;

(2) 审查工程量是否符合规定的计算规则,数量是否准确;

(3) 审查分项工程预算定额或清单子目选套是否合规、恰当,结算换价是否正确;

(4) 审查工程取费是否执行相应的计算基数和费率标准;

(5) 审查设备、材料用量是否与定额含量或设计含量一致;

(6) 审查工程设计变更、施工签证内容是否真实,手续是否齐全,资料是否符合要求;

(7) 审查工程设计变更、施工签证的结算增减项目及工程量计算是否准确;

(8) 审查工程设计变更、施工签证的结算项目单价是否准确、合理;

(9) 审查合同报价中未做项目是否已做减项处理,计算是否准确;

(10) 审查材料价差的调整是否合理;

(11) 审查水电费、甲供材等建设方代扣代缴费用是否扣完,质量保证金、违约金是否扣除。

二、竣工决算审计

检查竣工决算编制的条件是否具备;竣工决算报表的填制是否齐全,勾稽关系是否正确,账表是否一致;决算说明反映的数据和情况是否真实、准确。

三、工程竣工验收审计

检查竣工验收小组的人员组成、专业结构和分工是否合理;检查建设工程项目验收过程是否符合有关法律、法规和规范,验收的手续和资料是否齐全有效;检查监理单位和施工单位提供的监理资料和施工技术资料是否完整、规范;检查建设项目竣工档案资料是否完整、规范。

案例：点菜与控制造价控制

点菜是一门艺术，工程造价如同点菜一般。

一桌菜的价格，是选择五星级宾馆还是大排档即吃饭地点档次已占了餐费的一大半；是5个人吃饭还是10个人吃饭即吃饭人数已影响了七八成；是吃燕窝鱼翅还是青菜萝卜即菜色的组合已决定了九成以上。而最后找个人来核定餐厅是否计算正确最多只影响一成。

也就是说，投资决策和初步设计阶段对投资的影响程度为70%～90%左右，而着眼于预算（标书、标底）及结算的审核，只能事后承认"事实"，对造价的影响仅占10%左右。拦标价审核，所做的事就是事先进行菜单的计算和评估，而不是等到既成事实而无法改变。

点菜看起来是很平常的事情，里面却大有讲究、有窍门。怎样让聚餐经济又实惠，点菜得动一下心思。实际中高层管理人员往往被建设部门一堆专业名词"忽悠"得一塌糊涂。用点菜来进行比喻能更好地把握住工程管理的关键。

点菜与工程造价的关系：

（1）点菜和工程造价控制一样，要根据对象和接待任务的重要性来进行。商务活动、朋友、家庭聚会，或为了填饱肚子的家常便饭，其点菜的原则也是不同的。工程应按其使用用途来进行"点菜"。建设六星级宾馆和普通的员工宿舍或厂房是不同的。现实中往往有的普通楼使用过高档次材料导致造价高于同行同类楼房。因此做预算时要根据用途来进行。

（2）点菜和工程造价控制一样，要事先做好调研。比如事先了解餐厅的情况，看客人多少，又如看别人的桌子能让你直观地了解到菜的出品，观察食客的表情以分辨出菜肴质量的优劣。很多桌子的食客都点同一个菜，说明这个菜是特色菜，性价比不会差，值得一试。更重要的是对价格要心中有数。现实中工程"点菜"的人是一批人，而付款的往往又是另一批人。工程清单编制时选择性价比高的"菜肴"，而不是新奇的价格贵的高科技材料。

（3）点菜和工程造价控制一样，要有主次之分。点菜要分个主次。如果预算有限，最好的办法就是突出一道主菜，而不要将钱平分给几道主菜，这样更容易留下好印象。同时就餐人数和点菜的"只"数要比例合适。没有必要过于讲究排场，适口适量才是最好的。就像家里装修一样，对于埋在里面的及以后出问题难以维修的部分使用质量最好的产品，而对于面积大的普通的环节可选择适中的产品。

12.3 各阶段审计所涉及的资料

一般来说，建设项目审计所需的基础资料包括：管理制度汇编、各类会议纪要、发展规划性文件、基建财务资料等。具体来讲，各阶段包括的资料分别如下：

投资立项阶段审计所需资料有：项目建议书，项目可行性研究报告或项目申请报告，环境评估报告，国家发展计划委员会《投资项目可行性研究指南》及地方政府有关法规。

勘察设计阶段审计所需资料有：经批准的可行性研究报告或经核准的项目申请报告及估算，地质资料、技术方案、能源管网资料、概预算编制原则、计价依据等资料，勘察和设计招标投标资料，勘察和设计合同，初步设计审查会议纪要等有关文件，与勘察、设计协商往来函件，经批准的初步设计文件及概算，修正概算报告及审批，施工图会审会议纪要等有关文件，经会审的施工图设计文件。

施工准备阶段审计所需资料有：征地、拆迁协议，招标文件和招标答疑文件，标底文件或施工图预算，投标文件和投标人资质证明文件，投标保函，开标记录和开标鉴证文件，评标记录和定标记录，中标通知书，专项合同书及其各项支撑材料等。

施工阶段审计所需资料有：施工图纸，招标文件、招标答疑文件及投标文件，与工程有关的专项合同，设计变更、工程签证的有关资料。

竣工验收阶段审计所需资料有：竣工图，国家颁发的各种标准和现行的施工验收规范，有关管理部门审批、修改、调整的文件，工程验收记录，工程价款支付文件，工程索赔文件，工程结算书及有关资料。

12.4 工程审计报告的参考格式

内部审计机构的工程审计报告的参考格式：

关于对子公司建设项目招投标
执行情况的审计报告

XX 有限公司：

为执行 XX 公司下发的《工程建设项目专项管理工作实施方案》的有关规定，并受公司工程建设项目领导小组的委托，审计监察室根据子公司提供《子公司实业新材料有限公司年产 XX 项目一期工程》的招标代理、勘察、设计、临时设施等招投标文件及招标会议纪要协助进行招投标程序的合法性审核。

一、审计依据

（一）《中华人民共和国招标投标法》；
（二）《XX公司招投标管理制度》；
（三）《子公司项目招投标管理制度》等相关法律法规；
（四）内部审计实务指南——建设项目内部审计。

二、审计过程说明

此次属于送达审计，主要检查子公司新厂区一期工程部分招投标项目程序的合法性。

三、审计资料

（一）勘察招投标文件；
（二）设计招投标文件；
（三）工程临时设施招投标文件；
（四）招标代理招投标文件；
（五）未签章的格式合同。

四、审计发现及依据

（一）勘察、设计招标活动符合国家法律的相关强制性规定。

依据《中华人民共和国招标投标法》第三条规定："在中华人民共和国境内进行下列工程建设项目包括项目的勘察、设计、施工、监理以及与工程建设有关的重要设备、材料等的采购活动执行本法。"

（二）勘察招标文件发售之日到投标截止之日的时间不符合法律规定。

勘察招标文件发表时间为2009年11月3日，投标截止时间为2009年11月6日。

依据《中华人民共和国招标投标法》第二十四条，招标人应当确定投标人编制投标文件所需要的合理时间；但是，依法必须进行招标的项目，自招标文件开始发出之日起至投标人提交投标文件截止之日止，最短不得少于20日。

上述条款是关于投标人编制投标文件期限的规定。从保证法定强制招标项目投标竞争的广泛性出发，法律为各类法定强制招标项目的投标人编制投标文件的最短时间作了规定，即自招标文件开始发出之日起至投标人提交投标文件截止之日止，最短不得少于20日。招标人在招标文件中规定的此项时间，可以超过20日，但不得少于20日。此条是由招标人确定的投标人编制投标文件的最短时间，适用于依法必须进行招标的项目。

不属于法定强制招标的项目，如临时设施、招标代理等可以依据公司制度由公司选择招标方式，不受本条规定的限制，招标人确定的投标人编制投标文件的时间，既可以多于20天，也可以少于20天。

(三) 未提供相关评标委员会成员的资料。

依法必须进行招标的项目,如勘察、设计、施工、监理等的招标,其评标委员会由招标人的代表和有关技术、经济等方面的专家组成,成员人数为5人以上单数,其中技术、经济等方面的专家不得少于成员总数的三分之二。前款专家应当从事相关领域工作满8年并具有高级职称或者具有同等专业水平。

(四) 强制招标项目中投标人数符合相关法律的规定。

强制招标的项目,勘察、设计的投标人均在3家以上。

依据:

1. 招标投标法第十七条:招标人采用邀请招标方式的,应当向3个以上具备承担招标项目的能力、资信良好的特定的法人或者其他组织发出投标邀请书。

2. 招标投标法第二十八条:投标人应当在招标文件要求提交投标文件的截止时间前,将投标文件送达投标地点。招标人收到投标文件后,应当签收保存,不得开启。投标人少于三个的,招标人应当依照本法重新招标。

希望上述审计要点能给予帮助,更希望子公司能逐步完善公司内控制度并加强内控管理,促进公司工作人员在今后的工作中依据国家法律法规及公司制度维护公司利益。

XX 股份有限公司

审计监察室
XXXX 年 XX 月 XX 日

12.5 建设项目审计管理制度(范例)

深圳市 XX 集团股份有限公司建设项目审计管理制度

第一章 总 则

第一条 为了规范集团公司建设项目的审计工作,保证审计工作质量,根据《中华人民共和国审计法》、《审计机关国家建设项目审计准则》、《审计署关于内部审计工作的规定》、《中国内部审计准则》和广东省、深圳市以及集团公司内部审计管理的有关法规制度,制定本制度。

第二条 本制度所称建设项目,是指集团公司及所属全资、控股企业或对外合资、合作的固定资产投资建设项目和技术改造项目。主要包括新建、改建、扩建、重建的建筑、安装工程,房屋及建筑物的装饰、维修工程,市政、庭院燃气管道及燃气场站安装、维修、改造工程等。

第三条 根据总投资金额的大小,将建设项目分为重大建设项目和一般建设项目两类。总投资(不含低价,下同)金额在200万元(含200万元)以上的建设项目为重大建设项目,其余的为一般建设项目。

第四条 建设项目审计是指集团公司审计部门对建设项目的建设程序以及竣工决算的真实、合法、效益情况进行审查、核实和评价的内部监督活动。

第二章 审计范围及内容

第五条 总投资在20万元以上(含20万元,下同)的建设项目应按本规定进行审计。

建设项目的组织实施单位或部门(以下称被审计单位)不得将建设项目化整为零或者以其他方式规避审计。

第六条 建设项目审计的主要内容包括:

一、建设程序的真实性和合法性。

二、勘察、设计、施工和监理等单位资质的真实性和合法性。

三、设计、监理、施工和材料设备采购等方面招标程序及其结果的合法性,以及工程发包的合法性和有效性。

四、项目相关的合同的订立、履行、变更和终止等的真实性和合法性。

五、设备、材料核算的真实性。

六、概预算的审批、执行、调整的真实性和合法性。

七、工程价款结算的真实性、合理性及工程造价控制的有效性:

1. 设计(现场)变更和签证手续的规范性。
2. 工程量的真实性和准确性。
3. 工程造价的合理性。
4. 实际总投资超合同(概算、预算)金额及原因。
5. 根据实际需要,对项目效益进行评价。

第三章 审计实施

第七条 被审计单位应在建设项目竣工验收合格后三个月内,将有关资料报送集团公司审计部门审计,同时应由单位负责人签署《被审计单位承诺书》(附件一),一般建设项目所需资料见附件二,重大建设项目所需资料见附件三。

第八条 审计部门可根据业务需要,检查和调阅建设项目的有关资料。

被审计单位应予积极配合，如实提供有关情况和资料，不得拒绝、隐瞒、转移或提供虚假资料。

第九条 对被审计单位提交的审计资料，审计部门应进行初审。发现资料不完整或者有明显错漏的，审计部门应在5个工作日内一次性通知被审计单位补齐资料。被审计单位应在20个工作日内补齐，如未能在规定时限内补齐资料，审计部门有权退回资料或按现有资料审计。

第十条 对于建设项目工程量的现场核实工作，被审计单位应协调项目的有关单位，配合审计人员开展工作，并提供必要的工作条件。

第十一条 按程序需送中介机构审核的结算，应由审计部门核定工作量后，送有专业资质的中介机构审核，再由审计部门综合审定。

第十二条 审计部门根据审计结果出具审计报告，对于有整改意见或建议的重大项目，报集团公司领导审批，并可同时向被审计单位下达审计意见书。

第十三条 对于列入审计的建设项目，财务部门须凭审计部门出具的《审计报告》或《工程造价审定书》，或审计部门确认的中介机构出具的《结算审核书》等审计结果文件结清工程余款。

第十四条 一般建设项目的审计时限为10个工作日，重大建设项目的审计时限为30个工作日。审计时限从审计部门收到完整的项目资料之日起，至发送审计报告（征求意见稿）征求被审计单位意见之日止。

按程序需送中介机构审核的结算，审计部门应在20个工作日内完成工程量的审核，督促中介机构在30个工作日内完成造价审核工作，并出具审核报告。

若遇特殊情况不能按时完成审计（或审核），审计部门应在审计时限内书面通知被审计单位，告知延期原因和预计延期时间。

第十五条 列入审计的建设项目在施工过程中，如遇施工方案变更或单项签证增加造价10万元以上，或隐蔽工程签证增加造价5万元以上，被审计单位应督促施工单位编制造价变化预算，并及时通知审计人员到场核实，审计人员应在5个工作日内完成造价审核工作。未经审计人员签字确认的，不得作为结算依据。

第十六条 对于送政府建设交易中心或集团内部组织招标的建设项目施工招标，被审计单位应将招标文件和标底送审计部门审核确认后方可实施招标，送审资料要求见附件四。

第十七条 对于总投资在5万元以上、20万元以下的建设项目，建设单位应在项目竣工后3个月内办理竣工决算，并将项目情况简介和《竣工决算表》（见附件五）在季度终了后 15 个工作日内报送审计部门备案，审计部门可视情况选择进行审计。

第十八条 审计部门在组织对建设项目进行审计时，可根据需要对与建设项目有关的重要事项进行专项审计或审计调查。

第十九条 对于重点建设项目，审计部门可视情况实施过程跟踪审计，具体实施方案由审计部门根据项目特点制定。

第四章 附　则

第二十条 本制度由集团公司审计部负责解释。

附件一：《被审计单位承诺书》
附件二：《一般建设项目资料交接清单》
附件三：《重大建设项目资料交接清单》
附件四：《标底审核应提交资料清单》
附件五：《竣工决算表》

附件一

被审计单位承诺书

集团公司审计部：

我单位已按审计组的要求，提供了建设项目的审计资料，并郑重承诺如下：

我单位所提供的项目资料是真实、完整的。

我单位对所提供的项目资料的真实性负完全责任。

如确有个别资料因故无法提供，我单位已向审计组提交了有关情况的说明。

（附：资料交接清单）

经办人（签字）：
单位负责人（签字）：
承诺单位（盖章）：
　　　年　　月　　日

附件二

一般建设项目资料交接清单

序号	资料名称	已提交	未提交	已补交
1	项目立项性文件（或合同签约审批表）			
2	设计合同或设计委托书			
3	招标文件及评标报告（实施招标的项目）			
4	预算书			
5	施工合同			
6	监理合同（实施监理的项目）			
7	设计变更或现场签证单			
8	建设单位自购设备材料明细表及汇总表			
9	工程竣工验收质量合格文件			
10	竣工图			
11	工程移交使用表			
12	档案移交证明			
13	工程结算书及其电子文件			
14	工程台账和财务明细账			
15	建设项目竣工决算表			

说明：复印件应加盖公章，全部资料用 A4 纸，可双面复印。

提供资料者签字：
单位（盖章）：

审计组接收资料者签字：

附件三

重大建设项目资料交接清单

序号	资料名称	已提交	未提交	已补交
1	项目立项文件和可行性研究报告			
2	建筑规划许可证			
3	地质勘探报告			
4	设计、施工和监理等合同文件			
5	相关单位营业执照和资质证明（复印件加盖公章）			
6	概算书、预算书			
7	招标文件及评标结果报告（实施招标的项目）			
8	图纸会审纪要			
9	施工组织设计方案			
10	施工许可证			
11	设计变更或现场签证单			
12	施工过程形象记录（包括隐藏、吊装记录）			
13	竣工验收质量合格文件			
14	工程移交使用表			
15	规划验收测量报告			
16	竣工图			
17	档案移交证明			
18	工程结算书及其电子文件（含工程量计算书）			
19	建设单位自购设备材料明细表及汇总表			
20	工程台账和财务明细账			
21	设备材料结算价差调整依据文件、证明			
22	建设项目竣工结算表			

说明：复印件应加盖公章，全部资料需用 A4 纸，可双面复印。

提供资料者签字：
单位（盖章）：　　　　　　　　　　　　　　　审计组接收资料者签字：

附件四

标底审核应提交资料清单

序号	资料名称	已提交	未提交	已补交
1	项目立项性文件（投资计划）			
2	设计图纸			
3	招标方式确认文件			
4	招标文件			
5	甲供材料明细表及汇总表			
6	标底（预算书）			
7	施工方案			

说明：复印件应加盖公章，全部资料需用 A4 纸，可双面复印。

提供资料者签字：
单位（盖章）：　　　　　　　　　　　审计组接收资料者签字：

附件五
竣工决算表

项目名称				项目编号或合同编号			
建设地址				交付使用时间		年 月 日	
总投资（万元）	计划		实际	建筑面积（米²）或管道长度（米）		计划	实际
建设起止时间	计划	从　年　月开工至　年　月竣工，工期　天					
	实际	从　年　月开工至　年　月竣工，工期　天					
建筑安装工程费用	序号	工程名称		结算价（元）	已付款（元）		未付款（元）
	1						
	2						
	3						
	4						
	5						
		小计					
工程建设其他费	设备及工、器具购置费用（元）						
	勘察设计费（元）						
	工程监理费（元）						
	资本化利息（元）						
	建设单位管理费及其他（元）						
	地价（元）						
	建设项目总投资（元）						

制表：　　　　校核：　　　　　单位盖章：　　　　年　月　日

本章小结

本章阐述了全过程审计的定义、特点，以及全过程审计的各个阶段，包括投资立项阶段、勘查设计阶段、施工准备阶段、施工实施阶段和竣工验收阶段的审计流程、内容和所需要的资料，以提高读者对全过程审计的认识和实操能力。

1. 全过程审计应如何理解？
2. 全过程审计有什么特点？
3. 全过程审计有几个阶段？
4. 全过程审计不同阶段涉及哪些资料？

第 13 章 物资采购审计

> **引例**
>
> 小 B 的同学小 U 在事业单位担任内部审计人员,小 B 去做年报审计,发现小 U 他们没有对物资采购进行内部审计。小 B 与小 U 分享他在许多机构的经验。现在很多企事业单位越来越重视物资采购审计,否则,在接受上级检查时会因没有开展物资采购审计而被点名批评或在评价中扣分。同时很多经济责任审计涉及各个方面,物资采购、基建工程往往是审计重点,内部审计对这方面的控制和审计是很重要的方面。小 U 觉得小 B 言之有理,于是向领导汇报,安排了交流和学习,制定了相关审计的制度和办法。小 B 在这过程中也收益不少,对以后接受企业、学校、医院、政府部门的经济责任审计、专项审计大有裨益。

13.1 物资采购审计的定义

物资采购审计是指组织内部审计机构及人员依据有关法律、法规、政策及相关标准,按照一定的程序和方法,对物资采购各部门和环节的经营活动和内部控制等所进行的独立监督和评价活动。这里的物资是指组织在产品生产、基本建设和专项工程中所使用的主要原材料、辅助材料、燃料、动力、工具、配件和设备等。

13.2 物资采购审计的依据

物资采购审计具体的依据如下:
(1)《中华人民共和国招标投标法》(中华人民共和国主席令 [1999] 21 号)[①];
(2)《企业内部控制基本规范》(财会 [2008] 7 号);
(3)《内部审计实务指南 2 号——物资采购审计》。

---

① 参考 http://www.wyfwgw.com/laws/3247.html.

13.3 物资采购审计的目标

物资采购审计的目的是改善物资采购质量,降低采购费用,维护组织的合法权益,促进组织价值的增加及目标的实现。

13.4 物资采购审计的主要内容

物资采购审计是对物资采购全过程实施的监督和评价,是财务审计与管理审计的融合。物资采购审计的主要内容包括审计物资采购内部控制、采购计划、采购合同、采购招标、供货商选择、采购数量、采购价格、采购质量、物资保管、结算付款以及物资采购期后事项等。

鉴于物资采购的特殊性,内部审计人员应具有物资采购管理的相关专业知识,熟悉相关法律、法规、政策和组织内部有关规定,掌握物资采购内部控制原理,了解组织物资采购现状和外部环境的变化。开展专业技术性较强的物资采购审计,内部审计机构可聘请外部专家参与。同时,内部审计人员有责任警示被审计单位关注物资采购的现有和潜在风险。

参考:某企业物资采购管理制度

一、主要内容与适用范围

本制度规定本公司的物资采购和管理工作内容及要求。物资采购管理制度适用于本公司内的材料采购、验收等管理工作。

二、工作职责

1. 材设科是本公司工程材料设备和管理的归口管理部门。

2. 施工单位具体实施工程材料设备的采购、验收发放使用等管理工作。

三、物资管理要求:

1. 按照批准的物资采购计划和文件,按质量准确采购各项目部所需的工程材料、工程设备,遵守国家有关法律法规,执行本公司《采购控制程序》的有关规定。

2. 材料采购实行分级管理，物资种类分为重要物资、主要物资和辅助物资。重要物资：钢材、水泥、商品、设备。主要物资：砂、石类、红砖、门窗、防水材料、电焊条、管材、电线电缆等各类地方材料。辅助物资：其他建筑材料、燃料、周转材料等。

3. 材料采购计划编制：(1) 工程项目需用材料清单。(2) 工程项目进度表，在需用材料清单中应注明品种、规格、数量、质量要求以及供货时间等内容。各使用单位每月应提前将所需材料清单按物资种类报送质量科组织采购。(3) 材设科接到需用材料清单应结合库存情况，统一策划，分别编制材料采购计划。(4) 重要材料采购计划须经公司经理或各施工项目部负责人进行审核批准后实施，主要材料及其他材料采购计划由各施工项目部负责组织实施。(5) 物资采购后要准确、及时、迅速地验收物资，做到合理保管，妥善养护，减少保管损耗，使物资安全存放。

4. 材料采购合同：材料采购的供方一般应在单位颁发的合格分承包方名单中确定，质量科检查监督。各种材料采购合同，由质量科负责签订，经理检查监督。材料采购合同必须符合《经济合同法》的有关规定，尽量采用国家标准合同文本。对违反合同，不能按质按时供货的分承包方，各单位应及时上报质量科，由质量科提出处理意见，并报主管领导批准后予以通报除名。如该承包方从名册中除名，此部门在一年内不得使用。

5. 材料的验证根据采购合同和生产要求，必要时质量科应组织质检员不定期地到分承包方货源处进行验证，发现问题及时提出改进要求，确保供方按质、按量、按时供货，这种验证也可在采购文件中约定，但不能作为进货验收时的依据。如工程合同中规定需对分承包物资进行验证工作，但不能代替材料部门的验证，也不能减轻本公司履行合同责任。

6. 材料进货验证的分级管理：重要材料、主要材料的进货验证由施工单位项目部负责，质量员验证，其他材料的进货验证，应由施工单位委派的仓库保管员验证、负责。材料进货验证必须按合同条款进行，根据分承包提供的有关规格、数量、质量等证明文件，清点查验进库材料，材料验证人员填写"物资验收记录"，具体执行《生产和服务提供控制程序》及《过程和产品测量和监视程序》。需做复试检验的材料，由各使用单位及时送试验室。根据复试检验报告做好有关标识工作。在进货检验中发现不合格材料，应及时按规定作出不合格品的处理工作，并按《不合格品控制程序》进行控制。

13.5　物资采购审计的模式

根据组织的管理模式和要求、物资采购业务量的大小、内部审计机构资源等的不同，物资采购审计可以采取项目管理式审计和过程参与式审计两种模式。

（1）项目管理式审计模式。项目管理式审计是有重点、有目的地将某物资采购部门、环节或物资品种纳入年度审计计划，形成为特定审计项目，并实施相应审计程序的审计模式。大、中型规模的组织适合采用该模式。该模式适用于采购规模较大、年采购金额较大、社会知名度较高的单位。

（2）过程参与式审计模式。过程参与式审计是由专职内部审计人员参与监督物资采购的全过程或者部分重要过程，实现物资采购审计的日常化。小规模组织可以采用该模式。

需要注意的是，不能断然割裂这两种审计模式的紧密辩证关系，将其绝对化。事实上，这两种审计模式可以综合运用，联系推广。在内部审计资源缺乏的特殊情况下，可采用过程参与式审计。在积累了一定信息的基础上并且对该项目进行审计涉及组织重要权益时，则以项目管理式审计为主。两种审计模式可以相互结合起来，关键是发挥出采购审计的最大效益。

比较上述两种采购审计模式，说明可以通过对组织某个业务流程或环节，有效地开展审计工作，达到最大限度地节省审计成本或资源的目的。不一定非要开展专项的采购审计，才算是采购审计业务。必要时实行业务外包，可以委托中介单位进行采购审计。

13.6　物资采购审计的程序

物资采购审计的程序主要分为物资采购前期审计、物资采购过程审计和物资采购后续审计三个步骤。

13.6.1　物资采购前期审计

物资采购前期审计是从制定年度审计计划开始到具体实施物资采购审计程序之前对各项审计工作作出的安排。

物资采购前期审计基本过程包括：

一、编制年度审计计划，确定审计对象

内部审计人员应综合考虑以下各种因素：

（1）重要性。选择采购数量较大、采购次数频繁、采购价格较高、采购价格变化频繁、质量问题突出、长期积压或短缺、在 ABC 分类管理法下的 A 类和 B 类物资、群众反映普遍、领导关注、内部控制薄弱和出现错弊概率较高的部门、环节或物资类别等。

（2）物资采购方案、内部控制的重大变化。内部审计应根据外部环境和内部条件的变化，适时审查新的物资采购方案和内部控制的适当性、合法性和有效性，将其列入审计计划。

（3）改进空间。根据成本效益原则，内部审计人员应将工作改进空间较大、在增值性方面有潜力的物资采购部门、环节或物资类别确定为审计项目。

（4）审计资源。

（5）风险因素。风险因素可能来自组织内部或外部。组织规模、经济业务性质、账户余额大小、出现错弊概率、物价变动幅度、技术变化速度、管理人员素质和能力、业务量大小等都是潜在的风险因素。一般而言，风险大的项目应优先作出审计安排。

二、获取与研究相关资料，制定项目审计计划和审计方案

相关资料包括：

（1）物资采购目标和计划；

（2）前期物资采购审计工作底稿；

（3）组织资料，例如组织结构图和工作说明、政策和程序手册以及重大的组织系统变化等；

（4）财务会计资料；

（5）相关制度规定，例如采购政策、采购程序制度、授权审批制度、供货商管理制度、财产接触制度、合同或协议签定制度、凭证管理制度和定价策略等；

（6）外部信息资料，例如同行业相关资料、物价水平和变化幅度、技术变化程度和供货商资料等；

（7）法律性文件。

内部审计人员应通过审阅资料、咨询技术专家、执行分析程序、现场观察物资采购流程、询问等方法，研究相关背景资料，初步评价重要性和审计风险，进而制定适合本组织实际情况的物资采购项目审计计划及审计方案。经适当管理层批准后，向被审计单位发出物资采购审计通知书。

三、审查、评价内部控制

物资采购内部控制包括控制环境、风险管理、控制活动、信息与沟通以及监督5个要素。

（1）采购控制环境。采购控制环境包括以下内容：董事会成员的知识和经验丰富程度、独立性地位、独立董事所占比例、审计委员会的设置情况，管理者对待物资采购内部控制的重视程度、采取的经营理念和管理模式，企业文化所塑造的员工基本信念、价值观念、思维和行为方式，组织结构的适当性、权责划分的明确性、奖惩的分明性、岗位设置的合理性、人员素质的适当性，组织人力资源政策的适当性等。

（2）采购风险管理。采购风险管理包括物资采购风险识别、风险评估和风险应

对策略。风险识别包括检查外部因素（如竞争、技术和经济变化等）和内部因素（如员工素质、组织活动性质、信息系统处理特点等）。风险评估包括估计风险的严重程度、评价风险发生的可能性。风险应对策略包括根据风险评估结果作出的回避、接受、降低或分担等风险应对措施等。

（3）采购控制活动。物资采购控制活动包括以下内容：业务授权、职责分离、质量验收控制、物资采购招标控制、凭证和记录控制、资产接触和记录使用控制、独立检查、物价信息控制。

（4）采购信息与沟通。物资采购相关信息除了涉及财务信息外，还涉及非财务信息，如物价变动信息、市场需求信息、经济政策信息、技术信息、供应渠道变化信息、业务流程再造信息等。信息沟通方式包括政策手册、财务报告手册、备查簿、口头交流、例外情况报告和管理事例等。

（5）采购监督。采取的方式包括物资采购内部控制自我评估、内部审计报告、内部控制例外情况报告、操作人员反馈以及顾客投诉等。

物资采购内部控制审计可通过设置采购内部控制调查表等方式进行深入调查、了解和测试，并形成审计工作底稿。物资采购内部控制调查表格式如下表所示。

表 13 – 1　物资采购内部控制调查表

被审计单位名称	XX 部门	日　　期		索引号	
审计项目名称	物资采购内部控制调查	编制人		XX	
会计期间或截止日	20XX 年度	复核人		XX	页次
问题		是			否	不适用	备注
	强	弱	一般			

问题	强	弱	一般	否	不适用	备注
（一）物资采购控制环境问题调查						
1. 管理部门是否认为健全的内部控制能促成物资采购目标的实现？						
2. 组织结构的设置是否有利于物资采购各部门职责的明确划分和协调运行？						
3. 有无物资采购程序、手册和详细的岗位说明书？						
4. 物资采购涉及的所有员工是否清楚自己所要履行的岗位职责和必须遵循的政策与程序？						
5. 物资采购政策及其变化是否及时向相关员工进行了传达？						
6. 管理部门是否定期向员工说明道德行为的重要性？						
7. 是否制定了书面的道德政策并使员工了解了这些政策？						

续上表

被审计单位名称	XX 部门	日 期		索引号	
审计项目名称	物资采购内部控制调查	编制人	XX		
会计期间或截止日	20XX 年度	复核人	XX	页次	
问题		是			否	不适用	备注
		强	弱	一般			
8. 有无制定不合理的采购目标与高业绩挂钩的奖励诱使员工舞弊？							
9. 员工的素质与其从事的物资采购业务是否相称？							
10. 有无对员工进行定期专业培训？							
（二）物资采购风险管理问题调查							
1. 是否有适当层次的管理部门参与了物资采购风险的评估？							
2. 有无识别物资采购风险的适当方法？							
3. 物资采购分享的识别是否全面？							
4. 是否对物资采购分享进行了评估？							
5. 是否对物资采购分享的防范和化解措施？							
6. 是否有识别人事、控制程序变化并作出相应反应的机制？							
7. 有无防止物资积压或短缺的有效方法？							
8. 物资安全库存量的确定是否合理？有无进一步降低的可能？							
（三）物资采购控制活动问题调查							
1. 所有物资采购是否以合法经营需求或目的为依据？							
2. 物资采购是否经过适当的授权审批？							
3. 是否以最具成本效益的方式取得物资？							
4. 是否对物资采购实施合同控制？							
5. 是否对物资采购不相容职务执行了分离？							
6. 是否对承担采购职责的员工进行了定期轮岗？							
7. 大众物资采购是否实行招标控制？							
8. 供货商选择是否做了充分的调查并持续监督供货商业绩？							
9. 采购物资的价格确定是否合理？							
10. 有无健全的物资价格信息控制措施，包括物价信息收集、分类、加工、比较的程序控制，信息的质量要求，信息资料的归档保管等？							

续上表

被审计单位名称	XX 部门	日 期		索引号	
审计项目名称	物资采购内部控制调查	编制人	XX		
会计期间或截止日	20XX 年度	复核人	XX	页次	

问题	是			否	不适用	备注
	强	弱	一般			
11. 是否对到货物资由独立部门组织认真验收？						
12. 对验收不合格的采购物资是否及时查明原因落实责任？						
13. 是否对物资采购进行了永续盘存记录？						
14. 在缺乏永续盘存记录时，是否存在补偿控制措施？						
15. 物资采购是否实施了 ABC 分类管理法？						
16. 是否对物资进行定期盘点？						
17. 是否在有关物资采购票证审核一致、无误的基础上确认应付账款负债？						
18. 是否定期发送供货商对账单？						
19. 有无物资接触和记录使用的控制措施？						
20. 对物资采购是否采取了健全的凭证和记录控制？						
21. 是否有针对计算机环境下物资采购信息处理的安全控制标准和措施？						

13.6.2 物资采购过程审计

物资采购过程审计是根据采购内部控制评审结果，确定采购计划、价格、合同、执行等方面的测试范围、重点和方法，以收集审计证据。下面就采购计划审计、采购申报价格审计、采购合同审计、物资采购计划执行情况审计进行阐述。

一、采购计划审计

采购计划审计是对采购计划中所列物资价格、数量、质量、采购方式和供货商选择等的真实性、合理性和有效性等进行的审计。

（一）应获取的相关资料

包括采购政策、采购计划、物资储备定额补库计划、销售计划、产品产量计划、技术措施计划、生产作业计划、在制品期初存量和期末预计存量、新产品试制计划、物资工艺消耗定额、生产设备大中小修理计划、技术改造计划和物资价格供应状况等。

(二) 应关注的风险领域

包括采购计划程序失控、采购计划依据不当、采购计划分解不到位、采购计划执行不彻底、采购计划与其他计划不协调等。

(三) 审计内容

(1) 采购计划编制依据的可靠性。内部审计人员应审查采购计划的编制是否依据经过批准的物资采购申请单,在 MRP 环境下,采购计划的编制是否依据主生产计划、主产品结构文件、库存文件和各种零部件的生产时间或订货时间精确计算;采购计划是否与生产计划、销售计划、物资库存控制计划和资金供应计划等相协调;是否符合组织的存货政策、采购政策和资金管理政策。

(2) 采购计划审批程序的合规性。审查各物资使用部门是否根据本期生产计划和物资消耗定额确定物资实际需要量,据以填具物资采购申请单;物资管理部门是否每月根据物资实际库存和储备需要填具物资储备定额补库计划表,提交补库申请单;各部门负责人是否按职责分工和授权范围对提交的采购申请单进行分类初审、对口把关;计划部门有无会同物资管理部门核实物资库存;最终下达的《月份物资采购计划》有无报经组织分管领导审批;对不符合规定的采购申请,有无要求请购部门或人员调整采购内容或拒绝批准;重要的和技术性较强的物资采购,是否执行特别授权审批程序,是否组织专家进行论证,实行集体决策和审批;对生产急需和突发性的紧急物资采购,是否以适当形式事先通知价格信息部门,并于规定时日内补齐办妥有关手续。在过程参与式物资采购审计模式下,采购计划在报经组织分管领导审批前,可首先提交内部审计人员审核。

(3) 采购计划所列价格的合理性。对于重复购置的物资,如价格未发生变化,则以上次成交价格为依据,将高出确定标准的计划价作为重点审计对象;如价格已发生变化,应掌握最新市场公允价作为审计标准。审计物资采购计划价格时,应将新购物资作为审计的重点。当产品降价时,基于价值链管理的思想,应考虑供货商有无对供应物资协同降价的可能。在过程参与式物资采购审计模式下,经内部审计人员审核后的物资采购计划价格的处理有两种方式:一种是只作为编制采购计划和内部经济核算的价格依据,而不作为实际采购时的价格控制标准,实际采购之前采购部门需重新报送《价格申报单》;另一种是在编制采购计划之前,采购部门需事先提报《价格申报单》,经审查后作为编制采购计划的依据,并同时作为实际采购时的价格控制标准。

(4) 采购计划所列物资数量的合理性。审查计划部门对申请单是否做了最有效的归类,物资采购数量是否考虑了经济批量,是否与生产计划和物资库存相适应。

(5) 采购方式选择的合理性。物资的取得方式有定点进货和非定点进货,具体包括市场选购、电子商务采购、招标采购、委托加工、互惠购买、融资租赁和企业自制等方式。内部审计人员应审查采购方式的确定是否综合考虑了下列因素:现有资源的充分利用、物资的重要性程度、资金的贴现幅度、供货商的信誉和各种价格构成要

素等。采用招标方式,应具体审查如下内容:

第一,监督招标过程和招标标准是否符合"公开选购、公平竞争、公正交易"的原则,确定在招标、开标、评标和定标过程中有无违反规定程序、私自与供货商串通、泄露招标信息等情况。

第二,审查有关招标文书的内容是否完整、严密,有关条款规定是否得到切实遵守。

第三,监督招标方式的选择是否合理。采用公开招标方式的,审查对外发布的招标信息是否全面、准确,发布范围是否具有广泛性,参与招标的投标人是否合格;采用邀请招标的,审查接受邀请的投标单位是否具有良好信誉、资质和财务状况,是否邀请至少三个以上投标人参加;采用议标采购方式的,审查所采购的物资是否确实没有供方投标、没有合格投标者、因技术复杂或性质特殊不能详细确定规格或具体要求、采用招标所需时间不能满足各组织紧急需要、不能预先计算出价格等,参加议标的单位是否在两家以上。

第四,审查招标采购的价格是否合理。复验标底价格,对编制标底的工作底稿所载明的物资数量、价格、人工耗费、各项其他费用及税金等进行复核、验算;审查最高采购限价的合理性和公允性;对于不能编制标底的招标物资或采用议标方式招标的,可根据市场行情对标的进行合理的价位判断。

(6)供货商选择的合理性。根据供货商与组织的业务稳定性,供货商区分为定点供货商和非定点供货商。内部审计人员应重点审查组织对定点供货商选择的合理性,包括供货商选择评价程序是否规范;有无明确的供货商选择目标和评价标准;有无建立供货商评价小组,小组人员组成是否合理;有无完整、真实的供货商资料;供货商资料筛选、排序和审批是否流于形式;是否经集体决策进行供货商优选并形成供货商名单;是否根据供货商和本组织的实际情况采用实地考察、书面调查、样品检验或试用的方式确定供货商;有无过度依赖特定供货商,是否设立了备选供货商团队;有无对供货商档案进行规范管理,建立《合格供货方目录》,定期组织对供货商调查和复审;修改供货商档案是否经过特定授权并进行有效信息沟通等。

(四)审计方法

采购计划审计主要采用分析法、复算法、复核法、检查法、源头审计法、全面审计法、简单审计法和重点审计法等方法。

源头审计法是始终把握问题的根源而不被表象所左右。如一般物资采购的公允价格信息源是市场,在招标采购审计中,内部审计人员不仅要审查是否履行了规范的招标程序,还应关注招标与市场价的差异,关注结算价与中标价之间的差异,关注中标人的实质性运作。

全面审计法是对物资采购涉及的每一个环节、每一项资料和资料的每一个方面进行全面审计的一种方法。其优点是细致、审核质量高,缺点是效率低、成本高。

简单审计法是在审计力量不足或者有特殊要求时,仅针对物资采购价格或者物资采购的其他某一方面实施审计的方法。

重点审计法是针对重点物资（如采购数量大、单价高）、敏感性物资、问题较多物资的采购进行重点审查。

二、采购申报价格审计

采购申报价格审计是对采购价格申报内容的完整性、价格标准确定的合理性和申报程序的规范性等方面所进行的审计。

（一）应获取的相关资料

包括组织的物资价格制定政策、物资采购价格申报单、价格标准、物价变动信息、市场需求信息、经济政策信息、技术信息、供应渠道变化信息和业务流程再造信息等。

（二）应关注的风险领域

包括价格标准失控、价格信息系统无效和低效、采购效率降低、价格审查形式化、价格组成内容单一化和串通作弊风险等。

（三）审计内容

1. 《价格申报单》填列的完整性

采购部门应在比质比价的基础上，初步确定物资采购意向，填制《价格申报单》，经采购部门负责人签章后，送交价格信息部门进行价格核定。内部审计人员应审查《价格申报单》是否包括物资品名、规格、型号、数量、单价、金额、使用部门、技术要求、供货单位、货比三家情况等栏目。

2. 价格标准确定的合理性

主要内容包括：

（1）审查价格信息收集渠道的广泛性和使用的有效性。可供采用的价格收集渠道有网络、报刊、杂志、电视、广播、行业公报、供货商提供和竞争对手披露等。内部审计人员应审查采购部门和价格信息部门是否充分利用了各种价格来源渠道，建立起容量丰富的价格信息资料库；对于获取的各种信息源，是否按照本组织的物资种类进行了适当分类以提高检索能力，发挥信息使用效率；是否在各部门之间进行了信息共享。

（2）审查价格信息资料收集的准确性和及时性。审查价格来源渠道是否正规，是否根据环境的变化适时地更换价格信息，能否综合各种信息源较准确地预测未来的价格变化趋势，为组织实施战略物资管理提供价格导向。

（3）审查价格标准确定方法的适当性和计算结果的正确性。物资采购价格标准的确定方法有：分别询价法、交叉询价法、调查法、信息资料查询法、历史资料评价法、测算法、专家评估辅助法、集中询价法、公开招标法、提供佐证法、限价法。

（4）审查价格标准构成内容的全面性。物资采购价格包括采购物资的买价、运杂费、保险费、途中损耗、入库前的整理挑选费用、大宗材料的市内运输费、采购资金利息和其他相关费用。其中买价和运费是物资采购价格的主要影响因素。

3. 采购申报价的合理性

主要内容包括：

(1) 审查是否根据不同的物资采购方式确定申报价；

(2) 审查申报单中所列物资品种是否在采购计划范围内，是否列入采购预算；

(3) 审查采购申报价有无高估虚报问题；

(4) 审查采购申报价的构成是否齐全，是否进行了综合比价；

(5) 审查采购部门有无随意压价而忽视物资质量的现象；

(6) 对于重复购置的物资，审查申报价是否超过最高限价，最高限价有无根据市场价格变动及时进行相应调整；

(7) 审查采购部门是否进行比质比价。

4. 申报价格核定程序的规范性

审查价格信息部门是否根据确定的价格标准，在测算评估、对比分析的基础上，确定采购部门报价和相关费用的合理性和公允性，并提出核定意见。对违反规定或报价不合理的，价格信息部门具有否决权，提出重新询价的建议或者核定一个最高控制价格。采购部门应参照核定意见，在核定的价格控制标准范围内进行采购。

（四）审计方法

采购申报价格审计主要采用价格比较法、复算法、复核法、检查法、源头审计法、重点审计法和简单审计法等方法。

三、采购合同审计

采购合同审计是对采购合同的合法性、完整性和有效性等所进行的审计。

（一）应获取的相关资料

包括合同法、组织内部有关合同制度、合同正文和副本以及供货商资料等。

（二）应关注的风险领域

包括盲目签定采购合同风险、合同无效风险、合同条款不利风险、合同违约风险和合同档案管理混乱风险等。

（三）审计内容

1. 采购合同签订的合规合法性

主要内容包括：

(1) 审查供货商是否具有签约资格。

(2) 审查合同的签订程序是否合规。合同的签定需经市场调查、业务洽谈、合同起草、合同评审、合同执行以及合同变更、解除或终止等过程。内部审计人员应审查在市场调查阶段是否按"货比三家"的原则进行市场调查，是否取得了供货商完整的档案资料以确认供货商的信誉和履约能力，必要时是否对供货商进行现场考察；参与业务洽谈的代表的业务能力和技术水平是否具备，是否由两人以上参与谈判；合同起草是否使用了正规的合同版本；草签的合同是否经过组织法律部门、财会部门评审；是否根据组织授权要求报经有关领导审批，有无履行分级授权审批手续；是否办理了必要的公证手续;合同变更、解除或终止的理由是否充分,是否签署了书面变更协议并履行了审批手续,对于发现的将严重损害组织利益的已签署合同,是否及时采取了纠正措施。

2. 采购合同条款的完备性和合同内容的合法性

采购合同应包含如下基本内容:合同标的,数量和质量,价格和结算方式,运输方式,履约期限、地点和方式,违约责任等。内部审计人员首先应审查合同中是否包含上述内容,有关规定是否明确、具体。其次,应审查签约双方的权利和义务是否明确并具有对等性。再次,应审查确定有无利用合同从事非法行为的可能性。最后,应审查合同条款规定是否为组织争取到最大的财务利益,如充分考虑付款条件和资金优势,选择合理的货款支付方式等。

3. 采购合同的执行结果

审查合同内容是否得到全面、严格地履行;审查有无合同违约、违约的原因及违约处理结果,如对方违约,是否及时组织索赔。如本方违约,责任人是否向分管领导提交书面报告,经审批后办理赔偿手续,并追究相关责任;协商不成的合同纠纷是否及时上报上级领导和法律部门,通过申请仲裁或向人民法院起诉解决合同纠纷。

4. 审查合同的管理是否规范

主要内容包括:

(1) 审查组织有无设置专门的合同管理机构,合同管理人员是否具备相应资格,合同管理制度是否完善,有无重大合同变更的应对防范措施。

(2) 审查合同的归档和保管是否完整。审查合同是否按序编号;台账登记是否清晰完整;支持性文件是否齐全,是否包括采购合同正本、合同补充协议、技术协议、采购订单、合同评审表及其他合同附件。

(四) 审计方法

采购合同审计主要采用检查法、函证法、询问法和重点审计法等方法。

四、物资采购计划执行情况审计

物资采购计划执行情况审计是指在采购物资运达组织后,对物资验收、入库、计量、价格和货款支付等业务执行的适当性、合法性和有效性等所进行的审查和评价。

(一) 应获取的相关资料

包括物资采购申请单、采购计划、采购合同、价格申报单、采购发票、运费单、检验报告单、入库单、退货单、付款凭单、转账凭证、应付账款明细账、材料采购明细账和对账单等。

(二) 应关注的风险领域

包括采购方式和供货商改变、价格失控、质量检验失控、计量不实、保管低效、票据失真、付款提前或滞后、付款不实和违规结算风险等。

（三）审计内容

1. 采购方式执行情况审计

审查采购部门是否按照采购计划、采购申报单确定的采购方式和供货商进行采购。如物资采购执行的是定点供货制度，内部审计人员应取得《物资定点供货目录》作为审计标准，据以确定采购部门是否在合格供货商目录中选择供货商，如有改变，其改变的原因和批准手续是否合理。对于发现的供货商供货问题，采购人员是否及时填写《供货商供货问题信息反馈单》交价格信息部门，价格信息部门是否及时发出《纠正/预防措施通知单》，限期整改并追踪整改结果；整改无效者，是否暂停其供货或取消合格供货商资格。

2. 质量控制执行情况审计

主要内容包括：

（1）审查是否设置独立的质量检验部门组织物资验收，有无采取适当措施防止采购人员、质检人员与保管人员串通舞弊。

（2）审查物资验收是否根据货运单、发票和经过批准的采购合同副本、采购价格申报单、采购计划进行。

（3）审查物资验收是否签署顺序编号的验收报告。

（4）审查超过采购合同的进货数量和提前到货的采购是否经过适当批准。

（5）审查短缺物资和不符合质量要求的物资是否查明了原因，有无根据不同情况及时组织索赔，是否每月编制退货报告，以供采购和质检部门进行审查、分析和考核供货商表现等。

（6）审查对逾期未交货者，有无按合同规定给予罚款或没收违约金。

（7）审查对大型或数额较大的物资采购，有无取得供货商合格的检验证明，合同中是否规定了必要的质保内容；物资验收是否严格，有无存在由于验收不严造成以次充好、以劣充优、不合格物资入库等问题。

3. 计量执行情况审计

主要内容包括：

（1）审查计量器具。包括：计量器具是否经过国家法定检验机构的检验并出具了书面证明；内部计量部门是否定期检查和校对计量器具；计量器具的操作是否正确合规；抽查计量记录并核对实物数量，验证计量的准确性。

（2）审查采购物资途中损耗。包括：是否制定了合理的路耗标准，实际损耗是否控制在标准范围之内，损耗的处理是否合理。

（3）审查质量检验对计量结果的影响。对于化工、石油、煤炭、矿山等行业的物资采购，应注意审查是否运用质量检验结果对采购物资的数量进行适当的调整。

4. 价格执行情况审计

主要内容包括：

（1）审查物资采购是否按批准价格执行。审查发票、货运单、验收单等原始资料上载明的价格是否与价格申报单、采购计划、采购合同一致,价格的变动是否经过核准。

(2) 审查运费的组成和数额是否合理。应根据确定的运费价格标准审查物资采购运费,保证实际运费控制在标准范围之内。包括:运输方式的选择、运输里程的确定、运输商的选择、运价组成等。

5. 仓储保管情况审计

主要内容包括:

(1) 审查仓库的位置与内部空间的布置。审查仓库位置的设置是否有利于组织内物资流动的经济性、合理性;仓库内部空间的布置是否有利于利用仓库的有效面积和提高仓库的作业效率。

(2) 审查仓库面积利用率。通过计算和比较"仓库面积利用率"指标,确定仓库利用效率高低和利用潜力的大小。

(3) 审查仓库存放保管工作。物资是否按分区及编号有序排放,物资包装、标示是否符合规范,易燃、易爆、剧毒等危险物资是否隔离存放,库房防火、防盗、防潮等措施是否到位。

(4) 审查物资保管账卡档案是否建立健全并定期与相关资料、账簿核对。

(5) 审查物资分类保管情况。审查物资保管是否按照物资的重要程度、消耗数量、价值大小等区别对待,实施 ABC 分类管理法。

(6) 审查物资储备定额制定是否合理。审查物资最高储备、经常储备、保险储备和季节性储备等定额是否经济合理,是否做到既满足生产需要,又最大限度地压缩库存。

6. 采购票据审计

主要内容包括:

(1) 审查物资采购的票据是否齐全,是否按照采购业务发生的先后顺序编号。

(2) 审查各种票据载明的采购数量、单价、金额、品种、规格、产地、型号等是否真实,数量、单价、金额等计算是否正确,各种票据相关内容是否一致。

(3) 审查票据的填写是否合规,手续是否齐全,来源渠道是否正规,保管、领用和注销措施是否完善,传递程序是否合规等。

7. 采购负债确认及付款执行情况审计

主要内容包括:

(1) 审查负债的确认是否正确。审查采购部门是否在物资采购申请单、验收单、供货商发票等核对无误的基础上出具付款申请单,并及时通知财会部门;财会部门是否在进一步审核的基础上,编制记账凭证,登记付款凭单登记簿或应付账款明细账,确认负债。

(2) 审查应付账款的登记是否正确。审查应付账款登记和管理是否由独立于请购、采购、验收、付款以外的职员执行;是否根据不同供货商设置明细账进行明细分类核算；是否根据审核无误的原始凭证和记账凭证及时登记账簿记录，有无遗漏、隐瞒负债情况；是否定期将应付账款明细账余额与供货商寄回的对账单相核对，与应付账款总账相核对，与采购部门台账相核对，对存在的差异是否及时妥善处理；对享有折扣的交易，是否以扣除折扣后的货款净额登记应付账款，以防止在付款时贪污折扣。

（3）审查付款处理是否合规。审查付款是否符合资金结算制度的要求；付款是否在会计人员审核的基础上，经过授权人审批；是否按确定的付款方式付给指定的收款人；核实付款金额和收款人是否正确；有无使用空白支票；已付货款是否在发票上加盖"付讫"戳记等。

（4）审查预付账款处理是否合规。审查预付账款是否经过申请、审批；收到采购物资后，是否根据供应商发票及时冲减预付账款；是否与供货商定期对账。

（5）审查应付账款余额的整体合理性。审查财会部门是否定期编制应付账款账龄分析表、物资已收发票未到情况汇总表；是否每月计算主要业绩指标据以监控应付账款状况；采用分析程序，通过比较本期与上期各应付账款明细账户余额、相关比率和相关费用账户金额，确定应付账款有无异常变动。

（四）审计方法

物资采购计划执行情况审计可以采用检查法、复核法、分析法、复算法、盘点法、鉴证法、抽样法、观察法、函询法和询问法等方法。

13.6.3 物资采购后续审计

物资采购后续审计是内部审计人员在提交了物资采购审计报告后，针对报告中所涉及的审计发现和审计建议所进行的跟踪审计，目的是确定被审计单位对于审计报告中所揭示的问题和偏差的纠正和改进情况以及产生的实际效果。

物资采购后续审计应关注的风险领域包括：物资超储积压或储备不足风险、物资使用质量低劣风险、物资价格失控风险、资信低的供货商定点供货风险和审计建议无效风险等。

一、物资采购后续审计的基本过程

（1）应获取的相关资料包括：审计报告、审计回复、定点供货目录、价格申报单、采购计划和物资质量标准等。

（2）取得被审计单位的反馈意见并进行合理分析。内部审计人员应关注如下事项：被审计单位不做反馈和反馈不充分的事项，被审计单位有异议或误解的事项，反馈意见中说明不采取纠正措施的事项等。内部审计人员应逐项分析上述事项的具体原因，并且特别注意反馈意见中对于问题原因的分析是否具有针对性，拟采取的措施是否具体。

（3）实施适当的审计程序。对重大的审计发现和建议通过现场访问、直接观察、测试和检查文件等方式，编制"后续审计面谈结果小结"和"后续审计跟踪记录表"

等工作底稿。

(4) 评估采纳审计建议所达到的效果。

(5) 提交后续审计报告。

二、审计方法

物资采购后续审计主要采用审计分析方法、详查法、抽查法、终点审计法、重点审计法、函证法和查询法等方法。

终点审计法是通过某一环节的重点审计，反馈前续环节中存在的问题。例如，通过物资采购后续审计，验证供货商选择、物资验收、价格执行等方面存在的问题，反馈物资采购审计工作中存在的不足。

小知识：内部控制审计记录的内容

执行完内部控制审计的程序后，该做什么呢？当然是记录啦。内部控制审计记录的内容如下：

(1) 内部控制审计计划及重大修改情况；

(2) 相关风险评估和选择拟测试的内部控制的主要过程及结果；

(3) 测试内部控制设计与运行有效性的程序及结果；

(4) 对识别的控制缺陷的评价；

(5) 形成的审计结论和意见；

(6) 其他重要事项。

13.7 物资采购审计的报告

内部控制审计报告是经济合同审计的成果。同样的，内部控制审计报告包括基本情况、总体评价和主要问题及建议。其主要内容包括检查和评价采购及付款、销售及收款、存货管理及成本核算等业务流程相关制度的有效性和日常执行的遵循性。

13.7.1 物资采购审计报告的结构

1. 审计概况

说明审计立项依据、审计目的和范围、审计重点和审计标准等内容。

2. 审计依据

说明在审计过程中遵守的国家制定的相关法律、法规，上级单位制定的制度等外部依据。

3. 物资采购管理的基本情况

XXX公司目前物资管理方面的主要制度有：XXX［XXXX年］XX号XXX有限公司工程物资管理制度、XXX［XXXX年］XX号XXX有限公司招标管理规定。其中XXX号文件比较系统地对工程物资采购、入库、领用、财务核算等相关管理环节作了详细规定，并制定了详细的工作流程。XX号文件对重要物资采购的招标活动作了规定，控制了公司重要采购的公正、公平和有效。公司日常物资管理工作遵循XX号文件执行，重要物资采购按XX号文件走招标流程。物资管理所涉及的主要是公司工程用材料及设备，XX网络中心及运行部及各分公司XX部是物资的主要使用部门。仓库归省公司财务部管理，主要负责日常物资的出入库管理工作。

4. 物资采购审计问题

根据已查明的事实，对被审计单位物资采购的内部控制所作的评价，并指出存在的问题。结论要正确、客观、公正、实事求是。

5. 物资采购审计意见及建议

针对审计发现的主要问题提出的处理、处罚意见或合理化建议。

13.7.2 物资采购审计报告的格式（范例）

某公司物资采购审计报告[①]

致：公司总经理
呈：公司财务总监
由：内审部　　　　　　　　签发：
时：XXXX年XX月XX日　　　编号：XXX内审字［XXXX年］第　　号

XXX有限责任公司

物资管理审计报告

公司内审组根据经核准的XXXX年年度审计计划，于XXXX年XX月XX日至XX月XX日对公司物资管理循环实施了内部控制审计。本次审计的主要目的是检查和评价采购及付款、存货管理及财务核算等业务流程相关制度的有效性和日常执行的遵循性。我们审阅了相关制度及原始资料，与相关建设、仓储、财务等部门人员进行了面谈，并抽查了相关业务的处理文件。现将审计中的情况报告如下：

---

① 参见 http://blog.sina.com.cn/u/1143941691.

一、公司物资管理简况

公司目前物资管理方面的主要制度有：XXX［XXXX］XX号XXX有限公司工程物资管理制度、XXX［XXXX］XX号XXX有限公司招标管理规定。其中XX号文件比较系统地对工程物资采购、入库、领用、财务核算等相关管理环节作了详细规定，并制定了详细的工作流程。XX号文件对重要物资采购的招标活动作了规定，控制了公司重要采购的公正、公平和有效。公司日常物资管理工作遵循XX号文件执行，重要物资采购按XX号文件走招标流程。物资管理所涉及的主要是公司工程用材料及设备，省公司网络建设部及运行维护部及各分公司建维部是物资的主要使用部门。仓库归省公司财务部管理，主要负责日常物资的出入库管理工作。

二、物资采购

公司的工程物资管理规定对物资采购的工作流程进行了规定。日常物资采购工作主要由建设部或运维部根据实际需要负责进行。并由使用部门制订采购订单，联系供应商进行采购。我们认为，在公司现存的物资管理流程中：

1. 公司XX号文件仅对物资管理各主要工作流程进行了规定，我们认为，作为省公司的物资采购部门，有必要制定采购环节的管理制度。对物资采购过程中的采购申请、询价、价格审批、供应商选择等具体工作进行规范。完善物资管理的基础工资，控制公司采购成本。

2. 采购部门负责材料到货验收，有违不相容岗位必须分开的原则。

根据财政部财会［2002］21号文件《内部会计控制规范——采购与付款（试行）》的规定，采购与付款业务不相容岗位至少包括：①请购与审批；②询价与确定供应商；③采购合同的订立与审计；④采购与验收；⑤采购、验收与相关会计纪录；⑥付款审批与付款执行。按照公司制度规定，收货工作由仓管及质检员负责办理，根据我们审计中所了解的实际情况，采购部门制订采购订单发给供应商，供应商根据订单发货后又由采购人员负责验收，采购与验收职责相混淆，容易形成制度漏洞。截至XXXX年XX月XX日，尚存在未办理入库的采购订单金额XXXX元。上述材料有些到货后直接用于工程上，一方面不再受系统预算控制，另一方面不能在期末库存盘点时体现差异，直接影响到公司对项目工程核算及考核的准确性。我们提请省公司仓库管理员对上述订单进行清理。

审计建议：仓库管理部门与建设维护部重新就物资验收入库环节的职责进行明确，保证货物验收工作按规定执行。

3. 在审计中我们还注意到：网络建设部对于城域网工程采购用物资，因为与供应商签有采购合同，往往不做订单直接采购材料用于工程上，导致材料已用完,仓库这里还没入库,日常盘点也不能监督到该部分物资,如有差额,只能在事后发现,影响到公司物资管理安全。在盘存中我们发现网管中心有少量中信本地网朗讯设备,随后追查到中信本地网工程中 SDH 光传输设备已经用在全省各地的本地网建设中,该批设备的总价值为 XX 元,最后一批设备已于 XXXX 年 XX 月收到,截至我们审计日公司已向该批设备的供应商 XXXX 有限公司支付设备款 XX 元(XXXX 年 XX 月支付 XX 元,XXXX 年 XX 月支付 XX 元,XXXX 年 7 月支付 XX 元),但在用友系统中无该批设备的采购订单及相关的入库、出库手续。该批设备是由网络建设部人员根据编号为 XX 的合同要求供应商将设备直接发送到相关的地市分公司,未做采购订单。各地建维人员对货物进行了签收,并在网络建设部的指导下进行安装,用于本地网建设中。我们认为:网络建设部相关人员违反了公司的物资管理制度中的规定,由于采购、验收均由建设人员负责,收到货物后根本不需办理相关入出库手续而直接用于本地网建设中,使仓库管理员在相当长的一段时间内无法对该批设备进行跟踪。同时,我们注意到,所支付 XX 元款项的发票已收到,因为材料没有入库,截至审计日都没能计入相关的工程成本,致使相关的财务数据失真。

审计建议:

(1)财务在办理工程付款时应以用友系统中的数据为准,所有财务数据只有一个出处,那就是用友系统。我们所说的按合同约定付款如果合同约定是预付款,应在付款单备注栏上注明是预付款。如果合同约定是供应商提供相关发票申请付款,那么财务应在付款单备注栏上注明发票是否已入账(而不是发票已收,发票已收和发票已入账在财务上是有本质区别的)。如果发票收到却不能及时办理入账,请相关流程的人员办理好入账必须的流程后,财务把发票入账再办理付款,这样才能保证用友系统中财务数据的真实完整。

(3)在全公司强调用友系统的地位及作用,用友系统是一个全面的管理系统,公司的相关部门要对其在用友系统内资料录入的及时性、准确性、完整性负责。

4. 供应商相对集中,主要原料采购供应商选择,缺乏年度复查程序,供应商名录基本维持不变,新供应商开拓力度较弱。我们对比了公司供应商各月发展趋势,发现公司主要材料采购集中在少量供应商。例如公司 2006 年的所有尾纤、光收发器及其模块全部从 XXXX 有限公司采购,所有光端机、MF-05 型网桥等全部从 XXXX 有限责任公司采购,因为对上述供应商所存在的一定依赖性,我们认为,完善第三人对供应商的年审程序,对保证供应商的合理性能起到完善作用。

审计建议:我们建议公司对各采购负责人管理的供应商进行一年一度的

供应商交叉复审制度，同时通过对供应商的供货质量、过去履约情况以及生产现场等方面进行年底系统复查，来选择有利于公司建设成本较低的供应商。

5. 采购价格缺乏系统、严格的询价、比价等价格核定程序。

前期公司采购都没有保存过询价、比价资料，经了解公司采购价格以采购员询价为基础，由于这种做法缺乏系统、严格及时的询价、比价等价格核定程序和书面文件，我们担心采购价格合理性是否能够得到保障。

审计建议：

（1）对于固定供应商，我们建议公司应制定价格审核机制。该机制可根据采购料件的特点，采用定期独立询价、议价，收集公开市场成交价格等方式来控制价格。

（2）采购部门应密切关注主要材料、物资市场供求、价格变动情况，进行趋势预测，提出最有利的采购时机和合理交易价格，为管理层采购决策提供支持。

三、仓库管理

公司已制定存货管理标准，对岗位设置、存货分类、出入库单据及流转、存货计量以及存货储存等控制环节已作明确，在日常操作中，仓库由财务部负责管理，仓库部分实物控制较好。主要不足之处为：

1. 仓库监盘差额，有账外物资存在。

本次审计盘存中账面上有的物资保管良好，只有XX物资盘亏XX，属于物资出库的正常差异，盘盈的物资有XX。同时我们也注意到网管中心有一批2兆线及少量无法确认规格型号的物资财务账面上没有，无人专管。在与网管中心相关人员的沟通中我们了解到，可能是设备采购中供应商送的在工程建设中剩余下来的，可能是中信网络建大网的时候遗留下来的，有可能不是本公司的。在省公司5楼仓库也有一批2兆线财务账面上没有，网络建设部的相关人员说是设备采购中供应商赠送的。另有省干扩容用10G的CORE盘从原设备中替换下来2.5G的CORE盘3套，这些替换设备尚存使用价值，未做处理。

2. 在审计中，我们对公司各地仓库盘点情况进行了抽查。我们认为，除了上述入库手续未办理所引起的相关问题外，在库存管理本身，主要问题是：设备材料存在大量外借现象；个别仓库对预算控制不能严格遵守，引起盘存差异。

各地、市物资借用情况表

（略）

物资超预算领用情况表

（略）

3. 按省公司仓库管理制度规定，仓库物资应该分类摆放，标识清楚。我们在对省公司仓库进行监盘时，发现仓库物资并无标识，同时有其他厂家物资存放在我公司仓库，也未标明所有权属，给物资监盘带来困难。

审计建议：

（1）对盘存中发现的2兆线及少量无规格型号物资由省公司网络建设部、运行维护部、计划财务部进行彻底核查，确认相关物资规格型号及数量，形成书面说明报公司领导批准后处理，对网络升级替换下来的相关物资由专业人员提出合理的使用意见，尽可能地节约公司成本。

（2）严格材料预算管理制度，对物资超预算及外借现象进行全省清理，保证盘点账实相符。

四、财务核算管理

公司在物资方面的财务核算总体比较规范，能够按《企业会计准则》执行，公司财务部制定了财务管理条例使之成为日常财务管理、核算的标准。在对工程物资、在建工程及应付账款的核算中，主要存在的问题体现在以下几个方面：

在审计中我们注意到截至XXXX年XX月XX日应付账款期末借方余额XX元。我们对各供应商明细进行了抽查，发现如下问题：

1. 个别物资采购付款审核手续不严谨。

应付账款红字中有XXXX有限公司XX元、XXXX有限公司XX元货款已支付，材料尚未入账。

我们抽查XXXX年XX月XX日540#凭证，因公司支付XX机站管道建设零星材料费用XX元，应扣XXX公司应付款XX元，而在XXXX年XX月XX日229#凭证中公司又按全额支付了工程款XX元，致使公司多支出XX元。

公司共计支付XXXX公司办公室装修款项XX元，XXXX年XX月XX日该公司应付账款期末红字余额XX元，经查，该余额系应支付的设计费用，行政部说该设计费有签订合同，但合同已找不到了。该款项在XXXX年XX月XX日支付，一直挂账，也未收到发票。

审计建议：

（1）建议省公司财务在审核付款条件时，在申请付款单后附送发票、验收单、入库单等必要附件，并审核相关工作环节负责人签字是否完整；原始单据审核人应对程序完整性负责。

（2）目前与供应商对账工作主要由省公司仓库管理员负责，而仓库管理员的对账只对其入库物资部分负责，并不能及时发现与供应商业务往来的所有差异，我们建议省公司财务部门应在物资采购部门的协助下定期（或者在月末滚动进行）与有频繁往来交易或者有较大应付账款余额的供应商进行书面对账,并将书面对账单据妥善存档保管。对差异部分及时调整。

2. 我们在审计中发现在建工程中有4个项目存在贷方余额,合计金额XX元,系退库材料大于原有投资所致,因金额不大,本次审计未作调整,我们提请公司财务对上述项目进行清理。

五、其他审计事项说明

1. XXXX年XX月XX日,经省公司计划财务部与网络建设部协调,已向各分公司下发部门传真电报,要求各分公司就材料设备使用情况进行自查清理,并对前期未正常办理相关手续的材料物资限时进行补办。

2. 我们已经对截至XXXX年XX月XX日的未入库订单进行了统计,并要求省公司仓管对其进行跟踪审查。

3. 已就应付账款红字余额与财务进行沟通,并着手在11月份进行清理。

4. 已与省公司计划财务部沟通,就上述审计报告中所涉及的问题拟订了《XX通信有限公司工程物资管理制度补充规定》,对物资管理中所存在的执行力等问题进行规范,并与审计报告一起上报公司领导审批。

六、其他问题或建议

我们对公司截至XXXX年XX月XX日的存货收发存汇总进行了检查分析,截至10月份使用量不到库存量一半的存货金额为XX元,占存货总余额XX元的29.42%,其中期初结余在本年尚无处理的存货总额XX元。我们提请公司职能部门关注存货的使用成本。

因限于重点,审计工作无法触及所有方面;审计方法以抽样为原则,因此在报告中未必揭示所有问题。

根据内部审计准则的规定:被审计单位及其相关责任人员,不因其业务经过审计而代替、减轻或解除其应有的管理责任。

XXX公司

内审部

XXXX年XX月XX日

本章小结

本章阐述物资采购审计的定义、依据、目标、主要内容、审计模式、审计程序和审计报告。物资采购审计刚刚起步,执行中面临很多法规依据不清、实际操作缺乏指南等具体问题,本章通过一一阐述,试图提供一部分现成的指引和操作办法,使读者更好地理解并提高操作能力。

复习题

1. 物资采购审计的定义应如何理解？
2. 开展物资采购审计的依据有哪些？
3. 物资采购审计的内容有哪些？
4. 如何进行物资采购审计，有什么程序？
5. 物资采购审计有哪些模式？
6. 根据本章例子，结合现实企业案例草拟物资采购审计报告？

第 14 章　计算机审计

> **引例**
>
> 小 B 接到最新的审计业务，准备开展计算机审计，但真正要开展时，却心里犯怵，原来他不大懂计算机，面对被审计单位的财务系统，他有种无从下手的感觉。审计主管 A 说："不懂计算机审计，就进不了门，打不开账。"他继续说，原审计长李金华在 1998 年提出："审计人员若不掌握计算机技术，将失去审计资格。"又指出："审计机关的领导干部如果不了解信息技术，就将失去指挥的资格。""审计机关的管理人员不运用计算机技术将失去任职的资格。"如果不尽早开展计算机审计将难以保持高层次审计监督地位，小 B 深深地感觉到开展计算机审计的迫切性。

14.1　计算机审计的定义

　　计算机审计是一种以计算机为先进的审计工具以执行经济监督、鉴证和评价职能的审计方式。我国相关部门对计算机审计作如下描述：简单地讲，计算机审计包括对计算机管理的数据进行检查和对管理数据的计算机进行检查。日本会计检察院计算机中心认为，计算机审计有两方面的含义：一是对计算机系统本身的审计，包括系统安装、使用成本，系统和数据、硬件和系统环境的审计；二是计算机辅助审计，包括用计算机手段进行传统审计，用计算机建立一个审计数据库，帮助专业部门进行审计。

　　《国际审计》一书对计算机审计作如下定义：计算机审计与一般审计一样，同样是执行经济监督、鉴证和评价职能。其特殊性主要在两个方面：一方面是对执行经济业务和会计信息处理的计算机系统进行审计，即计算机系统作为审计的对象；另一方面，利用计算机辅助审计，即计算机作为审计的工具。概括起来说，无论是对计算机进行审计还是利用计算机进行审计都统称为计算机审计。① 电算化审计、电算化信息系统审计与计算机审计在内涵上基本相同。

因此,"计算机审计"包括两个方面的内容,即对计算机进行审计和利用计算机进行审计。

14.2 计算机审计的依据

我国目前关于信息化环境下的审计法规比较有限,主要有:《会计核算软件基本功能规范》、《信息系统安全标准——计算机信息系统安全产品分类原则》、《信息技术会计核算软件数据接口》(GB/T19581-2004)。审计署1996年12月发布的《审计机关计算机辅助审计办法》指出了计算机辅助审计的内容、对审计人员的要求、对被审计单位的要求、审计机关与人员的责任等。中国注册会计师协会1999年2月颁布的《独立审计具体准则第20号——计算机信息系统环境下的审计》指出了在计算机信息系统环境下审计的一般原则、计划、内部控制研究、评价与风险评估和审计程序。国务院办公厅2001年11月16日颁布的《关于利用计算机信息系统开展审计工作有关问题的通知》,明确审计机关有权检查被审计单位运用计算机管理财政收支、财务收支的信息系统,对信息系统的数据接口、电子信息的保存要求、系统的测试、网络远程审计和审计人员在计算机审计中的义务等作出了规定。在2006年2月颁布的《中国注册会计师审计准则》中,对计算机会计信息系统的审计不再单独成为一项准则,而是融入了各项准则之中。可见,信息技术具有很强的渗透性,很难将计算机审计与具体审计业务分离出来,计算机审计与内部审计和外部审计的业务已密不可分。

14.3 信息技术革命与计算机审计的风险

审计的基本职能一开始是通过对账簿的检查,监督财政、财务收支的真实、合法、效益。但到了20世纪80年代,以查账为主要手段的审计职业遇到了来自计算机技术的挑战。金融、财政、海关、税务等部门,民航、铁道、电力、石化等关系国计民生的重要行业开始广泛运用计算机、数据库、网络等现代信息技术进行管理,国家机关、企事业单位会计电算化趋向普及。会计信息电子化发展的同时出现了会计领域计算机作假和犯罪,具有"舞弊功能"的财会软件时有出现,只具有传统检查手段的审计人员,无法揭露电子化条件下的经济犯罪和会计信息失真问题。审计对象的信息化,要求审计手段必须信息化,否则,审计人员面临着"进不了门、打不开账"的无奈局面,有失去审计资格的巨大行业风险。国际会计联合会会长罗伯特·梅尔指

---

① 李学柔,秦荣生.《国际审计》,中国时代经济出版社,2002,1.

出:"会计师将不得不对实际上通过计算机报告的财务信息承担责任。"

一、管理信息系统在我国得到了迅速发展

随着信息技术的发展,出现了以"网络财务"为代表的财务管理信息系统、电子商务,以 ERP 为方向的广义管理信息系统。现代管理思想的发展彻底改变了传统商务的构架和流程,审计的对象隐形化、数字化、网络化,并呈现出不断变化和发展的趋势。审计需要关注的已不仅仅是会计电算化信息系统,而需要向业务管理信息系统及其供应链追溯,使审计的对象和范围大大拓展。

同时,电子商务使会计主体具有多元化和不确定性。这种多元化和不确定性使被审计单位的经济状况与其他利益相关者有着互动的联系,因此需要在网络审计报告中分析对相关利益产生的影响。

在信息技术高速发展的时代,注册会计师为了加强对经营过程中的各个环节的审查和监督,必须利用现代信息技术,深入信息系统的内部,因此,审计对技术的依赖性会越来越大,审计工作的难度会越来越大。同时,审计利用信息技术,审计的方法和手段会越来越丰富。

二、审计线索的改变给审计工作增加难度

在计算机会计信息系统中,审计人员目前还无法从电子账中直接检查会计系统是否完善,手工审计方法无法对会计电子账系统有效地进行测试。

三、计算机环境下的舞弊更具有隐蔽性,给审计带来新的风险

计算机环境下的舞弊有着技术性强、高智商、隐蔽性强、危害性大、突发性强的特点。在会计电算化信息系统的情况下,数据信息容易遭到修改、删除和仿造等,且由于其操作过程的机械性特点,计算机账不像手工账留有记账痕迹,从而使手工审计失去了线索,其舞弊行为更具有隐蔽性。

技术性强

利用计算机实施金融诈骗是一种智能型犯罪,犯罪分子一般都具备基本的计算机专业知识,同时又精通会计业务,善钻内部控制制度和程序缺陷空子,采用篡改数据或修改原程序进行作案。

高智商

臭名昭著的黑客组织"诈骗高手小组"的创建者之一约翰·李，12岁时开始成为黑客。虽然他18岁时在狱中呆过一年，李并不承认自己干了什么坏事。坐牢"一点也不好玩"，好玩的是在计算机上按5个键就可以：改变信用卡记录和银行存款余额；免费乘坐机场巴士，免费搭乘班机；免费住旅馆，吃饭"无需任何人付账"；改变公用事业费用和房租；向互联网络上的所有用户免费分发计算机软件程序；轻而易举地获取有关交易的内幕信息。

隐蔽性强

计算机犯罪不需要更改票据或制作假凭证，只需修改数据信息，作案迅速，瞬间即可完成。若犯罪分子破译或盗用他人口令密码进行作案，往往不留迹；不易发现，即使发现也很难取证。

危害性大

对从事计算机犯罪的不法分子来讲，窃取100万与窃取1亿在作案技术上没有什么差别，只不过多加两个零而已。

建国以来中行最大的银行资金盗用案发生在广东开平。2001年10月12日，中国银行将过去全国多达1040处的电脑中心统一成一套系统，集中设置在33个中心。就在这一天，中行的电脑中心反映出来的账目出现4.83亿美元（人民币合计40余亿）的亏空。

自1998年3月起，先后三任行长许超凡、余振东、许国俊等人，主要是由于当时没有实行全国联网，利用了银行账务管理上的漏洞，没有当天打账当天对账，利用支行和总行之间收支确认的时间差，将大量资金以假借贷款的名义转移境外。案发后许超凡等人借道香港逃往境外，余振东被引渡回国。余振东表示：钱对他来说"没有太大的诱惑，只不过是个数字游戏而已"。

> **突发性强**
>
> 利用计算机实施金融诈骗,作案人员往往利用工作的便利进行作案,无事先准备,且作案迅速快捷,不易防范。有不少案件的发生是作案分子临时起意,利用操作员短时离开或代岗操作的机会进行作案。对此要特别强调有关规章的落实。

四、信息化社会的犯罪将以计算机犯罪为主,绕过电算化系统的审计很难有效地发挥审计职能

如果审计人员仅仅依据被审计单位打印出来的账簿,用传统的手工审计方法进行审计,也就是绕过计算机审计。这样就忽视了计算机也是由人来操作的这一关键环节,表面上账、证、表的相互平衡,可能掩盖了人工录入的错漏。加上人们过分相信计算机输出的结果,其审计质量难以保证。

五、单靠会计软件提供、导出的数据不能适应审计需求

多数会计软件都提供了数据导出功能。导出的是单科目数据,无法查找对应科目对导出数据的统计分析,难以自动生成审计工作所需的工作底稿。

另一方面,计算机审计给审计也带来发展新机遇。会计电算化的发展不仅是向审计工作提出新的挑战,同时也为审计人员提供了新的用武之地,为审计带来新的发展机遇。开展计算机审计,能够使得审计技术更加先进,审计领域更加宽广,审计信息更加及时,使审计真正成为高层次的监督。

因此,既不能抗拒计算机审计,又要考虑到计算机审计的风险。近年来,计算机审计风险是众多学者讨论的焦点。由于企业信息网、电子商务等系统采用多种计算机和通信技术,拥有多重设备资源,开展多种业务,系统较为复杂,因此,数据资源共享和数据安全成为一个非常重要的新问题。在这种情况下,审计工作表现出了很多网络环境下的新特点。一是责任的分散。在非网络情况下,包括数据文件整理、数据组织、数据存取、数据编辑与验证,以及数据库的建立与维护在内的控制责任,通常集中在小部分拥有权限的具体操作人员身上。而在网络环境下,数据的使用面向整个网络用户,即这种控制责任除原具体操作人员外,将向众多部门及人员转移,甚至涉及网络的所有用户。二是重点的转移。在非网络环境下,审计人员关注的重点在于控制测试和实质性程序方面,整个电算系统运转的核心也是系统程序对内部控制的落实上。而在网络情况下,数据高度集中在网络系统中,数据可能被非法拷贝、非法篡改,从而引发新型的网络审计风险。因此,审计的重点也应放在网络系统上。冯淑霞等在《计算机审计风险的成因及对策》中就计算机审计风险的形成原因作了具体分析,包括传统审计线索逐渐消失、会计系统内控制度的改变、审计内容的改变、审计技术方法日趋复杂、审计人员计算机知识的缺乏、现行会计软件评审机制存在缺陷等6个方面,并从审计数据、审计方法与技术、审计方式、被审计单位、评审机制等方面提出了控制计算机审计风险的对策。

趣闻:国外计算机舞弊的案例

小B一边听着审计主管A讲述计算机审计的方法,一边听着他在滔滔不绝地讲着有关国外计算机舞弊的案例,小B闻所未闻,觉得很惊奇。

世界上第一例有案可查的涉计算机犯罪于1958年发生于美国的硅谷,但直到1960年才被发现。据推测,已发现的利用计算机犯罪仅占实施计算机犯罪总数的5%~10%。在号称"网络王国"的美国,计算机经济犯罪的破案率还不到10%,其中定罪的则不到3%。

目前,美国每年由于计算机犯罪而遭受的损失超过100亿美元,德国约为50亿美元,英国为30亿美元,法国为100亿法郎。

根据反间谍软件公司Webroot发表的最新报告,89%的个人电脑平均感染30种间谍软件。

1994年末,俄罗斯黑客从圣彼得堡的一家小软件公司的联网计算机上,向美国的花旗银行发动了一连串攻击,通过电子转账方式从纽约花旗银行的计算机里窃取1100万美元。

美国的一项调查表明:一般的银行舞弊案每次造成的损失为10.4万美元;而计算机系统的银行舞弊案的平均损失为61.7万美元,最高的一次曾达到50亿美元;计算机系统的每次舞弊案的平均损失是一般手工系统的6倍以上。

如果利用计算机进行恐怖犯罪活动则更加可怕,正如美国Inter-Pact公司的通讯顾问警告的:"当恐怖主义者向我们发起进攻时,他们轻敲一下键盘,恐怖就可能降临到数以百万计的人们身上","一场电子战的珍珠港事件时时都有可能发生"。

趣闻:国内计算机舞弊的案例

小B听得很入神,但心里想,这只不过是国外的情况。审计主管A看见他不屑的表情,说:"你别不以为然,在中国,计算机舞弊的案例一样精彩……"

中国第一例利用计算机贪污的案例发生于1986年。大连市工商银行某办事处计算机会计系统管理员同他人利用计算机修改账目文件,截留企事业单位的贷款利息进行贪污。

中国首例计算机犯罪被判死刑的方勇在交通银行宁波支行从事会计工作期间，利用担任电脑主机操作员职务之便，多次采用凭空划账、私刻印鉴等手段侵吞公款，数额达 166 万余元，潜逃 11 年之后被宁波市中级法院判处死刑。

1999 年公安机关立案侦查的计算机违法犯罪案件仅为 400 余起，2000 年剧增为 2700 余起，2002 年更涨到 4500 余起。

有专家预测："在今后 5 至 10 年左右，我国的计算机犯罪将会大量发生，从而成为社会危害性最大、也是最危险的一种犯罪。"

国内银行系统在 1997—2000 年的数年间发生计算机犯罪 258 起，涉及人民币 3 亿多元，并以每年 30% 的速度递增。发达国家和一些高技术地区的增长率还要远远超过这个比率，如法国达 200%，美国的硅谷地区达 400%。

有专业人士通过对国内 13 件典型案例的分析，发现犯罪主体绝大多数为单位内部计算机管理人员。13 个案例涉及的金额高达 2897 多万元，平均案值高达 223 万元，令人触目惊心。

14.4 计算机审计的方法

从审计对象的涵义来看，计算机审计包含审计项目管理系统的计算机辅助审计、手工会计系统的计算机辅助审计和会计电算化系统审计三个方面的内容。

一般来说，电算化信息系统审计的基本方法可归纳为三种：绕过计算机审计、通过计算机审计和利用计算机审计。

1. 绕过计算机审计（audit around the computer）

绕过计算机审计是指审计人员不审查机内程序和文件，只审查输入数据和打印输出资料及其管理制度的方法。其缺点是：①只有打印文件充分时才适用；②要求输入与输出联系比较密切。在这种情况下，其审计结果不太可靠。

2. 通过计算机审计（audit through the computer）

通过计算机审计是指除了审查输入和输出数据以外，还要对计算机内的程序和文件进行审查。其缺点是：①审计技术较复杂；②审计成本较高。

3. 利用计算机审计（audit with the computer）

利用计算机审计是指利用计算机的设备和软件进行审计。利用计算机审计的优缺点与通过计算机审计的优缺点基本相同。

借鉴国际的最新经验，计算机审计还有在线实时（网络）审计模式。比如来明敏在《浅谈计算机审计模式》中介绍了四种计算机审计模式，分别是绕过计算机审计模式、穿过计算机审计模式、利用计算机审计模式、在线实时（网络）审计模式；提出加快计算机信息系统环境下审计准则的制定、规范会计软件设计，以及加大审计软件开发力度，尽快建立新的审计模式，从绕过计算机审计转变为穿过或利用计算机审计，最终建立在线实时审计模式，加快审计现代化进程。

小知识：巧妇难为无米之炊

小 B 参加了单位组织的计算机审计培训，准备开展计算机审计项目了。然而，万事俱备，只欠东风。原来，小 B 做了很充分的审计准备，了解企业基本情况，与企业的有关人员初步面谈并查阅其会计电算化系统的基本资料，归纳出被审计系统的特点和重点。但却没有合适的计算机审计软件能够运用到审计中。真是巧妇难为无米之炊。此时，审计主管 A 给他介绍了各种审计软件的情况。

小知识：美国计算机审计的现状

美国于 1973 年制定计算机审计法规，1984 年发布了新的控制标准。

目前，美国已普遍实行了计算机审计，政府审计机构和大型会计师事务所可以把自己的计算机终端联接到大型计算机网络上，经授权，审计人员在自己的终端上就可以调取被审计单位的有关资料进行审计，实现了审计的动态监控。

小知识：计算机审计软件

审计软件可分为三类：一是计算机辅助审计类，集成业务管理系统与办公信息系统，具备公务处理、信息管理、信息共享三大功能，用计算机取代人工书写和计算等操作，完成日常审计业务工作，包括审计业务管理（审计文书类）、审计台账、审计计算、文件摘要、法规库及检索、收发文书管理、机关内部管理等；二是信息系统审计类，主要是电子数据的采集、转换、分析和对计算机信息系统本身的审计，即从现有的会计信息系统中获取数据查错纠弊，以及对信息系统及控制的审计，亦称IT审计，IT审计师目前是"稀缺人才"；三是网络审计类，是建立在网络基础上的审计信息系统，实施在网络环境下对经济管理和财务会计信息进行审计，实现现场审计与远程审计相结合，事后审计与事中审计相结合。

国外审计软件的研制与开发始于20世纪60年代中期，目前已开发出便于使用、功能强大，为审计人员广泛接受的产品。其中加拿大ACL软件和美国的IDEA就是在目前市场上占居领先地位的产品。ACL软件的主要功能有：数据转换、抽样、全面的项目监察、资料综合分析、报告。国外的通用审计软件有强大的数据存取、访问和报告功能，并且易学易用，对审计人员的计算机水平要求也不高，在很多国家得到了广泛应用，并受到普遍欢迎。然而，通用审计软件也具有局限性，通用的审计软件只能进行事后审计而不能实施并行审计，即只能对应用系统处理后的数据进行审查，要想实施并行审计，则需使用并行审计技术。此外，通用审计软件对应用系统处理逻辑的验证也具有一定的局限性。

我国的计算机软件开发得比较晚。1990年11月山西省审计局开发的"工业企业财务收支审计软件"是我国第一个通过审计署鉴定的审计软件。随后我国开发的政府审计软件有：太原特派办的"审计业务文书生成软件系统"、沈阳特派办的"通用审计系统"、南京审计学院的"工程造价审计2000"、山东省审计厅的"审计信息管理系统"、"工商企业财务收支审计系统"、"海关业务审计OIAP系统"、"海关业务审计软件1.0"、"国库业务审计软件"、武汉特派办的"办公决策服务系统"、"审计项目计划管理系统"、"收发文远程管理系统"、"上海市审计信息中心系统"、"计算机辅助档案管理系统"、"审计项目管理系统"、"上审2.0工交企业版"以及审计署组织开发的"审计实施系统"、"机关辅助办公系统"、"常用财经法规检索系统"、"统计报表软件"、"外资审计信息管理软件"等。几个在中国市场上占有较大份额、应用于各大企业内部审计的审计软件是：珠海金长源软件公司开发的"审计直通车"、上海博科资讯有限公司的"审计之星"、珠海中普软件公司开发的"中普软件"和北京用友安易技术软件公司的"用友GRPS审计软件"。

与国外的审计软件相比，我国审计软件的应用尚处于初级阶段。国内审计软件的开发是从单项业务模仿手工开始的，对于固定审计对象，有针对性的审计，其效果还比较好。但是，从整体上来讲，国内审计软件的通用性还很不理想。目前，国内通用审计软件的功能还比较简单，具有一定的数据访问功能，可以执行一些常用的审计程序，如审计抽样、工作底稿的编制及生成试算平衡表等，但是其数据分析功能较差。国外占领先地位的审计软件，其软件公司在全球均建立销售网。由于技术水平不高等原因，目前试用或使用审计软件的用户依然较少，国内审计软件市场尚不具规模。

14.5 计算机审计的技术

做好计算机审计，需要掌握的技术有以下几种：

1. 审计管理计算机化技术

计算机审计是一件复杂的工作，如果不借助计算机管理整个审计过程，就会出现许多问题并产生不良的后果。因此，应建立必要的审计管理数据和管理软件，为审计管理决策提供各项管理决策信息。

2. 内部控制制度的评价测试技术

计算机审计的内部控制的审查和评价主要内容有：

(1) 系统内的部门和人员是否实施充分的职责分离和监督。

(2) 数据文件、系统文档和软件的拷贝是否设有必要的控制制度。

(3) 软件维护、数据修改是否有控制制度；利用控制测试技术可揭示内部控制的弱点，提出改进建议，保障内部控制制度正常发挥作用。

3. 数据库或数据文件的审计技术

对数据库或数据文件的审计技术主要是为确保数据的完整性而创立的。计算机审计人员可利用这些技术获取所需的审计证据，并对这些证据进行评价，从而判断数据是否真实、可靠、完备、合法、合规。

4. 应用软件的审计技术

对用户的应用软件的审计主要是要评价一个系统的软件质量。软件质量的好坏直接影响数据的安全性和完整性。为确保系统发挥正常的作用，对软件的审计，尤其是对软件的维护审计，是一项重要的经常性工作。这项审计也是计算机审计中最难的，需要有较熟练的计算机软件开发维护以及编程技术。

5. 系统开发和维护的评价技术

新系统的开发和维护是为了改进原来系统的功能。在开发前一般都设定用户的目标，开发新软件就是根据这些目标进行的。但作为系统用户要清晰了解新软件是否达到既定的要求，需要对新系统在试运行期间进行必要的审计。

14.6 计算机审计的程序

计算机审计过程可分成接受业务、编制审计计划、实施审计和报告审计结果等四个阶段①。其中重点是计算机审计实施阶段，包括计算机信息系统的内部控制评价和对计算机系统所产生的会计数据（信息）进行测试评价。计算机审计具体可分为以下几个主要程序：

（1）准备阶段。①了解企业基本情况，与企业的有关人员初步面谈并查阅其会计电算化系统的基本资料，归纳出被审计系统的特点和重点。②组织审计人员和准备所需要的审计软件。根据被审计企业会计电算化系统的构成特点，复杂程度可选择安排有计算机审计经验的注册会计师担任项目负责人，组成审计组，准备审计软件。如果对某审计项目需要特殊的审计软件，还必须组成一个专门小组预先开发好所需要的软件，以保障审计工作顺利开展。

（2）内部控制的初步审查。初步审查的目标是使审计人员了解计算机信息系统在会计工作中的应用程度，初步熟悉电算化会计系统的业务流程和内部控制的基本结构，包括从原始凭证的编制到各种会计报表输出的整个过程。一般采用如下的检查和会谈：①审阅上期的审计报告和管理建议书，初步了解上期系统的弱点。②检查会计电算化系统的文档和系统使用手册，了解系统模块结构、名称、数据库以及相应的功能。③检查输入数据的基本依据（电子数据和有关的原始凭证），初步了解企业会计原始数据产生的内部控制制度的基本情况。④针对一些基本情况和上述检查发现的问题，与会计人员、系统开发和维护人员、程序员面谈，以便得到与问题相关的背景资料。⑤初步审查数据处理流程图，了解原始数据的起点、文件名称和系统内的代码、数据经过的单位或部门、数据的终点和保管的措施，以及对产生和使用数据的单位的内部控制，并制作必要的简明数据流程图。

同时，审计人员还要对下列资料进行了解：①系统安装日期、计算机硬件系统的

---

① 田芬：《计算机审计》，复旦大学出版社，2007．

型号、机房的基本管理设施、系统管理制度、系统的负荷量（数据处理量）。②系统的组织结构、各级管理的职责，以及计算机系统的负责人和系统管理人员。③系统内务应用子系统的控制类型和主要经济业务。

（3）初步审查结果的评价。初步审查后，审计人员必须从整个会计信息系统内部控制的角度出发，评价初步审查的结果，确定内部控制的可行性程度，并作出结论。其结论可按以下三种方式之一作出：①退出审计。由于缺乏实施审计的技术或内部控制不可依赖等许多问题，审计人员可针对这些问题提出一些管理建议并退出审计。②对一般控制和应用控制进行进一步详细的审查。这一方式是在初步审查表明内部控制有可依赖性的情况下采取的，实质性程序可作一些简化。③决定不依赖于内部控制。作出这一决定可能有两种原因：一是直接执行实质性程序更容易达到预定的审计目标；二是因为计算机内部控制系统可能不完善，各应用系统的用户自己增加了一些必要的补充控制，对补偿控制进行测试更易于达到审计的目的。

初步审查是通过应用面谈、实地检查观察、阅读内控制度和有关系统分析设计的文档、填制内控制度调查表等方法取得初步审查结果，并对这些结果作出评价，为下一步应当怎样审计提供必要信息。

（4）内部控制的深入审查。与初步审查一样，审计人员要判断是否退出审计，或是依赖系统的内部控制进入下一阶段控制测试，或是直接进入实质性程序过程。对于某些应用子系统，审计人员可决定依赖于其内部控制，也可采用其他更适宜的审计过程。

（5）控制测试阶段。控制测试阶段的目标是寻找证据确定计算机系统的内部控制制度是否在发挥作用，以及实际存在的控制制度是否可信赖。除了在前面审查中所用手工收集证据方法仍可用外，在这一步骤，审计人员基本上是用计算机辅助收集证据和验证审计计划中已提出的各项控制制度是否可依赖。

（6）用户补偿控制的审查和测试。在某些情况下，审计人员可能决定不依赖计算机系统的内部控制，因为应用于系统的用户采用了一些补充控制来补充原控制制度的弱点。

（7）实质性程序。实质性程序阶段的目标是取得充分的证据，使审计人员能作出计算机系统在各重大方面是否偏离公允性或存在哪些弱点的最后判断。实质性程序可分为6类：①出错处理的测试；②数据质量的测试；③数据一致性的测试；④实物盘点与计算机系统中的数据比较测试；⑤利用外部数据资源对系统内的数据进行的测试；⑥分析性检查测试。

（8）全面评价和编制审计报告。通过上述的审计步骤，审计证据和对各项目的初步评价结果已经形成，但这些证据和初步评价的结果是比较分散的。全面评价的目的是将收集到的审计证据和初步评价结果进行综合，筛选出重要的证据和主要的问题，将这些问题和证据作为重点进行综合评价。评价的范围包括对会计数据的公允性、内控制度的健全性和有效性，以及会计电算化系统的效率性和效益性。在评价结果的基础上编制客观公正的审计报告和管理建议书。在报告提供给委托人之前，还应当征求被审计企业的意见，必要时对重大的问题进行追加审计，以保证审计报告和管理建议书有更高的可信度。编制审计报告和建议书的基本过程和方法都与传统审计一样。但应当注意的是，应用计算机进行审计，其审计结果汇总评价的许多方面可由计算机自动完成，甚至最终的审计报告也可由计算机辅助完成。

14.7 计算机审计的证据的特殊性

计算机审计证据也称电子数据系统审计证据，是指在电算化系统审计和计算机辅助审计过程中产生的，以其记录的内容与有关既定标准相符程度并作为审计结论基础的电磁记录物（凭据）。随着计算机在会计领域及其他管理领域中的普遍应用，审计的对象、方式、手段必然要发生很大变化，计算机审计证据将广泛地应用于计算机审计全过程。认真研究、探讨计算机审计证据的特性和规律，降低审计风险，已刻不容缓。

一、计算机审计证据与传统审计证据的主要区别

一是安全程度不同。计算机审计证据虽然具有较高的精密性，但也有较强的脆弱性。一方面，由于计算机信息是用二进制数据表示的，以数字信号的方式存在，而数字信息是非连续性的，如果有人故意或因为差错对计算机审计证据进行截收、监听、删除、剪接，从技术上讲审计人员难以查清。而且计算机操作人员的差错或供电系统、通信网络的故障等环境和技术方面的原因都会使计算机审计证据无法反映真实情况。另一方面，计算机信息是存贮在各种磁盘或磁带等里面的，而磁性为载体的数据易遭损毁，可以不留痕迹地更改。另外，磁性载体巨大的存贮容量也意味着数据存贮具有集中化的特点。一张磁盘损毁所导致的数据损失要比几十本账簿丢失带来的损失大得多。在网络环境下，数据的通信传输又为远程操纵计算机破坏、修改计算机审计证据提供了更便利的条件。传统审计证据主要以纸张为载体，且有易读、不易更改，而且即便更改也往往留有痕迹等优点，安全性较高。二是表现形式不同。计算机审计证据在计算机屏幕上的表现形式是多样的，尤其是多媒体技术的出现，更使计算机审计证据综合了文本、数据、图像、图形、动画、音频及视频等多种媒体信息，这种以多媒体形式存在的计算机审计证据几乎涵盖了所有的传统证据。三是显现程度不同。计算机审计证据在存储、处理的过程中，必须用特定的二进制编码表示，一切信息都由这些不可见的无形编码来传递，因此计算机审计证据具有较强的隐蔽性，存贮于磁性载体中的多头数据文件，只有采用计算机并利用计算机程序才能阅读。传统审计证据，如实物证据、书面证据、言词证据等则一目了然。

二、计算机审计证据的采用

由于计算机证据的脆弱性使得其真实性和安全性受到威胁，因此，计算机审计证

据在支持审计报告中能起到多大作用或在诉讼中能否被采纳为证据就成为我们面临的难题。根据我国行政诉讼法的规定和审计专业教材对审计证据的分类,计算机证据似可归入"视听证据"类。但在具体操作中,应注意到,计算机接收到的电子信息是计算机系统重新显示或复制出来的,只能是原件的副本,不可能是传统意义上的有形"原件"。因此,事实上,计算机审计证据中的"原件"的概念应等同于复制品和副本。

三、计算机审计证据的证明力

证明力是把众多证据加以综合,恰当归纳,再加上审计人员的意见,所形成的证明被审计事项的能力。证据的证明力取决于该证据是原始证据还是派生证据、直接证据还是环境证据、外部证据还是内部证据。

有人认为,录音、录像等视听资料与计算机审计证据在技术上有着本质区别,而把计算机审计证据归入"书面证据"。其理由,一是书面证据是指以文字、符号、图画等内容证明被审计事项的证据。其特征在于以其内容证明审计事项事实。计算机审计证据虽然有多种外在表现形式,但都无一例外地以其内容证明审计事项事实,符合书面证据的特征。二是我国合同法已经将传统的书面合同形式扩大到数据电子形式,不管合同采取什么样的载体,只要可以有形地表现所载内容,即可视为符合法律对"书面"的要求。事实上,将计算机审计证据视为"视听"证据并归为间接证据比较符合当前计算机审计的实际。如前所述,计算机审计证据容易被伪造、篡改,而且更改、伪造后不留痕迹,再加上计算机审计证据由于人为的原因或环境技术条件影响容易出错。因此,计算机审计证据应属于间接证据。

四、计算机审计证据的鉴定和分析

计算机审计证据的脆弱性,使得运用计算机审计证据来证明被审计事项时,必须加强鉴定和分析,以降低审计风险。对作为审计证据的电子文件、其内容是否被计算机网络入侵者或由被审计单位自己篡改、伪造的审查,将是对计算机审计证据进行鉴定和分析的最主要工作。

(1) 真实性。查明计算机审计证据的来源、形成的时间、地点、制作过程及设备情况,有无伪造和删改的可能性。一般说来,由第三方(如中间商或网络服务商)来储存记录或转存的计算机证据具有较高的证据效力;被审计事项的事实和行为发生时留下的计算机证据的效力,以后专为诉讼的目的而形成的计算机证据更为真实;对于自相矛盾、内容前后不一致或不符合情理的计算机审计证据,应小心对待,不可轻信,对不能排除合理怀疑的计算机审计证据不得采纳。

(2) 合法性。包括收集手段是否合法和形式条件是否合理两部分。有些审计证据其本身也有证据力,但在收集过程中,违背了规定的手续和程序,因而也就不具有法律效力,也不能用来证实问题,为此,鉴定分析计算机审计证据时,要了解证据是以什么方法、在什么情况下取得的,是否违背了法定的程序和要求,是否符合法律规定的形式要件，这样有利于判明审计证据的真伪程度和效力。

（3）相关性。查明计算机审计证据反映的事实与被审计事项有无关系，只有与被审计事项的事实或逻辑上是相关的事实才能被认为是证据。

（4）结合其他证据进行鉴定分析。将审计过程中收集的全部证据综合起来加以分析、判断。如审查计算机审计证据中有无数据、图表等反映的事实，同有关书证、物证、证人证言进行分析，明确是否互相一致，是否有矛盾。如果与其他证据相一致，共同指向同一事实，就可以认定其效力，可以作为审计证据。反之则不能作为审计证据。这就要求审计人员应具有一定程度的计算机结构与操作系统开发设计、电算化会计以及电算化系统控制与审计的有关知识。

本章小结

本章阐述了计算机审计的定义、依据、信息技术带来的风险、计算机审计的方法、技术和计算机审计的程序。为了使读者更好地意识到计算机审计的重要性，本章专门准备了大量的计算机舞弊案例，国内外利用计算机的情况介绍。

复习题

1. 计算机审计的定义应如何理解？
2. 如何理解计算机审计的重要性？
3. 计算机审计有哪些依据？
4. 计算机审计有哪些技术？
5. 如何开展一个具体的计算机审计项目？

第 3 编

审计程序与技术

- 第 15 章　审计目标与审计范围
- 第 16 章　审计证据和审计工作底稿
- 第 17 章　审计方法
- 第 18 章　审计计划与审计初步策略
- 第 19 章　内部控制理论
- 第 20 章　风险评估
- 第 21 章　风险应对
- 第 22 章　审计抽样
- 第 23 章　审计报告

第15章 审计目标与审计范围

引例：审计项目如何开展？

小B毕业后进入一家会计师事务所，很幸运，审计经验丰富又十分耐心的项目经理Jany是小B除了审计主管A以外的另一个职业导师和监督者，并有意培养他。

Jany最近接手了一家上市公司C公司的年度审计，她让小B跟着她学习如何全面开展审计业务，并告诉小B："你有任何问题，都可以随时问我，我们可以共同探讨。"

业务开展前，小B想："要是我是项目经理，我接到这么一个审计项目，该从何入手呢？"小B向Jany请教。Jany对他说："其实做任何工作都不外乎就是'为什么？干什么？怎么干？'这三个问题。在审计业务中，'为什么'就是你为什么要审计，审计的目标是什么；'干什么'就是为了实现审计目标你应该做什么，比如你可能需要收集适当的审计证据；知道你要干什么了之后，剩下的问题就是怎么干。'怎么干'就是你该如何收集到所需的审计证据。这个时候，你就要确定你的审计程序、审计范围等。"

小B听了Jany的一番话后，对审计业务开展的流程瞬间感觉清晰、明白了很多。

15.1 审计目标

15.1.1 审计目标的含义与影响因素

审计目标是指审计主体通过审计实践活动期望达到的目的和要求。

审计目标既是审计活动的出发点,也是审计活动的落脚点。审计目标的确定会影响审计计划、审计范围和审计程序的制定。只有理解审计目标,才能使制定的审计计划以及收集的审计证据更具有相关性。

影响审计目标的主要因素有:社会需求和审计能力。

社会需求是影响审计目标的根本因素。随着世界资本市场经济的发展,企业的所有权和经营权逐渐分离,股东以及社会公众需要知道经营管理者是否存在舞弊行为、会计信息是否真实可靠,企业需要专业人员对其如何提高内部控制有效性、改善经营管理方式以及增加经济效益等方面提供管理信息和建议。正是有了这些社会需求,才使得审计服务有了存在与发展的前提与意义。

审计能力是影响审计目标的制约因素。这里的审计能力不仅指审计人员的自身素质,也包括社会法律赋予审计的权利。审计的存在和发展是为了满足社会需求,随着社会对审计需求的逐渐扩大,需要注册会计师不断提高审计技术水平。如果审计业界自身没能达到相应的素质要求,或者社会法律没有赋予其相应的权利,就不可能完全满足社会的需求。

因此,审计目标的确定是社会需求和审计能力的平衡点。不同的历史时期,其社会需求、法制环境、审计业界整体素质不同,审计目标也有很大不同。

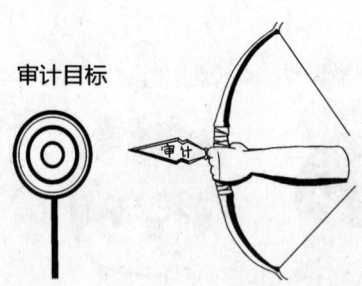

15.1.2 审计总目标

审计目标一般被分为总目标和具体目标。审计总目标是审计活动最终要达到的目的,而审计具体目标则是审计总目标的具体化,是具体到一个审计项目的审计目的。

一、审计总目标的演变

审计总目标的历史演变是一个不断适应审计环境的过程。

在审计萌芽初期，由于经济业务简单，企业主最关心的问题是经理人的诚信问题。此时，审计的目标主要是查错防弊，审计工作也多以查账和监督为主。进入20世纪30年代以后，随着资本市场的快速发展，债权人等社会公众亟需了解企业财务信息的真实性，同时由于内部控制理论的产生，业界认为完善的内部控制系统能有效地防止舞弊的发生，因此差错舞弊不再作为审计的主要目标，而是以证明企业偿债能力以及资产负债表的真实与公允作为审计的主要目标。20世纪60年代以后，高管舞弊事件的频繁发生让公众认识到差错防弊应重新纳入作为审计的主要目标，于是审计目标以查错防弊和验证财务报表的真实公允性两目标并重。

二、现阶段我国注册会计师审计的总目标

《中国注册会计师审计准则第1101号——注册会计师的总体目标和审计工作的基本要求》规定，在执行财务报表审计工作时，注册会计师的总体目标是：

1. 收集足以对财务报表的公允性和合法性作出评价的审计证据

对财务报表整体不存在由于舞弊或错误导致的重大错报获取合理保证，使得注册会计师能够对财务报表是否在所有重大方面按照适用的财务报告编制基础编制发表审计意见。

2. 出具恰当审计报告

按照审计准则的规定，根据审计结果对财务报表出具审计报告，并与管理层和治理层沟通。

15.1.3 审计具体目标

审计具体目标是审计总目标的细化，并受审计总目标的制约。审计具体目标包括一般审计目标和项目审计目标。一般审计目标是所有审计项目均应达到的目标，项目审计目标则是特定的审计项目应达到的审计目标。

一、具体目标的确定依据

审计具体目标的确定与审计总目标以及被审计单位的管理层认定相关。管理层认定，是指管理层对财务报告中的各类业务、账户和相关披露所做的明确或隐含的表达。

案例

在上市公司C公司的资产负债表中存货的期末余额为200 000元，其表达的管理层认定是：①在资产负债表日，记录的存货确实存在；②存货价值为200 000元，价值没有被高估或者低估；③所有应当记录的存货均已记录；④记录的存货确实由上市公司C公司所拥有。

> 财务报表中的每一项资产、负债、所有者权益、收入和费用都有类似的认定。这些认定适用于各类交易和事项、账户余额、列报和披露。

管理层认定分为三类，如表 15-1 所示：

表 15-1　各种类别的管理层认定

与各类交易和事项相关的认定	与账户余额相关的认定	与列报和披露相关的认定
发生——记录的交易事件已实际发生	存在——记录的资产、负债、所有者权益在资产负债表日均存在	发生及权力和义务——记录的交易和事项确实发生，且均属于被审计单位的权利和义务
截止——交易均记录于恰当的会计期间	权力和义务——被审计单位确实拥有记录的资产的所有权或控制权，记录的负债确实应负偿还义务	
完整性——所有应记录的交易均已记录	完整性——所有应记录的资产、负债和所有者权益均已记录	完整性——所有应当列报和披露的事项均已包括
准确性——记录的交易均以正确的数额记录	计价和分摊——资产、负债和所有者权益及其相关的计价和分摊调整均以恰当的数额记录	准确性和计价——披露的信息及其相关的数据、金额均是准确的
分类——交易均已记录于恰当的账户上		分类和可理解性——披露的信息均已恰当分类，且已表述清楚，是可理解的

注册会计师责任就是验证管理层对财务报表的认定是否合理，根据管理层认定，注册会计师就可以确定审计项目的具体审计目标。

二、一般目标

一般目标是指适用于财务报表所有项目的审计目标，注册会计师根据管理层认定确定一般审计目标（见表 15-2）。

表 15-2　各种类别的一般审计目标

与各类交易和事项相关的一般目标	与账户余额相关的一般目标	与列报和披露相关的一般目标
发生——已记录的交易确实存在	存在——所列金额确实存在	发生及权力和义务——记录的交易和事项确实发生，且均属于被审计单位的权利和义务
及时性——交易记录于正确期间	截止——交易列入正确期间的账户余额	
完整性——存在的交易均已记录	完整性——存在的金额均已列入	完整性——所有应当列报和披露的事项均已包括
准确性——记录的交易均以正确的数额记录	准确性——所列的金额均是正确的	准确性和计价——披露的信息及其相关的数据、金额均是准确的
过账和汇总——交易信息进入正确的明细账和总账，勾稽关系正确	细节相符性——明细账加总金额与总账金额相符	
分类——交易记录被正确分类，记录于恰当的账户上	分类——列报金额经过恰当分类	分类和可理解性——披露的信息均已恰当分类，且已表述清楚，是可理解的
	权力和义务——资产为被审计单位所拥有，负债是属于被审计单位的义务	

> **案例**
>
> 　　根据对存货的账户余额的管理层认定，可以确定与存货账户余额相关的具体审计目标。如下表所示：

与账户余额相关的管理层认定和审计目标的关系		
与账户余额相关的管理层认定	与账户余额相关的一般审计目标	与账户余额相关的具体审计目标
存在	存在	所有记录的存货均确实存在
权力和义务	权力和义务	上市公司C公司确实对记录的存货拥有所有权，没有被用作抵押品
完整性	完整性	所有应当列入的存货均已列入
计价和分摊	截止	年末采购和销售截止是恰当的
	准确性	存货数量账实相符，存货估值正确
	细节相符性	存货明细账加总数与总账数额相符
	分类	存货已被恰当分类为原材料、在产品、产成品等

15.2 如何实现审计目标

要实现审计目标就要收集足够的审计证据。为了确保审计目标均已确定和实现，保证能收集到充分、恰当的审计证据，就需要一个系统性的审计过程来指导注册会计师的审计工作。审计过程，就是收集足够的审计证据以证实管理层对财务报表的认定的过程。目前被普遍认同的审计过程包括三个阶段：

图 15-1 审计过程阶段图

15.2.1 审计计划阶段

为了使审计目标最终得以实现，避免盲目实施审计程序，在实施审计阶段前，都要根据具体审计项目的实际情况制定合理的审计计划，设计有效的审计方法。在审计计划阶段，注册会计师在设计审计方法时，需要考虑两个因素：有效性和效率。有效性指注册会计师能够获得验证审计目标充分的证据。效率则指注册会计师能在审计成本最小化的情况下获得足够的审计证据。在审计计划阶段，注册会计师的主要工作包括：

(1) 接受被审计单位的审计业务委托。在接受委托前,需调查了解被审计单位的基本情况、业务环境特征等,评估被审计单位的可审性。只有注册会计师认为该审计业务符合其专业胜任能力、评价独立性等职业道德要求,才能接受此项审计业务委托。

(2) 初步了解被审计单位的内部控制,评估审计风险。被审计单位的内部控制的有效性,会影响其审计风险高低,从而影响审计计划和审计程序的范围和时间。[1]

(3) 拟定审计计划。根据评估的审计风险的高低,制定能获得充分、恰当的审计证据的具体审计计划和程序。

15.2.2 审计实施阶段

注册会计师评估被审计单位的审计风险,并运用职业判断确定应对措施后,就要进行实质性的程序。在审计实施这一阶段,注册会计师的主要工作包括:

(1) 对内部控制的有效性进行测试,然后根据测试结果修改审计计划。

(2) 对财务报表账户数据的合理性和准确性进行测试。

> **案例**
>
> 上市公司 C 公司的内部控制规定,现金折扣应由一名独立的工作人员进行审批。为了测试现金折扣是否经过适当的审批程序,小 B 检查 C 公司现金收入的日记账、总账和应收账款明细账,抽查其中大额项目和异常项目。若抽查项目中的现金折扣均有完备的审批手续,则认为该公司现金折扣确实经过了适当的审批程序。

15.2.3 审计完成阶段

在收集到充分、恰当的各种审计证据之后,注册会计师应合理运用专业判断,对财务报表是否公允表达适当的审计意见,并出具审计报告。在审计完成阶段,注册会计师的主要工作包括:

(1) 对搜集到的审计证据进行整理和评价;

(2) 复核审计工作底稿和财务报表;

---

[1] 在注册会计师于审计的过程中对公司的重大错报风险评估为高水平的情况下,如果要保证审计质量,把审计风险降低到某个合理的水平,注册会计师就必须要降低检查风险水平。而要降低检查风险水平,注册会计师则需加大审计努力:增加审计强度、扩大审计测试范围和时间、搜集更多的审计数据。

(3) 汇总审计差异，并提请被审计单位调整或披露；
(4) 与管理层沟通；
(5) 形成审计意见，编制审计报告。

15.3 审计范围

财务报表的审计范围，是指为实现审计目标所需涉及的领域和内容，一般应限于财务报表报告期内的有关事项。

注册会计师应根据审计准则和职业判断确定审计范围。审计准则在规定注册会计师承担的责任和所要实现的目标的同时，还规定了为履行责任和实现目标所需实施的审计程序。审计中的职业判断是指注册会计师在审计准则的框架下，运用专业知识和经验在备选方案中作出决策。注册会计师在确定审计程序的性质、时间和范围，评价审计证据，得出审计结论和形成审计意见时，都离不开职业判断。

如果注册会计师因为受客观环境或被审计单位的影响，而不能获得必要的审计证据或者不能实施必要的审计程序，就是审计范围受到了限制。

本章小结

第3编及第4编主要是从注册会计师行业的角度介绍审计程序、技术和交易循环审计。本章阐述审计目标的含义和影响因素、审计总目标的演变过程，现阶段我国注册会计师审计的总目标、审计具体目标，包括具体目标的确定依据、一般目标和项目目标，同时从审计的不同阶段介绍如何实现具体目标。最后介绍审计的范围，为后面的审计程序、审计证据、审计计划、风险评估及应对、审计报告等技术章节的学习奠定基础。

复习题

1. 影响审计目标的因素有哪些？
2. 管理层认定的含义是什么？阐述管理层的三类认定。
3. 审计具体目标的确定依据是什么？
4. 审计范围是什么？
5. 审计过程包括哪些阶段？

第 16 章 审计证据和审计工作底稿

16.1 审计证据

充分、恰当的审计证据是保证审计目标能最终实现的基础,获取、整理和分析审计证据是审计工作中非常重要的部分。因此,注册会计师在审计工作中必须具备搜集、整理和分析审计证据的职业素质和技能,才能出具令人信赖的审计报告。

16.1.1 审计证据的涵义和种类

一、审计证据的的涵义

审计证据是指注册会计师为了证明审计事实真相、得出审计结论、形成审计意见而获取的所有证明材料和信息。

> **小知识:审计证据和审计依据的区别**
>
> 审计目标是验证固定资产折旧计算的准确性。经查,被审计单位采用加速折旧法计提折旧10万元(审计证据),而按现行会计制度规定,该项固定资产只能采用直线法计提折旧5万元(审计依据)。根据上述情形,审计人员可形成如下审计意见:根据现行会计制度规定,被审计单位误用折旧方法,本期多提折旧5万元。

审计证据包括构成财务报表基础的会计记录所含有的信息和其他信息。

构成财务报表基础的会计记录所含有的信息包括总分类账、明细账、记账凭证、原始凭证、未在记账凭证中反映的对财务报表的其他调整、其他与披露内容相关的手工计算表和电子数据表。

如果注册会计师从会计记录所含有的信息中不能获取充分的审计证据以形成恰当的审计意见,则需其他信息作为审计证据的补充。其他信息包括:①从被审计单位内部或外部所获取的(非会计记录)内部控制手册、会议信息、询证函的回函、分析师的报告、与竞争者的比较数据等;②通过检查、询问、观察和函证等审计程序所得到的信息,如通过检查存货获取存货存在性的证据等;③注册会计师自身编制的材料，以及可以通过合理推断得出结论的信息，如注册会计师自己编制的各种计算表、分析表等。

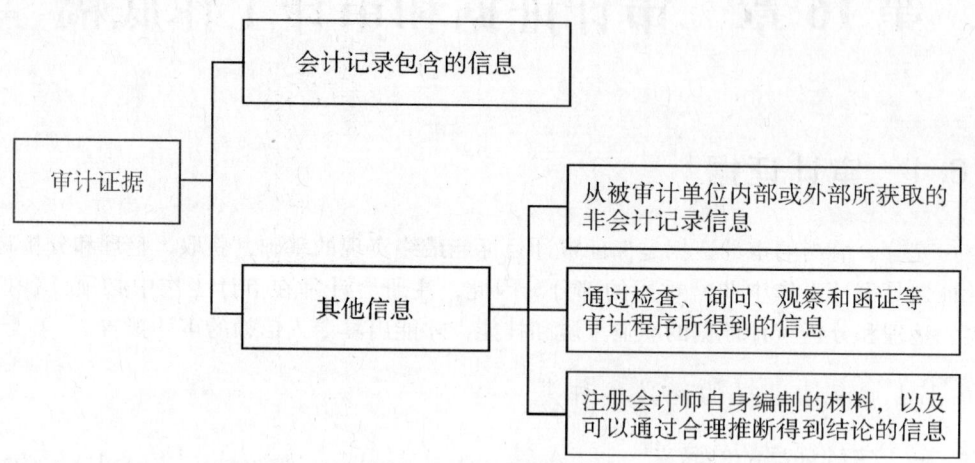

图 16-1　审计证据的内容

二、审计证据的分类

对审计证据进行分类，目的是获得更合理、有效的审计证据，并对搜集到的审计证据进行恰当的分析和评价，从而有利于审计工作的顺利开展。审计证据的分类标准很多，主要的划分标准有两类，即按证据的外在形式和支持审计结论的程度来分类。

首先，按证据外在形式分类，可将审计证据分为实物证据、书面证据、电子视听证据、口头证据和环境证据。

1. 实物证据

实物证据是通过实际观察或实地盘点的方法获取的证据，一般用于证实某项实物资产确实存在。实物证据能有力地证明实物资产的存在和数量，是非常可靠的证据，但难以证明实物资产的所有权、质量和实际价值。因此注册会计师可以通过获取实物证据来证实实物资产的存在性，但如要获取实物资产的所有权和价值情况则需获取其他类型的审计证据予以证明。

2. 书面证据

书面证据是注册会计师从被审计单位内、外部获取的以书面形式为存在方式的审计证据。书面证据包括会计记录、被审计单位管理层声明书以及其他书面文件。书面证据在一般的审计项目中是使用范围最广、数量最多的一种证据。注册会计师发表审计意见基本上都以书面证据为基础。书面证据按其来源可分为内部证据、外部证据和亲历证据三种。

（1）内部证据。内部证据是指由被审计单位自身内部编制的有关书面证据，包括会计记录（会计报表、会计凭证、明细账、总账等）、被审计单位管理层的书面声明、会议记录及其他书面文件。内部证据根据是否受外部制约又分为两类。一类是由外部组织规定统一格式和填制要求，受外部组织监督和制约的有关书面证据，如税务监制的普通发票和增值税专用发票、银行统一印制的各种支票和汇票，由财政部门监制的财政收费收据等。另外一类则是无外部组织统一规范要求的书面证据，如自制的原始凭证、记账凭证、会计账簿记录、经济业务合同等。一般来说，有外部组织统一规范的内部证据比无外部组织监制制度的内部证据更具有可靠性，因为这类审计证据会受到相关监管部门的突击性或临时性检查。内部证据的可靠性也受内部控制有效性的影响，被审计单位内部控制体系越健全有效，则其内部自制的书面证据的可靠性就越高（如收料单与发料单经过了被审计单位不同部门的审核、签章，且所有凭据预先都有连续编号并按序号依次处理）。

> **案例：审计证据的选择**
>
> 在审计过程中，小 B 要验证上市公司 C 在报表中所记录的短期借款确实存在，并且金额正确。小 B 检查了 C 公司提供的全部短期借款合同，并发现全部短期借款合同均有借、贷两方的签章，并且金额与明细账和总账记录一致。于是小 B 得出了审计结论：C 公司的财务报表中记录的短期借款确实存在且金额正确。
>
> C 公司提供的借款合同作为审计证据，其可靠性如何？小 B 能够单单凭借 C 公司提供的借款合同就得出审计结论吗？是否还需要其他佐证？

（2）外部证据。外部证据是指由被审计单位以外的组织和人员编制的有关书面证据，包括函证回函、银行对账单、购货发票、其他单位提供的合同和证明信息等。外部书面证据较内部书面证据的可靠性强。外部证据根据是否经过被审计单位之手而分为两种：第一种是由被审计单位之外的第三方直接提供给注册会计师的外部证据，如银行询证回函、应收账款函证回函，保险公司、代售企业、证券经纪人的证明等；第二种是由被审计单位之外的第三方编制的，但由被审计单位经手并递交给注册会计师的外部证据，如应收票据、银行对账单、购货发票及其他有关的合同等。第一种外部书面证据比第二种更可靠，因为有第三方直接递交给注册会计师的书面证明排除了被审计单位篡改的可能性。

（3）亲历证据。亲历证据是指由注册会计师（包括助理人员、外聘专家）为证明某事项，自己动手对有关资料进行计算和分析而得到的书面证据，如注册会计师自己动手编制的各种计算表、分析表等。亲历证据是注册会计师为了达到审计目标，自己运用专业的判断和相关的程序和方法对相关的数据、资料进行再加工而得到的书面证据，它比其他来源的书面证据更具有说服力。

3. 电子视听证据

电子视听证据是通过检查电子数据或影音形态存在的资料所获得的证据，包括电子数据证据和视听证据。电子视听证据是伴随现代科技技术发展而出现的新型审计证据形式。电子数据证据是指存储于计算机或其他存储电子设备里的相关指令和资料，包括计算机程序和信息系统中所存储和处理的资料等。视听证据是与审计相关的以视频、音频为存在形式的审计证据资料，如会议录像、访谈录音等。

电子视听证据能用于直接证实有关被审事项，但由于电子文件的易被篡改性，注册会计师在获取和使用这类证据时，应注意保存和认证是不是未被更改的原始数据。

4. 口头证据

口头证据指被审计单位职员或者其他相关人员口头答复注册会计师的提问而形成的一种审计证据。在审计过程中，注册会计师常会向有关人员提问的问题有：①会计记录和文件存放在哪里？②此异常事项发生时的真实情况是什么？③采用特别的会计政策和方法的理由是什么？④被发现的舞弊事项的实情如何？

口头证据的可靠性较差，通常口头证据并不能说明事实的真相，需要其他相应的证据作为支持，或成为其他证据的辅助证据。

5. 环境证据

环境证据是指对被审计单位产生影响的各种环境事实。环境证据不能用于直接证实有关被审事项，但可以帮助注册会计师了解被审计单位所处的环境情况和特征，判断其他审计证据的收集程度和可靠性。环境证据包括的内容有：①有关行业和宏观经济的运行情况；②有关内部控制情况；③被审计单位管理人员的素质；④各种管理条件和管理水平。

综上对实物证据、书面证据、电子视听证据、口头证据和环境证据这四种审计证据形式的描述可知，实物证据、书面证据、电子视听证据、口头证据和环境证据的可靠性是递减的。

表16-1 按证据外在形式分类的各类别证据比较

类别	优点	缺点
实物证据	证明实物的存在性，是非常可靠的证据	难以证明实物资产的所有权、质量和实际价值。
书面证据： ①亲历证据 ②外部证据 ③内部证据	使用范围最广、数量最多	
电子视听证据	可直接证实有关事项	易被篡改

（可靠程度递减）

续上表

可靠程度递减

类别	优点	缺点
口头证据	提供线索	不能说明事实的真相，可靠性差
环境证据： ①行业和宏观经济的运行情况 ②内部控制情况 ③被管理人员的素质 ④管理条件和管理水平	提供线索	不能直接证实有关被审事项

其次，按证据支持审计结论程度分类，可将审计证据分为直接证据和间接证据。

1. 直接证据

直接证据是指与被证实事项和具体审计事项直接相关的、有直接证明作用的证据。如对于某个待证事项，事项直接参与人的口头描述属于直接证据。又如要确认资产负债表的数据的恰当性，用以编制报表的各账户的余额就是直接证据。

2. 间接证据

间接证据是指与被证实事项和具体审计事项间接相关的、起到间接证明作用的证据。如对于某个待证事项，第三人对事项直接参与人的口头描述就是间接证据。又如要确认资产负债表的数据的恰当性，财务人员和管理人员的素质就属于间接证据。环境证据经常被作为间接证据。

在整个审计过程中，审计师不应孤立地看待某个审计证据，而应根据具体的审计目标将不同形式、不同来源的审计证据综合考虑，才能反映出审计结论的一致性。

16.1.2　审计证据的特征

注册会计师要确保审计目标实现，形成有说服力的审计意见，必须保证能收集到充分、恰当的审计证据。只有建立在有说服力的审计证据的基础之上形成的审计意见和审计报告才能让人信赖。影响审计证据说服力的两个因素是审计证据的充分性和恰当性，而这两个因素也正是审计证据的特征。

一、审计证据的充分性

审计证据的充分性是指审计证据的数量需足够充分，是注册会计师能达成审计目标所需的最低审计数量要求，它主要是通过注册会计师选取的样本范围和规模来衡量。

审计证据的数量越多，自然审计证据就越充分。但审计证据是越多越好吗？答案是否定的。因为需要的审计证据越多，注册会计师就要付出越多的时间和精力去搜集和分析它们。出于审计成本和效率的考虑因素，注册会计师通常会把所需审计证据的范围和数量降低到最低的可接受水平,以尽可能低的审计成本获取充分、恰当的审计证据。

审计的样本规模受多项因素的影响,包括:①审计风险;②具体审计项目的重要性;③注册会计师的审计经验;④审计过程中是否发现错报;⑤审计证据的质量。相较各影响因素的性质不同,所需样本规模的不同,具体情况见下表。

表 16-2　审计的样本规模与影响因素

影响因素	性质	样本规模
审计风险	高	大
	低	小
具体审计项目的重要性	重要	大
	不重要	小
注册会计师的审计经验	丰富	小
	缺乏	大
审计过程中是否发现错报	发现错报	大
	没发现错报	小
审计证据的质量	高	小
	低	大

其中最重要的影响因素是审计风险,而影响审计风险最重要的因素就是重大错报风险。重大错报风险既受到公司业务的特征、复杂度、管理层专业能力和职业操守等因素影响,也受到公司治理机构问题和内部控制有效性的因素影响,即是公司内部控制能否防范、觉察和改正各种错报的能力。高效的公司治理能够降低公司的重大错报风险。被审计单位的重大错报风险越高,需要的审计证据可能就越多。

案例:审计证据的选择——该如何选择样本?

这次小 B 需要获取证明上市公司 C 在报表中所记录的存货确实存在、账实相符且估值正确的审计证据。小 B 想,在上一次对上市公司 Z 的审计中,抽取的存货样本比例是 30%,那这一次也按 30% 的比例抽取存货样本作为审计证据。

Jany 知道小 B 的想法后,大吃一惊:小 B 想问题的方式怎么会如此简单?耐心的 Jany 还是向小 B 详细讲解了她否定小 B 的想法之缘由:"C 公司的产品是有时效性的,过时的可能性高于 Z 公司的产品,所以我们要对公司 C 抽取更高比例的存货样本,以确定其存货是否过时。"

二、审计证据的适当性

审计证据的适当性是对审计证据质量的一种度量,即审计证据在实现与各类交易与事项、账户余额、列报和披露相关的审计目标时的相关性和可靠性。审计证据的质量越高,就越能帮助注册会计师判断财务报表的公允性,从而更好地达成审计目标。

这里需要指出的是,审计证据的适当性会影响充分性。一般认为,审计证据的适当性越高,则充分性可相应降低。也就是说,审计证据的质量越高,则注册会计师需要审计证据的数量越少,反之亦然。要提高审计质量,需选取能提高审计证据相关性和可靠性的审计证据。

1. 审计证据的相关性

审计证据的相关性是审计证据与注册会计师正在测试的审计目标相关联程度的度量。审计证据必须与审计目标有逻辑上的联系,并能支持审计结论和审计目标。

在确定审计证据的相关性时,注册会计师应当考虑:

(1) 审计证据的相关性应结合具体的审计目标。审计证据与某一审计目标相关并不代表其与另一审计目标也相关。例如,存货的盘点与账户余额相关的审计目标存在相关,但与审计目标——权力和义务以及准确性不相关,也就是说,存货的盘点结果只能证明记录的存货确实存在,却不能证明存货的所有权以及价值情况。

(2) 可通过获取不同类型的审计证据,去验证同一个具体的审计目标。例如,为了证实记录的存货的所有权,注册会计师可通过取得相关的书面证据和口头证据去验证存货确实为被审计单位所有。

2. 审计证据的可靠性

审计证据的可靠性是指审计证据能够客观、真实地反映经济活动,是对审计证据的可信程度的度量。

审计证据的可靠性指审计证据能够反映和证实客观经济活动特征的程度。审计证据的可靠性受到被审计单位风险水平、注册会计师的经验、审计证据的类型、来源等因素的影响。

(1) 被审计单位风险水平。在审计证据充分性中关于影响审计样本规模的因素中已经提到,被审计单位的审计风险中重大错报风险水平越高,即财务信息出现重大错报的可能性就越高,则其审计证据的可靠程度越低。内部控制系统的有效性是影响重大错报风险水平的一个重要因素,因此,通过有效的内部控制而生成的审计证据比内部控制薄弱的情况下生成的审计证据更可靠。

(2) 审计证据的类型。在之前关于审计证据分类的内容中已经提到,按审计证据外在形式分类的审计证据类型中,实物证据、书面证据、口头证据和环境证据,它们的可靠性是递减的。如以书面记录形式存在的审计证据比口头形式的审计证据更可靠。

(3) 审计证据的来源和性质。根据审计证据的来源,审计证据可靠性的判断标准是:①外部独立来源与其他来源。从独立的第三方获取的审计证据的可靠性要高于从其他来源获取的审计证据。如要验证财务报表记录的应收账款的真实和准确性,那么应收账款询证回函比被审计单位提供的有关应收账款的会计记录要可靠。②直接获取与间接获取。直接获取的审计证据的可靠性高于间接获取的审计证据。如要证实出纳手续齐全、账实相符,那么注册会计师通过直接观察出纳人员平时的业务操作以及进行现金盘点获取的证据比询问被审计单位有关人员关于货币资金的内控流程更可靠。③从原件获取与从传真或复印件获取。从原件获取的审计证据的可靠性高于从传真或复印件获取的审计证据。

16.1.3 获取审计证据的审计程序

审计程序也就是审计的具体方法,是注册会计师取证的具体手续。审计程序与审计目标的关系见图16-2:注册会计师若要实现审计目标,则需收集到充分、恰当的审计证据,而审计程序就是注册会计师获取充分、恰当的审计证据的一种方法和手段。

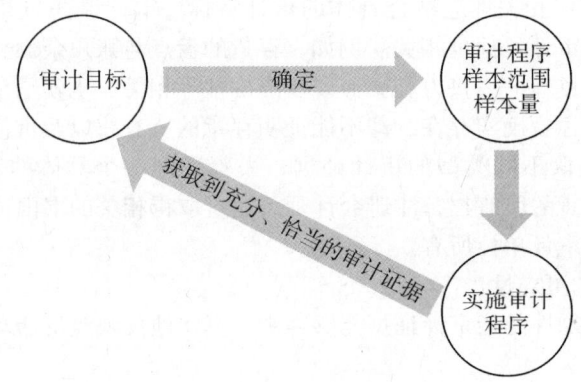

图16-2 审计程序与审计目标的关系

注册会计师可采用的审计程序有检查、观察、询问、函证、计算、重新执行、分析程序等。

一、检查

检查指对有关会计资料和其他资料(包括书面、电子及其他形式存在的资料)进行审阅和复核,以判断其记录内容真实性和恰当性的一种审计程序和方法。检查内容包括记录、文件以及有形资产。

1. 检查记录或文件

检查记录或文件指对被审计单位内、外部生成的记录或文件进行阅读和审查。例如检查会计凭证与原始凭证的内容是否相符,本期会计报表中使用到的前期报表数据是否与前期会计报表上的有关数据相符等。注册会计师在运用检查记录或文件的方法获取审计证据时,应注意:

(1)检查财务报表时,应审查财务报表的编制是否符合相关会计制度的规定;

财务报表的附注是否对应予揭示的重大问题作了充分的披露。

（2）检查会计账簿时，应审查会计账簿的编制是否符合相关会计制度的规定。如会计分录的编制和账户运用是否恰当；原始凭证是否完备，是否与账簿记录内容一致；货币收支的金额有无异常现象等。

（3）检查原始凭证时，应审查原始凭证手续是否完备，有无相关责任人的签字，有无涂改或伪造现象等。

通过检查记录或文件获取的审计证据，其可靠性根据记录或文件的来源和性质的不同而有所差异。

2. 检查有形资产

检查有形资产是对实物资产进行审查的一种审计程序。检查的有形资产包括固定资产、现金、存货、应收票据、有价证券等。检查有形资产主要是为了证明被审计单位记录的相关有形资产是否真实存在且不存在漏记、短缺的问题。

二、观察

观察是注册会计师实地查看被审计单位的有关业务活动、执行程序和内部控制执行等情况从而获取审计证据的一种方法。例如对被审计单位的存货盘点活动和流程进行观察，或对出纳人员的工作流程进行观察等。

通过观察的方法获取的审计证据通常属于环境证据。注册会计师能通过观察了解被审计单位的有关内部控制情况、管理条件、生产经营环境等信息和证据。通过观察获取的证据通常不能作为直接的审计证据，只能作为辅助证据，在观察中所发现的问题也需进一步进行审计以获取其他审计证据。

对被审计单位进行突击观察或者在相关人员不知已被观察的情况下进行观察所获得的审计证据要比相关人员已知被观察时获得的审计证据要真实可靠。因为若相关人员已知被观察，那么他们很可能就会执行与平时不一样的活动或程序，这样观察得来的审计证据就是不真实的。

三、询问

询问是指注册会计师通过口头或者书面的形式向被审计单位职员或者其他相关人员就审计事项进行提问，并对答复信息进行评价的一种获取审计证据的方法。

通过询问方式获取的审计证据，其可靠性较差，通常并不足以发现重大错报，也不足以测试内部控制运行的有效性，不能说明事实的真相，需要其他相应的证据做支持，或成为其他证据的辅助证据。

四、函证[①]

函证是指注册会计师通过向被审计单位以外的第三方发函就某个待证事项询证的一种取证方法。通过函证这个审计程序获取的审计证据，因为是来自独立的第三方，

---

① 参见 http：//wenku.baidu.com/view/35116e290066f5335a8121ca.html

因此可靠性较高。

1. 函证的项目

（1）注册会计师应对银行存款、借款及与金融机构往来的其他重要信息实施函证，以证实它们的实际存在情况。同时，注册会计师也应对银行存款或借款中在本期内被注销或者余额为零的账户进行函证，以证实被审计单位确实未隐瞒部分银行存款或借款。

（2）注册会计师应对应收账款实施函证，除非注册会计师认为函证极可能无效或者有充分证据表明此应收账款对财务报表不重要。

（3）其他可实施函证的项目包括：应收票据、其他应收款、应付账款、预收账款、委托贷款、短期投资、长期投资、或有事项、重大或异常的交易、保证、抵押或质押等。

在函证的过程中，对于被函证事项注册会计师通常会先由被审计单位签名确认，并以被审计单位的名义亲自向有关的第三方投递函件并收悉回函。在得到第三方的对待证事项的声明的回函后，注册会计师再进行跟进和评价。如果没有回函或者回函结果不满意或无效，注册会计师应当实施必要的替代审计程序，以获取相应的审计证据。

2. 询证函的分类

根据被询证人的不同，询证函可分为：

（1）银行询证函：向被审计单位的存款银行及借款银行发出的询证函。银行询证函用于检查被审计单位在特定日期银行存款或借款的余额、存在性与完整性。完整的银行询证函一般包括：存款、借款、销户情况、委托存款、委托贷款、担保、承兑汇票、贴现票据、托收票据、信用证、外汇合约、存托证券及其他重大事项。

（2）企业询证函：向被审计单位的债权人和债务人发出的询证函。企业询证函用于检查被审计单位在特定日期债权或债务的存在性和完整性。企业询证函通常包括双方在截止于特定日期的往来款项余额。往来征询函样例见图16-3。

律师询证函：向为被审计单位提供法律服务的律师及其所在的律师事务所发出的询证函。律师询证函用于检查被审计单位在特定日期是否存在任何未解决诉讼及其可能产生的影响以及律师费的结算。

（3）其他询证函：向其他机构如律师事务所、证券交易所、保险公司或政府部门发出的询证函，用以检查被审计单位的诉讼情况、持有的证券、保险合同条款或注册资本情况等信息。

根据对回函的要求不同，询证函可分为：

（1）积极式询证函：无论询证函记录与被询证单位记录是否一致，都要求被询证单位进行回函。

（2）消极式询证函：仅当询证函记录与被询证单位记录不一致时，才要求被询证单位回函；当询证函记录与被询证单位记录一致时，不要求回函。消极式询证函的使用，应同时满足几个条件：重大错报风险评估为低水平，预期不存在大量的错报，涉及大量余额较小的账户，认为被询证单位会认真对待函证。

往来询证函
REQUEST FOR CONFIRMATION OF BALANCES

致 XX： 函证编号：1

    本公司聘请的 XXX 会计师事务所正在对本公司进行审计。按照中国注册会计师独立审计准则的要求，应当询证本公司在贵单位的往来余额。下列数据出自本公司账簿记录，如与贵单位记录相符，请在本函下端"数据证明无误"处签章证明，如有不符，请在"数据不符"处列明不符金额。回函请寄 XXX 会计师事务所审计三部。

Dear Sir/Madam，

    As part of our auditors' regular examination of our accounts, Messrs. xxx, in accordance with "Independent Auditing Standards of Chinese Certified Public Accountants", wish to confirm the balance of our account with you. The following data are copied from the Company's account books. If you agree with the balance overleaf, please confirm it by signing at the foot of the page. Should you disagree with the balance, please provide details of the difference. Whatever the result is, kindly mail it directly to our auditors addressed below：

    As part of our auditors' regular examination of our accounts

地址：	邮编：
DEERESS：	CODE：
电话：	传真：
TEL：	FAX：

本函仅为复核账目之用，并非催款结算。
Please note that this is just a confirmation of account balance and not a request for payment.

截止日期 （Balance as at）	币别	贵单位欠款 （Due from you）	币别	结欠贵单位 （Due to you）	备注（Memo）

如款项在上述日期之后已经付清，仍请及时函复为盼。
If the payments have been paid after the above date, please still return the page ASAP.

公司名称   公司签章（Stamp）   发函日期（Date）
（Name of enterprise）

结   论
（Conclusion）：

1. 数据证明无误。 （We confirm the above to be correct）：	2. 数据不符，请列明不符金额并加以说明。 （If the data is not same, please list the details）
单位签章 日期 （Stamp） （Date）	单位签章 日期 （Stamp） （Date）

图 16-3   往来询证函样例

五、计算

计算是对被审计单位的原始凭证、会计记录及其他记录和文件中的数据所进行的验算或另行计算的一种审计程序。进行计算，是为了验证财务报表、会计账簿、记账凭证等有关数据的正确性。计算的方式可以使用人工直接计算或者使用计算机等电子辅助设备进行计算。例如加总日记账和明细账、检查折旧费用的计算、对原始凭证的合计数的计算、报表有关项目和指标的计算等。在审计过程中，审计师往往需要运用大量的计算来获取相关审计证据。注册会计师在运用计算方法的过程中，应采用与被审计单位一致的会计核算原理和计算方法。通过计算所获取的证据属于亲历证据，可靠程度较高。

六、重新执行

重新执行，是对有关业务活动或内部控制组成部分的程序独立地进行重新执行验证的一种审计程序。同样，重新执行的方式可以使用人工方式也可以借助计算机等电子辅助设备进行。例如，注册会计师利用被审计单位的银行存款日记账和银行对账单，重新编制银行存款余额调节表，并与被审计单位编制的银行存款余额调节表进行比较。

七、分析程序

分析程序是指注册会计师通过分析被审计单位财务数据之间以及财务数据与非财务数据之间的关系、调查异常变动及其与预期数额和相关信息的差异而获取审计证据的一种审计程序。分析程序方法可以获得有关项目存在异常波动和差距的证据。对于异常变动项目，在必要时注册会计师应增加审计程序，以获取更为充分、恰当的审计证据。

在实施分析程序时，注册会计师可采用简单比较、趋势分析、比率分析、结构百分比分析、回归分析等分析方法。

16.2 审计工作底稿

16.2.1 审计工作底稿的定义和作用

一、审计工作底稿的定义

审计工作底稿，是指注册会计师对制定的审计计划、实施的审计程序、获取的相关审计证据，以及得出的审计结论做的记录。审计工作底稿是审计证据的载体，在审计过程中形成，也反映审计过程。随着现代信息技术的发展，审计工作底稿可以以实物形式存在，也可以以电子形式存储。

二、编制审计工作底稿的目标和作用

注册会计师编制审计工作底稿的主要目标是：

（1）提供证据，作为注册会计师得出实现总体目标结论的基础；

（2）提供证据，证明注册会计师按照审计准则和相关法律法规的规定计划和执行了审计工作。

审计工作底稿的主要作用有：

（1）有助于项目组计划和执行审计工作；

（2）有助于负责督导的项目组成员按照《中国注册会计师审计准则第1121号——对财务报表审计实施的质量控制》的规定，履行指导、监督与复核审计工作的责任；

（3）便于项目组说明其执行审计工作的情况；

（4）保留对未来审计工作持续产生重大影响的事项的记录；

（5）便于会计师事务所按照《质量控制准则第5101号——会计师事务所对执行财务报表审计和审阅、其他鉴证和相关服务业务实施的质量控制》的规定，实施质量控制复核与检查；

（6）便于监管机构和注册会计师协会根据相关法律法规或其他相关要求，对会计师事务所实施执业质量检查。

三、审计工作底稿的分类

1. 综合类工作底稿

综合类工作底稿包括两个方面的内容，一是在审计计划阶段，注册会计师为计划和控制整个审计过程所形成的工作底稿，如审计业务约定书、审计计划、未审会计报表等。二是在审计完成阶段，注册会计师为总结整个审计工作而形成的工作底稿，如审计报告、管理建议书、被审计单位管理当局声明书以及注册会计师对整个审计工作进行组织管理的所有记录和资料。

2. 业务类工作底稿

业务类工作底稿指注册会计师在审计实施阶段为执行具体审计程序所形成的工作底稿，如询证函、固定资产盘点表、现金盘点表、内部控制问题调查表和流程图、实质性程序中形成的项目明细表、分析性测试表等。

3. 备查类工作底稿

备查类工作底稿指注册会计师在审计过程中形成的、对审计工作仅具有备查作用的工作底稿，如营业执照、章程、组织机构及管理人员结构图、内部控制制度、协议、董事会会议纪要、重要经济合同等。要注意的是，注册会计师应根据需要，将上述资料中与具体审计项目有关的内容复印或摘录后归入业务类工作底稿的具体审计项目之后。

表16-2　综合类、业务类及备查类审计工作底稿一览表①

档案内容	档案内容
综合类工作底稿： 　报告审核单 　审计报告 　审计报告底稿（未定稿） 　管理建议书 　管理建议书底稿 　已审会计报表 　未审会计报表 　合并报表工作底稿 　合并抵消分录工作底稿 　试算平衡表工作底稿 　调整分录汇总表 　重分类调整分录汇总表 　未调整不符事项汇总表 　客户管理部门声明书 　当年重大会计政策变动记录 　审计过程中重大问题请示报告 　与客户交换意见记录 　审计工作小结 　审计业务约定书 　总体审计计划	备查类工作底稿： 　组织机构及管理人员结构资料 　营业执照复印件 　政府批文复印件 　公司成立合同、协议、章程复印件 　纳税鉴定文件复印件 　董事会会议纪要或摘录 　内部控制的调查与评价 　重要长期经济合同、协议复印件 　验资报告（复印件） 　评估报告书（复印件） 　主要资产的所有权证明复印件 　上年审计报告复印件
	业务类工作底稿： 　控制测试工作底稿 　流动资产类工作底稿 　长期投资类工作底稿 　固定资产工作底稿 　无形资产工作底稿 　递延资产工作底稿 　流动负债类工作底稿 　长期负债类工作底稿 　所有者权益类工作底稿 　损益类工作底稿 　需关注的重要事项类工作底稿 　完成后期审计工作 　具体审计计划（审计程序）

16.2.2　审计工作底稿的基本要素和编制要求

一、审计工作底稿的基本要素

审计工作底稿中记录的内容各不相同，形式也多种多样，没有固定的形式，但通

---

① 参见 http://wenku.baidu.com/view/a5c11c6f561252d380eb6e28.html.

常包括以下要素：

(1) 被审计单位名称；

(2) 审计项目名称；

(3) 实施审计项目的期间或时间点；

(4) 实施审计程序的过程和结论；

(5) 审计项目执行人员姓名、审计工作底稿编制日期；

(6) 复核人员姓名、复核日期；

(7) 索引号及页码；

(8) 附件数量。

表 16-3　银行存款审定表

被审计单位名称：ABC 有限责任公司				页次：1	索引号：A-2			
审计项目名称：货币资金				执行人：张三　日期：2013 年 1 月 21 日				
会计期间或截止日：2012 年 12 月 31 日				复核人：李四　日期：2013 年 2 月 4 日				
开户银行名称及账号	银行存款账面余额			银行对账单余额	调节相符	调整数	审定数
	原币	汇率	记账本位币				
合计							
审计说明及调整分录：							
审计结论：							

二、审计工作底稿的编制要求

注册会计师编制的审计工作底稿，应当使得未曾接触该项审计工作的有经验的专业人士[①]清楚了解：

(1) 按照审计准则和相关法律法规的规定实施的审计程序的性质、时间安排和

[①] 有经验的专业人士，是指会计师事务所内部或外部的具有审计实务经验，并且对下列 4 方面有合理了解的人士：审计过程，审计准则和相关法律法规的规定，被审计单位所处的经营环境，与被审计单位所处行业相关的会计和审计问题。

范围；

（2）实施审计程序的结果和获取的审计证据；

（3）审计中遇到的重大事项和得出的结论，以及在得出结论时作出的重大职业判断。

根据《中国注册会计师审计准则第1131号——审计工作底稿》的规定，注册会计师编制的工作底稿应记录以下内容：

（1）注册会计师应当记录与管理层、治理层和其他人员对重大事项的讨论，包括所讨论的重大事项的性质以及讨论的时间、地点和参加人员。

（2）如果识别出的信息与针对某重大事项得出的最终结论不一致，注册会计师应当记录如何处理该不一致的情况。

（3）在极其特殊的情况下，如果认为有必要偏离某项审计准则的相关要求，注册会计师应当记录实施的替代审计程序如何实现相关要求的目的以及偏离的原因。

（4）在某些例外情况下，如果在审计报告日后实施了新的或追加的审计程序，或者得出新的结论，注册会计师应当记录：①遇到的例外情况；②实施新的或追加的审计程序，获取的审计证据，得出的结论，以及对审计报告的影响；③对审计工作底稿作出相应变动的时间和人员，以及复核的时间和人员。

（5）编制审计工作底稿的文字应当使用中文。少数民族自治地区可以同时使用少数民族文字。中国境内的中外合作会计师事务所、国际会计公司成员所可以同时使用某种外国文字。会计师事务所执行涉外业务时可以同时使用某种外国文字。

16.2.3 审计工作底稿的归档

《中国注册会计师审计准则第1131号——审计工作底稿》要求注册会计师在审计报告日后60天内或审计业务中止后的60天内及时将审计工作底稿归整为审计档案，并完成归整最终审计档案过程中的事务性工作。并应当自审计报告日或审计业务中止日起，对审计工作底稿至少保存10年。

若在完成最终审计档案归整工作后，如果注册会计师发现有必要修改现有审计工作底稿或增加新的审计工作底稿，无论修改或增加的性质如何，注册会计师均应当记录：①修改或增加审计工作底稿的理由；②修改或增加审计工作底稿的时间和人员，以及复核的时间和人员。

本章阐述了审计证据的含义、种类、特征以及获取审计证据的审计程序。审计证据的种类包括实物证据、书面证据、电子试听证据、口头证据、环境证据等，为了保证审计目标能最终实现，审计证据有充分性和恰当性两个特征。可通过检查、观察、询问、函证、重新执行、分析程序等审计程序获取审计证据。审计底稿是审计证据的载体，本章最后介绍了审计工作底稿的定义、作用、编制要求及其归档。

复习题

1. 什么是审计证据？
2. 审计证据有哪些分类？
3. 审计证据有哪些特征？
4. 获取审计证据的审计程序有哪些？
5. 审计工作底稿有什么作用？
6. 审计工作底稿的基本要素有哪些？

第17章 审计方法

> **引例：磨刀不误砍柴工**
>
> 中文系的同学小D问小B："你们的审计是怎么做的呀？这么神秘！"小B眨着眼睛说："我们有秘密武器。有人说，方法是手中的武器，我认为不是的，审计方法如心中的本事，别人是夺不走的。手中的武器，是可以被夺走的。孙子兵法说，知之者胜，不知者不胜。"小D说："你什么时候掌握的这些审计方法呀？"小B说："以前在课堂上学过一些，可惜现在很多课本针对社会审计，较少专门涉及审计方法。后来大多在工作时跟着老前辈学的，所谓磨刀不误砍柴工。我很努力的呀。"
>
>
>
> 磨刀不误砍柴工

17.1 审计方法的定义

审计方法指审计人员检查和分析审计对象、收集审计证据，并对照审计依据或标准进行评价，从而形成审计结论和意见的各种专门技术手段的总称。

审计方法可以从狭义和广义两个方面理解。狭义的审计方法，是指审计人员为取得充分有效的审计证据而采取的一切技术手段。广义的审计方法定义为：审计方法不只是用来收集审计证据的技术，而将整个审计过程中所运用的各种方式、方法、手段、技术都包括在审计方法的范畴之内。

17.2 审计方法模式的演变

审计方法随着审计实践的丰富与审计理论的发展而发展，先后经历了由简单到复杂、由低级到高级的历史演变过程。审计方法的演变主要是经历从单项详查演变到系统抽查，经历了详细检查、一般抽查、依赖控制测试等三个阶段。

一开始的审计，其目标是为了查防错弊，因此采用详细的手段，对被审计资料逐项审查，从而发现会计资料中存在的错误和弊端。早期审计目标单一，任务不重，经验不足，这种详细的审计有可能也有必要。随着审计范围的扩大、任务的增加，详细的审计无法满足广大客户对审计的要求。随着企业管理水平的提高和审计经验的积累，抽样审计便应运而生。但这种抽样方法只是一种工作量的减少，科学性有待提高。而后审计人员采用判断抽样法，凭经验通过观察与判断，在大量的资料中抽取有问题或者有可能产生问题危险的资料进行详查，对其他资料只做一般查阅，这样节约了审计时间，又减少了审计的盲目性，有利于提高审计效率与拓宽审计的范围。为了避免判断抽样的审计风险，审计人员又采用随机抽样方法，通过科学计算抽取样本和预测，控制抽样风险。运用概率论与数理统计的原理进行随机抽样，仍然避免不了被抽中的样本出现偏倚、失去代表性的问题，比如被抽中的样本都出现问题，或者有问题样本未被抽中等问题，这样的样本很难反映出总体的性质。

在单项详查与一般抽查的漫长实践过程中，审计人员发现许多错误重复出现，开始考虑是不是管理系统与管理制度上出现了问题；如果是整个控制系统有问题，理应从制度、系统查起，必要时，可建议改变制度及系统的控制。于是，审计就从单项详查与一般抽查，发展到在经营管理、决策、制度等方面进行比较全面的检查，从而产生了全面审计的指导思想。到了 20 世纪，西方审计界普遍认为，对内部控制的评价是决定抽样技术是否成功的先决条件。

在依赖内部控制制度审计的基础上，发展为以风险为导向的审计模式。通过对企业环境和企业经营进行全面的风险分析，并以此为出发点，制定审计战略，制定与企业状况相适应的多样化审计计划，以达到审计工作的效率性和效果性。要求不仅应检查与会计制度有关的因素，而且应检查被审计单位内外的各种环境因素，不仅应进行与会计事项有关的个别风险分析，而且应进行涉及各种环境因素的综合风险分析。风险导向审计模式是对制度导向审计的发展，代表了现代审计方法发展的最高趋势。

因此，审计方法不是一成不变的，它随着社会经济的发展、科学技术的进步以及审计事业的发展，由简单到复杂、从低级到高级、由单一到系统，不断进步，不断完善，最终形成科学的体系。

17.3 审计方法的选用原则

审计方法有很多种，在选用时必须遵循一定的原则。正确地选用审计方法则是保证有效发挥审计监督的职能作用，实现审计目标的重要条件。审计方法的选用一般要遵循以下原则：

1. 审计方法的选用要服从审计目标

不同的审计项目适合用不同的审计方法。也就是说，不同类型的审计或同一类型的不同审计项目，或是同一审计项目，可能需要经过不同途径获取多种证据。如财务收支审计主要运用查账的方法，如审阅法、复核法、核对法、函证法等；经济效益审计既要运用财务审计的一般方法，又要运用多种分析方法及现代管理方法，如经济活动分析、技术经济分析、决策分析和数学分析等。因此，就每个具体的审计项目而言，应具体分析以后才能决定选用何种方法。

2. 审计方法的选用需要符合被审计单位的实际情况

被审计单位情况不同，需要选用的审计方法也不相同。

3. 审计方法的选用要符合审计人员的能力

审计工作既要求审计人员具有相应的专业知识和其他学科的专门知识，又要求审计人员具有丰富的实践经验、敏锐的观察力和职业判断能力。但人无完人，为充分利用每个审计人员的业务能力，又能保证收集到所需的合理证据，在选用审计方法时必须考虑审计人员的素质，即看看该审计人员的素质是否与运用该方法时所需具备的能力相适应。

4. 审计方法的选用要考虑审计方式

审计方式不同，选用审计的方法也不同。如行政事业单位实行报送审计，则一般就不需要运用盘存法去核实资产（特例除外）；进行就地审计时，常常需要盘存法核实资产的实有数。如在进行全面审计时，则一般可以采用逆查法和抽查法；若进行专题审计，则一般要用详查法、顺查法等。如要真正彻底查清问题，则需要很多方法配合使用。

5. 审计方法的选用要考虑审计结论的保证程度和成本效益原则

审计结论的保证程度不同，需要不同的审计证据支持审计结论。保证程度越高，需要更多的审计证据支撑，也就决定了审计方法的选用。要保证审计结论完全可靠，则必须进行详查，其结果也就必然要综合运用各种审计方法；如果保证程度是一定的程度，那么就可以采用抽样审查。同时，不同证据要用不同方法才能获得。如实物证据的获得必须运用盘点法，第三方的外来证据要运用函证法或询问法等。审计成本也决定了审计方法的选用。审计人员既要考虑成本的限度，同时又要考虑由于降低成本而对审计结论产生的影响，再决定应选用哪种审计方法。

17.4 审计方法的类型

审计方法从方式、方法、手段、技术上看可以分为很多类型，它贯穿于整个审计工作过程，而不只存于某一审计阶段或某几个环节。审计工作从制定审计计划开始，直至出具审计意见书、依法作出审计决定和最终建立审计档案，都有运用审计方法的问题。从总体上看，审计方法可分为审查书面资料的方法、证实客观事物的方法和分析经济问题的方法三大类。

一、审查书面资料的方法

（一）按审查书面资料的技术不同分类

1. 审阅法

审阅法包括对原始凭证的审阅、记账凭证的审阅、账簿的审阅、报表的审阅和其他书面资料的审阅。

（1）原始凭证的审阅。例如，审阅购料业务的原始凭证时，首先要察看有无购料发票、购料发票是否为增值税专用发票（如果被审计单位为一般纳税人），发票的抬头人是否为被审计单位，日期是否在被审计期内。所购物料是否为生产所需，有无请购单，采购地点、供货单位是否与采购合同相符，材料入库有无收料单或使用人的签收单、证明材料确已收入。采购单价是否符合合同规定，货款计算是否正确，有无已付款的支票存根，存根金额与购货发票、合同金额是否相符。如采用折扣方式购料，付款时间是否在折扣期，折扣的计算是否符合合同要求等。审阅原始凭证时，也应做好相应的准备。例如，预先收集有关经办人员的签字盖章，供货单位的公章等，以便核查是否真实，最后还要看购货发票是否盖有"付讫"及其日期的图章等。从上述可知，审阅原始凭证，必须将有关单据全面地相关联地审阅，即要审阅有关的一系列资料，才能取得充分可靠的证据，作为提出审计意见的基础。

（2）记账凭证的审阅。例如，审计人员在审查某企业12月份销售收入业务时，发现一张记账凭证的记录为"借：应收账款 200 000 元，贷：销售收入 200 000 元。"按常规，作为记录产品销售收入的记账凭证，应附有产品销售发票的会计入账联等其他单据，但这张记账凭证却未附任何原始凭证。通过进一步查询得知，被审计单位为了完成当年的利润指标，私制了这张虚假的转账凭证，并准备下年初用红字冲回。

（3）账簿的审阅。例如，审查企业其他应收账款明细分类账。一般的业务记录都有借方、贷方，即便有几笔借方记录，也属金额较小、时间较短的正常业务。经查有一笔 500 000 元的借方记至年底仍未归还，后经进一步核查，原来是投资单位抽走的投资款。

（4）报表的审阅。报表的审阅比较复杂。财务报表的审阅决不止采用审阅一种技术，而是一个复杂的应用有关审计技术体系的问题。从审阅技术上讲，应着重审阅报表的项目是否填列齐全，表内的对应关系和平衡关系是否正确无误，报表附注是否填写，有关主管的签字盖章是否齐全。

(5) 其他书面资料的审阅。例如，审阅预算、计划、方案时，应注意制定得是否切合实际、有无相应的措施等；审阅合同时要注意合同主要条款的内容是否完备齐全并合法，措辞是否明白准确；审阅规章制度时要注意其内容是否合理，有关的规章制度是否都已订立等。

审阅法的方法主要有以下几种：①从有关数据的增减变动有无异常，来鉴别被审计单位可能在哪些方面存在问题；②从会计资料和其他资料反映经济活动的真实程度，来鉴别被审计单位有无问题；③从会计账户对应关系的正确性，来鉴别被审计单位有无问题；④从时间上有无异常，来分析判断被审计单位是否存在问题；⑤从单位购销活动有无异常，来鉴别被审计单位有无问题；⑥从业务经办人的业务能力、工作态度以及思想品德，来鉴别可能存在的问题；⑦从资料本身应具备的要素内容，去鉴别问题存在的可能性。

2. 核对法

核对法是指对被审计单位的凭证、账簿和报表等书面资料，按照其相互的内在关系进行对照检查，借以查明证证、账证、账表、表表之间是否相符，从而取得有无错弊的书面证据的一种复核查对方法。

(1) 证证核对：将原始凭证与记账凭证、汇总记账凭证与分录记账凭证核对，查其是否相符。例如，审查材料采购业务，为了查明所购材料是否已经收到，可将购料发票与收料单核对，检查其日期、品名、规格、数量是否相符。

(2) 账证核对：将记账凭证、某些原始凭证与账簿核对，查明账证是否相符。例如，将银行存款支出凭证与银行存款日记账核对，应根据凭证的内容核对日记账上所记载的日期、记账凭证编号、支票号码、对方科目、金额、内容摘要等是否相符。

(3) 账账核对：将账和账进行核对，查明账账是否相符。例如，审计人员审查某企业年度资产负债表时，发现应付账款项目余额 1 500 000 元，比其明细分类账余额合计 1 450 000 元多出 50 000 元，将明细表与明细分类账各账户余额核对无误。再核对资产负债表上预付账款项目余额 250 000 元，与其明细分类账合计数 200 000 元核对多出 50 000 元。凭经验看，可能有同一客户，既为购货人，又为供货人，由于过账串户引起上述不符。审计人员将"应付账款"账户的贷方发生额同记账凭证核对，发现某月将应过入"应付账款"明细分类账户该客户贷方的 50 000 元误过到"预付账款"明细分类账的贷方，以致引起了上述账账不符的情况，通过审阅取得了书面显示证据，查明账簿之间不符的问题。

(4) 账表核对：将报表与有关总账和明细账核对，查明账表是否相符。账表之间的核对应注意账簿的记录时间、明细科目、金额等同报表是否相符。此外，还注意是否严格按照账簿记录编制会计报表，有无虚构数字、混淆会计期间等情况。

(5) 表表核对：将不同报表有关项目进行核对，查明相关数字是否相符。例如，利润表中的税后利润应与所有者权益变动表中的净利润相核对，资产负债表的未分配利润应与所有者权益变动表中的年末未分配利润相核对。

（6）会计资料与其他资料的核对：核对账单，即将有关账面记录与第三方的账单进行核对，查明相互是否一致，有无问题。例如银行对账单与银行存款日记账核对。

核对其他原始资料，将会计资料同其他原始记录进行相互核对，查明有无问题。例如成本计算单与在产品盘点表核对。

有关资料记录与实物的核对，核对账面上的记录与实物之间是否相符。例如固定资产的盘点。

3. 验算法

验算法，也称为复算法，或重新计算法。是指通过对有关数据指标重新计算，来验证其是否正确的一种审计方法。被审计单位的凭证、账簿、报表会有大量的数据，可能会因工作人员的疏漏或业务水平低或故意舞弊等而造成数据失真。因此，在审计时，就有必要对有关数据进行验算法。一般与审阅法结合运用，这样可提高审计的保险系数。其主要内容有：①有关审计项目小计、合计、累计、平均数和差积商的验算；②各种按规定计提比率的验算；③成本费用归集和分配结果的验算；④各种财务分析指标数值的验算等。

（二）按审查会计资料的顺序分类

1. 顺查法

顺查法，也称正查法，是指按经济活动发生的顺序，依次进行审核检查的一种审计方法。即从原始凭证的审核开始，进而以原始凭证为依据，核对并检查记账凭证，再根据记账凭证核对检查账簿，最后根据账簿核对会计报表。顺查法的最大优点是审查系统、全面，可以避免遗漏；其缺点是要面面俱到，不能突出重点，工作量大，耗费的人力、物力、时间多。因此顺查法一般适用于经济活动比较简单的企事业单位。

2. 逆查法

逆查法，也称为倒查法，是指按经济活动发生的相反顺序，进行审核检查的一种审计方法。即从审核会计报表开始，根据会计报表核对账册，然后根据账册核对并审查记账凭证、原始凭证。这种方法的优点是便于抓住主要问题，可以节省人力、物力和时间；其缺点是不能全面地审查问题，易出现遗漏。因此规模较大、业务较多的企业和事业单位可以采用这种方法。

（三）按审查书面资料的详细程度分类

1. 详查法

详查法指对被审计单位一定时期内的所有凭证、账簿和报表或某一项目的全部会计资料进行详细审查的一种方法。

2. 抽查法

抽查法指审计人员从审计对象总体中选取一定数量的样本进行测试，并根据测试结果来推断总体特征的一种审计方法。抽样法可以分为任意抽样法、判断抽样法和统计抽样法三种（详见第 22 章"审计抽样"）。

二、证实客观事物的方法

除了收集书面资料方面的信息，审计工作还必须取得实物存在方面的资料，即证明落实客观事物的形态、性质、存在地点、数量、价值等，以审核是否账目相符，有无错误和弊端。

（一）盘点法

盘点法指对被审计单位的各项财产物资进行实地盘点，以证实被审计单位的账簿记录同有关的财产物资是否一致的审计方法。盘点法一般可分为直接盘点和监督盘点两种方法。

直接盘点指审计人员在实施审计检查时，通过亲自盘点有关财物来证实与账面记录是否相符的一种盘存方法。这种方法一般对贵重财产，如稀有金属、珍宝、贵重文物和现金等盘点才采用，其他情况下由被审计单位自己盘点，同单位领导和主管人员以及审计人员签章即可。

监督盘点指审计人员现场监督被审计单位各种实物资产及现金、有价证券等的盘点，并进行适当的抽查。同时，在监盘时，审计人员还应对实物资产的质量及所有权予以关注。这种方法一般用于数量较大的实物，如厂房、机器设备、材料、商品等。

（二）调节法

调节法指由于被审计单位报告日数据与审计日数据存在差异或由于被审项目存在未达账项，通过对有关数据进行调节来验证报告日数据是否账实一致的方法。调节公式如下：

结账日账面数量 = 盘点日盘点数量 + 结账日至审计日发出数量 - 结账日至审计日收入数量

> **案例**
>
> 某企业 20×× 年 12 月 31 日账面记录结存甲材料 1000 千克，通过审阅和核对并无错弊。20×× 年 1 月 1 日至 1 月 15 日收入甲材料 20500 千克，发出 18350 千克；1 月 1 日期初余额及 1 月 1 日至 1 月 15 日的收发甲材料数额，经审核、核对也无错弊；盘点后，1 月 15 日甲材料实存数为 2500 千克。调节计算如下：
>
> 结账日甲材料数量 = 2500 + 18350 - 20500 = 350（千克）
>
> 经过上述调节，20×× 年 12 月 31 日甲材料的实存数应为 350 千克，与账面甲材料 1000 千克不一致。审计人员应要求有关人员说明原因，并查清原因。这样通过调节法发现了甲材料账实不符的错误。

（三）观察法

观察法指审计人员通过察看相关人员正在从事的活动或执行的程序，实地观察取得审计证据的一种审计技术。

例如，观察资产的占有情况。审计人员审查某企业的固定资产，通过盘点发现账实不符，后在观察企业环境时，发现有一新建职工俱乐部大楼，审计人员回忆和再次审阅固定资产明细账，并无新建增加业务，属账外资产。经查阅有关人员，得知俱乐部大楼是以该企业管理费用项下的修理费用立资，这样通过观察技术，发现账外固定资产以及管理费用开支不实的问题，从而取得了实地观察的证据。

审计人员进入被审计单位后，深入到车间、科室、工地、仓库等地，对于生产经营管理工作的进行、财产物资的保管和利用、内部控制制度的执行等，进行直接的观看视察，注意其是否符合审计标准和书面资料的记载，从中发现薄弱环节和存在的问题，借以收集书面资料以外的证据。充分收集证据，是搞好审计的关键，否则是发现不了问题的。

比如，审计人员通过对被审计单位整个管理环境进行观察，发现管理层中不乏管理方面的专家，但由于人浮于事，很多管理制度并没有到位，从而在管理上出现了失控的现象。又如在盘点库存的书本中，通过观察发现不少书本已经陈旧，说明了库存书本的时间已较长，积压较久。又如在对当事人进行询问和交谈时，审计人员对当事人进行察言观色，从而使其更加配合审计工作。这些都是观察法在实际中的运用。

（四）鉴定法

鉴定法指运用专门技术对审计对象进行技术鉴定的一种审计方法。对于需要证实的经济活动、书面资料及财产物资超出审计人员专业技术时，由审计人员另聘有关专家运用相应专门技术和知识加以鉴定。

例如，对实物性能、质量、价值的鉴定，涉及书面资料真伪的鉴定以及经济活动合法性和有效性的鉴定等。经过鉴定，审计人员取得实地观察或实物检验证据。鉴定后，应正式出具鉴定报告书，审计人员对鉴定结果负责并作为一种独立的审计证据记入审计工作底稿，这也是在通过观察法不能取证时，而必须使用的一种技术方法。

（五）查询法

查询法指对审计过程中发现的疑点和问题，通过口头询问或质疑的方式看清事实真相并取得口头或书面证据的一种调查方法。如对可疑账项或异常情况、内部控制制度、经济效益等的审查，都可以向有关人员提出口头或书面的询问。对一般问题，口头或书面询问均可。但对重要问题，则尽量采用书面询问并取得书面证据。书面证据是非常重要的，有时是审计成败的最重要因素。

查询法分面询法和函询法。

函询法是指当面口头或书面询问的方法。函询法指审计人员通过给有关单位和个人发函，以了解情况、取得证据的一种调查方法。这种方法多用于往来款项的查证，作为认证债权债务的必要手段，对被审计单位银行、保险公司、法律顾问处和其他单位的情况，也可采用这种办法核对认证。函询法有很强的核对性，在查证方面非常有效，是审计工作必不可少的重要一环。

三、分析经济问题的方法

分析经济问题的方法简称分析法，就是通过分解被审计项目的内容，以揭示其本质和了解其构成要素的相互关系。分析经济问题的方法实质上就是分析程序，或者是执行分析性程序。审计人员对被审计单位重要的相关比率或趋势进行分析和比较，包括调查这些重要比率或趋势的异常变动及其与预期数额和相关信息的差异。

> **小知识：**
>
> 审计主管 A 让小 B 针对手上的企业实行分析性程序，小 B 听得头微微发麻，原来他忘记了分析性程序的步骤。此时，审计主管 A 又开始对他言传身教……
>
> 1. 确定分析的对象
> 计划：对会计报表分析
> 实施：对具体项目分析
> 结束：综合分析
> 2. 选择恰当的具体分析方法
> 会计报表：逻辑关系判断
> 收入、应收等：趋势法
> 成本、费用类：结构法
> 综合运用
> 3. 审计期望值的形成
> 4. 审计评价分析的结果
> 有问题：扩展审计
> 合理解释：减少审计
> 填写底稿

分析经济问题的方法主要有以下的方法：

（一）比较分析法

比较分析法就是通过相同被审项目的的实际与计划、本期与前期、本企业与同类企业的数额进行对比分析，检查有无异常情况和可疑问题，以便跟踪追查提供线索，取得审计证据。如把本期的有关项目相比（如利润未同产品销售收入同步增长），把被审项目同其他单位的相同项目相比（如把流动资金周转水平同先进企业比），以说明情况，发现问题。比较分析法又可分为绝对数比较法和相对数比较法。

（二）比率分析法

比率分析法，是指通过对相关项目之间的比率关系，如资金周转率、资金利润率、销售成本率等进行对比分析，从而发现情况，或判断被审计单位的经济活动是否经济合理。

（三）账户分析法

账户分析法，是指根据账户对应关系的原理，对某些账户借贷方发生额及其对应账户进行对照分析，找出异常情况。例如将"产品销售"、"银行存款"和"应收销货款"结合起来进行分析，一方面可以审核有无差错，另一方面可以深入了解产品销售情况和应收账款的情况，如有异常现象则应进一步采用其他方法进行审计。

（四）结构分析法

结构分析法是指分析成本各要素的构成比例、各要素的增减幅度比例等。

结构分析法举例

项目	2011年	比例	2012年	比例
生产成本	100	100%	150	100%
直接材料	60	60%	70	46%
直接人工	10	10%	15	11%
制造费用	30	30%	65	43%

材料的比重最大，应重点审计。

制造费用2012年比例增长最大，达13%，应查明原因。

（五）因素分析法

因素分析法，是指计算各个因素变动对有关经济指标的影响程度的因素分析法。

（六）平衡分析法

平衡分析法，是指对有关账户按期限长短进行归类分析，借以确定进一步追查的重点，同时对会计报表相关项目之间的平衡关系、勾稽关系进行对照分析。

（七）趋势分析法

趋势分析法，是指分析某项经济指标在若干时期的发展趋势的方法。可分三个步骤进行分析：一是确定所要分析的经济指标（如损益、应收账款、应付账款、产成品等）；二是确定基期数；三是将该指标各年度的数额除以基期数，求出年度对基期的趋势比率。该种方法可以观察某项指标不同时期的变动情况和发展趋势，发现变动过大或过小等异常情况，则需进一步深入审查。

> **案例**
>
> 确定流动资产的总体合理性
> 分析方式：相关比率分析，流动比率＝流动资产/流动负债
> 估计期望值（确定基准值）：1.9
> 根据：①行业平均为1.8；②企业历年平均为2.1；③CPA的对已知情况的推算
> 计算企业实际值：1.2
> 执行比较或分析，确定重大差异：确定为重大的非预期差异
> 调查重大的非预期差异：
> （1）运用因素分解法，计算速动比率和现金比率，确定流动比率的异动由货币资金的大幅度减少引起。
> （2）向管理当局询问货币资金大幅度减少的原因，但未获回答。
> 形成结论：流动资产（特别是货币资金）在总体上不合理，应修改审计计划，增加实质性测试

总之，在实际工作中，各种审计方法的使用不是孤立、单一的，通常一项审计内容要运用多种审计方法，相互补充，相互促进，以求尽快查明经济活动和经济资料的正确性、真实性、合法性、合理性和有效性，各种方法的"综合利用"是值得大力提倡的。

本章小结

审计方法是指审计人员在审计过程中，为取得审计证据完成审计任务而采用的一系列技术和手段。它可以分为审查书面资料的方法、证实客观事物的方法和分析经济问题的方法三大类。审查书面资料的方法按技术方法可分为审阅法、核对法、分析法、复算法，按照审查资料的先后顺序分为顺查法和逆查法，按照审查资料的详细程序分为详查法和抽查法。证实客观事物的方法，是指通过搜集书面资料以外的信息，证明客观事物是否真实存在的审计方法。这类方法包括盘点法、调节法、查询法、观察法和鉴定法。分析经济问题分析方法可分为比较分析法、比率分析法、账户分析法、结构分析法、因素分析法、平衡分析法和趋势分析法。在具体的使用过程中，要

具体分析灵活使用。

复习题

1. 审计方法是指什么?
2. 审计方法模式经历了哪些模式的转变过程?
3. 审计方法的选用原则有哪些?
4. 审计方法有哪些?结合具体的案例运用一些审计方法。

第 18 章 审计计划与审计初步策略

制定审计计划是审计业务进行的第一步。审计计划是注册会计师为了实现审计目标,在执行具体审计程序之前所做的工作计划。

18.1 审计计划

一、审计计划的重要性

明代政治家、军事家刘伯温在《百战奇略·计战》中说道:"凡用兵之道,以计为首。未战之时,先料将之贤愚,敌之强弱,兵之众寡,地之险易,粮之虚实。计料已审,然后出兵,无有不胜。"对于任何工作都要先有个计划。有了计划,就能明确工作的目的和步骤,使人员之间能凝聚所有资源朝着一个方向,共同努力来完成同一个任务,避免盲目性,使工作循序渐进,有条不紊地进行。好的工作计划能提高工作效率,降低工作风险,促进更好更快地完成工作。同时,计划本身又能作为工作进度和质量的考核标准,起到了约束和督促工作人员的作用。所以计划对工作既有指导作用,又有推动作用。对应到审计工作中也是同样的道理。审计计划的作用有:

凡用兵之道,以计为首。……计料已审,然后出兵,无有不胜。

(1) 明确审计目标,帮助注册会计师获取充分、恰当的审计证据。审计计划能帮助注册会计师和审计工作明确方向,指导审计工作按步骤进行,使注册会计师能在某个具体的环境下能获取充分、恰当的审计证据以达成审计目标。

(2) 提高审计效率,降低审计成本。审计计划能帮助审计人员有效地把握审计进度,使审计人员和审计资源在审计工作开展的过程中能得到更好的统筹安排,从而减少重复审计,减少内耗,节省审计资源,降低审计成本,提高审计效率。

(3) 控制审计风险,减少未来不确定因素的负面影响,提高审计质量。审计计划是审计工作实施的一个总体战略和一套详细方案,预先评估了审计的重大错报风险、未来不确定因素等影响,并制定了相应的能有效地控制审计风险和能将各种不利因素转化为有利因素的解决措施,以减少未来不确定因素的负面影响,促进审计工作的顺利进行,确保审计目标的实现。

(4) 为审计控制和考核工作提供标准和条件。在审计过程中,极有可能会因为一些主观或客观原因而对审计工作造成偏差或干扰，为了调整偏差，排除干扰，使审计工作朝着预定的方向发展，就要加强审计过程的检查和控制。而审计计划既能作为审计控制的一个控制标准，又能作为考核审计人员工作业绩的一个依据。

（5）协调与被审计单位关系，避免与被审计单位产生纠纷。审计计划能督促注册会计师在保证审计质量的基础上，在预定的时间完成预定的审计目标。避免因为准备或安排不充分而导致不能完成预期的审计目标，导致被审计单位的不满与不理解。

二、审计计划的原则

（1）审计计划应当贯彻于审计工作的整个过程。
（2）项目组关键成员均应当参与到审计计划的制定。
（3）在制订审计计划时，应当了解被审计单位的情况，确定可能会影响会计报表的重要事项；同时也要对审计重要性、审计风险进行适当评估。
（4）审计计划的繁简程度取决于被审计单位的经营规模和预定审计工作的复杂程度。

三、审计计划的步骤

制定审计计划需要 5 个主要的步骤，如图 18-1 所示。首先，注册会计师在接受被审计单位的审计业务委托前，先要了解审计单位的基本情况，并决定是否接受委托。如接受委托，就要跟被审计单位就审计事项协商一致并签订审计业务约定书。在签订审计业务约定书之后、开展实施具体的审计程序之前，注册会计师要做的是制定审计计划和初步审计策略，对审计工作做一个统筹的规划。在制定初步审计策略的过程中，需考虑两个问题：审计重要性以及审计风险。执行初步分析性程序则有助于注册会计师更深入了解被审计单位的情况以及评估审计风险水平。

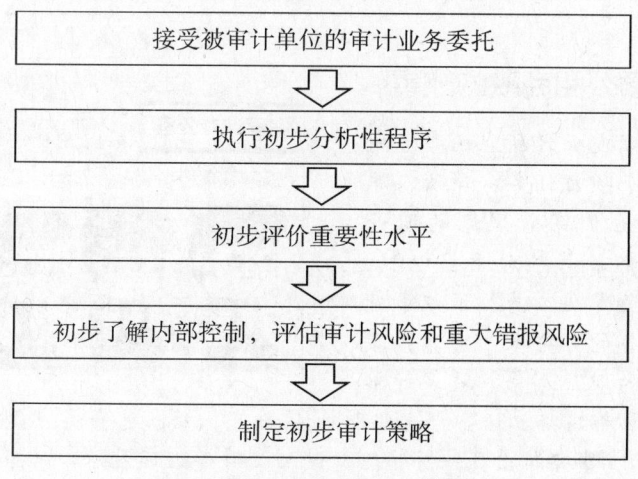

图 18-1 制定审计计划的步骤

18.2 接受业务委托

在接受被审计单位的委托前，注册会计师要对被审计单位进行调查，了解被审计单位的基本情况，确定可能会对会计报表产生重大影响的事项，并据此评估自身是否具有相应的专业能力水平和执行业务所需的独立性，以确定是否接受该审计业务委托。若接受被审计单位的委托，则与被审计单位就审计业务签订审计业务约定书，取得与被审计单位一致的意见。

18.2.1 调查客户的基本情况

一、调查内容

注册会计师需要调查、了解被审计单位的基本情况内容包括：

（1）所有者的构成，组织机构，章程、协议、合同、营业执照、税务登记证及重要会议记录和有关重要文件；

（2）业务类型，在业内地位，所处的宏观经济环境、业务环境；

（3）财务稳定性，经营管理状况；

（4）管理层关键人员的诚信情况，与前任会计师事务所之间的关系；

（5）会计报表及相关资料，会计政策及其变化，以前年度接受审计的有关情况；

（6）内部控制制度，被审计单位的关联方及关联交易情况；

（7）影响被审计单位的法律、法规和规章；

（8）其他与制定审计计划相关的重要情况。

趣闻：秦孝公和商鞅的故事

小 B 的朋友小 R 所在的事务所最近接到一个项目任务，合伙人派出审计组，他们穿着黑色的职业装，每个人都带着一台手提电脑，面无表情，鱼贯而入进入了被审计单位精心准备的办公室，可真代表了高级白领的职业形象。被审计单位的工作人员都窃窃私语："这些职业人士可真酷，可真有点黑手党的感觉呀。"三天后，事务所出具一份管理建议书。财务经理看后，对审计建议书什么话也不说，想了一想，对小 R 说："您知道秦孝公和商鞅的故事吗？"小 R

不解:"愿闻其详。"

于是,财务经理娓娓道来:"话说秦孝公宠臣景监将商鞅(卫鞅)引荐给秦孝公,秦孝公在朝殿与商鞅纵论天下治国经纶,景监作陪。当时秦孝公端坐,商鞅、景监长坐(即把膝盖跪于地,双足垫于臀下),自早晨畅谈至日暮。商鞅说到激动处忘形于礼,起身立于殿中侃侃而谈,浑然不觉。景监长跪一日,身心俱疲,见君臣并无结束会谈之意,遂频频向商鞅暗使眼色,意即打住。但商鞅并不理会,直至二更才由孝公打断,赏赐御膳而去。过后商鞅问景监为何频使眼色,景监道:'我跪得浑身都麻木了,酸软如泥,你倒站着说话不腰疼。'"小R听后不禁脸红。

原来,管理建议书里面提了很多很难实际操作的内部控制的建议,被审计单位很有意见,认为会计师事务所天天坐在办公室,没有到一线了解情况,不知道公司的业务流程,也没有考虑公司所处的行业背景。所以,所谓"站着说话不腰疼"是指不设身处地替人着想却高谈阔论,不了解实际情况,脱离实际。

小B听了这个故事后,不禁感叹:"审计功夫在账外!今天才真正明白为何审计要从业务流程入手,了解企业所在的行业情况,了解宏观经济环境、业务环境,否则,审计不但得不到别人的尊重,审计的价值将受到质疑,甚至还会被人阴阳怪气地讽刺呢!"

二、调查方法

(1)查阅与被审计单位基本情况相关的内部和外资的资料;
(2)查阅之前年度的审计档案;
(3)实地查看被审计单位的生产经营场所和设施;
(4)进行全面的分析程序;
(5)与被审计单位的管理层、内部审计人员、财会人员以及其他对熟悉被审计单位的生产经营活动的其他人员沟通。

18.2.2 签订审计业务约定书

审计业务约定书,是指审计单位与被审计单位签订的,用以记录和确认审计业务的委托与受托关系、审计工作的目标和范围、双方的责任以及出具报告的形式等事项的书面合同。

审计业务约定书应当包括的内容有:审计业务的范围和目的,注册会计师与管理层的责任、义务以及局限性,完成审计的截止日期,被审计单位必须提供的资料、帮助和条件,收费标准,违约责任等以及其他与被审计单位达成一致的事项。

范例

审计业务约定书

甲方：ABC 有限责任公司

乙方：XX 会计师事务所

兹有甲方委托乙方进行20XX年度会计报表审计，经双方协商，达成以下约定：

一、业务范围及目的

乙方接受甲方委托，对甲方20XX年12月31日资产负债以及截至该日20XX年度的损益表和财务状况变动表进行审计。

乙方将根据中国注册会计师独立审计准则，对甲方的内部控制制度进行研究和评价，对会计记录进行必要的抽查，以及在当时情况下乙方认为必要的其他审计程序，并在此基础上对上述会计报表的合法性、公允性及会计处理方法的一贯性发表审计意见。

二、甲方的责任及义务

甲方的责任是：建立健全内部控制制度，保护资产的安全完整，保证会计资料的真实、合法、完整，保证会计报表充分披露有关的信息。

甲方的义务是：

1. 及时为乙方的审计工作提供有所要求的全部会计资料和其他有关资料。

2. 为乙方派出的有关工作人员提供必要的工作条件及合作，具体事项将由乙方审计工作人员于工作开始前提供清单。

3. 按本约定书之规定及时足够支付审计费用。

4. 20XX年X月X日之前提供审计所需要全部资料。

三、乙方的责任和义务

乙方的责任是：按照中国注册会计师独立审计准则的要求进行审计，出具审计报告，保证审计报告的真实性、合法性。

乙方的义务是：

1. 按照约定时间完成审计业务，出具审计报告。由于注册会计师的审计采取事后重点抽查的方法，加上甲方内部控制制度固有的局限性和其他客观因素制约，难免存在会计报表在某些重要的方面反映失实，而注册会计师又可能在审计中未予发现的情况，因此，乙方的审计责任并不能替代、减轻或免除甲方的会计责任。

2. 对执行业务过程中知悉的甲方商业秘密严加保密。除非中国注册会计师协会执业准则另有规定，或未经甲方同意，乙方不得将其知悉的商业秘密和甲方提供的资料对外泄露。

3. 审计工作结束后，乙方将根据情况对甲方会计处理、内部控制制度及其他事项等提出改进意见。

4. 在20XX年X月X日前出具审计报告。

四、审计收费

乙方应收本约定审计事项的费用，按照乙方实际参加本项审计业务的各级别工作人员所花费时间及《XX收费规定》的计费标准确定，预计为人民币XX元。

如因审计工作遇到重大问题，致使乙方实际花费审计工作时间有较大幅度的增加，甲方应在了解实情后，酌情调增审计费用。

五、审计报告的使用责任

乙方向甲方出具的审计报告一式XX份，这些报告由甲方分发、使用，使用不当的责任与乙方无关。

六、本约定书的有效期间

本约定书一式两份，甲、乙方各执一份，并具有同等法律效力。

本约定自20XX年X月X日起生效，并在本约定事项全部完成日之前有效。

七、约定事项的变更

由于出现不可预见的情况，影响审计工作如期完成，或需提前出具审计报告，甲乙双方可要求变更约定事项，但应及时通知对方，并由双方协商解决。

八、违约责任

甲乙双方按照《中华人民共和国合同法》的规定承担违约责任。

九、双方对其他有关事项的约定

甲方：ABC有限责任公司　　　　乙方：XX会计师事务所
　　　（签章）　　　　　　　　　　　（签章）
代表：（签章）　　　　　　　　代表：（签章）
　　　年　月　日　　　　　　　　　　年　月　日

18.3　执行初步分析性程序

分析性程序，是指注册会计师对被审计单位重要的财务或非财务数据的比率或趋势进行计算和分析，并对与预期相关的异常波动做调查。

分析性程序在审计计划阶段、审计实施阶段以及审计完成阶段都可以执行。而在审计计划阶段执行初步的分析性程序，可使注册会计师更进一步地了解被审计单位的经营情况，有助于识别潜在的重大错报风险的领域，帮助注册会计师规划实施审计的程序及其时间、范围和所需的人力、物力资源等。

18.3.1　分析性程序的五种类型

被审计单位的数据可与五种类型的数据进行比较分析：
（1）前期同类的数据；
（2）同行业的数据；
（3）被审计单位确定的预期财务数据；
（4）注册会计师确定的预期财务数据；
（5）利用非财务信息确定的预期结果。

18.3.2　常用财务比率

执行分析性程序通常采用的是一些基本的财务比率。将被审计单位的财务比率进行恰当的比较分析，能帮助注册会计师识别存在的问题，以及需进一步或重点进行分析、测试的领域。

在审计中常使用到的财务比率有：
（1）反映被审计单位短期偿债能力的财务比率。如：

流动比率 = 流动资产/流动负债

速动比率 = (流动资产 − 存货 − 待摊费用)/流动负债

现金比率 = (现金 + 有价证券)/流动负债

（2）反映被审计单位长期偿债能力的财务比率。如：

负债比率 = 负债总额/资产总额

利息收入倍数 = 经营净利润/利息费用 = (净利润 + 所得税 + 利息费用)/利息费用

（3）反映被审计单位营运能力的财务比率。如

应收账款周转率 = 赊销收入净额/应收账款平均余额

存货周转率 = 销售成本/存货平均余额

（4）反映被审计单位盈利能力的财务比率。如

毛利率 = (销售收入 − 成本)/销售收入

营业利润率＝营业利润/销售收入＝(净利润＋所得税＋利息费用)/销售收入
总资产报酬率＝净利润/总资产平均值
每股利润＝净利润/流通普通股总股份

18.4 评价重要性水平

重要性是指被审计单位会计报表中错报或漏报的严重程度，这一程度在特定的具体环境下可能影响会计报表使用者的判断或决策。重要性水平是注册会计师根据专业的判断对会计报表中允许出现的漏报或错报作出的上限规定，超过这个上限规定则视为会影响报表使用者的判断和决策。在制定审计计划时，注册会计师需对重要性的水平作出初步评估，以确定拟执行审计程序的性质、时间和范围。

18.4.1 运用重要性原则的一般要求

（1）注册会计师在审计过程中，为提高审计效率、降低审计风险、保证审计质量，应保持应有的职业谨慎，合理、恰当地运用重要性原则。若运用不当，如高估重要性水平，则会导致审计风险提高，注册会计师更易于得出错误的审计意见的概率；而低估重要性水平，则会使审计成本增加，审计效率降低。比如，应收账款的合理重要性水平是 50 万元，若注册会计师低估重要性水平，认为在应收账款中 10 万元的错漏报就应该被认为是重要的，那么注册会计师审计证据就要多于合理的水平，这样就会加大审计成本。

（2）评估重要性水平，需要注册会计师运用专业判断。

（3）在两种情况下需运用重要性原则：①在审计计划阶段，确定审计程序的性质、时间和范围时；②在审计业务完成阶段，评价审计结果时。

18.4.2 重要性水平的确定

在审计过程中必须从两个层次来考虑重要性：①会计报表层次；②账户和交易层次。

一、会计报表层次重要性水平的确定

1. 判断基础

重要性水平的判断基础通常包括资产总额、净资产、营业收入、净利润等 4 项。注册会计师应合理选用这 4 项判断基础。如：当被审计单位的净利润极小时，就不应当选取净利润为判断基础。选取判断基础需要注册会计师的职业判断。

2. 计算方法

重要性水平的计算方法有两种：固定比率法和变动比率法。

（1）固定比率法：指注册会计师在选定判断基础后，将判断基础与一个固定比率相乘，从而得到的在会计报表层次的重要性水平。公式如下：

重要性水平＝判断基础×固定比率。

比如，某家被审计单位的资产总额为5 000万，注册会计师选取的判断基础是资产总额，固定比率是1%，那个重要性水平就是50万，也就是说，金额50万以上为应查的重要性金额，低于50万则为非重要性金额。

（2）变动比率法：其基本原理是，对于规模越大的被审计单位，允许的错报或漏报的金额相对比率就越小，一般是根据资产总额和营业收入中较大的一项作为计算重要性水平的基础。

这个比率没有定性的标准，需要注册会计师综合考虑复杂因素而最终确定（这也是之前说重要性水平需要注册会计师的专业判断的原因）。

案例

某会计公司根据下表确定重要性水平：

资产总额和营业收入中较大的一项	百分比
低于500万	4%
500万～3000万	3%
3000万～7000万	2%
7000万～12000万	1%
高于12000万	0.5%

C公司期末资产总额为8000万元，当年营业收入为6000万元，确定重要性水平金额为80万元（8000万元×1%）。

二、账户或交易层次的重要性水平的确定

注册会计师对账户或交易层次的重要性水平的确定，可采用分配的方法，把重要性水平分配至各账户或各类交易；也可采用不分配的方法，即单独确定各类账户或交易的重要性水平。

注册会计师在确定账户或交易层次的重要性水平时，应考虑以下两个主要因素：①各账户或各类交易的性质及错漏报的可能性。如对于重要的或错漏报可能性高的账户或交易，应审慎确定重要性水平。②账户或交易层次的重要性水平与会计报表层次重要性水平的关系。采用分配法时，各账户和各类交易的重要性水平之和等于会计报

表层次的重要性水平。

1. 分配的方法

通常采用的是资产负债表的分配方法，分配的对象一般是资产负债表的各账户，各账户和各类交易的重要性水平之和等于会计报表层次的重要性水平。

> **案例**
>
> C公司期末资产总额为8000万元，按1%的比率计算确定重要性水平金额为80万元。
>
> **重要性水平分配** 单位：万元
>
> | 账户 | 账户余额 | 重要性水平 A方案 | 重要性水平 B方案 |
> |---|---|---|---|
> | 总资产 | 8000 | 80 | 80 |
> | 现金 | 1500 | 15 | 5 |
> | 应收账款 | 2500 | 25 | 35 |
> | 存货 | 2000 | 20 | 30 |
> | 固定资产 | 2000 | 20 | 10 |
>
> A方案中，将总资产的重要性水平按各账户余额占总资产的比例分配至各个账户。但是由于各个账户出现错漏报的可能性不一致，所以注册会计师要对A方案做一定的调整，如B方案。在B方案中，由于应收账款和存货的错漏报的可能性较高，而现金和固定资产的错漏报风险较低，因此调高了应收账款和存货的重要性水平，调低了现金和固定资产的重要性水平。

2. 不分配的方法

单独确定各账户或各类交易的重要性水平，通常是将会计报表层次重要性水平的一定比例区间作为各账户或各类交易的重要性水平，如：10%～30%或1/5～1/3等。

> **案例**
>
> 延续上面的案例,但采取的是 C 方案,即用不分配的方法确定各账户的重要性水平,资产总额的重要性水平为 80 万元,若确定现金为这个金额的 10%,应收账款为 40%,存货为 30%,固定资产为 20%,则各账户的重要性水平为:
>
> 重要性水平分配　　　　　单位:万元
>
> | 账户 | 比例 | 重要性水平 |
> |---|---|---|
> | 总资产 | | 80 |
> | 现金 | 10% | 8 |
> | 应收账款 | 35% | 28 |
> | 存货 | 30% | 24 |
> | 固定资产 | 15% | 12 |
>
> 比如,若审计中发现应收账款的错报或漏报金额超过 28 万元,则被视为是重要的。

18.4.3　审计风险水平、重要性水平与审计证据之间的关系

1. 审计风险水平与重要性水平之间的关系

重要性水平是决定审计风险水平的关键因素,它们之间呈反向相关,即重要性水平越低,审计风险水平越高;重要性水平越高,审计风险水平越低。

> **趣闻:窗户的窗帘和玻璃的安装**
>
> 小 B 的师弟来实习,刚好帮忙进行审计抽样,他不明白:"重要性水平越低,审计风险水平越高;重要性水平越高,审计风险水平越低。不是越重要,风险越高吗?"小 B 经过一段时间的磨炼,已经有了主管 A 的一些风范。他回答说:"比如安装窗户的窗帘和玻璃。窗和窗帘比例一般是 1∶2 或 1∶1.15。窗帘有时多 10 厘米或少 10 厘米问题不大,也就是精确度是 10 厘米,所以在一定程度上可理解为其重要性水平是 10 厘米;而玻璃要装入窗户,可能要精确

到 0.2 厘米，否则按所测尺寸切割的玻璃过大或过小，不能安装。在一定程序上可以理解为其重要性水平为 0.2 厘米。所以在裁剪窗帘时相对可以轻松些，在核定范围内一般不会出错。而割玻璃时要很小心，精确度很高，稍不小心就会超出 0.2 厘米而装不下。因此，若超出 10 厘米以上是重要的，其风险低；若超出 0.2 厘米以上是重要的，其风险高。所以重要性水平越高，精确度越低，可容忍犯错的空间大，所以风险低；重要性水平越低，精确度越高，可容忍犯错的空间小，所以风险高。"师弟听后对小 B 很崇拜。

2. 重要性水平与审计证据之间的关系

重要性水平与审计证据之间呈负相关关系。重要性水平可理解为对被审计单位的错漏报可容忍程度的上限。重要性水平越低，说明可容忍的错漏报程度越低，那么注册会计师就要执行更严谨的审计程序，获取更充分的审计证据。而重要性水平高，则表明可容忍的错漏报程度高，注册会计师可执行较宽松有限的审计程序，所需获取的审计证据也少些。

18.5　评估审计风险

18.5.1　审计风险及其模型

首先，简要介绍审计风险、重大错报风险、检查风险这三个风险词汇的定义以及它们之间的关系。

审计风险、重大错报风险、检查风险这三者之间的关系可以从下面这个式子看出：

审计风险 = 重大错报风险 × 检查风险

审计风险就是注册会计师有意或无意地对存在重大错误陈述的财务报表发表不恰当审计意见的可能性。

重大错报风险包括了传统意义上的"固有风险"和"控制风险",它是指在编制财务报表和进行会计处理的过程中,财务信息出现重大错误而公司内部控制系统却不能发现或改正这些重大错误的风险。换句话说,就是公司财务报表出现重大错报的可能性,它不受注册会计师控制,存在于注册会计师审计之前。这里的"错报"包括账户金额、报表附注披露以及其他相关经济事项和数据等内容与实际的不相符。这种与实际的偏离,有可能是上市公司内部管理层以及相关会计人员自身由于管理水平、专业知识水平的局限而导致的错误,也有可能是某些公司内部人员因为种种目的而采取的舞弊、编制虚假信息等行为导致的错误。

检查风险是注册会计师实行审计带来的风险,是指注册会计师在实施审计的过程中没有检查出账户金额、附注披露和其他相关交易存在的错误陈述,并发表了不恰当的审计意见的风险。它与审计人员的工作直接相关,是可以通过注册会计师进行控制和管理的风险要素。注册会计师可以通过加大审计力度、扩大审计范围等手段提升公司财务报表错报被发现的概率,从而降低检查风险水平。

重大错报风险和检查风险不同程度地决定着审计风险的高低。在审计风险中,重大错报风险在对财务报表进行审计前就存在,注册会计师所能控制的只有检查风险。注册会计师在编制审计计划时都要先对被审计单位的财务报表出现重大错误的可能性(重大错报风险)进行评估,然后再根据自身最高可接受的审计失败的可能性(审计风险水平),得出检查风险水平的大小;最后再依据检查风险水平确定实质性审计的性质、范围、人物力、时间等。

18.5.2 影响重大错报风险的因素

重大错报风险即受到公司业务的复杂度、管理层专业能力和职业操守等因素影响,也受到公司治理机构问题和内部控制有效性的因素影响,即是公司内部控制能否防范、觉察和改正各种错漏报的能力。问卷调查结果显示,上市公司中影响注册会计师审计风险最主要的因素是:①公司治理结构存在问题;②内部控制系统薄弱;③管理当局承受异常压力和管理当局品质问题。

影响重大错报风险水平的常见因素有如下几个方面:

(1)财务风险或经营风险方面的因素有:经营现金流、应收账款比例、存货比例、流动比率、资产收益率、资产负债率、是否为ST公司。财务风险和经营风险指标的不好看,会使管理层承担压力。如摆脱被退市的监管压力,再融资需求的压力,股东或者债权人的期望和约束条款的压力等。

(2)经营或经济业务复杂性方面的因素有:子公司数量。上市公司的经济业务越复杂,对管理层和财务人员的管理水平和专业能力的要求就会有所提高,在财务系统的运行过程中出错的几率也就更大。同时,上市公司的经济复杂度越高,那么他们内外串通勾结进行财务舞弊的行为也更容易实施，而且也比较难被发现。

（3）公司治理结构或内部控制方面的因素有：董事会规模、监事会规模、独立董事占比、两职分离程度、管理层持股比例、大股东持股比例。若大股东操纵并控制了董事会，而内部控制系统又失灵，独立董事和监事会不能发挥应有的监督、制衡作用，那么就很可能会使大股东或者管理层架空行使监督职能的部门，为了种种目的而顺利地执行侵害中小股东利益、财务舞弊和其他违反法律法规的行为。

公司内部控制的有效性与审计风险呈负相关关系。高效的公司治理能够降低公司的重大错报风险，反之，低效的公司治理则会提高公司的重大错报风险水平。

一个拥有有效内部控制系统的公司，其提供的财务信息将更为可靠，审计的重大错报风险也会较低。弱的内部控制系统则会对公司财务系统的稳定性造成负面影响，也即会导致较高的重大错报风险，并导致事务所要实施更高水平的审计努力。

内部控制系统较弱的公司，其高管之间容易形成利益的共同体，十分容易产生内部人员相互勾结、滥用职权的现象，很难形成有效地相互监督和制约的管理模式。在家族控股股东对公司完全控制的公司治理环境下，企业的内部控制机制与会计信息系统失效，股东之间失去了制衡作用，管理层存在着较大的道德风险和决策风险，更有可能为自己的利益进行会计操纵。

18.5.3 重大错报风险水平与审计证据、审计成本之间的关系

重大错报风险水平与审计证据、审计成本之间呈正相关关系，也就是重大错报风险水平越高，注册会计师所需搜集的审计证据越多，审计成本也越高。

在审计的过程中对公司的重大错报风险评估为高水平的情况下，如果要保证审计质量，把审计风险降低到某个合理的水平，注册会计师就必须要降低检查风险水平。而要降低检查风险水平，则需加大审计努力，增加审计强度、扩大审计测试范围和时间、搜集更多的审计数据。审计努力的扩大必然导致注册会计师的审计资源数量增加，审计成本也随之增加。相反，如果注册会计师对公司重大错报风险水平的评估值为低水平，可简化审计程序，减少实质性程序的范围和时间，审计成本减少。

18.6 制定审计初步策略

初步审计策略是注册会计师对某个或某组审计方法所作的初步判断。即注册会计师根据审计计划所确定的审计范围，选择能够达到审计目的而应当实施的最有效的基本思路和组织方式。例如，根据对被审计单位基本情况的了解，内部控制制度和审计风险的初步评估，决定是否进行控制测试，决定实质性程序是否进行抽查；根据重要性原则，决定子公司和联属公司的审计方式是采用重点审计还是采用一般审计审阅会计报表，是否实施预审；等等。

初步审计策略包括4个组成要素：

(1) 控制风险估计水平。由高到低，其范围在（0～100%）区间内。

(2) 了解内部控制的范围。范围在较小到较大之间，了解内部控制程序是不可缺少的。

(3) 控制测试的范围。可在不进行控制测试到进行较大范围的控制测试之间适当选择。

(4) 实质性程序的范围：范围在较小到较大之间，甚至可以进行详查。

这4个组成要素一环扣一环，前一个要素会直接影响到后一个要素的确定。

本章小结

本章阐述了审计计划和审计初步策略，具体来讲，包括审计计划的重要性、原则、步骤，接受业务委托时调查客户的内容和方法，签订审计业务约定书、评价重要性水平以及评估审计风险，最后制定审计初步策略。

复习题

1. 审计计划的重要性是什么？
2. 审计计划的原则和步骤有哪些？
3. 对客户的调查有哪些内容，用哪些方法？
4. 简单介绍分析性程序。
5. 重要性水平是什么？如何评价和确定重要性水平？
6. 审计风险的定义是什么，审计风险模型是什么？
7. 如何制定审计初步策略？

第 19 章 内部控制理论

引例：压死骆驼的最后一根草

三鹿集团前身是 1956 年 2 月 16 日成立的"幸福乳业生产合作社"，经过几代人半个世纪的奋斗，创造了多项奇迹和"五个率先"。2005 年 8 月，"三鹿"品牌被世界品牌实验室评为中国 500 个最具价值品牌之一，2007 年被商务部评为最具市场竞争力品牌。"三鹿"商标被认定为"中国驰名商标"；2006 年位居《福布斯》的"中国顶尖企业百强"乳品行业第一位。经中国品牌资产评价中心评定，三鹿品牌价值达 149.07 亿元。三鹿奶粉重大食品安全事故后，于 2008 年 9 月 12 日全面停产。截至 2008 年 10 月 31 日财务审计和资产评估，集团资产总额为 15.61 亿元，总负债 17.62 亿元，净资产 -2.01 亿元；12 月 19 日又借款 9.02 亿元付给全国奶协，支付患病婴幼儿的治疗和赔偿费。集团净资产为 -11.03 亿元，严重资不抵债。至此，价值高达 149.07 亿元的三鹿品牌资产灰飞烟灭。大家百思不得其解：一个曾创造奇迹的企业，怎么说倒闭就倒闭了呢？

反思三鹿毒奶粉事件，三聚氰胺只是个导火索，而事件背后的运营风险管理失控才是真正的罪魁祸首。首先，醉心于规模扩张，高层管理人员风险意识淡薄。要实现产能的扩张，就要实现奶源的控制。为了不丧失对奶源的控制，三鹿接受了质量低下的原奶。大打价格战以提高销售额，以挤压产业链前端环节利润。销售额从 2005 年的 74.53 亿元激增到 2007 年的 103 亿元，但是三鹿从未将公司与上游环节进行有效的利益捆绑，因此，上游企业要想保住利润，就必然会牺牲奶源质量。其次，企业快速增长，管理存在巨大风险。三鹿的散户奶源比例占到一半，且形式多样，要实现对数百个奶站在原奶生产、收购、运输环节实时监控已是不可能的任务，只能依靠最后一关的严格检查，这就滋生了层出不穷的作弊手段。三鹿集团的反舞弊监管不力。企业负责奶源收购的工作人员往往被奶站"搞"定了，这样就形成了行业"潜规则"，为三鹿产品质量控制带来了风险。对贴牌企业的管理并不严格。最后，危机处理不当导致风险失控。2007 年底，三鹿已经先后接到农村地区反映食用三鹿婴幼儿奶粉后出现尿液中有颗粒现象。2008 年毒奶事件后，从 2008 年 7 月 10 日到 8 月底的几轮回收过程中，三鹿集团从未向经销商公开产品质量问题,而是以更换包装和新标识进行促销为理由,导致经销商响应者寥寥。正是召回的迟缓与隐瞒真相耽搁了大量时间。大规模调货引起了部分经销商对产品质量的极大怀疑,可销售代表拍着胸脯说,质量绝对没有问题。调货效果依然不佳,毒奶粉仍在流通。另外,三鹿集团缺乏足够的协调应对危机的能力。一再质问仍不将真实情况公布,引发了媒体继续深挖曝光和曝光后消费者对其不可恢复的消费信心。真可谓千里之堤,溃于蚁穴。

随着全球化、市场化、信息化的到来,企业的经营环境日趋复杂多变。纵观这三个原因,都和内部控制理论发展相关。内部管理控制出现问题,企业的风险管理控制出现问题,都与内部控制三要素、五要素和风险管理框架的几个阶段相关,所以,内部控制成为了压死骆驼的最后一根稻草。

(《三鹿集团的失败源于"管理失控"》,见51资金项目网。)

19.1 内部控制的定义

内部控制是被审计单位为了合理保证财务报告的可靠性、经营的效率和效果以及对法律法规的遵守,由治理层、管理层和其他人员设计与执行的政策和程序。

根据财会〔2008〕7号《企业内部控制基本规范》,内部控制包括五大目标:合理保证企业经营管理合法合规,资产安全,财务报告及相关信息真实完整,提高经营效率和效果,促进企业实现发展战略。

从报告目标、经营目标和合规目标看,内部控制有不同的目的。报告目标是提高对内对外报告的可靠性;经营目标是对风险作出适当反应,促进运营的效率和效益(为企业目标的实现提供合理保证);合规目标是制定并遵循法律法规、商业行为的内部政策。

> **案例：什么是内控工作**
>
> 某大型服务类生活节目上，一个男嘉宾自我介绍："我在某国有银行从事内控工作。"此时大家都不明白什么是内控工作。且看他如何介绍："什么是内控工作呢？就是教会大家如何工作，协调大家一起工作，防止大家做错工作……"男嘉宾高度精辟地概括了内部控制工作的核心：一是内容很广，可以说和每个人的工作息息相关，二是起到协调和防止错弊的作用。

19.2 内部控制理论的发展

内部控制是社会经济发展的必然产物，随着外部竞争的加剧和内部强化管理的需要而不断丰富和发展。纵观内部控制理论的发展历程，大致上经历了以下几个阶段：

1. 内部牵制阶段

20 世纪 20 年代至 40 年代是内部牵制阶段。此时的内部控制以内部牵制为主，目的是为了查防错弊，以控制弊端，其手段是以组织控制、职务分离为主。

2. 内部控制制度阶段

20 世纪 40 年代至 70 年代是内部控制制度阶段。1936 年，美国颁布了《独立公共会计师对财务报表的审查》，首次定义了内部控制：内部稽核与控制制度是指为保证公司现金和其他资产的安全，检查账簿记录的准确性而采取的各种措施和方法。此后美国审计程序委员会对该定义进行多次修订。1973 年，美国审计程序公告 55 号对内部控制制度的定义作了如下解释：内部控制制度有两类——内部会计控制制度和内部管理控制制度。内部管理控制制度包括且不限于组织结构的计划，以及关于管理部门对事项核准的决策步骤上的程序与记录。内部会计控制制度包括组织机构的设计以及与财产保护和财务会计记录可靠性有直接关系的各种措施。

3. 内部控制结构阶段

20 世纪 70 年代至 90 年代是内部控制结构阶段。以风险导向评估控制风险，在内部会计控制和内部管理控制的基础上，加上控制环境，形成内部控制的三要素。

4. 内部控制整合框架阶段

1992 年 9 月，COSO（美国反虚假财务报告委员会）提出了报告《内部控制——整体框架》。该框架指出："内部控制是受企业董事会、管理层和其他人员影响，为经营的效率效果、财务报告的可靠性、相关法规的遵循性等目标的实现而提供合理保证的过程。"1996 年底美国审计委员会认可了 COSO 的研究成果，并修改相应的审计公告内容。

5. 风险管理框架阶段

2004 年 COSO 发布了《企业风险管理——整合框架》。企业风险管理整合框架认为：企业风险管理是一个过程，它由一个主体的董事会、管理当局和其他人员实施，应用于战略制定并贯穿于企业之中，旨在识别可能会影响主体的潜在事项，管理风险以使其在该主体的风险容量之内，并为主体目标的实现提供合理保证。该框架拓展了内部控制，更有力、更广泛地关注企业风险管理这一更加宽泛的领域。风险管理框架包括了八大要素：内部环境、目标设定、事项识别、风险评估、风险应对、控制活动、信息与沟通、监控。

内部控制理论的发展历程各阶段的发展见表 19-1：

表 19-1 内部控制理论的发展历程

阶段	时间	背景	内容特征
1. 内部牵制阶段	20 世纪 20 年代～40 年代	控制弊端为目的	以组织控制、职务分离为主
2. 内部控制制度阶段	20 世纪 40 年代～70 年代	提高审计效率	分为会计控制和管理控制两部分
3. 内部控制结构阶段	20 世纪 70 年代～90 年代	风险导向评估控制风险	形成三要素，将控制环境导入内部控制结构
4. 内部控制整合框架阶段	20 世纪 90 年代以后	为组织目标实现服务	形成五要素结构（COSO 报告）
5. 风险管理框架阶段	21 世纪以后	拓展了内部控制，更关注企业风险管理	八要素：内部环境、目标设定、事项识别、风险评估、风险应对、控制活动、信息与沟通、监控

19.3 内部控制的意义和局限性

19.3.1 内部控制的意义

内部控制的目的是促使公司实现盈利目标和实现自身使命，并减少发展中出现的意外情况。它们使管理层能够应对急剧变革的经济和竞争环境、不断变化的客户需求和偏好，以及为未来增长而进行的重组。内部控制能提高效率，降低资产损失的风险，并且有助于确保财务报表的可靠性以及对法律和法规的遵循。由于内部控制为多个重要目的服务，所以对更好的内部控制体系及其报告的呼声日益高涨。内部控制越来越被看作是一系列潜在问题的解决方案。

总的来说，内部控制在管理和监督中主要有以下作用：
1. 提高会计信息资料的正确性和可靠性

企业决策层要想在瞬息万变的市场竞争中有效地管理经营企业，就必须及时掌握各种信息，以确保决策的正确性，并可以通过控制手段尽量提高所获信息的准确性和真实性。因此，建立内部控制系统可以提高会计信息的正确性和可靠性。

2. 保证生产和经营活动顺利进行

内部控制系统通过确定职责分工，严格各种手续、制度、工艺流程、审批程序、检查监督手段等，可以有效地控制本单位生产和经营活动顺利进行，防止出现偏差，纠正失误和弊端，保证实现单位的经营目标。

3. 保护企业财产的安全完整

财产物资是企业从事生产经营活动的物质基础。内部控制可以通过适当的方法对货币资金的收入、支出、结余以及各项财产物资的采购、验收、保管、领用、销售等活动进行控制，防止贪污、盗窃、滥用、毁坏等不法行为，保证财产物资的安全、完整。

4. 保证企业既定方针的贯彻执行

企业决策层不但要制定管理经营方针、政策、制度，而且要狠抓贯彻执行。内部控制则可以通过制定办法、审核批准、监督检查等手段促使全体职工贯彻和执行既定的方针、政策和制度，同时，可以促使企业领导和有关人员执行国家的方针、政策，在遵守国家法律法规的前提下认真贯彻企业的既定方针。

5. 为审计工作提供良好基础

审计监督必须以真实可靠的会计信息为依据，检查错误，揭露弊端，评价经济责任和经济效益，而只有具备了完备的内部控制制度，才能保证信息的准确，资料的真实，并为审计工作提供良好的基础。总之，良好的内部控制系统可以有效地防止各项资源的浪费和错弊的发生，提高生产、经营和管理效率，降低企业成本费用，提高企业经济效益。

内部控制系统有助于企业达到自身规定的经营目标。随着社会主义市场经济体制的建立，内部控制的作用会不断扩展。

案例：棋差一着，满盘皆输

佛山利达玩具有限公司的合伙人张树鸿以一种悲愤的方式结束了自己的生命，主要原因之一竟然是一次临时采购失误，导致部分产品的油漆金属铅超标而被美国合作方要求召回。问题油漆供应商东兴新能源公司未能把好采购这一关，在生产油漆过程中出现黄色色粉缺口后，为尽快采购，就在网上找到了一家东莞厂家，叫东莞众鑫色粉厂。然而，该厂向东兴提供的是假无铅

> 色粉证书。内部控制方面的案例分析由此展开……细小的忽略导致大悲剧。
> 真可谓一失足成千古恨。

案例：练兵千万，用于一时

5·12汶川大地震中，伤亡无数，然而桑枣中学在地震中无一伤亡。2200名师生熟练撤离：1分36秒。其奥妙在于，自2005年开始多次演习紧急撤离。这也是内部控制的一个方面。

案例：神秘的撞机事件

有一年，俄罗斯一架图-154客机同一架波音757商用大型运输机在德国南部巴登·符腾堡州的锡格马林根市上空相撞，机上71人全部丧生。空中相撞实属罕见，各种原因扑朔迷离，众说纷纭，最后还是内部审计人员发现秘密。

各国说法：

瑞士：在对德国南部失事的两架飞机的导航中，该公司有关导航员行动正确，没有错误；是两架飞机同时降低飞行高度导致了相撞事故。瑞士空中导航员接替德国同行对它们进行导航。接手后，在两机相距13至16公里、飞行高度为10800米时，瑞士导航塔即要求俄罗斯图-154飞机降低飞行高度，俄驾驶员在导航塔第三次发出指令时才采取行动；与此同时，美国波音757飞机的自动警报系统命令驾驶员降低飞行高度，而美机驾驶员没有等待导航塔的许可，就执行了自动警报系统的指令。

有两个疑问需要解答：一是为什么俄罗斯飞机对导航塔的指令反应那么慢，二是为什么美国飞机的自动警报系统指令飞行员下降。瑞士导航员具有多年的导航经验，他当时"正确地启动了正常的躲避程序"，而且无线电系统和交流语言都没有问题。

> 德国：飞行管制部门发言人2日也对发生在德国南部两架飞机相撞事故的原因进行推测。他说，一种可能是地面控制人员输入了错误的飞行路线数据，另一种可能是飞机没有按预定飞行路线飞行。
>
> 俄国：机组人员是完全按照康斯坦茨湖地区瑞士地面空管人员的指令进行操作的。失事的波音757货机在碰撞前曾接到变道指令并几次改变飞行高度。图-154客机从瑞士和德国空管部门获知了该波音货机的飞行航道，但已经无法避开。
>
> 这些说法都不能服众，最后，从事内部审计的人员提出，是文化差异导致了悲剧，这使大家心服口服。原来，俄国机组人员习惯服从命令，而美国机组人员则按照指令行事。也就是说，内部控制中的控制环境导致了悲剧的发生。

> **案例：沃尔玛如何规避采购的舞弊风险？**
>
> 沃尔玛也有以下"招数"：
> 1. 秘密特工调查小组，跟踪、监控、补充、备案。
> 2. 通过与供应商签订反腐败协议。
> 3. 严密的内控流程防范。
> 4. 半年或一定期限调开人员。

19.3.2 内部控制的局限性

内部控制存在固有局限性，无论如何设计和执行，只能对财务报告的可靠性提供合理的保证。内部控制存在的固有局限性包括：

（1）在决策时人为判断可能出现错误，由于人为失误而导致内部控制失效。

（2）可能由于两个或更多的人员进行串通或管理层凌驾于内部控制之上而被规避。

19.4 内部控制的五大要素

根据1992年9月COSO委员会提出的报告《内部控制——整体框架》，内部控制包括以下的五要素：控制环境、风险评估过程、信息系统与沟通、控制活动、对控制的监督。

1. 控制环境

控制环境包括治理职能和管理职能,以及治理层和管理层对内部控制及其重要性的态度、认识和所采取的措施。控制环境设定了被审计单位内部控制基调。包括:

(1) 对诚信和道德价值观念的沟通与落实;
(2) 对胜任能力的重视;
(3) 治理层的参与程度;
(4) 管理层的理念和经营风格;
(5) 组织结构;
(6) 责任授权和划分的方法;
(7) 人力资源政策与实务。

2. 风险评估过程

风险评估是企业确认和分析与其目标实现相关的风险的过程,它形成了如何管理风险的基础。

3. 信息系统与沟通

(1) 信息系统:生成、记录、处理和报告交易、事项和情况,对相关资产和负债的受托责任的程序和记录。
(2) 沟通信息由上至下、由下至上广泛地传递。

4. 控制活动

控制活动是指有助于确保管理层的指令得以执行的政策和程序。包括:

(1) 授权;
(2) 业绩评价;
(3) 信息处理;
(4) 实物控制;
(5) 职责分离。

5. 对控制的监督

对控制的监督是指被审计单位评价内部控制在一段时间内运行有效性的过程,该过程包括及时评价控制的设计和运行,以及根据情况的变化采取必要的纠正措施。监督方法包括两种:一是管理控制方法,二是内部审计。

19.5 内部控制的分类

内部控制按不同的方式可以有以下不同的分类:

1. 按控制范围分类

(1) 内部会计控制制度。内部会计控制直接涉及会计事项各方面的业务,主要是指财会部门为了防止侵吞财物和其他违法行为的发生,以及保护企业财产的安全所制定的各种会计处理程序和控制措施。例如,由无权经管现金和签发支票的第三者每月

第19章 内部控制理论

编制银行存款调节表,就是一种内部会计控制;通过这种控制,可提高现金交易的会计业务、会计记录和会计报表的可靠性。

> **小知识:内部会计控制制度的内容**
>
> 1. 授权批准控制
> 2. 职务分工控制
> (1) 资产的保管与会计相分离;
> (2) 经济业务的批准与执行相分离;
> (3) 经济业务的执行与记录相分离;
> (4) 资产的保管与账实核对相分离。
> 3. 会计记录控制
> (1) 建立严格的凭证制度和凭证传递程序;
> (2) 建立严格的定期核对、复核与盘点制度;
> (3) 对经济业务的会计处理程序实行标准化控制。
> 4. 实物控制
> 实物控制是指为保护各项资产所采取的安全设施和措施。

(2) 内部管理控制制度。内部管理控制涉及企业生产、技术、经营、管理的各部门、各层次、各环节。其目的是提高企业管理水平,确保企业经营目标和有关方针、政策的贯彻执行。例如,企业单位的内部人事管理、技术管理等,就属于内部管理控制。

> **小知识:内部管理控制制度的内容**
>
> 1. 组织机构控制
> 2. 业务程序控制
> 3. 人员素质控制
> 4. 目标计划控制
> 5. 资产安全和记录使用控制

2. 按控制方式分类

包括预防性控制制度和察觉性控制制度。

3. 按控制的经济内容分类（具体的循环见第四编各章）

包括：①销货循环控制制度；②采购循环控制制度；③生产循环控制制度；④投资与理财循环控制制度；⑤实物循环控制制度。

案例：己所不欲，勿施于人

小B正在耐心地给被审计单位的工作人员阐明单位制定内部控制制度的重要性，并提出一些内部流程的细节建议。殊不知本来就有情绪的工作人员却反驳说："内部控制制度的建立的确重要，但执行起来相当麻烦，成本又大。你们审计人员不用操作，当然说得轻巧，但做起来不也'变形'了吗？比如按照你们审计的规定，每次出外勤必须是两个人以上，你不也是一个人来吗？不也是不符合内部控制的原则吗？你们审计部门制定自己的内部制度了吗？"小B当场被驳得哑口无言。可以说，他的一番话给小B带来的是何等的震撼！对呀，审计部门常常研究别人的制度，殊不知，被审计单位也在研究审计部门，审计部门经常说要依法审计，可在这时候如何以理服人？自己都没想到甚至于不愿意建立的制度，怎能要求对方也要做到呢？己所不欲，勿施于人。何况审计制度对于审计部门来说，并不是"己所不欲"，往往是审计部门"己所不为"。对方无非是想为自己的行为寻找借口，推卸责任，但其出示的这一张"挡箭牌"犹如用审计之"矛"刺向了审计之"盾"！

审计机构是促进完善其他单位内部控制的好手，精明的审计人员往往从制度根源上解决问题。但审计人员往往在要求别人建立完善内部控制制度时，却忘掉自己也应制定完善审计的内部控制制度，需要建立一套严密的制度来防范审计风险。这是审计部门往往容易忽视的地方。要想发挥更大的作用，提高审计质量，回避审计风险，审计机构应从自己的内部制度建设入手。

案例：如何建立企业的内部控制制度

小B所在的事务所为J企业提供咨询服务，企业委托事务所帮助建立内部控制制度，主管安排小B作为负责人。小B只在课本上学习过内部控制，目前还没有实践经验，因为审计企业和自己操刀来进行还是不同的，心里有点担心，但又不敢怠慢，因为企业内部控制是现代企业管理的重要手段。内部控制有效与否，直接关系到一个企业的兴衰成败。

讨论题：那么企业应如何建立内部控制制度呢？

1. 健全管理法律法规和公司制度

企业管理内部控制，在很大程度上取决于规章制度的监管，而监管力度的大小与国家颁布的相关法律法规和公司制定的制度有关。所以，国家法律在各行业财务管理中需明确各项权利和职责，对违法行为进行严格惩罚，同时，不断完善各项规章制度，加快各项管理的有效实施。企业管理者需要明确各岗位的工作职责和要求，保证工作和管理的顺利实施。

2. 组织机构控制

组织机构的控制包括组织机构的设置、分工的科学性、部门岗位责任制、人员素质的控制。在设置内部机构时，企业管理者既要考虑工作的需要，也应兼顾内部控制的需要，使机构设置既精炼又合理。因此，对企业内部组织结构和职责分工要有整体规划。

3. 预算控制

预算控制是内部控制的重要组成部分，其内容可以涵盖企业经营活动的全过程，包括筹资、采购、生产、销售、投资等诸多方面。所以，企业管理者进行预算控制，是为达到企业既定目标而编制的经营、资本、财务等的年度收支总体计划。

4. 风险防范控制

市场经济中，企业不可避免地会遇到各种风险，因此为防范规避风险，企业管理者应建立风险评估机制。企业常有的风险评估内容有筹资风险评估、投资风险评估、信用风险评估。

5. 财产保全控制

企业的各种财产物资只有经过授权，才可以被接触或处理，以保证资产的安全。主要内容有：①限制接近资产。只有经过企业管理者授权批准的人员才能够接触现金、其他易变现资产、存货资产等。②定期盘点实物。企业管理者建立对资产定期盘点制度，对盘点中出现的差异应进行调查，对盘亏资产应分析原因、查明责任。③财产保险。企业管理者通过对资产投保增加实物受损后的补偿机会，从而保护实物的安全。

（部分内容摘自《如何建立企业内部控制制度》和《老板》杂志。）

小知识：我国企业内部控制十大问题

1. 出纳领取银行对账单、编制银行存款余额调节表。
2. 领导"一支笔"审批，缺乏完善内控制度和流程保障。
3. 过于依赖业务人员，企业资源掌握在个人手中，企业对业务失去控制。
4. 内部控制制度文字描述性东西较多，清晰的流程图和配套表单较少。
5. 内部控制制度"救火式"的较多，制度体系缺乏系统性和完整性，甚至政出多门，相互打架。
6. 员工临时休假或出差时，缺乏明确的工作交接制度。
7. 人员招聘时注重笔试和面试的考察，忽视背景调查。通过背景调查是不难发现人员的素质的。
8. 关键岗位无强制轮换或带薪休假制度。
9. 过分强调控制成本，经常将效率作为弱化或逾越内部控制的理由。
10. 说一套，做一套，制度放空炮。

案例：内部控制制度制定的原则

小B身为J企业内部控制咨询服务的负责人，压力很大。但J企业的内部控制制度迟迟制定不了，下一步还有执行的问题。因此小B帮助J企业理顺了制定内部控制的原则。

讨论题：企业在内部控制建设方面应遵循什么原则呢？

一般来说，内部控制建设方面应遵循以下原则：

1. 有效性原则

要使内部控制充分发挥控制作用，在各部门和各岗位得到贯彻实施，建立的内部控制必须具有有效性，即各种内部控制制度，包括最高决策层所制定的业务规章和发布的指令，必须符合国家和监管部门的规章。必须具有高度的权威性，必须真正落到实处，成为所有员工严格遵守的行动指南；执行内控制度不能存在任何例外，任何人（包括董事长、总经理）不得拥有超越制度或违反规章的权力。

2. 审慎性原则

内部控制的核心是有效防范各种风险。为了使各种风险控制在许可的范围之内，建立内部控制必须以审慎经营为出发点，要充分考虑到业务过程中各个环节可能存在的风险、容易发生的问题。设立适当的操作程序和控制步骤来避免和减少风险,并且设定在风险发生时要采取哪些措施来进行补救。

3. 全面性原则

内部控制必须渗透到机构的各项业务过程和各个操作环节,覆盖所有的部门和岗位,不能留有任何死角和空白,做到无所不控。

4. 及时性原则

内部控制的建立和改善要跟上业务和形势发展的需要,开设新的业务机构或开办新的业务种类,必须树立"内控先行"的思想。首先建章立制,采取有效的控制措施,即使在创新的领域,也不能因为法律没有规定或监管当局没有要求而不采取必要的控制措施。

5. 独立性原则

内部控制的检查、评价部门必须独立于内部控制的建立和执行部门,直接的操作人员和直接的控制人员必须适当分开,并向不同的管理人员报告工作;在存在管理人员职责交叉的情况下,要为负责控制的人员提供可以直接向最高管理层报告的渠道。

小知识:内部控制制度不能有效执行的原因

1. 制度本身制定得不合理,过于理想化,或随着新情况的出现,原有制度已不能适应却没有及时修改,从而使制度不具可操作性,自然也就不会被执行。

2. 缺乏保证制度执行的机制。一些单位对内部控制执行情况既没有检查监督,又没有相应的奖惩措施,内部控制制度成为墙上摆设和一纸空文。

为此,企业一方面需提高制度可操作性,另一方面要加强制度执行力,不能为制度而制度。

案例：企业的内部控制制度如何落到实处？

小B帮助J企业制定了内部控制制度，也明确了原则，但过了一段时间，发现内部控制制度行同虚设，还同样犯了《中国企业内部控制十大问题》，真是"一身毛病"。小B急得不得了，终于请来了审计主管A"出山"。A说，内部控制关键是把握好事先、事中和事后全程管理。小B一下子豁然开朗。

讨论题：企业应如何将内部控制制度落到实处以提高执行力呢？

企业的内部控制体系可以分为事前防范、事中控制和事后监督三个环节。

1. 事前防范

（1）建立一套严格的内控规章制度，包括《企业财务管理办法》、《企业预算管理暂行办法》、《资金计划管理办法》、《企业资金授权审批管理办法》等与资金管理相关的制度。

（2）合理设置职能部门，明确各部门的职责，各司其职，建立财务控制和职能分离体系。充分考虑不兼容职务和相互分离的制衡要求。各部门、各岗位形成相互制约、相互监督的格局。

（3）建立严格的审批手续，授权批准制度，以减少某些不必要的开支。明确审批人对资金业务的授权批准方式、权限、程序、责任和相关控制措施，规定经办人办理资金业务的职责范围和工作要求。

2. 事中控制

事中控制主要体现在保障货币资金安全性、完整性、合法性和效益性资金安全性控制。其范围包括现金、银行存款、其他货币资金、应收应付票据的控制。主要方法有账实盘点控制、库存限额控制、实物隔离控制等。

3. 事后监督

在每个会计期间或每项重大经济活动完成之后，内部审计监督部门都应按照有效的监督程序，审计各项经济业务活动，及时发现内部控制的漏洞和薄弱环节。各职能部门也要将本部门在该会计期间或该项经济活动之后的资金变动状况的信息及时地反馈到资金管理部门，及时发现资金的筹集与需求量是否一致，资金结构、比例是否与计划或预算相符，产品的赊销是否严格遵守信用政策，存货的控制是否与指标一致，人、财、物的使用是否与计划或预算相符，产品的生产是否根据计划或预算合理安排等。

19.6 内部控制的描述方法

内部控制制度的描述方法主要有文字表达法、调查表法和流程图法三种。

一、文字表达法

描述时应注意把握以下关键内容:
(1) 说明内部控制制度及其相关经济业务执行的全部过程。
(2) 说明内部控制制度及其相关经济业务执行过程中的每一项凭证、资料来源。
(3) 说明内部控制制度及其相关经济业务执行过程中资料所处的位置和去向。
(4) 说明与控制风险评价有关的控制手续和方法。
(5) 说明各关键控制点的构成及其有可能产生的潜在错弊。

> **案例:某企业产成品收发环节内部控制制度的文字表述**
>
> 产成品仓库由XX师傅负责。产成品入库时,仓库会同质量检验处根据生产车间的入库单的数量、等级验收产成品,并由仓库填写产成品验收入库单。验收入库单一式三联:第一联由仓库留存登记产成品卡片,第二联交销售处登记产成品明细账,第三联连同生产车间的入库单交会计登记总账。各销售产成品部门均由专人负责签发出库单。产成品发出时,由销售部门填制出库单,凭一式三联的出库单向仓库要求发出产成品,仓库发出产成品后,将第一联出库单留存登记产成品卡片,第二联交销售处登记产成品明细账,第三联交会计登记产成品总账和明细账。
>
> 产成品的收发采用永续盘存制记录,按计划成本计价。
>
> 销售处每月编制产成品收发存月报,并报送会计处。登记产成品明细账的会计人员王XX根据销售处送来的收发存月报,与产成品明细账核对,并编制产成品收发汇总表。王XX同志根据产成品明细账登记总账,并据以结转成品销售成本。发出和库存产成品的成本差异按月进行调整。
>
> 评价:产成品收发的内部控制系统不够健全。出库单的传递不尽合理。据以登记产成品总账和明细账的都是出库单第三联,无法起到总账对明细账的驾驭作用。产成品总账和明细账都是由王XX同志登记,不相容职务未进行分离。
>
> 以上两点,说明产成品收发的内部控制系统存在着明显的弱点。
>
> 审计员:XXX
> XXXX 年 XX 月 XX 日

二、调查表法

调查表一般采用问答式,回答基本上由"是"、"否"或"不适用"三个栏目组成,列表后请有关人员打"√",以显示某项控制措施是否存在,其强弱程度一目了然。

案例:库存现金内部控制调查表

被审计单位名称:XXXX 股份有限公司　索引号:　　　页次:
被审计期间:XXXX 年度　　　　　　编制人:　　　时间:
复核人:　　　　　　　　　　　　　时间:

问题	回答			问题
	是	否	不适用	
1. 出纳与会计岗位是否分离	√			
2. 现金收支是否有合法凭证	√			
3. 全部收入是否及时入账	√			
4. 支出是否都有合法手续	√			
5. 收入的现金是否当日及时送存银行		√		
6. 现金收支是否日清月结,账实是否每日核对	√			
7. 出纳收取现金后是否随即编制记账凭证		√		
8. 有否以白条冲抵现金	√			
9. 是否有现金坐支现象	√			

三、流程图法

流程图法是指用特定的符号和图形来描述某项业务的整个处理过程,将凭证和记录的产生、传递、检查、保存及其相互关系,用图解的形式直观地表示出来的方法。

流程图可分两类:纵向流程图和横向流程图。

注册会计师可根据被审计单位的业务经营特点,编制简明易懂的流程图。

四、三种内部控制方法的比较

这三种方法的要点和特点如下:

表19-2 内部控制制度三种描述方法的要点和特点

描述方法	要点	优点	缺点
文字描述法	①叙述信息的来源 ②叙述信息的处理 ③叙述信息的存储 ④叙述关键控制点所在	灵活、简便易行	较为抽象,细节难辩
调查表法	①根据审计目的确定调查事 ②表列项目标准规范 ③关键控制点分别列项 ④易于判断选择	简便易行,概括性强,一目了然,省时省力	系统性差,难以将所有应调查事项包含在内,易于流于形式
流程图法	①依据系统确定分工 ②标明分工界定控制 ③图示符合衔接规范 ④流程线路清晰易见 ⑤会计记录一目了然	直观,便于表达内部控制的特征;灵活,便于查阅和评价内部控制	绘制和运用流程图必须具有较高的专业素质

五、内部控制测试方法

内部控制测试的方法主要有:①询问适当人员;②观察经营活动;③检查相关文件;④穿行测试;⑤重新执行;⑥其他方法。

本章介绍了内部控制的定义、内部控制的理论发展、内部控制的意义和局限性、内部控制的五大要素、内部控制的分类、内部控制的描述方法等。

为了强调内部控制的重要性,本书与一般的教材不同,单独把它作为一章予以阐述。另外,为了可操作性,本章增加了内部控制的实际建立的案例以及一些案例片断,以提高可读性,便于理解和加强。

复习题

1. 内部控制的定义应如何理解？
2. 内部控制的理论发展经历了哪几个过程？
3. 内部控制的意义是什么？
4. 内部控制有哪些局限性？
5. 内部控制的五大要素是什么？
6. 内部控制的描述方法有哪些？

第 20 章 风险评估

> **引例：风险评估**
>
> 小 B 最近接到一个大型的审计项目，在审计过程中，小 B 有了一些疑惑，并和审计主管 A 进行了交流。小 B 咨询他：这个审计项目这样做下去会不会出现什么风险？应该如何评估这些风险？

20.1 风险评估的定义

风险评估是指审计人员接受某审计项目后，在初步了解被审计单位基本情况和相关材料的基础上，采用一定的审计技术手段，所评估的该项目可能存在的审计风险。审计风险由固有风险、控制风险、检查风险构成。审计风险评估主要与被审计单位本身的各方面情况有关。被审计单位的规模越大、经营性质越复杂、内部控制越弱、管理层人士的可信赖程度越低，则审计风险评估也就越高。审计风险是客观存在的，它不受审计人员的主观影响和控制。下面是一个审计检查风险确定的例子。

（1）按照《审计机关审计重要性与审计风险评价准则》的要求，结合对其他相同性质单位的审计经验，根据审计目标要求，本次审计项目可接受的审计风险定为 5%。

（2）固有风险评估，通过对被审计单位的审前调查了解，按照稳健性原则，将固有风险水平确定为中，即 50%。

（3）控制风险评估，根据对被审计单位内部控制的控制测试，由于缺少一些控制环节，将控制风险定为中，即 50%。

（4）审计检查风险，按照风险模型计算公式计算检查风险，即检查风险 = 审计风险/（固有风险×控制风险）= 5%/（50%×50%）= 20%，即要求的检查保证程度为 80%。说明今后的审计实施过程中存在较大样本和较多证据，应以余额测试为主。

20.2 风险评估的程序

注册会计师了解被审计单位及其环境，目的是为了识别和评估财务报表重大错报风险。为了解被审计单位及其环境而实施的程序称为"风险评估程序"。注册会计师应当依据实施这些程序所获取的信息，评估重大错报风险。注册会计师应当实施下列风险评估程序，以了解被审计单位及其环境：①询问被审计单位管理层和内部其他相关人员；②分析程序；③观察和检查。

（一）询问被审计单位管理层和内部其他相关人员

询问被审计单位管理层和内部其他相关人员是注册会计师了解被审计单位及其环境的一个重要信息来源。注册会计师可以考虑向管理层和财务负责人询问下列事项：

（1）管理层所关注的主要问题。如新的竞争对手、主要客户和供应商的流失、新的税收法规的实施以及经营目标或战略的变化等。

（2）被审计单位最近的财务状况、经营成果和现金流量。

（3）可能影响财务报告的交易和事项，或者目前发生的重大会计处理问题，如重大的购并事宜等。

（4）被审计单位发生的其他重要变化，如所有权结构、组织结构的变化，以及内部控制的变化等。

尽管注册会计师通过询问管理层和财务负责人可获取大部分信息，但是询问被审计单位内部的其他人士可能为注册会计师提供不同的信息，有助于识别重大错报风险。

在确定向被审计单位的哪些人员进行询问以及询问哪些问题时，注册会计师应当考虑何种信息有助于其识别和评估重大错报风险。例如：

（1）询问治理层，有助于注册会计师理解财务报表编制的环境。

（2）询问内部审计人员，有助于注册会计师了解其针对被审计单位内部控制设计和运行有效性而实施的工作，以及管理层对内部审计发现的问题是否采取适当的措施。

（3）询问参与生成、处理或记录复杂或异常交易的员工，有助于注册会计师评估被审计单位选择和运用某项会计政策的适当性。

（4）询问内部法律顾问，有助于注册会计师了解有关法律法规的遵循情况、产品保证和售后责任、与业务合作伙伴的安排（如合营企业）、合同条款的含义以及诉讼情况等。

（5）询问营销或销售人员，有助于注册会计师了解被审计单位的营销策略及其变化、销售趋势以及与客户的合同安排。

（6）询问采购人员和生产人员，有助于注册会计师了解被审计单位的原材料采购和产品生产等情况。

（7）询问仓库人员，有助于注册会计师了解原材料、产成品等存货的进出、保管和盘点等情况。

（二）分析程序

分析程序是指注册会计师通过研究不同财务数据之间以及财务数据与非财务数据之间的内在关系，对财务信息作出评价。分析程序还包括调查识别出的、与其他相关信息不一致或与预期数据严重偏离的波动和关系。

分析程序既可用作风险评估程序和实质性程序，也可用于对财务报表的总体复核。本准则主要说明在了解被审计单位及其环境并评估重大错报风险时使用的分析程序，即将分析程序用作风险评估程序。

注册会计师实施分析程序有助于识别异常的交易或事项，以及对财务报表和审计产生影响的金额、比率和趋势。

在实施分析程序时，注册会计师应当预期可能存在的合理关系，并与被审计单位记录的金额、依据记录金额计算的比率或趋势相比较；如果发现异常或未预期到的关系，注册会计师应当在识别重大错报风险时考虑这些比较结果。例如，注册会计师通过实施分析程序发现，两个会计期间的毛利率相当。但是，注册会计师通过对被审计单位的了解，获知在生产成本中占较大比例的原材料成本在相关期间内上升，注册会计师预期销售成本也应相应上升，而毛利率应相应下降。上述分析可能使注册会计师得出结论：销售成本可能存在重大错报风险，应对其给予足够的重视。

（三）观察和检查

观察和检查程序可以印证对管理层和其他相关人员的询问结果，并可提供有关被审计单位及其环境的信息，注册会计师应当实施下列观察和检查程序。

（1）观察被审计单位的生产经营活动。例如，观察被审计单位人员正在从事的生产活动和内部控制活动，可以增加注册会计师对被审计单位人员如何进行生产经营活动及实施内部控制的了解。

（2）检查文件、记录和内部控制手册。例如，检查被审计单位的章程，与其他单位签订的合同、协议，各业务流程操作指引和内部控制手册等，了解被审计单位组织结构和内部控制制度的建立健全情况。

（3）阅读由管理层和治理层编制的报告。例如，阅读被审计单位年度和中期财务报告，股东大会、董事会会议、高级管理层会议的会议记录或纪要，管理层的讨论和分析资料，经营计划和战略，对重要经营环节和外部因素的评价，被审计单位内部管理报告以及其他特殊目的报告（如新投资项目的可行性分析报告）等，了解自上一审计结束至本期审计期间被审计单位发生的重大事项。

（4）实地察看被审计单位的生产经营场所和设备。通过现场访问和实地察看被审计单位的生产经营场所和设备，注册会计师可以了解被审计单位的性质及其经营活动。在实地察看被审计单位的厂房和办公场所的过程中，注册会计师有机会与被审计单位的管理层和担任不同职责的员工进行交流，这可以增强注册会计师对被审计单位的经营活动及其重大影响因素的了解。

（5）追踪交易在财务报告信息系统中的处理过程（穿行测试）。这是注册会计师了解被审计单位业务流程及其相关控制时经常使用的审计程序。通过追踪某笔或某几笔交易在业务流程中如何生成、记录、处理和报告，以及相关内部控制如何执行，注册会计师可以确定被审计单位的交易流程和相关控制是否与之前通过其他程序所获得的了解一致，并确定相关控制是否得到执行。

20.3 了解被审计单位及其环境

一、总体要求

1. 了解被审计单位及其环境的主要内容

注册会计师应当从下列方面了解被审计单位及其环境：①行业状况、法律环境、监管环境以及其他外部因素；②被审计单位的性质；③被审计单位对会计政策的选择和运用；④被审计单位的目标、战略以及相关经营风险；⑤被审计单位财务业绩的衡量和评价；⑥被审计单位的内部控制。

2. 风险评估程序

注册会计师针对上述6个方面实施的风险评估程序的性质、时间和范围取决于审计业务的具体情况，如被审计单位的规模和复杂程度，以及注册会计师的相关审计经验，包括以前对被审计单位提供审计和相关服务的经验和对类似行业、类似企业的审计经验。此外，识别被审计单位及其环境在上述各方面与以前期间相比发生的重大变化，对于充分了解被审计单位及其环境、识别和评估重大错报风险尤为重要。

二、行业状况、法律环境、监管环境以及其他外部因素

行业状况、法律环境、监管环境以及其他外部因素对被审计单位的经营活动乃至财务报表产生影响。因此，注册会计师应当对这些外部因素进行了解。

（一）了解的具体内容

1. 行业状况

了解行业状况有助于注册会计师识别与被审计单位所处行业有关的重大错报风险。注册会计师应当了解被审计单位的行业状况，主要包括：①所处行业的市场供求与竞争；②生产经营的季节性和周期性；③产品生产技术的变化；④能源供应与成本；⑤行业的关键指标和统计数据。具体而言，注册会计师可能需要了解以下情况：

（1）被审计单位所处行业的总体发展趋势是什么？

（2）处于哪一发展阶段，如起步、快速成长、成熟/产生现金流入或衰退阶段？

（3）所处市场的需求、市场容量和价格竞争如何？

（4）该行业是否受经济周期波动的影响，以及采取了什么行动使波动产生的影响最小化？

（5）该行业受技术发展影响的程度如何？是否开发了新的技术？

（6）能源消耗在成本中所占比重，能源价格的变化对成本的影响？

（7）谁是被审计单位最重要的竞争者，他们各自所占的市场份额是多少？

（8）被审计单位与其竞争者相比主要的竞争优势是什么？

（9）被审计单位业务的增长率和财务业绩与行业的平均水平及主要竞争者相比如何，存在重大差异的原因是什么？

（10）竞争者是否采取了某些行动，如购并活动、降低销售价格、开发新技术等，从而对被审计单位的经营活动产生影响？

2. 法律环境及监管环境

了解法律环境及监管环境的主要原因在于：①某些法律法规或监管要求可能对被审计单位经营活动有重大影响，如不遵守将导致停业等严重后果；②某些法律法规或监管要求（如环保法规等）规定了被审计单位某些方面的责任和义务；③某些法律法规或监管要求决定了被审计单位需要遵循的行业惯例和核算要求。

具体而言，注册会计师可能需要了解以下情况：

（1）国家对某一行业的企业是否有特殊的监管要求（如对银行、保险等行业的特殊监管要求）；

（2）是否存在新出台的法律法规（如新出台的有关产品责任、劳动安全或环境保护的法律法规等），对被审计单位有何影响；

（3）国家货币、财政、税收和贸易等方面政策的变化是否会对被审计单位的经营活动产生影响；

（4）与被审计单位相关的税务法规是否发生变化。

3. 其他外部因素

注册会计师应当了解影响被审计单位经营的其他外部因素，主要包括：①宏观经济的景气度；②利率和资金供求状况；③通货膨胀水平及币值变动；④国际经济环境和汇率变动。

（二）实施风险评估程序

针对被审计单位的行业状况、法律环境、监管环境以及其他外部因素，注册会计师具体运用的风险评估程序可能包括下列方面。

（1）查阅以前年度的审计工作底稿；

（2）询问被审计单位管理层和员工；

（3）查阅内部与外部的信息资料；

（4）与项目组成员或熟悉被审计单位所处行业的其他人员讨论；

（5）分析程序。

三、被审计单位的性质

注册会计师应当主要从下列方面了解被审计单位的性质：①所有权结构；②治理结构；③组织结构；④经营活动；⑤投资活动；⑥筹资活动。

（一）了解的具体内容

1. 所有权结构

对被审计单位所有权结构的了解有助于注册会计师识别关联方关系并了解被审计单位的决策过程。注册会计师应当了解所有权结构以及所有者与其他人员或单位之间的关系，考虑关联方关系是否已经得到识别，以及关联方交易是否得到恰当核算。例如，注册会计师应当了解被审计单位是属于国有企业、外商投资企业、民营企业，还是属于其他类型的企业,还应当了解其直接控股母公司、间接控股母公司、最终控股母公司和其他股东的构成,以及所有者与其他人员或单位(如控股母公司控制的其他企业)之间的关系。注册会计师应当按照《中国注册会计师审计准则第1323号——关联方》的规定,了解被审计单位识别关联方的程序,获取被审计单位提供的所有关联方信息,并考虑关联方关系是否已经得到识别,关联方交易是否得到恰当记录和充分披露。同时,注册会计师可能需要对其控股母公司(股东)的情况作进一步的了解,包括控股母公司的所有权性质,管理风格及其对被审计单位经营活动及财务报表可能产生的影响;控股母公司与被审计单位在资产、业务、人员、机构、财务等方面是否分开,是否存在占用资金等情况;控股母公司是否施加压力,要求被审计单位达到其设定的财务业绩目标。

2. 治理结构

良好的治理结构可以对被审计单位的经营和财务运作实施有效的监督,从而降低财务报表发生重大错报的风险。注册会计师应当了解被审计单位的治理结构,例如,董事会的构成情况、董事会内部是否有独立董事,治理结构中是否设有审计委员会或监事会及其运作情况。并且注册会计师应当考虑治理层是否能够在独立于管理层的情况下对被审计单位事务(包括财务报告)作出客观判断。

3. 组织结构

注册会计师应当了解被审计单位的组织结构,考虑复杂组织结构可能导致的重大错报风险,包括财务报表合并、商誉摊销和减值、长期股权投资核算以及特殊目的实体核算等问题。

4. 经营活动

了解被审计单位经营活动有助于注册会计师识别预期在财务报表中反映的主要交易类别、重要账户余额和列报。

5. 投资活动

注册会计师应当了解被审计单位的投资活动。主要包括:

(1)近期拟实施或已实施的并购活动与资产处置情况,包括业务重组或某些业务的终止。注册会计师应当了解并购活动如何与被审计单位目前的经营业务相协调,并考虑他们是否会引发进一步的经营风险。

(2)证券投资、委托贷款的发生与处置。

(3)资本性投资活动,包括固定资产和无形资产投资,近期或计划发生的变动,以及重大的资本承诺等。

(4)不纳入合并范围的投资。例如,联营、合营或其他投资,包括近期计划的投资项目。

6. 筹资活动

注册会计师应当了解被审计单位的筹资活动。主要包括:

(1)债务结构和相关条款,包括担保情况及表外融资。

（2）固定资产的租赁，包括通过融资租赁方式进行的筹资活动。

（3）关联方融资。例如，关联方融资的特殊条款。

（4）实际受益股东。例如，实际受益股东是国内的还是国外的，其商业声誉和经验可能对被审计单位产生的影响。

（5）衍生金融工具的运用。例如，衍生金融工具是用于交易目的还是套期目的，以及运用的种类、范围和交易对手等。

（二）实施风险评估程序

在了解被审计单位的性质时，除查阅以前年度的审计工作底稿、与项目组成员或其他有经验的人员和行业专家讨论、利用业务承接和续约过程中获取的信息外，注册会计师运用的风险评估程序还包括下列方面：

（1）询问被审计单位管理层和内部其他相关人员；

（2）查阅文件和报告；

（3）实地察看被审计单位的主要生产经营场所；

（4）分析程序。

五、被审计单位对会计政策的选择和运用

1．了解的具体内容

在了解被审计单位对会计政策的选择和运用是否适当时，注册会计师应当关注的下列事项：

（1）重要项目的会计政策和行业惯例。

（2）重大和异常交易的会计处理方法。

（3）在新领域和缺乏权威性标准或共识的领域，采用重要会计政策产生的影响。在新领域和缺乏权威性标准或共识的领域，注册会计师应当关注被审计单位选用了哪些会计政策，为什么选用这些会计政策以及选用这些会计政策产生的影响。

（4）会计政策的变更。

（5）被审计单位何时采用以及如何采用新颁布的会计准则和相关会计制度。

2．实施风险评估程序

在了解被审计单位对会计政策的选择和运用时，注册会计师实施的风险评估程序包括：查阅以前年度的审计工作底稿，询问被审计单位管理层和员工，查阅被审计单位的财务资料和内部报告（如会计工作手册和操作指引），等等。注册会计师还可结合对被审计单位及其环境其他方面的了解，考虑被审计单位选用的会计政策是否符合其具体情况。

需要强调的是，注册会计师应当关注被审计单位本期会计政策的选用与前期相比发生的重大变化，包括对本期新发生的交易或事项选用的会计政策，对前期不重大而本期重大的交易或事项选用的会计政策，重要会计政策的变更以及新会计准则发布施行的影响，等等。

五、被审计单位的目标、战略以及相关经营风险

1. 了解的具体内容

（1）目标、战略与经营风险：注册会计师应当了解被审计单位是否存在与下列方面有关的目标和战略，并考虑相应的经营风险：①行业发展，及其可能导致的被审计单位不具备足以应对行业变化的人力资源和业务专长等风险；②开发新产品或提供新服务，及其可能导致的被审计单位产品责任增加等风险；③业务扩张，及其可能导致的被审计单位对市场需求的估计不准确等风险；④新颁布的会计法规，及其可能导致的被审计单位执行法规不当或不完整，或会计处理成本增加等风险；⑤监管要求，及其可能导致的被审计单位法律责任增加等风险；⑥本期及未来的融资条件，及其可能导致的被审计单位由于无法满足融资条件而失去融资机会等风险；⑦信息技术的运用，及其可能导致的被审计单位信息系统与业务流程难以融合等风险。

（2）经营风险对重大错报风险的影响：经营风险与财务报表重大错报风险是既有联系又相互区别的两个概念。前者比后者范围更广。注册会计师了解被审计单位的经营风险有助于其识别财务报表重大错报风险。但并非所有的经营风险都与财务报表相关，注册会计师没有责任识别或评估对财务报表没有影响的经营风险。

目标、战略、经营风险和重大错报风险之间的相互联系可举一例予以说明。例如，企业当前的目标是在某一特定期间内进入某一新的海外市场，企业选择的战略是在当地成立合资公司。从该战略本身来看，是可以实现这一目标的。但是，成立合资公司可能会带来很多经营风险。例如，企业如何与当地合资方在经营活动、企业文化等各方面协调，如何在合资公司中获得控制权或共同控制权，当地市场情况是否会发生变化，当地对合资公司的税收和外汇管理方面的政策是否稳定，合资公司的利润是否可以汇回，是否存在汇率风险，等等。这些经营风险反映到财务报表中，可能会因对合资公司是属于子公司、合营企业或联营企业的判断问题，投资核算问题，包括是否存在减值问题、对当地税收规定的理解，以及外币折算等问题而导致财务报表出现重大错报风险。

（3）被审计单位的风险评估过程：管理层通常制定识别和应对经营风险的策略，注册会计师应当了解被审计单位的风险评估过程。

2. 实施风险评估程序

注册会计师可通过与管理层沟通，查阅经营规划和其他文件，获取对被审计单位目标和战略的了解；还可以通过询问不同的管理层成员，进一步了解被审计单位目标和战略、政策和程序，以及管理层期望和关注的事项。

六、被审计单位财务业绩的衡量和评价

注册会计师应当了解被审计单位财务业绩的衡量和评价情况，考虑这种压力是否可能导致管理层采取行动，以至于增加财务报表发生重大错报的风险。

1. 了解的主要方面

在了解被审计单位财务业绩衡量和评价情况时，注册会计师应当关注下列信息：①关键业绩指标；②业绩趋势；③预测、预算和差异分析；④管理层和员工业绩考核与激励性报酬政策；⑤分部信息与不同层次部门的业绩报告；⑥与竞争对手的业绩比较；⑦外部机构提出的报告。

2. 关注内部财务业绩衡量的结果

内部财务业绩衡量可能显示未预期到的结果或趋势。在这种情况下，管理层通常会进行调查并采取纠正措施。与内部财务业绩衡量相关的信息可能显示财务报表存在错报风险，例如，内部财务业绩衡量可能显示被审计单位与同行业其他单位相比具有异常快的增长率或盈利水平，此类信息如果与业绩奖金或激励性报酬等其他因素结合起来考虑，可能显示管理层在编制财务报表时存在某种倾向的错报风险。注册会计师应当关注被审计单位内部财务业绩衡量所显示的未预期到的结果或趋势、管理层的调查结果和纠正措施，以及相关信息是否显示财务报表可能存在重大错报。

3. 考虑财务业绩衡量指标的可靠性

如果拟利用被审计单位内部信息系统生成的财务业绩衡量指标，注册会计师应当考虑相关信息是否可靠，以及利用这些信息是否足以实现审计目标。许多财务业绩衡量中使用的信息可能由被审计单位的信息系统生成。如果被审计单位管理层在没有合理基础的情况下，认为内部生成的衡量财务业绩的信息是准确的，而实际上信息有误，那么，根据有误的信息得出的结论也可能是错误的。如果注册会计师计划在审计中（如在实施分析程序时）利用财务业绩指标，应当考虑相关信息是否可靠，以及在实施审计程序时利用这些信息是否足以发现重大错报。

20.4 评估重大错报风险

一、识别和评估财务报表层次和认定层次的重大错报风险

1. 总体要求

注册会计师应当识别和评估财务报表层次以及各类交易、账户余额、列报认定层次的重大错报风险。

2. 识别和评估重大错报风险的审计程序

在识别和评估重大错报风险时，注册会计师应当实施下列审计程序：

（1）注册会计师应当运用各项风险评估程序，在了解被审计单位及其环境的整个过程中识别风险，并将识别的风险与各类交易、账户余额和列报相联系。例如，被审计单位因相关环境法规的实施需要更新设备，可能面临原有设备闲置或贬值的风险；宏观经济的低迷可能预示应收账款的回收存在问题；竞争者开发的新产品上市，可能导致被审计单位的主要产品在短期内过时，预示将出现存货跌价和长期资产（如固定资产等）的减值。

(2) 注册会计师应当将识别的风险与认定层次可能发生错报的领域相联系。

例如,销售困难使产品的市场价格下降,可能导致年末存货成本高于其可变现净值而需要计提存货跌价准备,这显示存货的计价认定可能发生错报。

(3) 考虑识别的风险是否重大。风险是否重大指风险造成后果的严重程度。上例中,除考虑产品市场价格下降因素外,注册会计师还应当考虑产品市场价格下降的幅度、该产品在被审计单位产品中的比重等,以确定识别的风险对财务报表的影响是否重大。假如产品市场价格大幅下降,导致产品销售收入不能补偿成本,毛利率为负,那么,年末存货跌价问题严重,存货计价认定发生错报的风险重大;假如价格下降的产品在被审计单位销售收入中所占比例很小,被审计单位其他产品销售毛利率很高,尽管该产品的毛利率为负,但可能不会使年末存货发生重大跌价问题。

(4) 注册会计师还需要考虑上述识别的风险是否会导致财务报表发生重大错报。例如,考虑存货的账面余额是否重大,是否已适当计提存货跌价准备等。在某些情况下,尽管识别的风险重大,但仍不至于导致财务报表发生重大错报。例如,期末财务报表中存货的余额较低,尽管识别的风险重大,但不至于导致存货的计价认定发生重大错报风险。又如,被审计单位对于存货跌价准备的计提实施了比较有效的内部控制,管理层已根据存货的可变现净值,计提了相应的跌价准备。在这种情况下,财务报表发生重大错报的可能性将相应降低。

注册会计师应当利用实施风险评估程序获取的信息,包括在评价控制设计和确定其是否得到执行时获取的审计证据,作为支持风险评估结果的审计证据。注册会计师应当根据风险评估结果,确定实施进一步审计程序的性质、时间和范围。

3. 可能表明被审计单位存在重大错报风险的事项和情况

注册会计师应当关注下列事项和情况可能表明被审计单位存在重大错报风险:①在经济不稳定的国家或地区开展业务;②在高度波动的市场开展业务;③在严厉、复杂的监管环境中开展业务;④持续经营和资产流动性出现问题,包括重要客户流失;⑤融资能力受到限制;⑥行业环境发生变化;⑦供应链发生变化;⑧开发新产品或提供新服务,或进入新的业务领域;⑨开辟新的经营场所;⑩发生重大收购、重组或其他非经常性事项;⑪拟出售分支机构或业务分部;⑫复杂的联营或合资;⑬运用表外融资、特殊目的实体以及其他复杂的融资协议;⑭重大的关联方交易;⑮缺乏具备胜任能力的会计人员;⑯关键人员变动;⑰内部控制薄弱;⑱信息技术战略与经营战略不协调;⑲信息技术环境发生变化;⑳安装新的与财务报告有关的重大信息技术系统;㉑经营活动或财务报告受到监管机构的调查;㉒以往存在重大错报或本期期末出现重大会计调整;㉓发生重大的非常规交易;㉔按照管理层特定意图记录的交易;㉕应用新颁布的会计准则或相关会计制度;㉖会计计量过程复杂;㉗事项或交易在计量时存在重大不确定性;㉘存在未决诉讼和或有负债。

注册会计师应当充分关注可能表明被审计单位存在重大错报风险的上述事项和情况,并考虑由于上述事项和情况导致的风险是否重大,以及该风险导致财务报表发生重大错报的可能性。

4．两个层次的重大错报风险

在对重大错报风险进行识别和评估后，注册会计师应当确定，识别的重大错报风险是与特定的某类交易、账户余额、列报的认定相关，还是与财务报表整体广泛相关，进而影响多项认定。

某些重大错报风险可能与特定的各类交易、账户余额、列报的认定相关。例如，被审计单位存在复杂的联营或合资，这一事项表明长期股权投资账户的认定可能存在重大错报风险。又如，被审计单位存在重大的关联方交易，该事项表明关联方及关联方交易的披露认定可能存在重大错报风险。

某些重大错报风险可能与财务报表整体广泛相关，进而影响多项认定。例如，在经济不稳定的国家和地区开展业务、资产的流动性出现问题、重要客户流失、融资能力受到限制等，可能导致注册会计师对被审计单位的持续经营能力产生重大疑虑。又如，管理层缺乏诚信或承受异常的压力可能引发舞弊风险，这些风险与财务报表整体相关。

5．控制环境对评估财务报表层次重大错报风险的影响

财务报表层次的重大错报风险很可能源于薄弱的控制环境。薄弱的控制环境带来的风险可能对财务报表产生广泛影响，难以限于某类交易、账户余额、列报，注册会计师应当采取总体应对措施。例如，被审计单位治理层、管理层对内部控制的重要性缺乏认识，没有建立必要的制度和程序；管理层经营理念偏于激进，又缺乏实现激进目标的人力资源等。这些缺陷源于薄弱的控制环境，可能对财务报表产生广泛影响，需要注册会计师采取总体应对措施。

6．控制对评估认定层次重大错报风险的影响

在评估重大错报风险时，注册会计师应当将所了解的控制与特定认定相联系。这是由于控制有助于防止或发现并纠正认定层次的重大错报。在评估重大错报发生的可能性时，除了考虑可能的风险外，还要考虑控制对风险的抵消和遏制作用。有效的控制会减少错报发生的可能性，而控制不当或缺乏控制，错报就会由可能变成现实。

控制可能与某一认定直接相关，也可能与某一认定间接相关。关系越间接，控制在防止或发现并纠正认定中错报的作用越小。例如，销售经理对分地区的销售网点的销售情况进行复核，与销售收入完整性的认定只是间接相关。相应地，该项控制在降低销售收入完整性认定中的错报风险方面的效果，要比与该认定直接相关的控制（例如，将发货单与开具的销售发票相核对）的效果差。因此控制与认定直接或间接相关；关系越间接，控制对防止或发现并纠正认定错报的效果越小。

注册会计师可能识别出有助于防止或发现并纠正特定认定发生重大错报的控制。在确定这些控制是否能够实现上述目标时，注册会计师应当将控制活动和其他要素综合考虑。如将销售和收款的控制置身于其所在的流程和系统中考虑，以确定其能否实现控制目标。因为单个的控制活动（如将发货单与销售发票相核对）本身并不足以

控制重大错报风险。只有多种控制活动和内部控制的其他要素综合作用才足以控制重大错报风险。

当然,也有某些控制活动可能专门针对某类交易或账户余额的个别认定。例如,被审计单位建立的、以确保盘点工作人员能够正确地盘点和记录存货的控制活动,直接与存货账户余额的存在性和完整性认定相关。注册会计师只需要对盘点过程和程序进行了解,就可以确定控制是否能够实现目标。

注册会计师应当考虑对识别的各类交易、账户余额和列报认定层次的重大错报风险予以汇总和评估,以确定进一步审计程序的性质、时间和范围。表20－1为评估认定层次重大错报风险汇总表。

表20－1 评估认定层次的重大错报风险汇总

重大账户	认定	识别的重大错报风险	风险评估结果
列示重大账户,例如应收账款	列示相关的认定,例如存在、完整性、计价或分摊等	汇总实施审计程序识别出与该重大账户的某项认定相关的重大错报风险	评估该项认定的重大错报风险水平(应考虑控制设计是否合理,是否得到执行)

注:注册会计师也可以在该表中记录针对评估的认定层次重大错报风险而制定相应的审计方案。

7. 考虑财务报表的可审计性

注册会计师在了解被审计单位内部控制后,可能对被审计单位财务报表的可审计性产生怀疑。例如,对被审计单位会计记录的可靠性和状况的担心可能会使注册会计师认为可能很难获取充分、适当的审计证据,以支持对财务报表发表意见。再如,管理层严重缺乏诚信,注册会计师认为管理层在财务报表中作出虚假陈述的风险高到无法进行审计的程度。因此,如果通过对内部控制的了解发现下列情况,并对财务报表局部或整体的可审计性产生疑问,注册会计师应当考虑出具保留意见或无法表示意见的审计报告:①被审计单位会计记录的状况和可靠性存在重大问题,不能获取充分、适当的审计证据以发表无保留意见;②对管理层的诚信存在严重疑虑。必要时,注册会计师应当考虑解除业务约定。

二、需要特别考虑的重大错报风险

1. 特别风险的含义

作为风险评估的一部分,注册会计师应当运用职业判断,确定识别的风险哪些是需要特别考虑的重大错报风险(以下简称特别风险)。

2. 确定特别风险时应考虑的事项

在确定哪些风险是特别风险时,注册会计师应当在考虑识别出的控制对相关风险的抵消效果前,根据风险的性质、潜在错报的重要程度(包括该风险是否可能导致多项错报）和发生的可能性，判断风险是否属于特别风险。

在确定风险的性质时，注册会计师应当考虑下列事项：①风险是否属于舞弊风险；②风险是否与近期经济环境、会计处理方法和其他方面的重大变化有关；③交易的复杂程度；④风险是否涉及重大的关联方交易；⑤财务信息计量的主观程度，特别是对不确定事项的计量存在较大区间；⑥风险是否涉及异常或超出正常经营过程的重大交易。

3. 非常规交易和判断事项导致的特别风险

日常的、不复杂的、经正规处理的交易不太可能产生特别风险。特别风险通常与重大的非常规交易和判断事项有关。

非常规交易是指由于金额或性质异常而不经常发生的交易。例如，企业购并、债务重组、重大或有事项等。由于非常规交易具有下列特征，与重大非常规交易相关的特别风险可能导致更高的重大错报风险：①管理层更多地介入会计处理；②数据收集和处理涉及更多的人工成分；③复杂的计算或会计处理方法；④非常规交易的性质可能使被审计单位难以对由此产生的特别风险实施有效控制。

判断事项通常包括作出的会计估计。如资产减值准备金额的估计、需要运用复杂估值技术确定的公允价值计量等。由于下列原因，与重大判断事项相关的特别风险可能导致更高的重大错报风险：①对涉及会计估计、收入确认等方面的会计原则存在不同的理解；②所要求的判断可能是主观和复杂的，或需要对未来事项作出假设。

4. 考虑与特别风险相关的控制

了解与特别风险相关的控制，有助于注册会计师制定有效的审计方案予以应对。对特别风险，注册会计师应当评价相关控制的设计情况，并确定其是否已经得到执行。由于与重大非常规交易或判断事项相关的风险很少受到日常控制的约束，注册会计师应当了解被审计单位是否针对该特别风险设计和实施了控制。

例如，作出会计估计所依据的假设是否由管理层或专家进行复核，是否建立作出会计估计的正规程序，重大会计估计结果是否由治理层批准等。再如，管理层在收到重大诉讼事项的通知时采取的措施，包括这类事项是否提交适当的专家（如内部或外部的法律顾问）处理、是否对该事项的潜在影响作出评估、是否确定该事项在财务报表予以披露问题以及如何确定等。

如果管理层未能实施控制以恰当应对特别风险，注册会计师应当认为内部控制存在重大缺陷，并考虑其对风险评估的影响。在此情况下，注册会计师应当考虑就此类事项与治理层沟通。

三、仅通过实质性程序无法应对的重大错报风险

作为风险评估的一部分，如果认为仅通过实质性程序获取的审计证据无法将认定层次的重大错报风险降至可接受的低水平，注册会计师应当评价被审计单位针对这些风险设计的控制，并确定其执行情况。

在被审计单位对日常交易采用高度自动化处理的情况下，审计证据可能仅以电子

形式存在，其充分性和适当性通常取决于自动化信息系统相关控制的有效性，注册会计师应当考虑仅通过实施实质性程序不能获取充分、适当审计证据的可能性。

例如，某企业通过高度自动化的系统确定采购品种和数量，生成采购订单，并通过系统中设定的收货确认和付款条件进行付款。除了系统中的相关信息以外，该企业没有其他有关订单和收货的记录。在这种情况下，如果认为仅通过实施实质性程序不能获取充分、适当的审计证据，注册会计师应当考虑依赖的相关控制的有效性，并对其进行了解、评估和测试。在实务中，注册会计师可以用表20-2所示汇总识别重大错报风险。

表20-2 识别的重大错报风险汇总

识别的重大错报风险	对财务报表的影响	相关的交易类别、账户余额和列报认定	是否与财务报表整体广泛相关	是否属于特别风险	是否属于仅通过实质性程序无法对应的重大错报风险
记录识别的重大错报风险	描述对财务报表的影响和导致财务报表发生重大错报的可能性	列示相关的各类交易、账户余额、列报及其认定	考虑是否属于财务报表层次的重大错报风险	考虑是否属于特别风险	考虑是否属于仅通过实质性程序无法对应的重大错报风险

20.5 与治理层和管理层的沟通

1. 就内部控制重大缺陷与治理层和管理层沟通

被审计单位管理层有责任在治理层的监督下，建立、执行和维护有效的内部控制，以合理保证企业经营目标的实现。注册会计师在了解和测试内部控制的过程中可能会注意到内部控制存在的重大缺陷。注册会计师将其告知适当层次的管理层或治理层，将有助于管理层和治理层履行其在内部控制方面的职责。因此，注册会计师应当及时将注意到的内部控制设计或执行方面的重大缺陷，告知适当层次的管理层或治理层。

内部控制的重大缺陷是指内部控制设计或执行存在的严重不足，使被审计单位管理层或员工无法在正常行使职能的过程中，及时发现和纠正错误或舞弊引起的财务报表重大错报。内部控制五个要素中都可能存在控制缺陷。

在了解和测试内部控制的过程中可能会发现偏差，偏差是否构成重大缺陷，取决于偏差的性质、频率和后果。在作出职业判断时，注册会计师通常考虑以下因素：

（1）偏差的性质和原因是什么？
（2）偏差数量和控制执行频率的比例是多少？

（3）偏差涉及的账户、披露和认定的性质是怎样的？
（4）缺陷可能影响到哪些财务报表金额或交易事项？
（5）相关资产或负债是否容易遭受损失或产生舞弊？
（6）控制的目的是什么？
（7）该控制对数据可靠性的影响程度如何？
（8）控制的影响是否具有广泛性（例如，该控制属于控制五个要素中的哪项，影响力如何）？
（9）所测试的信息处理目标的重要程度？
（10）控制是预防性的还是检查性的？
（11）控制设计或控制运行的文件记录是否足够？
（12）是否存在行业性或法规所要求的控制实施标准？
（13）是否存在针对同一风险或认定的补偿性的控制或程序？
（14）谁完成控制程序？
（15）偏差是否导致财务报表的重大错报？
（16）如果存在因错误或舞弊导致的重大错报，是否可能尚未得到更正？

下列情况通常表明内部控制存在重大缺陷：
（1）注册会计师在审计工作中发现了重大错报，而被审计单位的内部控制没有发现这些重大错报；
（2）控制环境薄弱；
（3）存在高层管理人员舞弊迹象（无论涉及金额大小）。

2．就重大错报风险的控制与治理层沟通

如果识别出被审计单位未加控制或控制不当的重大错报风险，或认为被审计单位的风险评估过程存在重大缺陷，注册会计师应当就此类内部控制缺陷与治理层沟通。

20.6 审计工作记录

1．记录的内容

注册会计师应当就下列内容形成审计工作记录：①项目组对由于舞弊或错误导致财务报表发生重大错报的可能性进行的讨论，以及得出的重要结论；②注册会计师对被审计单位及其环境各个方面的了解要点（包括对内部控制各项要素的了解要点）、信息来源以及实施的风险评估程序；③注册会计师在财务报表层次和认定层次识别、评估出的重大错报风险；④注册会计师识别出的特别风险和仅通过实质性程序无法应对的重大错报风险，以及对相关控制的评估。

2．记录的方式

注册会计师需要运用职业判断，确定对上述事项进行记录的方式。常见的记录方式包括文字叙述、问卷、核对表和流程图等。

记录的方式和范围受被审计单位性质、规模、复杂程度、内部控制、被审计单位信息的可获得性,以及审计过程中使用的具体审计方法和技术的影响。例如,被审计单位通过复杂的信息系统,生成、记录、处理和报告大量交易,注册会计师在了解该信息系统后,可能采用的记录方式包括流程图、问卷或决策表。对于很少使用或不使用信息技术的信息系统,或者只处理少量交易(如长期借款)的信息系统,注册会计师仅以备忘录的形式对其进行记录就已足够。通常被审计单位经营活动越复杂,注册会计师实施审计程序的范围越广,审计工作记录也就越复杂。

本章小结

本章阐述了风险评估定义、风险评估程序、如何了解被审计单位及其环境、评估重大错报风险、与治理层和管理层的沟通以及审计工作记录等风险评估等内容,为下一步的风险应对奠定基础。

复习题

1. 风险评估的定义应如何理解?
2. 风险评估程序有哪些?
3. 如何了解被审计单位及其环境?
4. 评估重大错报风险有哪些程序?
5. 与治理层和管理层的沟通应注意哪些?
6. 审计工作记录的内容和方式是什么?

第 21 章 风险应对

> **引例：从风险应对说起**
>
> 到某知名会计师事务所工作的大学毕业生小 B，被派到一个大型审计项目担任项目助理。在具体审计过程中，小 B 结合刚刚在大学期间学到的理论，认真思考，并和事务所的老前辈进行了交流。小 B 觉得在审计项目中会遇到一些风险，那么这些风险如何评估呢？还有我们应该如何应对这些风险呢？
>
> 老前辈笑了笑，对小 B 说："看来你得补补审计课，这个以前你们应该都学过，就是风险应对的基本概念和内容。"那么，到底什么是风险应对呢？
>
>

21.1 针对财务报表层次重大错报风险的总体应对措施

一、财务报表层次重大错报风险与总体应对措施

《中国注册会计师审计准则第 1211 号——通过了解被审计单位及其环境识别和评估重大错报风险》第二十八条规定："注册会计师应当在下列两个层次识别和评估重大错报风险，为设计和实施进一步审计程序提供基础：(1) 财务报表层次；(2) 各类交易、账户余额和披露的认定层次"。注册会计师应当针对评估的财务报表层次重大错报风险确定下列总体应对措施：

(1) 向项目组强调在收集和评价审计证据过程中保持职业怀疑态度的必要性。关于职业怀疑态度的含义，参见《中国注册会计师审计准则第 1101 号——注册会计师的总体目标和审计工作的基本要求》及其指南。

(2) 分派更有经验或具有特殊技能的审计人员，或利用专家的工作。由于各行业在经营业务、经营风险、财务报告、法规要求等方面具有特殊性，审计人员的专业分工细化成为一种趋势。审计项目组成员中应有一定比例的人员曾经参与过被审计单位以前年度的审计，或具有被审计单位所处特定行业的相关审计经验。必要时，要考虑利用信息技术、税务、评估、精算师等方面的专家的工作。

(3) 提供更多的督导。对于财务报表层次重大错报风险较高的审计项目，项目组的高级别成员，如项目负责人、项目经理等经验较丰富的人员，要对其他成员提供更详细、更经常、更及时的指导和监督并加强项目质量复核。

(4) 在选择进一步审计程序时，应当注意使某些程序不被管理层预见或事先了解。被审计单位人员，尤其是管理层，如果熟悉注册会计师的审计套路，就可能采取种种规避手段，掩盖财务报告中的舞弊行为。因此，在设计拟实施审计程序的性质、时间和范围时，为了避免既定思维对审计方案的限制，避免对审计效果的人为干涉，从而使得针对重大错报风险的进一步审计程序更加有效，注册会计师要考虑使某些程序不被被审计单位管理层预见或事先了解。

在实务中，注册会计师可以通过以下方式提高审计程序的不可预见性：①对某些未测试过的低于设定的重要性水平或风险较小的账户余额和认定实施实质性程序；②调整实施审计程序的时间，使被审计单位不可预期；③采取不同的审计抽样方法，使当期抽取的测试样本与以前有所不同；④选取不同的地点实施审计程序，或预先不告知被审计单位所选定的测试地点。

(5) 对拟实施审计程序的性质、时间和范围作出总体修改。财务报表层次的重大错报风险很可能源于薄弱的控制环境。薄弱的控制环境带来的风险可能对财务报表产生广泛影响，难以限于某类交易、账户余额、列报，注册会计师应当采取总体应对措施。相应地，注册会计师对控制环境的了解影响其对财务报表层次重大错报风险的评估。有效的控制环境可以使注册会计师增强对内部控制和被审计单位内部产生的证据的信赖程度。如果控制环境存在缺陷，注册会计师在对拟实施审计程序的性质、时间和范围作出总体修改时应当考虑：

第一，在期末而非期中实施更多的审计程序。控制环境的缺陷通常会削弱期中获得的审计证据的可信赖程度。

第二，主要依赖实质性程序获取审计证据。良好的控制环境是其他控制要素发挥作用的基础。控制环境存在缺陷通常会削弱其他控制要素的作用，导致注册会计师可能无法信赖内部控制，而主要依赖实施实质性程序获取审计证据。

第三，修改审计程序的性质，获取更具说服力的审计证据。修改审计程序的性质主要是指调整拟实施审计程序的类别及组合，比如原先可能主要限于检查某项资产的账面记录或相关文件，而调整审计程序的性质后可能意味着更加重视实地检查该项资产。

第四，扩大审计程序的范围。例如扩大样本规模，或采用更详细的数据实施分析程序。

二、财务报表层次重大错报风险以及采取的总体应对措施对拟实施进一步审计程序的总体方案的影响

财务报表层次重大错报风险难以限于某类交易、账户余额、列报的特点,意味着此类风险可能对财务报表的多项认定产生广泛影响,并相应增加注册会计师对认定层次重大错报风险的评估难度。因此,注册会计师评估的财务报表层次重大错报风险以及采取的总体应对措施,对拟实施进一步审计程序的总体方案具有重大影响。

拟实施进一步审计程序的总体方案包括实质性方案和综合性方案。其中,实质性方案是指注册会计师实施的进一步审计程序以实质性程序为主;综合性方案是指注册会计师在实施进一步审计程序时,将控制测试与实质性程序结合使用。当评估的财务报表层次重大错报风险属于高风险水平时(并相应采取更强调审计程序不可预见性、重视调整审计程序的性质、时间和范围等总体应对措施),拟实施进一步审计程序的总体方案往往更倾向于实质性方案。

21.2 针对认定层次重大错报风险的进一步审计程序

一、进一步审计程序的内涵和要求

1. 进一步审计程序的内涵和总体要求

相对风险评估程序而言,进一步审计程序是指注册会计师针对评估的各类交易、账户余额、列报(包括披露,下同)认定层次重大错报风险实施的审计程序,包括控制测试和实质性程序。

注册会计师应当针对评估的认定层次重大错报风险设计和实施进一步审计程序,包括审计程序的性质、时间和范围。注册会计师设计和实施的进一步审计程序的性质、时间和范围,应当与评估的认定层次重大错报风险具备明确的对应关系。这些条款的实质是要求注册会计师实施的审计程序具有目的性和针对性,有的放矢地配置审计资源,提高审计效率和效果。

需要说明的是,尽管在应对评估的认定层次重大错报风险时,拟实施的进一步审计程序的性质、时间和范围都应当确保其具有针对性。例如,注册会计师评估的重大错报风险越高,实施进一步审计程序的范围通常越大;但是只有首先确保进一步审计程序的性质与特定风险相关时,扩大审计程序的范围才是有效的。

2. 设计进一步审计程序时的考虑因素

(1)风险的重要性。风险的重要性是指风险造成的后果的严重程度。风险的后果越严重,就越需要注册会计师关注和重视,越需要其精心设计有针对性的进一步审计程序。

(2)重大错报发生的可能性。重大错报发生的可能性越大,同样越需要注册会计师精心设计进一步审计程序。

(3)涉及的各类交易、账户余额和列报的特征。不同的交易、账户余额和列报,

产生的认定层次的重大错报风险也会存在差异，适用的审计程序也有差别，需要注册会计师区别对待，并设计有针对性的进一步审计程序予以应对。

（4）被审计单位采用的特定控制的性质。不同性质的控制（尤其是人工控制还是自动化控制）对注册会计师设计进一步的审计程序具有重要影响。

（5）注册会计师是否拟获取审计证据，以确定内部控制在防止或发现并纠正重大错报方面的有效性。如果注册会计师在风险评估时预期内部控制运行有效，随后拟实施的进一步审计程序必须包括控制测试，且实质性程序自然会受到之前控制测试结果的影响。

综合上述几方面因素，注册会计师对认定层次重大错报风险的评估为确定进一步审计程序的总体方案奠定了基础。因此，注册会计师应当根据对认定层次重大错报风险的评估结果，恰当选用实质性方案或综合性方案。通常情况下，注册会计师出于成本效益的考虑可以采用综合性方案设计进一步审计程序，即将测试控制运行的有效性与实质性程序结合使用。但在某些情况下（如《中国注册会计师审计准则第1211号——了解被审计单位及其环境并评估重大错报风险》第一百一十二条指出的仅通过实质性程序无法应对的重大错报风险），注册会计师必须通过实施控制测试，才可能有效应对评估出的某一认定的重大错报风险；而在另一些情况下（如注册会计师的风险评估程序未能识别出与认定相关的任何控制，或注册会计师认为控制测试很可能不符合成本效益原则），注册会计师可能认为仅实施实质性程序就是适当的。

注册会计师对重大错报风险的评估毕竟是一种主观判断，可能无法充分识别所有的重大错报风险，同时内部控制存在固有局限性（特别是存在管理层凌驾于内部控制之上的可能性）。因此，无论选择何种方案，注册会计师都应当对所有重大的各类交易、账户余额、列报设计实施实质性程序。

二、进一步审计程序的性质

1. 进一步审计程序的性质的含义

进一步审计程序的性质是指进一步审计程序的目的和类型。其中，进一步审计程序的目的包括通过实施控制测试以确定内部控制运行的有效性，通过实施实质性程序以发现认定层次的重大错报。

如前所述，在应对评估的风险时，合理确定审计程序的性质是最重要的。这是因为，不同的审计程序应对特定认定错报风险的效力不同。例如，对于与收入完整性认定相关的重大错报风险，控制测试通常更能有效应对；对于与收入发生认定相关的重大错报风险，实质性程序通常更能有效应对。再如，实施应收账款的函证程序可以为应收账款在某一时点存在的认定提供审计证据，但通常不能为应收账款的计价认定提供审计证据。对应收账款的计价认定，注册会计师通常需要实施其他更为有效的审计程序，如审查应收账款账龄和期后收款情况，了解欠款客户的信用情况等。

2. 进一步审计程序的性质的选择

在确定进一步审计程序的性质时，注册会计师首先需要考虑的是认定层次重大错报风险的评估结果。因此,注册会计师应当根据认定层次重大错报风险的评估结果选择审计程序。评估的认定层次重大错报风险越高,对通过实质性程序获取的审计证据的相关性和可靠性的要求越高,从而可能影响进一步审计程序的类型及其综合运用。例如,当注册会计师判断某类交易协议的完整性存在更高的重大错报风险时,除了检查文件以外,注册会计师还可能决定向第三方询问或函证协议条款的完整性。

除了从总体上把握认定层次重大错报风险的评估结果对选择进一步审计程序的影响外,在确定拟实施的审计程序时,注册会计师接下来应当考虑评估的认定层次重大错报风险产生的原因,包括考虑各类交易、账户余额、列报的具体特征以及内部控制。例如,注册会计师可能判断某特定类别的交易即使在不存在相关控制的情况下发生重大错报的风险仍较低,此时注册会计师可能认为,仅实施实质性程序就可以获取充分、适当的审计证据。再如,对于经由被审计单位信息系统日常处理和控制的某类交易,如果注册会计师预期此类交易在内部控制运行有效的情况下发生重大错报的风险较低,且拟在控制运行有效的基础上设计实质性程序,注册会计师就会决定先实施控制测试。

需要说明的是,如果在实施进一步审计程序时拟利用被审计单位信息系统生成的信息,注册会计师应当就信息的准确性和完整性获取审计证据。例如,注册会计师在执行实质性分析程序时,使用了被审计单位生成的非财务信息或预算数据。再如,注册会计师在对被审计单位的存货期末余额实施实质性程序时,拟利用被审计单位信息系统生成的各个存货存放地点及其余额清单。注册会计师应当获取关于这些信息的准确性和完整性的审计证据。

三、进一步审计程序的时间

1. 进一步审计程序的时间的含义

进一步审计程序的时间是指注册会计师何时实施进一步审计程序,或审计证据适用的期间或时点。因此,当提及进一步审计程序的时间时,在某些情况下指的是审计程序的实施时间,在另一些情况下是指需要获取的审计证据适用的期间或时点。

2. 进一步审计程序的时间的选择

有关进一步审计程序的时间的选择问题,第一个层面是注册会计师选择在何时实施进一步审计程序的问题,第二个层面是选择获取什么期间或时点的审计证据的问题。第一个层面的选择问题主要集中在如何权衡期中与期末实施审计程序的关系。第二个层面的选择问题分别集中在如何权衡期中审计证据与期末审计证据的关系、如何权衡以前审计获取的审计证据与本期审计获取的审计证据的关系。这两个层面的最终落脚点都是如何确保获取审计证据的效率和效果。

注册会计师可以在期中(期中可以指所审计期间内、资产负债表日以前的任何时点)或期末实施控制测试或实质性程序。这就引出了注册会计师应当如何选择实施审计程序的时间的问题。一项基本的考虑因素应当是注册会计师评估的重大错报风险,因此,当重大错报风险较高时,注册会计师应当考虑在期末或接近期末实施实质性程序；或采用不通知的方式，或在管理层不能预见的时间实施审计程序。

虽然在期末实施审计程序在很多情况下非常必要，但仍然不排除注册会计师在期中实施审计程序可能发挥的积极作用。在期中实施进一步审计程序，可能有助于注册会计师在审计工作初期识别重大事项，并在管理层的协助下及时解决这些事项；或针对这些事项制定有效的实质性方案或综合性方案。当然，在期中实施进一步审计程序也存在很大的局限。首先，注册会计师往往难以仅凭在期中实施的进一步审计程序获取有关期中以前的充分、适当的审计证据（例如某些期中以前发生的交易或事项在期中审计结束时尚未完结）；其次，即使注册会计师在期中实施的进一步审计程序能够获取有关期中以前的充分、适当的审计证据，但从期中到期末这段剩余期间还往往会发生重大的交易或事项（包括期中以前发生的交易、事项的延续，以及期中以后发生的新的交易、事项），从而对所审计期间的财务报表认定产生重大影响；再次，被审计单位管理层也完全有可能在注册会计师于期中实施了进一步审计程序之后对期中以前的相关会计记录作出调整甚至篡改，注册会计师在期中实施了进一步审计程序所获取的审计证据已经发生了变化。为此，如果在期中实施了进一步审计程序，注册会计师还应当针对剩余期间获取审计证据。

注册会计师在确定何时实施审计程序时应当考虑的几项重要因素：

（1）控制环境。良好的控制环境可以抵消在期中实施进一步审计程序的局限性，使注册会计师在确定实施进一步审计程序的时间时有更大的灵活度。

（2）何时能得到相关信息。例如，某些控制活动可能仅在期中（或期中以前）发生，而之后可能难以再被观察到；再如，某些电子化的交易和账户文档如未能及时取得，可能被覆盖。在这些情况下，注册会计师如果希望获取相关信息，则需要考虑能够获取相关信息的时间。

（3）错报风险的性质。例如，被审计单位可能为了保证盈利目标的实现，而在会计期末以后伪造销售合同以虚增收入，此时注册会计师需要考虑在期末（即资产负债表日）这个特定时点获取被审计单位截至期末所能提供的所有销售合同及相关资料，以防范被审计单位在资产负债表日后伪造销售合同虚增收入的做法。

（4）审计证据适用的期间或时点。注册会计师应当根据需要获取的特定审计证据确定何时实施进一步审计程序。例如，为了获取资产负债表日的存货余额证据，显然不宜在与资产负债表日间隔过长的期中时点或期末以后时点实施存货监盘等相关审计程序。

需要说明的是，虽然注册会计师在很多情况下可以根据具体情况选择实施进一步审计程序的时间，但也存在着一些限制选择的情况。某些审计程序只能在期末或期末以后实施，包括将财务报表与会计记录相核对，检查财务报表编制过程中所作的会计调整等。如果被审计单位在期末或接近期末发生了重大交易，或重大交易在期末尚未完成，注册会计师应当考虑交易的发生或截止等认定可能存在的重大错报风险，并在期末或期末以后检查此类交易。

四、进一步审计程序的范围

1. 进一步审计程序的范围的含义

进一步审计程序的范围是指实施进一步审计程序的数量，包括抽取的样本量，对某项控制活动的观察次数等。

2. 确定进一步审计程序的范围时考虑的因素

在确定审计程序的范围时，注册会计师应当考虑下列因素：

（1）确定的重要性水平。确定的重要性水平越低，注册会计师实施进一步审计程序的范围越广。

（2）评估的重大错报风险。评估的重大错报风险越高，对拟获取审计证据的相关性、可靠性的要求越高，因此，注册会计师实施的进一步审计程序的范围也越广。

（3）计划获取的保证程度。计划获取的保证程度，是指注册会计师计划通过所实施的审计程序对测试结果可靠性所获取的信心。计划获取的保证程度越高，对测试结果可靠性要求越高，注册会计师实施的进一步审计程序的范围越广。例如，注册会计师对财务报表是否不存在重大错报的信心可能来自控制测试和实质性程序。如果注册会计师计划从控制测试中获取更高的保证程度，则控制测试的范围就更广。

随着重大错报风险的增加，注册会计师应当考虑扩大审计程序的范围。但是，只有当审计程序本身与特定风险相关时，扩大审计程序的范围才是有效的。

在考虑确定进一步审计程序的范围时，使用计算机辅助审计技术具有积极的作用。鉴于进一步审计程序的范围往往是通过一定的抽样方法加以确定的，因此，注册会计师需要慎重考虑抽样过程对审计程序范围的影响是否能够有效实现审计目的。注册会计师使用恰当的抽样方法通常可以得出有效结论。但如果存在下列情形，注册会计师依据样本得出的结论可能与对总体实施同样的审计程序得出的结论不同，出现不可接受的风险：①从总体中选择的样本量过小；②选择的抽样方法对实现特定目标不适当；③未对发现的例外事项进行恰当的追查。

此外，注册会计师在综合运用不同审计程序时，除了面临各类审计程序的性质选择问题，还面临如何权衡各类程序的范围问题。

21.3 控制测试

一、控制测试的内涵和要求

1. 控制测试的含义

控制测试指的是测试控制运行的有效性，这一概念需要与《中国注册会计师审计准则第1211号——通过了解被审计单位及其环境识别和评估重大错报风险》中提及的"了解内部控制"进行区分。"了解内部控制"包含两层含义：一是评价控制的设计，二是确定控制是否得到执行。因此，在概念上容易引起混淆的是"测试控制运行的有效性"与"确定控制是否得到执行"。测试控制运行的有效性与确定控制是否得到执行所需获取的审计证据是不同的。接下来的第二款和第三款分别说明了测试控制运行的有效性与确定控制是否得到执行各自所需获取的审计证据。

首先,在实施风险评估程序以获取控制是否得到执行的审计证据时,注册会计师应当确定某项控制是否存在,被审计单位是否正在使用。

其次,在测试控制运行的有效性时,注册会计师应当从下列方面获取关于控制是否有效运行的审计证据:①控制在所审计期间的不同时点是如何运行的;②控制是否得到一贯执行;③控制由谁执行;④控制以何种方式运行(例如人工控制或自动化控制)。从这4个方面来看,控制运行有效性强调的是控制能够在各个不同时点按照既定设计得以一贯执行。因此,在了解控制是否得以执行时,注册会计师只需抽取少量的交易进行检查或观察某几个时点。但在测试控制运行的有效性时,注册会计师需要抽取足够数量的交易进行检查或对多个不同时点进行观察。

下面举例说明两者之间的区别。某被审计单位针对销售收入和销售费用的业绩评价控制如下:财务经理每月审核实际销售收入(按产品细分)和销售费用(按费用项目细分),并与预算数和上年同期数比较,对于差异金额超过5%的项目进行分析并编制分析报告,销售经理审阅该报告并采取适当跟进措施(相关认定:发生、准确性和完整性)。注册会计师抽查了最近三个月的分析报告,并看到上述管理人员在报告上签字确认,证明该控制已经得到执行。然而,注册会计师在与销售经理的讨论中,发现他对分析报告中明显异常的数据并不了解其原因,也无法作出合理解释,从而显示该控制并未得到有效地运行。

测试控制运行的有效性与确定控制是否得到执行所需获取的审计证据虽然存在差异,但两者也有联系。为评价控制设计和确定控制是否得到执行而实施的某些风险评估程序并非专为控制测试而设计,但可能提供有关控制运行有效性的审计证据。注册会计师可以考虑在评价控制设计和获取其得到执行的审计证据的同时测试控制运行有效性,以提高审计效率;同时注册会计师应当考虑这些审计证据是否足以实现控制测试的目的。

例如,被审计单位可能采用预算管理制度,以防止或发现并纠正与费用有关的重大错报风险。通过询问管理层是否编制预算,观察管理层对月度预算费用与实际发生费用的比较,并检查预算金额与实际金额之间的差异报告,注册会计师可能获取有关被审计单位费用预算管理制度的设计及其是否得到执行的审计证据,同时也可能获取相关制度运行有效性的审计证据。当然,注册会计师需要考虑所实施的风险评估程序获取的审计证据是否能够充分、适当地反映被审计单位费用预算管理制度在各个不同时点按照既定设计得以一贯执行。

二、控制测试的要求

作为进一步审计程序的类型之一,控制测试并非在任何情况下都需要实施。当存在下列情形之一时,注册会计师应当实施控制测试:①在评估认定层次重大错报风险时，预期控制的运行是有效的；②仅实施实质性程序不足以提供认定层次充分、适当的审计证据。

注册会计师通过实施风险评估程序，可能发现某项控制的设计是存在的，也是合理的，同时得到了执行。在这种情况下，出于成本效益的考虑，注册会计师可能预期，如果相关控制在不同时点都得到了一贯执行，与该项控制有关的财务报表认定发生重大错报的可能性就不会很大，也就不需要实施很多的实质性程序。为此，注册会计师可能会认为，值得对相关控制在不同时点是否得到了一贯执行进行测试，即实施控制测试。这种测试主要是出于成本效益的考虑，其前提是注册会计师通过了解内部控制以后认为某项控制存在着被信赖和利用的可能。因此，只有认为控制设计合理、能够防止或发现和纠正认定层次的重大错报，注册会计师才有必要对控制运行的有效性实施测试。

被审计单位在所审计期间内可能由于技术更新或组织管理变更而更换了信息系统，从而导致在不同时期使用了不同的控制。如果被审计单位在所审计期间内的不同时期使用了不同的控制，注册会计师应当考虑不同时期控制运行的有效性。

二、控制测试的性质

1. 控制测试的性质的含义

控制测试的性质是指控制测试所使用的审计程序的类型及其组合。

计划从控制测试中获取的保证水平是决定控制测试性质的主要因素之一。注册会计师应当选择适当类型的审计程序以获取有关控制运行有效性的保证。计划的保证水平越高，对有关控制运行有效性的审计证据的可靠性要求越高。当拟实施的进一步审计程序主要以控制测试为主，尤其是仅实施实质性程序获取的审计证据无法将认定层次重大错报风险降至可接受的低水平时，注册会计师应当获取有关控制运行有效性的更高的保证水平。

虽然控制测试与了解内部控制的目的不同，但两者采用审计程序的类型通常相同，包括询问、观察、检查和穿行测试。此外，控制测试的程序还包括重新执行。

（1）询问：注册会计师可以向被审计单位适当员工询问，获取与内部控制运行情况相关的信息。例如，询问信息系统管理人员有无未经授权接触计算机硬件和软件；向负责复核银行存款余额调节表的人员询问如何进行复核，包括复核的要点是什么，发现不符事项如何处理；等等。然而，仅仅通过询问不能为控制运行的有效性提供充分的证据，注册会计师通常需要印证被询问者的答复，如向其他人员询问和检查执行控制时所使用的报告、手册或其他文件等。因此，虽然询问是一种有用的手段，它必须和其他测试手段结合使用才能发挥作用。在询问过程中，注册会计师应当保持职业怀疑态度。

（2）观察：观察是测试不留下书面记录的控制（如职责分离）的运行情况的有效方法。例如，观察存货盘点控制的执行情况。观察也可运用于实物控制，如查看仓库门是否锁好，或空白支票是否妥善保管。通常情况下，注册会计师通过观察直接获取的证据比间接获取的证据更可靠。但是，注册会计师还要考虑其所观察到的控制在注册会计师不在场时可能未被执行的情况。

（3）检查：对运行情况留有书面证据的控制，检查非常适用。书面说明、复核时留下的记号，或其他记录在偏差报告中的标志都可以被当作控制运行情况的证据。例如，检查销售发票是否有复核人员签字，检查销售发票是否附有客户订购单和出库单等。

（4）重新执行：通常只有当询问、观察和检查程序结合在一起仍无法获得充分的证据时，注册会计师才考虑通过重新执行来证实控制是否有效运行。例如，为了合理保证计价认定的准确性，被审计单位的一项控制是由复核人员核对销售发票上的价格与统一价格单上的价格是否一致。但是，要检查复核人员有没有认真执行核对，仅仅检查复核人员是否在相关文件上签字是不够的，注册会计师还需要自己选取一部分销售发票进行核对，这就是重新执行程序。但是，如果需要进行大量的重新执行，注册会计师就要考虑通过实施控制测试以缩小实质性程序的范围是否有效率。

（5）穿行测试：除了上述四类控制测试常用的审计程序以外，实施穿行测试也是一种重要的审计程序。值得注意的是，穿行测试不是单独的一种程序，而是将多种程序按特定审计需要进行结合运用的方法。穿行测试是通过追踪交易在财务报告信息系统中的处理过程，来证实注册会计师对控制的了解、评价控制设计的有效性以及确定控制是否得到执行。可见，穿行测试更多地在了解内部控制时运用。但在执行穿行测试时，注册会计师可能获取部分控制运行有效性的审计证据。

询问本身并不足以测试控制运行的有效性，注册会计师应当将询问与其他审计程序结合使用，以获取有关控制运行有效性的审计证据。观察提供的证据仅限于观察发生的时点，本身也不足以测试控制运行的有效性；将询问与检查或重新执行结合使用，通常能够比仅实施询问和观察获取更高的保证。例如，被审计单位针对处理收到的邮政汇款单设计和执行了相关的内部控制，注册会计师通过询问和观察程序往往不足以测试此类控制的运行有效性，还需要检查能够证明此类控制在所审计期间的其他时段有效运行的文件和凭证，以获取充分、适当的审计证据。

2. 确定控制测试的性质时的要求

（1）考虑特定控制的性质。注册会计师应当根据特定控制的性质选择所需实施审计程序的类型。例如，某些控制可能存在反映控制运行有效性的文件记录，在这种情况下，注册会计师可以检查这些文件记录以获取控制运行有效的审计证据；某些控制可能不存在文件记录（如一项自动化的控制活动），或文件记录与能否证实控制运行有效性不相关，注册会计师应当考虑实施检查以外的其他审计程序（如询问和观察）或借助计算机辅助审计技术，以获取有关控制运行有效性的审计证据。

（2）考虑测试与认定直接相关和间接相关的控制。在设计控制测试时，注册会计师不仅应当考虑与认定直接相关的控制，还应当考虑这些控制所依赖的与认定间接相关的控制，以获取支持控制运行有效性的审计证据。例如，被审计单位可能针对超出信用额度的例外赊销交易设置报告和审核制度（与认定直接相关的控制）；在测试该项制度的运行有效性时，注册会计师不仅应当考虑审核的有效性，还应当考虑与例外赊销报告中信息准确性有关的控制（与认定间接相关的控制）是否有效运行。

（3）如何对一项自动化的应用控制实施控制测试：对于一项自动化的应用控制，由于信息技术处理过程的内在一贯性，注册会计师可以利用该项控制得以执行的审计证据和信息技术一般控制（特别是对系统变动的控制）运行有效性的审计证据，作为支持该项控制在相关期间运行有效性的重要审计证据。

（4）实施控制测试时对双重目的的实现。控制测试的目的是评价控制是否有效运行，细节测试的目的是发现认定层次的重大错报。尽管两者目的不同，但注册会计师可以考虑针对同一交易同时实施控制测试和细节测试，以实现双重目的。例如，注册会计师通过检查某笔交易的发票可以确定其是否经过适当的授权，也可以获取关于该交易的金额、发生时间等细节证据。当然，如果拟实施双重目的测试，注册会计师应当仔细设计和评价测试程序。

（5）实施实质性程序的结果对控制测试结果的影响：如果通过实施实质性程序未发现某项认定存在错报，这本身并不能说明与该认定有关的控制是有效运行的；但如果通过实施实质性程序发现某项认定存在错报，注册会计师应当在评价相关控制的运行有效性时予以考虑。因此，注册会计师应当考虑实施实质性程序发现的错报对评价相关控制运行有效性的影响（如降低对相关控制的信赖程度、调整实质性程序的性质、扩大实质性程序的范围等）。如果实施实质性程序发现被审计单位没有识别出的重大错报，通常表明内部控制存在重大缺陷，注册会计师应当就这些缺陷与管理层和治理层进行沟通。

三、控制测试的时间

1. 控制测试的时间的含义

如前所述，控制测试的时间包含两层含义：一是何时实施控制测试，二是测试所针对的控制适用的时点或期间。一个基本的原理是，如果测试特定时点的控制，注册会计师仅得到该时点控制运行有效性的审计证据；如果测试某一期间的控制，注册会计师可获取控制在该期间有效运行的审计证据。因此注册会计师应当根据控制测试的目的确定控制测试的时间，并确定拟信赖的相关控制的时点或期间。

关于根据控制测试的目的确定控制测试的时间，如果仅需要测试控制在特定时点的运行有效性（如对被审计单位期末存货盘点进行控制测试），注册会计师只需要获取该时点的审计证据。如果需要获取控制在某一期间有效运行的审计证据，仅获取与时点相关的审计证据是不充分的，注册会计师应当辅以其他控制测试，包括测试被审计单位对控制的监督。换言之，关于控制在多个不同时点的运行有效性的审计证据的简单累加并不能构成控制在某期间的运行有效性的充分、适当的审计证据。而所谓的"其他控制测试"应当具备的功能是，能提供相关控制在所有相关时点都运行有效的审计证据。被审计单位对控制的监督起到的就是一种检验相关控制在所有相关时点是否都有效运行的作用。因此,注册会计师测试这类活动能够强化控制在某期间运行有效性的审计证据效力。

2. 如何考虑期中审计证据

前已述及,注册会计师可能在期中实施进一步审计程序。对于控制测试,注册会计师在期中实施此类程序具有更积极的作用。但需要说明的是,即使注册会计师已获取有关控制在期中运行有效性的审计证据,仍然需要考虑如何能够将控制在期中运行有效性的审计证据合理延伸至期末,一个基本的考虑是针对期中至期末这段剩余期间获取充分、适当的审计证据。因此如果已获取有关控制在期中运行有效性的审计证据,并拟利用该证据,注册会计师应当实施下列审计程序:①获取这些控制在剩余期间变化情况的审计证据;②确定针对剩余期间还需获取的补充审计证据。

上述两项审计程序中,第一项是针对期中已获取审计证据的控制,考察这些控制在剩余期间的变化情况(包括是否发生了变化以及如何变化):如果这些控制在剩余期间没有发生变化,注册会计师可能决定信赖期中获取的审计证据;如果这些控制在剩余期间发生了变化(如信息系统、业务流程或人事管理等方面发生变动),注册会计师需要了解并测试控制的变化对期中审计证据的影响。

第二项是针对期中证据以外的、剩余期间的补充证据。在执行该项规定时,注册会计师应当考虑下列因素:

(1) 评估的认定层次重大错报风险的重大程度。评估的重大错报风险对财务报表的影响越大,注册会计师需要获取的剩余期间的补充证据越多。

(2) 在期中测试的特定控制。例如,对自动化运行的控制,注册会计师更可能测试信息系统一般控制的运行有效性,以获取控制在剩余期间运行有效性的审计证据。

(3) 在期中对有关控制运行有效性获取的审计证据的程度。如果注册会计师在期中对有关控制运行有效性获取的审计证据比较充分,可以考虑适当减少需要获取的剩余期间的补充证据。

(4) 剩余期间的长度。剩余期间越长,注册会计师需要获取的剩余期间的补充证据越多。

(5) 在信赖控制的基础上拟减少进一步实质性程序的范围。注册会计师对相关控制的信赖程度越高,通常在信赖控制的基础上拟减少进一步实质性程序的范围就越大。在这种情况下,注册会计师需要获取的剩余期间的补充证据越多。

(6) 控制环境。在注册会计师总体上拟信赖控制的前提下,控制环境越薄弱(或把握程度越低),注册会计师需要获取的剩余期间的补充证据越多。

除了上述的测试剩余期间控制的运行有效性,测试被审计单位对控制的监督也能够作为一项有益的补充证据,以便更有把握地将控制在期中运行有效性的审计证据延伸至期末。如前所述,被审计单位对控制的监督起到的是一种检验相关控制在所有相关时点是否都有效运行的作用,因此通过测试剩余期间控制的运行有效性或测试被审计单位对控制的监督,注册会计师可以获取补充审计证据。

3. 如何考虑以前审计中获取的审计证据

在确定利用以前审计获取的有关控制运行有效性的审计证据是否适当以及再次测试控制的时间间隔时,需要考虑的因素或情况包括:

(1) 内部控制其他要素的有效性,包括控制环境、对控制的监督以及被审计单位的风险评估过程。例如,当被审计单位控制环境薄弱或对控制的监督薄弱时,注册会计师应当缩短再次测试控制的时间间隔或完全不信赖以前审计获取的审计证据。

(2) 控制特征(人工控制还是自动化控制)产生的风险。当相关控制中人工控制的成分较大时,考虑到人工控制一般稳定性较差,注册会计师可能决定在本期审计中继续测试该控制的运行有效性。

(3) 信息技术一般控制的有效性。当信息技术一般控制薄弱时,注册会计师可能更少地依赖以前审计获取的审计证据。

(4) 控制设计及其运行的有效性,包括在以前审计中测试控制运行有效性时发现的控制运行偏差的性质和程度。例如,当所审计期间发生了对控制运行产生重大影响的人事变动时,注册会计师可能决定在本期审计中不依赖以前审计获取的审计证据。

(5) 由于环境发生变化而特定控制缺乏相应变化导致的风险。当环境的变化表明需要对控制作出相应的变动、但控制却没有作出相应变动时,注册会计师应当充分意识到控制不再有效、从而导致本期财务报表发生重大错报的可能性,此时不应再依赖以前审计获取的有关控制运行有效性的审计证据。

(6) 重大错报的风险和对控制的拟信赖程度。如果重大错报风险较大或对控制的拟信赖程度较高,注册会计师应当缩短再次测试控制的时间间隔或完全不信赖以前审计获取的审计证据。

如果拟信赖以前审计获取的某些控制运行有效性的审计证据,注册会计师应当在每次审计时从中选取足够数量的控制,测试其运行有效性;不应将所有拟信赖控制的测试集中于某一次审计,而在之后的两次审计中不进行任何测试。这一规定的考虑主要是为了尽量降低审计风险,毕竟注册会计师可能难以充分识别以前审计中测试过的控制在本期是否发生变化。此外,在每一次审计中选取足够数量的部分控制进行测试,除了能够提供这些以前审计中测试过的控制在当期运行有效性的审计证据外,还可提供控制环境持续有效性的旁证,从而有助于注册会计师判断其信赖以前审计获取的审计证据是否恰当。

4. 不得依赖以前审计所获取证据的情形

鉴于特别风险的特殊性,对于旨在减轻特别风险的控制,不论该控制在本期是否发生变化,注册会计师都不应依赖以前审计获取的证据。因此如果确定评估的认定层次重大错报风险是特别风险,并拟信赖旨在减轻特别风险的控制,注册会计师不应依赖以前审计获取的审计证据,而应在本期审计中测试这些控制的运行有效性。也就是说,如果注册会计师拟信赖针对特别风险的控制,那么所有关于该控制运行有效性的审计证据必须来自当年的控制测试。相应地,注册会计师应当在每次审计中都测试这类控制。图21-1概括了注册会计师是否需要在本期测试某项控制的决策过程。

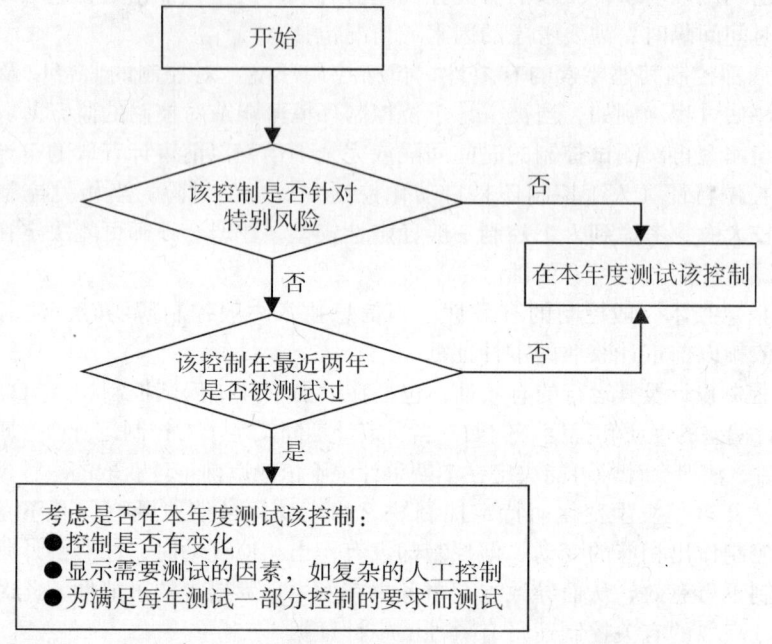

图21-1　本审计期间测试某项控制的决策图

四、控制测试的范围

对于控制测试的范围,其含义主要是指某项控制活动的测试次数。注册会计师应当设计控制测试,以获取控制在整个拟信赖的期间有效运行的充分、适当的审计证据。

1. 确定控制测试范围的一般考虑因素

(1) 在整个拟信赖的期间,被审计单位执行控制的频率。控制执行的频率越高,控制测试的范围越大。

(2) 在所审计期间,注册会计师拟信赖控制运行有效性的时间长度。拟信赖控制运行有效性的时间长度不同,在该时间长度内发生的控制活动次数也不同。注册会计师需要根据拟信赖控制的时间长度确定控制测试的范围。拟信赖期间越长,控制测试的范围越大。

(3) 为证实控制能够防止或发现并纠正认定层次重大错报,所需获取审计证据的相关性和可靠性。对审计证据的相关性和可靠性要求越高,控制测试的范围越大。

(4) 通过测试与认定相关的其他控制获取的审计证据的范围。针对同一认定,可能存在不同的控制。当针对其他控制获取审计证据的充分性和适当性较高时,测试该控制的范围可适当缩小。

（5）在风险评估时拟信赖控制运行有效性的程度。注册会计师在风险评估时对控制运行有效性的拟信赖程度越高，需要实施控制测试的范围越大。

（6）控制的预期偏差。预期偏差可以用控制未得到执行的预期次数占控制应当得到执行次数的比率加以衡量（也可称作预期偏差率）。考虑该因素，是因为在考虑测试结果是否可以得出控制运行有效性的结论时，不可能只要出现任何控制执行偏差就认定控制运行无效，所以需要确定一个合理水平的预期偏差率。控制的预期偏差率越高，需要实施控制测试的范围越大。如果控制的预期偏差率过高，注册会计师应当考虑控制可能不足以将认定层次的重大错报风险降至可接受的低水平，从而针对某一认定实施的控制测试可能是无效的。

2. 对自动化控制的测试范围的特别考虑

信息技术处理具有内在一贯性，除非系统发生变动，一项自动化应用控制应当一贯运行。对于一项自动化应用控制，一旦确定被审计单位正在执行该控制，注册会计师通常无需扩大控制测试的范围，但需要考虑执行下列测试以确定该控制持续有效运行：

（1）测试与该应用控制有关的一般控制的运行有效性；

（2）确定系统是否发生变动，如果发生变动，是否存在适当的系统变动控制；

（3）确定对交易的处理是否使用授权批准的软件版本。

例如，注册会计师可以检查信息系统安全控制记录，以确定是否存在未经授权的接触系统硬件和软件，以及系统是否发生变动。

21.4 实质性程序

一、实质性程序的内涵和要求

1. 实质性程序的含义

实质性程序是指注册会计师针对评估的重大错报风险实施的直接用以发现认定层次重大错报的审计程序。因此注册会计师应当针对评估的重大错报风险设计和实施实质性程序，以发现认定层次的重大错报。实质性程序包括对各类交易、账户余额、列报的细节测试以及实质性分析程序。

由于注册会计师对重大错报风险的评估是一种判断，可能无法充分识别所有的重大错报风险，并且由于内部控制存在固有局限性，无论评估的重大错报风险结果如何，注册会计师都应当针对所有重大的各类交易、账户余额、列报实施实质性程序。

2. 实施实质性程序的总体要求

注册会计师实施的实质性程序应当包括下列与财务报表编制完成阶段相关的审计程序：①将财务报表与其所依据的会计记录相核对；②检查财务报表编制过程中作出的重大会计分录和其他会计调整。注册会计师对会计分录和其他会计调整检查的性质和范围,取决于被审计单位财务报告过程的性质和复杂程度以及由此产生的重大错报风险。

如果认为评估的认定层次重大错报风险是特别风险,注册会计师应当专门针对该风险实施实质性程序。例如,如果认为管理层面临实现盈利指标的压力而可能提前确认收入,注册会计师在设计询证函时不仅应当考虑函证应收账款的账户余额,还应当考虑询证销售协议的细节条款(如交货、结算及退货条款);注册会计师还可考虑在实施函证的基础上针对销售协议及其变动情况询问被审计单位的非财务人员。

如果针对特别风险仅实施实质性程序,注册会计师应当使用细节测试,或将细节测试和实质性分析程序结合使用,以获取充分、适当的审计证据。作此规定的考虑是,为应对特别风险需要获取具有高度相关性和可靠性的审计证据,仅实施实质性分析程序不足以获取有关特别风险的充分、适当的审计证据。

二、实质性程序的性质

1. 实质性程序的性质的含义

实质性程序的性质,是指实质性程序的类型及其组合。前文已述及,实质性程序的两种基本类型包括细节测试和实质性分析程序。

细节测试是对各类交易、账户余额、列报的具体细节进行测试,目的在于直接识别财务报表认定是否存在错报。

实质性分析程序从技术特征上仍然是分析程序,主要是通过研究数据间关系评价信息,只是将该技术方法用作实质性程序,即用以识别各类交易、账户余额、列报及相关认定是否存在错报。

2. 细节测试和实质性分析程序的适用性

由于细节测试和实质性分析程序的目的和技术手段存在一定差异,因此各自有不同的适用领域。注册会计师应当根据各类交易、账户余额、列报的性质选择实质性程序的类型。细节测试适用于对各类交易、账户余额、列报认定的测试,尤其是对存在或发生、计价认定的测试;对在一段时期内存在可预期关系的大量交易,注册会计师可以考虑实施实质性分析程序。

3. 细节测试的方向

对于细节测试,注册会计师应当针对评估的风险设计细节测试,获取充分、适当的审计证据,以达到认定层次所计划的保证水平。该规定的含义是,注册会计师需要根据不同的认定层次的重大错报风险设计有针对性的细节测试。例如,在针对存在或发生认定设计细节测试时,注册会计师应当选择包含在财务报表金额中的项目,并获取相关审计证据;又如,在针对完整性认定设计细节测试时,注册会计师应当选择有证据表明应包含在财务报表金额中的项目,并调查这些项目是否确实包括在内。如为应对被审计单位漏记本期应付账款的风险,注册会计师可以检查期后付款记录。

4. 设计实质性分析程序时考虑的因素

注册会计师在设计实质性分析程序时应当考虑的一系列因素:①对特定认定使用

实质性分析程序的适当性;②对已记录的金额或比率作出预期时,所依据的内部或外部数据的可靠性;③作出预期的准确程度是否足以在计划的保证水平上识别重大错报;④已记录金额与预期值之间可接受的差异额。考虑到数据及分析的可靠性,当实施实质性分析程序时,如果使用被审计单位编制的信息,注册会计师应当考虑测试与信息编制相关的控制,以及这些信息是否在本期或前期经过审计。

三、实质性程序的时间

实质性程序的时间选择与控制测试的时间选择有共同点,也有很大差异。共同点在于,两类程序都面临着对期中审计证据和对以前审计获取的审计证据的考虑。两者的差异在于:①在控制测试中,期中实施控制测试并获取期中关于控制运行有效性审计证据的做法更具有一种"常态";而由于实质性程序的目的在于更直接地发现重大错报,在期中实施实质性程序时更需要考虑其成本效益的权衡。②在本期控制测试中拟信赖以前审计获取的有关控制运行有效性的审计证据,已经受到了很大的限制;而对于以前审计中通过实质性程序获取的审计证据,采取了更加慎重的态度和更严格的限制。

1. 如何考虑是否在期中实施实质性程序

如前所述,在期中实施实质性程序,一方面消耗了审计资源,另一方面期中实施实质性程序获取的审计证据又不能直接作为期末财务报表认定的审计证据,注册会计师仍然需要消耗进一步的审计资源使期中审计证据能够合理延伸至期末。于是这两部分审计资源的总和是否能够显著小于完全在期末实施实质性程序所需消耗的审计资源,是注册会计师需要权衡的。因此,在期中实施实质性程序面临的问题(即注册会计师在期中实施实质性程序,增加期末存在错报而未被发现的风险,并且该风险随着剩余期间的延长而增加)以后,注册会计师在考虑是否在期中实施实质性程序时应当考虑的一系列因素有:

(1)控制环境和其他相关的控制。控制环境和其他相关的控制越薄弱,注册会计师越不宜依赖期中实施的实质性程序。

(2)实施审计程序所需信息在期中之后的可获得性。如果实施实质性程序所需信息在期中之后可能难以获取(如系统变动导致某类交易记录难以获取),注册会计师应考虑在期中实施实质性程序;但如果实施实质性程序所需信息在期中之后的可获得性并不存在明显困难,该因素不应成为注册会计师在期中实施实质性程序的重要影响因素。

(3)实质性程序的目标。如果针对某项认定实施实质性程序的目标就包括获取该认定的期中审计证据(从而与期末比较),注册会计师应在期中实施实质性程序。

(4)评估的重大错报风险。注册会计师评估的某项认定的重大错报风险越高,针对该认定所需获取的审计证据的相关性和可靠性要求也就越高,注册会计师越应当考虑将实质性程序集中于期末(或接近期末)实施。

(5)各类交易或账户余额以及相关认定的性质。例如,某些交易或账户余额以及相关认定的特殊性质（如收入截止认定、未决诉讼）决定了注册会计师必须在期末（或接近期末）实施实质性程序。

（6）针对剩余期间，能否通过实施实质性程序或将实质性程序与控制测试相结合，降低期末存在错报而未被发现的风险。如果针对剩余期间，注册会计师可以通过实施实质性程序或将实质性程序与控制测试相结合，没有把握地降低期末存在错报而未被发现的风险，注册会计师可以考虑在期中实施实质性程序。例如，注册会计师在10月份实施预审时考虑使用一定的审计资源实施实质性程序、从而形成的剩余期间不是很长（需要说明的是，列举剩余期间的长度只是举例，并非唯一的影响因素。哪些因素可能影响注册会计师针对剩余期间，能否通过实施实质性程序或将实质性程序与控制测试相结合，降低期末存在错报而未被发现的风险，需要注册会计师根据具体情况加以考虑和判断）。但如果针对剩余期间注册会计师认为还需要消耗大量审计资源才有可能降低期末存在错报而未被发现的风险，甚至没有把握通过适当的进一步审计程序降低期末存在错报而未被发现的风险，注册会计师就不宜在期中实施实质性程序。例如，如果被审计单位于8月份发生管理层变更，注册会计师接受后任管理层邀请实施预审时，考虑是否使用一定的审计资源实施实质性程序；此时，剩余期间的长度固然会影响注册会计师是否决定在期中实施实质性程序，但管理层变更这种特殊情形也会对注册会计师的决策产生重大影响。注册会计师需要充分考虑到剩余期间后任管理层出于多方面动机（如与前任管理层划清经管责任、表现后任管理层上任后业绩等）对各类交易、账户余额和列报可能产生的重大影响（如不适当地确认大量资产减值、虚增后任管理层上任后业绩）。

2. 如何考虑期中审计证据

如果在期中实施了实质性程序，注册会计师应当针对剩余期间实施进一步的实质性程序，或将实质性程序和控制测试结合使用，以将期中测试得出的结论合理延伸至期末。该规定指出在将期中实施的实质性程序得出的结论合理延伸至期末时，注册会计师有两种选择：其一是针对剩余期间实施进一步的实质性程序，其二是将实质性程序和控制测试结合使用。

对于**舞弊**导致的重大错报风险（作为一类重要的特别风险），被审计单位存在故意错报或操纵的可能性，那么注册会计师更应慎重考虑能否将期中测试得出的结论延伸至期末。因此，如果已识别出由于舞弊导致的重大错报风险，那么将期中得出的结论延伸至期末而实施的审计程序通常是无效的，注册会计师应当考虑在期末或者接近期末实施实质性程序（进一步说，注册会计师应当考虑对于各种类别的特别风险，能否将期中实质性程序得出的结论延伸至期末）。

如果已在期中实施了实质性程序，或将控制测试与实质性程序相结合，并拟信赖期中测试得出的结论，注册会计师应当将期末信息和期中的可比信息进行比较、调节，识别和调查出现的异常金额，并针对剩余期间实施实质性分析程序或细节测试。在确定针对剩余期间拟实施的实质性程序时，注册会计师应当考虑是否已在期中实施控制测试［例如，注册会计师应当考虑被审计单位对期中各类交易、账户余额的分析和调整程序（包括会计截止）是否适当］，并考虑与财务报告相关的信息系统能否充分提供与期末账户余额及剩余期间交易有关的信息。在针对剩余期间实施实质性程序时，注册会计师应当重点关注并调查重大的异常交易或分录（特别是在期末或接近期末发生的交易或分录）、重大波动（也包括预期发生重大波动而实际未发生的情形）以及各类交易或账户余额在构成上的重大或异常变动。如果拟针对剩余期间实施实质性分析程序，注册会计师应当考虑某类交易的期末累计发生额或账户期末余额在金额、相对重要性及构成方面能否被合理预期。

如果在期中检查出某类交易或账户余额存在错报，注册会计师应当考虑修改与该类交易或账户余额相关的风险评估以及针对剩余期间拟实施实质性程序的性质、时间和范围，或考虑在期末扩大实质性程序的范围或重新实施实质性程序。

3. 如何考虑以前审计获取的审计证据

前已述及，对于以前审计中通过实质性程序获取的审计证据，应采取十分慎重的态度和严格的限制。在以前审计中实施实质性程序获取的审计证据，通常对本期只有很弱的证据效力或没有证据效力，不足以应对本期的重大错报风险。只有当以前获取的审计证据及其相关事项未发生重大变动时（例如以前审计通过实质性程序测试过的某项诉讼在本期没有任何实质性进展），以前获取的审计证据才可能用作本期的有效审计证据。但即便如此，如果拟利用以前审计中实施实质性程序获取的审计证据，注册会计师应当在本期实施审计程序，以确定这些审计证据是否具有持续相关性。

四、实质性程序的范围

评估的认定层次重大错报风险和实施控制测试的结果是注册会计师在确定实质性程序的范围时的重要考虑因素。因此在确定实质性程序的范围时，注册会计师应当考虑评估的认定层次重大错报风险和实施控制测试的结果。注册会计师评估的认定层次的重大错报风险越高，需要实施实质性程序的范围越广。如果对控制测试结果不满意，注册会计师应当考虑扩大实质性程序的范围。

在设计细节测试时，注册会计师除了从样本量的角度考虑测试范围外，还要考虑选样方法的有效性等因素。例如，从总体中选取大额或异常项目，而不是进行代表性抽样或分层抽样。

实质性分析程序的范围有两层含义。第一层含义是对什么层次上的数据进行分析；注册会计师可以选择在高度汇总的财务数据层次进行分析，也可以根据重大错报风险的性质和水平调整分析层次。例如，按照不同产品线、不同季节或月份、不同经营地点或存货存放地点等实施实质性分析程序。第二层含义是需要对什么幅度或性质的偏差展开进一步调查。实施分析程序可能发现偏差，但并非所有的偏差都值得展开进一步调查。可容忍或可接受的偏差（即预期偏差）越大，作为实质性分析程序一部分的进一步调查的范围就越小。于是，确定适当的预期偏差幅度（在某些情况下还需要考虑偏差的性质）同样属于实质性分析程序的范畴。因此，在设计实质性分析程序时，注册会计师应当确定已记录金额与预期值之间可接受的差异额。在确定该差异额时，注册会计师应当主要考虑各类交易、账户余额、列报及相关认定的重要性和计划的保证水平。

21.5　评价列报的适当性

《企业会计准则第30号——财务报表列报》规范了财务报表的列报，提出了财务报表列报的一致性、可比性等总体要求，并就财务报表各组成部分（如资产负债表、利润表）的列报提出了具体要求。注册会计师应当实施审计程序，以评价财务报表总体列报是否符合适用的会计准则和相关会计制度的规定。

在评价财务报表总体列报时，注册会计师应当考虑评估的认定层次重大错报风险。

注册会计师应当考虑财务报表是否正确反映财务信息及其分类，以及对重大事项的披露是否充分。在评价财务报表列报时，注册会计师通常考虑财务报表各组成部分的格式、内容、报表项目的分类、所使用术语的可理解性、所披露金额或其他信息的详细程度等方面。

21.6　评价审计证据的充分性和适当性

一、完成审计工作前对进一步审计程序所获取审计证据的评价

在完成审计工作前对进一步审计程序所获取审计证据的评价，主要体现在根据发现的错报或控制执行偏差考虑修正重大错报风险的评估结果。

通过实施进一步审计程序，注册会计师首先需要考虑其证据是否可能影响此前对认定层次的重大错报风险的评估结果。因此，注册会计师应当根据实施的审计程序和获取的审计证据，评价对认定层次重大错报风险的评估是否仍然适当。财务报表审计是一个累积和不断修正的过程。随着计划的审计程序的实施，如果获取的信息与风险评估时依据的信息有重大差异（例如注册会计师通过实施实质性程序发现的重大错报可能改变注册会计师对风险评估的判断，并使其意识到内部控制存在重大缺陷；在总体复核时实施的分析程序也可能识别出以前未识别的重大错报风险），注册会计师应当考虑修正风险评估结果，并据以修改原计划的其他审计程序的性质、时间和范围。

在实施控制测试时，如果发现被审计单位控制运行出现偏差，注册会计师应当了解这些偏差及其潜在后果（如询问某项控制活动中关键人员发生变动的时间），并确定已实施的控制测试是否为信赖控制提供了充分、适当的审计证据，是否需要实施进一步的控制测试或实质性程序以应对潜在的错报风险。

注册会计师不应将审计中发现的舞弊或错误视为孤立发生的事项，而应当考虑其

对评估的重大错报风险的影响。

在完成审计工作前,注册会计师应当评价是否已将审计风险降至可接受的低水平,是否需要重新考虑已实施审计程序的性质、时间和范围。

二、形成审计意见时对审计证据的综合评价

在形成审计意见时,注册会计师应当从总体上评价是否已经获取充分、适当的审计证据,以将审计风险降至可接受的低水平。注册会计师应当考虑所有相关的审计证据,包括能够印证财务报表认定的审计证据和与之相矛盾的审计证据。

对于整个审计过程中给出的各项审计结论,注册会计师均应当评价相关审计证据的充分性和适当性。评价审计证据的充分性和适当性需要注册会计师运用职业判断,下面列出了在评价审计证据的充分性和适当性时,注册会计师应当考虑的一系列因素:

(1) 认定发生潜在错报的重要程度,以及潜在错报单独或连同其他潜在错报对财务报表产生重大影响的可能性;

(2) 管理层应对和控制风险的有效性;

(3) 在以前审计中获取的关于类似潜在错报的经验;

(4) 实施审计程序的结果,包括审计程序是否识别出舞弊或错误的具体情形;

(5) 可获得信息的来源和可靠性;

(6) 审计证据的说服力;

(7) 对被审计单位及其环境的了解。

如果对重大的财务报表认定没有获取充分、适当的审计证据,注册会计师应当尽可能获取进一步的审计证据。如果不能获取充分、适当的审计证据,注册会计师应当出具保留意见或无法表示意见的审计报告。

21.7 审计工作记录

注册会计师应当就下列事项形成审计工作记录:

(1) 对评估的财务报表层次重大错报风险采取的总体应对措施;

(2) 实施进一步审计程序的性质、时间和范围;

(3) 实施的进一步审计程序与评估的认定层次重大错报风险的联系;

(4) 实施进一步审计程序的结果。

如前所述,对于注册会计师在本期审计中拟信赖或利用以前审计中获取的有关控制运行有效性的审计证据,出于对审计风险的考虑作出了严格的限制,这种限制在审计工作记录中也有进一步的体现。如果拟利用在以前审计中获取的有关控制运行有效性的审计证据,注册会计师应当记录信赖这些控制的理由和结论。

本章小结

重大错报风险分为两个层次，包括财务报表层次重大错报风险和认定层次重大错报风险。本章首先阐述了针对财务报表层次重大错报风险的总体应对措施以及针对认定层次重大错报风险的进一步审计程序，接着介绍了用以发现认定层次重大错报及其运行有效性的控制测试程序和实质性程序。在完成审计工作前和形成审计意见时注册会计师要对审计证据的充分性和适当性进行评价，以将审计风险降至可接受水平。

复习题

1. 针对财务报表层次重大错报风险，注册会计师可采取哪些应对措施？
2. 针对认定层次重大错报风险设计进一步审计程序时，注册会计师应考虑哪些因素？
3. 确定进一步审计程序的时间应注意哪些重要因素？
4. 控制测试和实质性程序的涵义以及性质分别是什么？
5. 注册会计师在评价审计证据的充分性和恰当性时，应考虑的因素有哪些？

第 22 章 审计抽样

引例：从审计抽样说开去

小 B 最近需要完成对某大型企业财务收支的审计。根据审计项目负责人要求，小 B 需要对主营业务收入这一项进行鉴证。接到一项看似简单的任务，小 B 却犯难了：这家公司光每个月就有几千笔收入，如何一一核实呢？有同事提到了审计抽样。

22.1 审计抽样的定义

22.1.1 审计抽样的含义

趣闻：全部点得着的火柴

小 B 感到项目任务很重，要求增加安排人手逐一审查。主管 A 不置可否，说，我给你讲一个故事……

小亮的妈妈让小亮去买一盒火柴，并叮嘱小亮，一定要试试是否好用，因为上次他买的火柴是湿的，无法点着。小亮回家后高兴地告诉妈妈："火柴肯定好用！""你怎么知道的？"小亮骄傲地说："因为每一根我都试过了！"

主管 A 说："你说小亮采用的是全面调查还是抽样调查？他采用的方式是否正确？为什么？"

小 B 想起了以前在学校所学过的"审计抽样"知识，即根据审计目的和具体环境的要求进行科学的抽样决策,抽样是以低于百分之百的项目抽取样本,观察后推断总体的情况。他豁然开朗:"全面调查!因为全部被他点燃了。结果是出来了,但一是浪费,二是没有意义。因为火柴是一次性产品,已不可逆和恢复,也没必要根根试用才能知总体的结果!"说到这,小B满脸通红,心里想:"领导这是用故事来启发我呢。这个项目应用审计抽样的方法提高效率和效果。"

审计抽样是指注册会计师对某类交易或账户余额中低于百分之百的项目实施审计程序,使所有抽样单元都有被选取的机会。审计抽样使注册会计师能够获取和评价与被选取项目的某些特征有关的审计证据,以形成或帮助形成对从中抽取样本的总体结论。抽样单元是指构成总体的个体项目,总体是指注册会计师从中选取样本并据此得出结论的整套数据。总体可分为多个层或子总体。每一层或子总体可予以分别检查。在设计审计程序时,注册会计师应当确定用以选取测试项目的适当方法,以获取充分、适当的审计证据,实现审计程序的目标。选取测试项目的方法有三种:选取全部项目、选取特定项目和审计抽样。审计抽样特点为:

(1) 抽样审计不同于详细审计。详细审计是指百分百地审计对象总体中的全部项目,并根据审计结果形成审计意见。而抽样审计是从审计对象总体根据统计原理选取部分样本进行审计,并根据样本推断总体并发表审计意见。

(2) 审计抽样不能等同于抽查。抽查作为一种技术,可以用于审前调查、确定审计重点、取得审计证据,在使用中无严格要求。而审计抽样作为一种审计方法,需运用统计原理,并严格按规定的程序和抽样方法的要求实施。

(3) 抽样审计一般可用于逆查、顺查、函证等审计程序,也可用于控制测试和实质性程序;但在进行询问、观察、分析程序时则不宜运用审计抽样。

22.1.2 审计抽样分类

1. 统计抽样和非统计抽样

(1) 统计抽样和非统计抽样的相同点:①都需合理运用专业判断;②都可以提供审计所要求的充分、适当的证据;③都存在某种程度的抽样风险和非抽样风险。

（2）统计抽样和非统计抽样的根本区别：①统计抽样是利用概率法则来量化控制抽样风险；②非统计抽样中，注册会计师全凭主观标准和个人经验确定样本规模和评价样本结果。

只要设计得当，非统计抽样也可达到统计抽样一样的效果。

（3）两种抽样的选用：统计抽样的产生并不意味着非统计抽样的消亡。

首先，它不影响运用于样本的审计程序的选择，因为抽样方法的选用主要涉及的是审计程序实施的范围问题。

其次，它不影响获取证据的适当性。

最后，它不影响注册会计师对发现样本的错误所作的适当反映。

2．属性抽样与变量抽样

统计抽样在审计工作中的具体运用方法，主要有属性抽样和变量抽样两种，同时还存在双重目的抽样等。

（1）属性抽样：指在精确度界限和可靠程度一定的条件下，为了测定总体特征的发生频率而采用的一种方法。根据控制测试的目的和特点所采用的审计抽样通常称为属性抽样。目标是估计总体既定控制的偏差率（次数）。

（2）变量抽样：指用来估计总体金额而采用的一种方法。根据实质性程序的目的和特点所采用的审计抽样称为变量抽样。目标是估计总体金额或者总体中的错误金额。

（3）双重目的抽样：在审计实务中，经常存在同时进行控制测试和实质性程序的情况，在此情况下采用的审计抽样称为双重目的抽样。

22.2 获取审计证据时对抽样风险和非抽样风险的考虑

一、抽样风险

抽样风险是指注册会计师根据样本得出的结论，与对总体全部项目实施与样本同样的审计程序得出的结论存在差异的可能性。当对某类交易或账户余额中选取的样本实施控制测试或实质性程序时，注册会计师的结论可能与对全部项目实施同样的程序得出的结论不同，由此产生了抽样风险。也就是说，样本中包含的金额错报或对设定控制的偏差，可能不能代表某类交易或账户余额总体中存在的错报或控制偏差。例如，实施控制测试时，注册会计师在 100 个样本项目中发现 2 个偏差，并由此认为控制运行有效。但实际上，该总体的实际偏差率为 8%，注册会计师本该作出控制未有效运行的结论。注册会计师错误地接受总体，是因为样本特征与总体实际特征不一致。只要注册会计师没有对总体中的全部项目实施审计程序，抽样风险就可能产生。抽样风险分为下列两种类型：

（1）在实施控制测试时，注册会计师推断的控制有效性高于其实际有效性的风险；或在实施细节测试时，注册会计师推断某一重大错报不存在而实际上存在的风险。此类风险影响审计的效果,并可能导致注册会计师发表不恰当的审计意见。

(2) 在实施控制测试时,注册会计师推断的控制有效性低于其实际有效性的风险;或在实施细节测试时,注册会计师推断某一重大错报存在而实际上不存在的风险。此类风险影响审计的效率。

也就是说,无论在控制测试还是在细节测试中,抽样风险都可以分为两种类型:一类是影响审计效果的抽样风险,另一类是影响审计效率的抽样风险。但在控制测试和细节测试中,这两类抽样风险的表现形式有所不同。

在实施控制测试时,注册会计师要关注的两类抽样风险是信赖过度风险和信赖不足风险。信赖过度风险是指推断的控制有效性高于其实际有效性的风险。信赖过度风险与审计的效果有关。如果注册会计师评估的控制有效性高于其实际有效性,从而导致评估的重大错报风险水平偏低,注册会计师可能不适当地减少从实质性程序中获取的证据,因此审计的有效性下降。对于注册会计师而言,信赖过度风险更容易导致注册会计师发表不恰当的审计意见,因而更应予以关注。相反,信赖不足风险是指推断的控制有效性低于其实际有效性的风险。信赖不足风险与审计的效率有关。当注册会计师评估的控制有效性低于其实际有效性时,评估的重大错报风险水平偏高。为了弥补注册会计师根据评估的控制有效性而对重大错报风险评估的高水平,注册会计师可能会增加不必要的实质性程序。在这种情况下,审计效率可能降低。

在实施细节测试时,注册会计师也要关注两类抽样风险:误受风险和误拒风险。误受风险是指注册会计师推断某一重大错报不存在而实际上存在的风险。如果账面金额实际上存在重大错报而注册会计师认为其没有存在重大错报,注册会计师通常会停止对该账面金额继续进行测试,并根据样本结果得出账面金额无重大错报的结论。与信赖过度风险类似,误受风险影响审计效果,容易导致注册会计师发表不恰当的审计意见,因此注册会计师更应予以关注。误拒风险是指注册会计师推断某一重大错报存在而实际上不存在的风险。与信赖不足风险类似,误拒风险影响审计效率。如果账面金额不存在重大错报而注册会计师认为其存在重大错报,注册会计师会扩大细节测试的范围并考虑获取其他审计证据,最终注册会计师才得出恰当的结论。在这种情况下,审计效率可能降低。

表22-1 抽样风险对审计工作的影响

测试种类	影响审计效率的风险	影响审计效果的风险
控制测试	信赖不足风险	信赖过度风险
细节测试	误拒风险	误受风险

案例：无病查出病，有病查不出的风险

小 B 从学校毕业后很少阅读很专业的审计书，一时对信赖不足风险、信赖过度风险、误拒风险和误受风险等概念理解不了，分不清哪些影响审计效率、哪些影响审计效果。主管 A 正在看报纸上的"男人变女人"的报道，吓了一跳："某医院的体检报告中，竟然让体检单位的男员工得

了子宫肌瘤，而女员工却又变成了男人。还有体检报告，在录入检验数值时少写小数点，结果指标比正常情况高出近百倍，吓坏体检者。"A 很有意味地说："这就是典型的无病查出病，有病查不出。真实情况有没有病是不知道的，需要用仪器设备来检查。原来没有病，查出的结果有病，那就是信赖不足风险或误拒风险，即信任不够或错误地拒绝了，造成了资源浪费，还造成一些精神损失，所以影响了效率。而原来真实的情况是有病，却因为科技水平或疏忽查不出病来，那就是信赖过度风险或误受风险，错误地接受了结果，所以影响了效果。"小 B 听后不禁佩服，原来，抽样风险是可以这样理解的啊。

真实情况	查出的结果	查出的结果
无病	有病（信赖不足风险，误拒风险）	无病（对）
有病	无病（信赖过度风险，误受风险）	有病（对）

二、非抽样风险

非抽样风险是指由于某些与样本规模无关的因素而导致注册会计师得出错误结论的可能性。非抽样风险包括审计风险中不是由抽样所导致的所有风险。注册会计师即使对某类交易或账户余额的所有项目实施某种审计程序，也可能仍未能发现重大错报或控制失效。注册会计师采用不适当的审计程序，或者误解审计证据而没有发现误差等，均可能导致非抽样风险。

在审计过程中，可能导致非抽样风险的原因包括下列情况：

(1) 注册会计师选择的总体不适合于测试目标。

(2) 注册会计师未能适当地定义控制偏差或错报，导致注册会计师未能发现样本中存在的偏差或错报。

(3) 注册会计师选择了不适于实现特定目标的审计程序。例如，注册会计师依赖应收账款函证来揭露未入账的应收账款。

(4) 注册会计师未能适当地评价审计发现的情况。例如，注册会计师错误解读审计证据导致没有发现误差；对所发现误差的重要性的判断有误，从而忽略了性质十分重要的误差，也可能导致得出不恰当的结论。

(5) 其他原因。

三、抽样风险与非抽样风险的控制

无论是控制测试还是细节测试，注册会计师都可以通过扩大样本规模降低抽样风险，通过对业务的指导、监督与复核降低非抽样风险。为了将审计风险降至可接受的低水平，注册会计师应当从抽样风险和非抽样风险两个方面进行控制。只要使用了审计抽样，抽样风险就总会存在。在使用统计抽样时，注册会计师可以准确地计量和控制抽样风险。在使用非统计抽样时，注册会计师无法量化抽样风险，只能根据职业判断对其进行定性的评价和控制。对特定样本而言，抽样风险与样本规模反方向变动：样本规模越小，抽样风险越大；样本规模越大，抽样风险越小。既然抽样风险只与被检查项目的数量有关，那么控制抽样风险的唯一途径就是控制样本规模。无论是控制测试还是细节测试，注册会计师都可以通过扩大样本规模降低抽样风险。如果对总体中的所有项目都实施检查，就不存在抽样风险，此时审计风险完全由非抽样风险产生。

非抽样风险是由人为错误造成的，因而可以降低、消除或防范。虽然在任何一种抽样方法中，注册会计师都不能量化非抽样风险，但通过采取适当的质量控制政策和程序，对审计工作进行适当的指导、监督与复核，以及对注册会计师实务的适当改进，非抽样风险就能降至可以接受的水平。注册会计师也可以通过仔细设计审计程序尽量降低非抽样风险。如果可以从两种审计程序中加以选择，且两种程序均以大致相同的成本提供相同程度的保证，注册会计师应选择非抽样风险水平较低的程序。

22.3 样本设计

> **思考：样本设计**
>
> 面对浩如烟海的收入明细，小 B 思考着如何设计样本和样本总量，样本太多不仅工作量大，也是一种浪费。样本太少，样本的结果不能代表总体情况，也会影响结论的准确性。小 B 又陷入了思考……

1. 基本要求

在设计审计样本时，注册会计师应当考虑审计程序的目标和抽样总体的属性。换言之，注册会计师首先应考虑拟实现的具体目标，并根据目标和总体的特点确定能够最好地实现该目标的审计程序组合，以及如何在实施审计程序时运用审计抽样。

2. 总体

注册会计师应当根据所获取的审计证据的性质，以及与该审计证据相关的可能的误差情况或其他特征，界定误差构成条件和抽样总体。在实施抽样之前，注册会计师必须仔细定义总体，确定抽样总体的范围。总体可以包括构成某类交易或账户余额的所有项目，也可以只包括某类交易或账户余额中的部分项目。例如，如果应收账款中没有个别重大项目，注册会计师直接对应收账款账面余额进行抽样，则总体包括构成应收账款期末余额的所有项目。如果注册会计师已使用选取特定项目的方法将应收账款中的个别重大项目挑选出来单独测试，只对剩余的应收账款余额进行抽样，则总体只包括构成应收账款期末余额的部分项目。

注册会计师应当确保总体的适当性和完整性。也就是说，注册会计师所定义的总体应具备下列两个特征：

（1）适当性。注册会计师应确定总体适合于特定的审计目标，包括适合于测试的方向。例如，在控制测试中，如果要测试用以保证所有发运商品都已开单的控制是否有效运行，注册会计师从已开单的项目中抽取样本不能发现误差，因为该总体不包含那些已发运但未开单的项目。为发现这种误差，将所有已发运的项目作为总体通常比较适当。又如，在细节测试中，如果注册会计师的目标是测试应付账款的高估，总体可以定义为应付账款清单。但在测试应付账款的低估时，总体就不是应付账款清单，而是后来支付的证明、未付款的发票、供货商的对账单、没有销售发票对应的收货报告，或能提供低估应付账款的审计证据的其他总体。

（2）完整性。注册会计师应当从总体项目内容和涉及时间等方面确定总体的完整性。例如，如果注册会计师从档案中选取付款证明，除非确信所有的付款证明都已归档，否则注册会计师不能对该期间的所有付款证明作出结论。又如，如果注册会计师对某一控制活动在财务报告期间是否有效运行作出结论，总体应包括来自整个报告期间的所有相关项目。注册会计师也可采用其他方法，如对总体进行分层，然后只对一年中前 10 个月的控制活动使用审计抽样作出结论，对剩余的两个月则使用替代审计程序或单独选取样本。

　　注册会计师通常从代表总体的实物中选取样本项目。例如，如果注册会计师将总体定义为特定日期的所有应收账款余额，代表总体的实物就是打印的该日客户应收账款余额明细表。又如，如果总体是某一测试期间的销售收入，代表总体的实物就可能是记录在销售日记账中的销售交易，也可能是销售发票。由于注册会计师实际上是从该实物中选取样本，所有根据样本得出的结论只与该实物有关。如果代表总体的实物和总体不一致，注册会计师可能对总体作出错误的结论。因此，注册会计师必须详细了解代表总体的实物，确定代表总体的实物是否包括整个总体。注册会计师通常通过加总或计算来完成这一工作。例如，注册会计师可将发票金额总数与已记入总账的销售收入金额总数进行核对。如果注册会计师将选择的实物和总体比较之后，认为代表总体的实物遗漏了应包含在最终评价中的总体项目，注册会计师应选择新的实物，或对被排除在实物之外的项目实施替代程序。

　　在实施审计抽样时，注册会计师应当实施相应的审计程序，以确保实施审计抽样所依据的全部信息足够完整和准确。

　　3. 分层

　　如果总体项目存在重大的变异性，注册会计师应当考虑分层。分层是指将一个总体划分为多个子总体的过程，每个子总体由一组具有相同特征（通常为货币金额）的抽样单元组成。分层可以降低每一层中项目的变异性，从而在抽样风险没有成比例增加的前提下减小样本规模。注册会计师可以考虑将总体分为若干个离散的具有识别特征的子总体（层），以提高审计效率。注册会计师应当仔细界定子总体，以使每一抽样单元只能属于一个层。当实施细节测试时，注册会计师通常按照货币金额对某类交易或账户余额进行分层，以将更多的审计资源投入到大额项目中。例如，在对被审计单位的财务报表进行审计时，为了函证应收账款，注册会计师可以将应收账款账户按其金额大小分为三层，即账户金额在 10 000 元以上的，账户金额为 5 000 ~ 10 000 元的，账户金额在 5 000 元以下的。然后，根据各层的重要性分别采取不同的选样方法。对于金额在 10 000 元以上的应收账款账户，应进行全部函证；对于金额在 5 000 ~ 10 000 元以及 5 000 元以下的应收账款账户，则可采用适当的选样方法选取进行函证的样本。注册会计师也可以按照显示较高误差风险的某一特定特征对总体进行分层。例如，在测试应收账款坏账准备时，余额可以根据账龄分层。对某一层中的样本项目实施审计程序的结果，只能用于推断构成该层的项目。如果对整个总体作出结论，注册会计师应当考虑与构成整个总体的其他层有关的重大错报风险。例如，在对某一账户余额进行测试时，占总体数量 20% 的项目，其金额可能占该账户余额的 90%。注册会计师只能根据该样本的结果推断至上述 90% 的金额。对于剩余 10% 的金额,注册会计师可以抽取另一个样本或使用其他收集审计证据的方法,单独作出结论,或者认为其不重要而不实施审计程序。

22.4 选取样本

一、选取样本的总体要求

在选取样本项目时,注册会计师应当使总体中的所有抽样单元均有被选取的机会。使所有抽样单元都有被选取的机会是审计抽样的基本特征之一。因此,不管使用统计抽样或非统计抽样方法,所有的审计抽样均要求注册会计师选取的样本对总体来讲具有代表性。否则,就无法根据样本结果推断总体。在统计抽样中,注册会计师应当随机选取样本项目,以使每一抽样单元以已知的机会被选中。抽样单元可能是实物项目(如发票)或货币单位。在非统计抽样中,注册会计师应当运用职业判断选取样本项目。由于抽样的目的是对整个总体得出结论,注册会计师应当尽量选取具有总体典型特征的样本项目,并在选取样本时避免偏见。

二、选取样本的基本方法

选取样本的基本方法包括使用随机数表或计算机辅助审计技术选样、系统选样和随意选样。

1. 使用随机数表或计算机辅助审计技术选样

使用随机数表或计算机辅助审计技术选样又称随机数选样。使用随机数选样需以总体中的每一项目都有不同的编号为前提。注册会计师可以使用计算机生成的随机数,如电子表格程序、随机数码生成程序、通用审计软件程序等计算机程序产生的随机数,也可以使用随机数表获得所需的随机数。

随机数是一组从长期来看出现概率相同的数码,且不会产生可识别的模式。随机数表也称乱数表,它是由随机生成的从 0 到 9 十个数字所组成的数表,每个数字在表中出现的次数是大致相同的,它们出现在表上的顺序是随机的。表 22-2 就是五位随机数表的一部分。应用随机数表选样的步骤如下。

表 22-2 随机数

	1	2	3	4	5	6	7	8	9	10
1	34562	79348	53889	47695	98527	45872	62394	53489	78610	76848
2	86894	82640	18526	48951	29061	47289	23974	43982	24374	23874
3	97473	47578	28384	68949	97223	47829	89476	47282	84827	93472
4	87138	76632	23782	28829	74828	27372	18594	23798	73828	23747

续上表

	1	2	3	4	5	6	7	8	9	10
5	34727	38283	23843	38472	82727	65125	13838	73472	63828	37272
6	21383	38483	95948	37626	18479	43293	29394	27437	48421	38284
7	39285	56565	78958	51029	63132	88548	62220	70481	56029	78589
8	39285	82731	80604	48547	63760	53815	62929	51271	61275	51471
9	39286	88021	63073	53476	73759	87896	63199	84022	62925	81698
10	39286	82853	77600	51175	53699	76698	52970	48581	51183	76198

(1) 对总体项目进行编号，建立总体中的项目与表中数字的一一对应关系。一般情况下，编号可利用总体项目中原有的某些编号，如凭证号、支票号、发票号等等。在没有事先编号的情况下，注册会计师需按一定的方法进行编号。如由 40 页、每页 50 行组成的应收账款明细表，可采用四位数字编号，前两位由 01 到 40 的整数组成，表示该记录在明细表中的页数，后两位数字由 01 到 50 的整数组成，表示该记录的行次。这样，编号 0534 表示第 5 页第 34 行的记录。所需使用的随机数的位数一般由总体项目数或编号位数决定。如可采用四位随机数表，也可以使用五位随机数表的前四位数字或后四位数字。

(2) 确定连续选取随机数的方法。即从随机数表中选择一个随机起点和一个选号路线，随机起点和选号路线可以任意选择，但一经选定就不得改变。从随机数表中任选一行或任何一栏开始，按照一定的方向（上下左右均可）依次查找，符合总体项目编号要求的数字，即为选中的号码，与此号码相对应的总体项目即为选取的样本项目，一直到选足所需的样本量为止。例如，从前述应收账款明细表的 2 000 个记录中选择 10 个样本，总体编号规则如前所述，即前两位数字不能超过 40，后两位数字不能超过 50。如从第一行第一列开始，使用前四位随机数，逐行向右查找，则选中的样本为编号 2906、2437、2838、2737、3828、3727、2138、3848、1847、2939 的 10 个记录。

随机数选样不仅使总体中每个抽样单元被选取的概率相等，而且使相同数量的抽样单元组成的每种组合被选取的概率相等。这种方法在统计抽样和非统计抽样中均适用。由于统计抽样要求注册会计师能够计量实际样本被选取的概率，这种方法尤其适合于统计抽样。

2. 系统选样

系统选样也称等距选样，是指按照相同的间隔从审计对象总体中等距离地选取样本的一种选样方法。采用系统选样法，首先要计算选样间距，确定选样起点，然后再根据间距顺序地选取样本。选样间距的计算公式如下：

选样间距 = 总体规模 ÷ 样本规模

例如,如果销售发票的总体范围是 652～3151,设定的样本量是 125,那么选样间距为 20[(3152 − 652) ÷ 125]。注册会计师必须从 0 到 19 中选取一个随机数作为抽样起点。如果随机选择的数码是 9,那么第一个样本项目是发票号码为 661(652 + 9) 的那一张,其余的 124 个项目是 681(661 + 20),701(681 + 20) ……依此类推直至第 3141 号。

系统选样方法的主要优点是使用方便,比其他选样方法节省时间,并可用于无限总体。此外,使用这种方法时,对总体中的项目不需要编号,注册会计师只要简单数出每一个间距即可。但是,使用系统选样方法要求总体必须是随机排列的,否则容易发生较大的偏差,造成非随机的、不具代表性的样本。如果测试项目的特征在总体内的分布具有某种规律性,则选择的样本的代表性就可能较差。例如,应收账款明细表每页的记录均以账龄的长短按先后次序排列,则选中的 200 个样本可能多数是账龄相同的记录。

为克服系统选样法的这一缺点,可采用两种办法:一是增加随机起点的个数,二是在确定选样方法之前对总体特征的分布进行观察。如发现总体特征的分布呈随机分布,则采用系统选样法;否则,可考虑使用其他选样方法。系统选样可以在非统计抽样中使用,在总体随机分布时也可适用于统计抽样。

3. 随意选样

随意选样也叫任意选样,是指注册会计师不带任何偏见地选取样本,即注册会计师不考虑样本项目的性质、大小、外观、位置或其他特征而选取总体项目。随意选样的主要缺点在于很难完全无偏见地选取样本项目,即这种方法难以彻底排除注册会计师的个人偏好对选取样本的影响,因而很可能使样本失去代表性。由于文化背景和所受训练等的不同,每个注册会计师都可能无意识地带有某种偏好。例如,从发票柜中取发票时,某些注册会计师可能倾向于抽取柜子中间位置的发票,这样就会使柜子上面部分和下面部分的发票缺乏相等的选取机会。因此,在运用随意选样方法时,注册会计师要避免由于项目性质、大小、外观和位置等的不同所引起的偏见,尽量使所选取的样本具有代表性。

三种基本方法均可选出代表性样本。但随机数选样和系统选样属于随机基础选样方法,即对总体的所有项目按随机规则选取样本,因而可以在统计抽样中使用,当然也可以在非统计抽样中使用。而随意选样虽然也可以选出代表性样本,但它属于非随机基础选样方法,因而不能在统计抽样中使用,只能在非统计抽样中使用。

三、对其他选样方法的说明

在实务中还有另外两种选取样本项目的方法:整群选样和判断选样。整群选样是指将总体划分为若干群,然后以群为抽样单元,从总体中抽取一部分群,对所选群中的所有基本单元进行审查的一种选样方法。例如,将全年的支出凭证按星期划分为 52 个组,从中选出第 1、18、22、32、52 个星期的支出凭证组成样本。在整群抽样中，如果群是随机选取的，则样本具有代表性，但所要求的有效样本往往会不切实际。在大部分情况下，群中的项目彼此具有相同的特征，但与总体中其他群的项目具有不同的特征。虽然检查整群项目在某些情况下可能为注册会计师提供有效的审计证据，但在注册会计师必须根据样本推断总体结论时通常并不适用，因此整群抽样通常不宜在审计抽样中使用。

判断选样是指注册会计师根据自己对被审计对象的了解，运用职业经验对容易出现错误的样本作出判断，并以此为标准选取样本。这一方法带有故意偏见，注册会计师运用判断选出的项目对总体来说并不具有代表性，因而对选出项目的结论不应推广到总体。这些方法虽在实务中得以广泛应用，但注册会计师应当明确，这种方法应属于选取特定项目的方法，并不适用于审计抽样。

22.5 误差的性质和原因

一、对误差进行定性分析的总体要求

注册会计师应当考虑样本的结果、已识别的所有误差的性质和原因，及其对具体审计目标和审计的其他方面可能产生的影响。无论是统计抽样还是非统计抽样，对样本结果的定性评估和定量评估一样重要。即使样本的统计评价结果在可以接受的范围内，注册会计师也应对样本中的所有误差（包括控制测试中的控制偏差和细节测试中的金额错报）进行定性分析。

二、对误差进行定性分析的具体考虑

当实施控制测试时，注册会计师应当获取控制在整个拟信赖的期间有效运行的充分、适当的审计证据。当识别出控制的运行存在误差时，注册会计师应当进行专门调查，并考虑下列事项。

1. 已识别的误差对财务报表的直接影响

在控制测试中考虑已识别的误差对财务报表的直接影响时，注册会计师应当注意，控制偏差并不一定导致财务报表中的金额错报。控制偏差虽然增加了金额错报的风险，但两者不是一一对应的关系。如果某项控制偏差更容易导致金额错报，该项控制偏差就更加重要。例如，与被审计单位没有定期对信用限额进行检查相比，如果被审计单位的销售发票出现错误，则注册会计师对后者的容忍度较低。这是因为，被审计单位即使没有对客户的信用限额进行定期检查，其销售收入和应收账款的账面金额也不一定发生错报；但如果销售发票出现错误，通常会导致被审计单位确认的销售收入和其他相关账户金额出现错报。

2. 内部控制的有效性及其对审计方法的影响

考虑内部控制的有效性及其对审计方法的影响时，注册会计师首先应当分析偏差的性质和原因。包括：是有意的还是无意的？是误解了规定还是粗心大意？是经常发

生还是偶然发生？是系统的还是随机的？如果对偏差的分析表明是故意违背了既定的内部控制政策或程序，注册会计师应考虑存在重大舞弊的可能性。与错误相比，舞弊通常要求对其可能产生的影响进行更为广泛的考虑。在上述情况下，注册会计师应当确定实施的控制测试能否提供适当的审计证据，是否需要增加控制测试，或是否需要使用实质性程序应对潜在的错报风险。

3. 具有共同特征的误差

在分析发现的误差时，注册会计师可能注意到许多误差具有共同的特征。在这种情况下，注册会计师应当考虑识别出总体中具有共同特征的全部项目，并将审计程序延伸至所有这些项目。这些误差有可能是故意的，并显示可能存在舞弊。

有时，注册会计师发现许多误差具有相同的特征，如交易类型、地点、生产线或时期等。这时注册会计师应考虑，该特征是不是引起误差的原因，是否存在其他尚未发现的具有相同特征的误差。此时，注册会计师应将具有该共同特征的全部项目划分为一层，并对该层的所有项目实施审计程序，以发现潜在的系统误差。同时，注册会计师仍需分析误差的性质和原因，考虑存在舞弊的可能性。

4. 异常误差

如果将某一误差视为异常误差，注册会计师应当实施追加的审计程序，以高度确信该误差对总体误差不具有代表性。追加的审计程序取决于具体情况，但应能为注册会计师提供充分、适当的审计证据，以证明该误差并不影响总体的剩余部分。异常误差是指由某一孤立事件引起的误差，该事件只有在特定条件下才会重复发生，因而异常误差对总体误差不具有代表性。例如，被审计单位在被审计期间的某一天发生了计算机崩溃。如果只在这一天发生了计算机崩溃，那么这一天所发生的误差对其余时间不具有代表性。在这种情况下，注册会计师应当检查被审计单位在计算机崩溃的那天发生的交易，评估计算机崩溃对财务报表造成的影响，并考虑崩溃的原因对审计程序和结论的影响。又如，被审计单位的某一分支机构在对存货进行估价时使用了不正确的公式。注册会计师应当检查其他分支机构使用的公式是否正确。如果其他分支机构都使用了正确的公式，该分支机构在存货估价中的误差对其他分支机构就不具有代表性。此时，注册会计师应当对该分支机构的存货估价进行检查，确定存在的错报，而不应推断至其他分支机构。

22.6 评价样本结果

在控制测试中，注册会计师应当将总体偏差率与可容忍偏差率比较，但必须考虑抽样风险。

（1）统计抽样。在统计抽样中，注册会计师通常使用表格或计算机程序计算抽样风险。用以评价抽样结果的大多数计算机程序都能根据样本规模、样本结果，计算在注册会计师确定的信赖过度风险条件下可能发生的偏差率上限的估计值。该偏差率上限的估计值即总体偏差率与抽样风险允许限度之和。

如果估计的总体偏差率上限低于可容忍偏差率，则总体可以接受。这时注册会计师对总体作出结论，样本结果支持计划评估的控制有效性，从而支持计划的重大错报风险评估水平。

如果估计的总体偏差率上限大于或等于可容忍偏差率，则总体不能接受。这时注册会计师对总体作出结论，样本结果不支持计划评估的控制有效性，从而不支持计划的重大错报风险评估水平。此时注册会计师应当修正重大错报风险评估水平，并增加实质性程序的数量。注册会计师也可以对影响重大错报风险评估水平的其他控制进行测试，以支持计划的重大错报风险评估水平。

如果推断误差总额与异常误差之和低于但接近可容忍误差，注册会计师应当结合其他审计程序的结果，考虑是否接受总体，并考虑是否需要扩大测试范围，以进一步证实计划评估的控制有效性和重大错报风险水平。

（2）非统计抽样。在非统计抽样中，抽样风险无法直接计量。注册会计师通常将样本偏差率（即估计的总体偏差率）与可容忍偏差率相比较，以判断总体是否可以接受。

如果样本偏差率大于可容忍偏差率，则总体不能接受。

这时注册会计师对总体作出结论，样本结果不支持计划评估的控制有效性，从而不支持计划的重大错报风险评估水平。因此，注册会计师应当修正重大错报风险评估水平，并增加实质性程序的数量。

如果样本偏差率低于总体的可容忍偏差率：

（1）如果样本偏差率大大低于可容忍偏差率，注册会计师通常认为总体可以接受。

（2）如果样本偏差率虽然低于可容忍偏差率，但两者很接近，注册会计师通常认为总体实际偏差率高于可容忍偏差率的抽样风险很高，因而总体不可接受。

（3）如果样本偏差率与可容忍偏差率之间的差额不是很大也不是很小，以至于不能认定总体是否可以接受时，注册会计师则要考虑扩大样本规模，以进一步收集证据。

本章阐述了审计抽样的定义、审计抽样的分类、获取审计证据时对各种风险的考虑、样本设计、选取样本、误差的性质和原因，并对选取样本的基本方法作了重点介绍。

复习题

1. 什么是审计抽样?
2. 审计抽样有哪些类别?
3. 获取审计证据时对各种风险有哪些考虑?
4. 样本如何设计?
5. 选取样本的方法有哪些?
6. 误差的性质和原因是什么?

第 23 章 审计报告

引例

小 B 一早来上班,就听到审计主管 A 在高谈阔论:"审计报告是史上最奇怪最不可思议的东西。"小 B 很好奇,为何这么说呢? A 继续说:"你看,跨国的国际会计公司接收的业务动辄就是几百万元,但最后的成果却是一份审计报告。你知道的,社会审计的审计报告是标准式的审计报告,这份报告上面只有几十个字,还都是抄来的,因为审计准则已规定报告的内容。你想想,客户花了大量的资金,最后买来的却是一张纸,而且这张纸上面报告的每个字还不是事务所自己思考想出来的,还是抄来的……"小 B 想:"是哦,很有趣哟,我怎么从来没想到这一点呢。"此时,德高望重的所长加入了讨论:"审计报告经过长期的演变由详式变成标准式是有其原因的。你想,几千家上市公司的股票,如果投资者一家家看,哪看得过来。标准式审计报告把报告分为几种类型,投资者便于判断。你们可别小看标准式的审计报告,审计报告是整个审计过程的最后产品,审计的最终产品就是信息。审计报告上面可是高度概括了整个社会审计的精华,包括审计范围、审计依据、审计责任和会计责任、审计目标等。还有,从某些角度看可能认为花巨资不值,但从我们事务所角度,我们审计报告的审计意见的结论,有可能认为是没有问题,但这是在背后花了大量的时间和精力,执行大量的审计程序和测试才得出结论。因此品牌公司经过高质量的会计公司审计后,社会公众会认为他们的公

司已被世上最严格最规范的会计公司审计通过,其会计信息相对可靠,从而产生良好的印象。所以这些不惜代价委托高价、高质量的会计事务所的公司,为了就是产生品牌的声誉。"小 B 听完对所长佩服得不得了:"这审计的道可真深,学不完呀。"

注:本章审计报告是指社会审计的审计报告。

23.1 审计报告的涵义与作用

一、审计报告的涵义

审计报告,是指注册会计师根据审计准则的规定,在执行审计工作的基础上,对被审计单位财务报表的合法性和公允性发表审计意见的书面文件。审计报告是审计过程的最后一步,也是至关重要的一步,因为它是注册会计师的审计发现结果,是审计报告利用者所依赖的报告。

二、审计报告的作用

1. 鉴证作用

注册会计师以独立的第三方身份,对被审计单位财务报表的合法性和公允性发表的审计意见,具有法律效力和鉴证作用。投资者、债权人、监督机构等财务报表利用者主要依据注册会计师的审计报告判断被审计单位财务报表的合法性与公允性。

2. 保护作用

审计报告利用者依赖于审计报告,注册会计师可通过出具不同审计意见类型的审计报告,让审计报告利用者获取到被审计单位财务报表的可依赖程度的信息,在一定程度上,能降低审计报告利用的风险,并对其起到了保护作用。

3. 证明作用

对社会审计而言,注册会计师出具的审计报告具有法定证明效力,可以对注册会计师审计责任的履行情况以及已经审计工作的质量起到证明作用。

23.2 重要性水平与审计意见类型

一、审计意见类型

注册会计师对财务报表形成的审计意见有 5 种类型,分别是:标准无保留意见、带强调事项段或其他事项段的无保留意见、保留意见、否定意见和无法表示意见。

这 5 种审计意见类型有两种划分方式:

第一种是将标准无保留意见称为"标准意见",另外 4 种审计意见类型则统称为

"非标准意见"。

第二种则是将标准无保留意见和带强调事项段或其他事项段的无保留意见这两种类型的审计意见统称为"无保留意见";而将保留意见、否定意见和无法表示意见这3种统称为"非无保留审计意见"。

表 23-1 审计意见类型划分方式

划分类型		审计意见类型
第一种划分方式	标准意见	• 标准无保留意见
	非标准意见	• 带强调事项段或其他事项段的无保留意见 • 保留意见 • 否定意见 • 无法表示意见
第二种划分方式	无保留意见	• 标准无保留意见 • 带强调事项段或其他事项段的无保留意见
	非无保留意见	• 保留意见 • 否定意见 • 无法表示意见

二、重要性水平与审计意见类型的关系

如果财务报表中的一项错报会影响到财务报表使用者的决策,那么这个错报就是重要的。

当一项错报其金额不重要,不会影响报表使用者的决策时,注册会计师可发表无保留意见。

当一项错报的金额重要,可能会影响特定报表使用者的决策或者是报表使用者的特定决策,但财务报表仍然是公允表达的情况下,注册会计师可发表保留意见。

当一项错报的金额重要,会影响绝大部分报表使用者的决策,且对财务报表的整体公允性有影响的情况下,注册会计师根据具体情况,发表否定意见或无法表示意见。

23.3 审计报告的基本内容

审计报告应当采用书面形式。下面要介绍的是审计报告的基本要素,这也是标准无保留意见审计报告的基本内容,其他4种非标准无保留意见审计报告内容的特殊要求会在下文各相关小节作介绍。以下第3至第7项为审计报告的正文部分。

1. 标题

在我国，注册会计师出具的审计报告的标题统一规范为"审计报告"。

2. 收件人

收件人是注册会计师按照审计业务约定的要求报送审计报告的对象，一般指审计业务的委托人。对于上市公司，审计报告的收件人一般是"XX股份有限公司全体股东"。

3. 引言段

引言段应当包括下列方面：

（1）指出被审计单位的名称；

（2）说明财务报表已经审计；

（3）指出构成整套财务报表的每一财务报表的名称；

（4）提及财务报表附注（包括重要会计政策概要和其他解释性信息）；

（5）指明构成整套财务报表的每一财务报表的日期或涵盖的期间。

4. 管理层对财务报表的责任段

管理层对财务报表的责任段的标题为"管理层对财务报表的责任"。

管理层对财务报表的责任段描述被审计单位中负责编制财务报表的人员的责任，其内容应当说明："编制财务报表是管理层的责任，这种责任包括：（1）按照适用的财务报告编制基础编制财务报表，并使其实现公允反映；（2）设计、执行和维护必要的内部控制，以使财务报表不存在由于舞弊或错误导致的重大错报。"

5. 注册会计师的责任段

注册会计师的责任段的标题为"注册会计师的责任"。

注册会计师的责任段应当说明下列内容："（1）注册会计师的责任是在执行审计工作的基础上对财务报表发表审计意见。（2）注册会计师按照中国注册会计师审计准则的规定执行了审计工作。中国注册会计师审计准则要求注册会计师遵守中国注册会计师职业道德守则，计划和执行审计工作以对财务报表是否不存在重大错报获取合理保证。（3）审计工作涉及实施审计程序，以获取有关财务报表金额和披露的审计证据。选择的审计程序取决于注册会计师的判断，包括对由于舞弊或错误导致的财务报表重大错报风险的评估。在进行风险评估时，注册会计师考虑与财务报表编制和公允列报相关的内部控制，以设计恰当的审计程序，但目的并非对内部控制的有效性发表意见。审计工作还包括评价管理层选用会计政策的恰当性和作出会计估计的合理性，以及评价财务报表的总体列报。（4）注册会计师相信获取的审计证据是充分、适当的，为其发表审计意见提供了基础。"

如果结合财务报表审计对内部控制的有效性发表意见，注册会计师应当删除上面条第（3）项中"但目的并非对内部控制的有效性发表意见"的措辞。

6. 审计意见段

审计意见段的标题为"审计意见"。

如果对财务报表发表无保留意见,除非法律法规另有规定,审计意见应当使用"财务报表在所有重大方面按照[适用的财务报告编制基础(如企业会计准则等)]编制,公允反映了……"的措辞。

如果在审计意见中提及的适用的财务报告编制基础不是企业会计准则,而是国际财务报告准则、国际公共部门会计准则或者其他国家或地区的财务报告准则,注册会计师应当在审计意见段中指明国际财务报告准则或国际公共部门会计准则,或者财务报告准则所属的国家或地区。

7. 按照相关法律法规的要求报告的事项段(若适用)

如果注册会计师在审计报告中在履行了审计准则规定的责任的同时,也履行了其他相关法律法规设定的责任,应当在审计报告中将其单独作为一部分,并以"按照相关法律法规的要求报告的事项"为标题。

如果审计报告包含"按照相关法律法规的要求报告的事项"部分,审计报告应当区分为"对财务报表出具的审计报告"和"按照相关法律法规的要求报告的事项"两部分。基本要素的第3、4、5、6项属于第一部分,置于"对财务报表出具的审计报告"标题下;"按照相关法律法规的要求报告的事项"属于第二部分,置于"对财务报表出具的审计报告"部分之后。

8. 注册会计师的签名和盖章。
9. 会计师事务所的名称、地址和盖章。
10. 报告日期。

趣闻:孔子的管理当局会计责任观

在一次业务学习中,小B提到管理当局的会计责任时,开始发挥他的古文造诣,下面是他的长篇大论:孔子20岁时曾任委吏(司会计)和乘田(管畜牧)等工作。他曾感慨地说:"会计当而已矣。"(注:《孟子·万章下》)就孔子的任职感慨而言,"在其位,谋其政",会计当得"称职而已",在会计核算上"不失会计当直其多少而已"。据郭道扬教授考证:此处"当"字涵义很多,可归纳为三点:一是对于经济收支事项要遵循会计制度得"当",二是对会计事项的计算与记录要处理得"当",三是使用会计人员要德才兼备得"当"。小B最后来了个"总结发言":"可见,孔子对本单位的会计工作和会计资料的真实性和完整性认真负责。这么说来,管理当局对会计资料的真实性和完整性的要求可是有历史渊源呢。"

在旁边的审计主管A听得津津有味,小B可真有才啊!

孔子会计学观

23.4 无保留意见审计报告

注册会计师在得出审计结论,形成审计意见时,需考虑以下因素:
(1) 是否已获取充分恰当的审计证据;
(2) 未更正错报单独或汇总起来是否构成重大错报;
(3) 被审计单位的财务报表在所有重大方面是否已按照适用的财务报告编制基础进行编制;
(4) 被审计单位的财务报表是否公允地反映了被审计者的财务状况、经营成果和现金流量。

注册会计师评价以上第三个因素时,应考虑以下内容:①财务报表是否充分披露了选择和运用的重要会计政策;②选择和运用的会计政策是否符合适用的财务报告编制基础,并适合被审计单位的具体情况;③管理层作出的会计估计是否合理;④财务报表列报的信息是否具有相关性、可靠性、可比性和可理解性;⑤财务报表是否作出充分披露,使财务报表预期使用者能够理解重大交易和事项对财务报表所传递的信息的影响;⑥财务报表使用的术语(包括每一财务报表的标题)是否适当。

注册会计师评价以上第四个因素时,应考虑如下内容:①财务报表的整体列报、结构和内容是否合理;②财务报表(包括相关附注)是否公允地反映了相关交易和事项。

如果认为财务报表在所有重大方面已按照适用的财务报告编制基础编制并实现公允反映,注册会计师应当发表无保留意见。

无保留意见包含标准无保留意见以及带强调事项段或其他事项段的无保留意见。

23.4.1 标准无保留意见审计报告

标准无保留意见审计报告,是指不含有说明段、强调事项段、其他事项段或其他任何修饰性用语的无保留意见的审计报告。

标准无保留意见审计报告的审计意见段以"我们认为"开头，使用"在所有重大方面公允反映了"的术语。

审计报告

XXX 注册会计师事务所（2013）审字第 123456789 号

ABC 股份有限公司全体股东：

我们审计了后附的 ABC 股份有限公司的财务报表，包括 2012 年 12 月 31 日的合并及公司的资产负债表，2012 年度合并及公司的利润表、股东权益变动表和现金流量表以及财务报表附注。

一、管理层对财务报表的责任

编制和公允列报财务报表是 ABC 股份有限公司管理层的责任。这种责任包括：（1）按照企业会计准则的规定编制财务报表，并使其实现公允反映；（2）设计、执行和维护必要的内部控制，以使财务报表不存在由于舞弊或错误而导致的重大错报。

二、注册会计师的责任

我们的责任是在执行审计工作的基础上对财务报表发表审计意见。我们按照中国注册会计师审计准则的规定执行了审计工作。中国注册会计师审计准则要求我们遵守中国注册会计师职业道德守则，计划和执行审计工作以对财务报表是否不存在重大错报获取合理保证。审计工作涉及实施审计程序，以获取有关财务报表金额和披露的审计证据。选择的审计程序取决于注册会计师的判断，包括对由于舞弊或错误导致的财务报表重大错报风险的评估。在进行风险评估时，注册会计师考虑与财务报表编制和公允列报相关的内部控制，以设计恰当的审计程序。审计工作还包括评价管理层选用会计政策的恰当性和作出会计估计的合理性，以及评价财务报表的总体列报。

我们相信，我们获取的审计证据是充分、适当的，为发表审计意见提供了基础。

三、审计意见

我们认为，上述财务报表在所有重大方面按照企业会计准则的规定编制，公允反映了 ABC 股份有限公司 2012 年 12 月 31 日的合并及公司的财务状况以及 2012 年度的合并及公司的经营成果和现金流量。

XXX 会计师事务所	中国注册会计师　张三
中国　　　北京	中国注册会计师　李四
	2013 年 3 月 8 日

23.4.2 带强调事项段或其他事项段的无保留意见的审计报告

在注册会计师已对财务报表形成审计意见后，如果认为必要，注册会计师可以在审计报告中提供下列补充信息，以提醒使用者关注：

（1）强调事项段：已在财务报表中列报或披露，但根据注册会计师的职业判断，对使用者理解财务报表至关重要的事项；

（2）其他事项段：未在财务报表中列报或披露，但根据注册会计师的职业判断，与使用者理解审计工作、注册会计师的责任或审计报告相关的事项。

注册会计师应确认强调事项和其他事项不影响发表的审计意见。

如果在审计报告中增加强调事项段，注册会计师应当采取下列措施：

（1）将强调事项段紧接在审计意见段之后；

（2）使用"强调事项"或其他适当标题；

（3）明确提及被强调事项以及相关披露的位置，以便能够在财务报表中找到对该事项的详细描述；

（4）指出审计意见没有因该强调事项而改变。

如果在审计报告中增加其他事项段，注册会计师应当采取下列措施：

（1）当将其他事项段紧接在审计意见段和强调事项段（如有）之后。如果其他事项段的内容与其他报告责任部分相关，这一段落也可以置于审计报告的其他位置。

（2）使用"其他事项"或其他适当标题。

审计报告

XXX 注册会计师事务所（2013）审字第 123456789 号

ABC 股份有限公司全体股东：

我们审计了后附的 ABC 股份有限公司（以下简称 ABC）合并财务报表，包括 2012 年 12 月 31 日的母公司及合并资产负债表，2012 年度的母公司及合并利润表、母公司及合并现金流量表和母公司及合并股东权益变动表以及财务报表附注。

一、管理层对母公司及合并财务报表的责任

编制和公允列报母公司及合并财务报表是管理层的责任，这种责任包括：（1）按照企业会计准则的规定编制母公司及合并财务报表，并使其实现公允反映；（2）设计、执行和维护必要的内部控制，以使母公司合并财务报表不存在由于舞弊或错误导致的重大错报。

二、注册会计师的责任

我们的责任是在执行审计工作的基础上对母公司及合并财务报表发表审计意见。我们按照中国注册会计师审计准则的规定执行了审计工作。中国注册会计师审计准则要求我们遵守职业道德守则，计划和执行审计工作以对母公司及合并财务报表是否不存在重大错报获取合理保证。

审计工作涉及实施审计程序，以获取有关母公司及合并财务报表金额和披露的审计证据。选择的审计程序取决于注册会计师的判断，包括对由于舞弊或错误导致的合并财务报表重大错报风险的评估。在进行风险评估时，注册会计师考虑与母公司及合并财务报表编制和公允列报相关的内部控制，以设计恰当的审计程序，但目的并非对内部控制的有效性发表意见。审计工作还包括评价管理层选用会计政策的恰当性和作出会计估计的合理性，以及评价母公司及合并财务报表的总体列报。

我们相信，我们获取的审计证据是充分、适当的，为发表审计意见提供了基础。

三、审计意见

我们认为，母公司及合并财务报表在所有重大方面按照企业会计准则的规定编制，公允反映了 ABC 股份有限公司 2012 年 12 月 31 日的母公司及合并财务状况以及 2012 年度的母公司及合并经营成果和母公司及合并现金流量。

四、强调事项

我们提醒财务报表使用者关注，如财务报表附注所述，截至 2012 年 12 月 31 日，ABC 当年发生净亏损 75 250 265.36 元，累计未分配利润 -196 864 432.91 元，营运资金为 -279 363 453.23 元，资产负债率为 99.98%。这些事项连同附注所示的其他事项，导致公司持续经营能力存在重大不确定性。本段内容不影响已发表的审计意见。

XXX 会计师事务所	中国注册会计师　张三
中国　　　深圳	中国注册会计师　李四
	2013 年 4 月 6 日

23.5　非无保留意见审计报告

非无保留意见包含保留意见、否定意见和无法表示意见这三种类型。

当存在下列情形之一时，注册会计师在审计报告中发表非无保留意见：

（1）根据获取的审计证据，得出财务报表整体存在重大错报的结论；

(2) 无法获取充分、适当的审计证据，不能得出财务报表整体不存在重大错报的结论。

注册会计师确定恰当的非无保留意见类型，取决于下列事项：

(1) 导致非无保留意见的事项的性质，是财务报表存在重大错报，还是在无法获取充分、适当的审计证据的情况下，财务报表可能存在重大错报；

(2) 注册会计师就导致非无保留意见的事项对财务报表产生或可能产生影响的广泛性[1]作出的判断。

当拟在审计报告中发表非无保留意见时，注册会计师应当与治理层沟通导致拟发表非无保留意见的情况，以及拟使用的非无保留意见措辞。三种类型的非无保留意见审计报告均应包含以下内容：

(1) 如果财务报表中存在与具体金额（包括定量披露）相关的重大错报，注册会计师应当在导致非无保留意见的事项段中说明并量化该错报的财务影响。如果无法量化财务影响，注册会计师应当在导致非无保留意见的事项段中说明这一情况。

(2) 如果财务报表中存在与叙述性披露相关的重大错报，注册会计师应当在导致非无保留意见的事项段中解释该错报错在何处。

(3) 如果财务报表中存在与应披露而未披露信息相关的重大错报，注册会计师应当：①与治理层讨论未披露信息的情况；②在导致非无保留意见的事项段中描述未披露信息的性质；③如果可行并且已针对未披露信息获取了充分、适当的审计证据，在导致非无保留意见的事项段中包含对未披露信息的披露，除非法律法规禁止。

(4) 如果因无法获取充分、适当的审计证据而导致发表非无保留意见，注册会计师应当在导致非无保留意见的事项段中说明无法获取审计证据的原因。

23.5.1 保留意见审计报告

一、发表保留意见的条件

当存在下列情形之一时，注册会计师应当发表保留意见：

(1) 在获取充分、适当的审计证据后，注册会计师认为错报单独或汇总起来对财务报表影响重大，但不具有广泛性；

(2) 注册会计师无法获取充分、适当的审计证据以作为形成审计意见的基础，但认为未发现的错报（如存在）对财务报表可能产生的影响重大，但不具有广泛性。

二、保留意见审计报告的基本内容与专业术语

保留意见审计报告的基本内容除了包括标准无保留意见审计报告的基本内容以及

---

[1] 根据注册会计师的判断，对财务报表的影响具有广泛性的情形包括：(1) 不限于对财务报表的特定要素、账户或项目产生影响；(2) 虽然仅对财务报表的特定要素、账户或项目产生影响，但这些要素、账户或项目或可能是财务报表的主要组成部分；(3) 当与披露相关时，产生的影响对财务报表使用者理解财务报表至关重要。

非无保留意见审计报告均应包含的内容外,还包括:

(1) 在审计意见段之前增加一个说明导致发表保留意见的事项的段落。并使用恰当的标题,如"导致保留意见的事项"。

(2) 对审计意见段使用恰当的标题,如"保留意见"。

(3) 如果是由于财务报表存在重大错报而发表保留意见的,注册会计师应当根据适用的财务报告编制基础在审计意见段中说明:注册会计师认为,除了导致保留意见的事项段所述事项产生的影响外,财务报表在所有重大方面按照适用的财务报告编制基础编制,并实现公允反映。

(4) 如果是由于无法获取充分、适当的审计证据而导致发表保留意见的,注册会计师应当在审计意见段中使用"除……可能产生的影响外"等措辞。

(5) 修改对注册会计师责任的描述,以说明:注册会计师相信,注册会计师已获取的审计证据是充分、适当的,为发表非无保留意见提供了基础。

审 计 报 告

XXX 注册会计师事务所 (2013) 审字第 123456789 号

ABC 股份有限公司全体股东:

我们审计了后附的 ABC 股份有限公司(以下简称"贵公司")合并财务报表,包括 2012 年 12 月 31 日的合并资产负债表,2012 年度的合并利润表、合并现金流量表和合并所有者权益变动表以及财务报表附注。

一、管理层对合并财务报表的责任

编制和公允列报合并财务报表是贵公司管理层的责任,这种责任包括:(1) 按照企业会计准则的规定编制合并财务报表,并使其实现公允反映;(2) 设计、执行和维护必要的内部控制,以使合并财务报表不存在由于舞弊或错误导致的重大错报。

二、注册会计师的责任

我们的责任是在执行审计工作的基础上对合并财务报表发表审计意见。我们按照中国注册会计师审计准则的规定执行了审计工作。中国注册会计师审计准则要求我们遵守职业道德守则,计划和执行审计工作以对合并财务报表是否不存在重大错报获取合理保证。审计工作涉及实施审计程序,以获取有关合并财务报表金额和披露的审计证据。选择的审计程序取决于注册会计师的判断,包括对由于舞弊或错误导致的合并财务报表重大错报风险的评估。在进行风险评估时,注册会计师考虑与合并财务报表编制和公允列报相关的内部控制,以设计恰当的审计程序,但目的并非对内部控制的有效性发表意见。审计工作还包括评价管理层选用会计政策的恰当性和作出会计估计的合理性,以及评价合并财务报表的总体列报。

我们相信,我们获取的审计证据是充分、适当的,为发表保留意见提供了基础。

三、导致保留意见的事项

如财务报表附注所述,2011年4月23日,贵公司接到中国证监会调查通知书:贵公司因涉嫌虚增会计利润、重大诉讼事项未披露等原因,根据《中华人民共和国证券法》的有关规定,中国证监会决定对贵公司进行正式立案调查。

2011年6月30日前,贵公司对已发现的2008年度、2009年度、2010年度涉及的重大会计差错事项分别进行了更正,内容详见贵公司2010年度更正后的财务报表。

截至审计报告签发日,我们尚未取得证监会对贵公司的调查结论,无法判断贵公司上述会计差错更正的结果及范围与证监会的调查结论是否一致;同时我们也无法实施其他满意的替代审计程序,获取充分、适当的审计证据,以判断证监会立案调查的贵公司虚增会计利润、重大诉讼未披露等事项对贵公司2012年度财务报表可能产生的重大影响。

四、保留意见

我们认为,除"三、导致保留意见的事项"段所述事项可能产生的影响外,贵公司合并财务报表在所有重大方面按照企业会计准则的规定编制,公允反映了贵公司2012年12月31日的合并财务状况以及2012年度的合并经营成果和合并现金流量。

XXX会计师事务所	中国注册会计师　张三
中国　　　　北京	中国注册会计师　李四
	2013年4月26日

23.5.2　否定意见审计报告

一、发表否定意见的条件

当存在下述情形时,注册会计师应当发表否定意见:

在获取充分、适当的审计证据后,注册会计师认为错报单独或汇总起来对财务报表的影响重大且具有广泛性。

二、否定意见审计报告的基本内容与专业术语

否定意见审计报告的基本内容除了包括标准无保留意见审计报告的基本内容以及非无保留意见审计报告均应包含的内容外,还包括:

(1) 在审计意见段之前增加一个说明导致发表否定意见的事项的段落。并使用恰当的标题,如"导致否定意见的事项"。

(2) 在导致否定意见的事项段中说明注意到的、将导致发表否定意见的所有其他事项及其影响。

(3) 对审计意见段使用恰当的标题,如"否定意见"。

(4) 根据适用的财务报告编制基础在审计意见段中说明:注册会计师认为,由于导致否定意见的事项段所述事项的重要性,财务报表没有在所有重大方面按照适用的财务报告编制基础编制,未能实现公允反映。

(5) 修改对注册会计师责任的描述,以说明:注册会计师相信,注册会计师已获取的审计证据是充分、适当的,为发表非无保留意见提供了基础。

审计报告

XXX 注册会计师事务所(2013)审字第 123456789 号

ABC 股份有限公司全体股东:

我们审计了后附的 ABC 股份有限公司(以下简称 ABC 公司)财务报表,包括 2012 年 12 月 31 日的资产负债表、2012 年度的利润表、股东权益变动表和现金流量表以及财务报表附注。

一、管理层对财务报表的责任

按照企业会计准则的规定编制财务报表是 ABC 公司管理层的责任。这种责任包括:

(1) 设计、实施和维护与财务报表编制相关的内部控制,以使财务报表不存在由于舞弊或错误而导致的重大错报;

(2) 选择和运用恰当的会计政策;

(3) 作出合理的会计估计。

二、注册会计师的责任

我们的责任是在实施审计工作的基础上对财务报表发表审计意见。我们按照中国注册会计师审计准则的规定执行了审计工作。中国注册会计师审计准则要求我们遵守职业道德规范,计划和实施审计工作以对财务报表是否不存在重大错报获取合理保证。

审计工作涉及实施审计程序,以获取有关财务报表金额和披露的审计证

据。选择的审计程序取决于注册会计师的判断,包括对由于舞弊或错误导致的财务报表重大错报风险的评估。在进行风险评估时,我们考虑与财务报表编制相关的内部控制,以设计恰当的审计程序,但目的并非对内部控制的有效性发表意见。审计工作还包括评价管理层选用会计政策的恰当性和作出会计估计的合理性,以及评价财务报表的总体列报。

我们相信,我们获取的审计证据是充分、适当的,为发表审计意见提供了基础。

三、导致否定意见的事项

ABC 公司在最近几个会计年度内均无主营业务收入,且截至 2012 年 12 月 31 日的净资产为 –130 673 538.28 元,ABC 公司编制会计报表所依据的持续经营前提已经不再合理,而 ABC 公司仍按持续经营前提编制上述会计报表。

四、否定意见

我们认为,由于前段所述事项,ABC 公司财务报表没有按照企业会计准则规定编制,未能在所有重大方面公允反映 ABC 公司 2012 年 12 月 31 日的财务状况以及 2012 年度的经营成果和现金流量。

XXX 会计师事务所	中国注册会计师　张三
中国　　　　北京	中国注册会计师　李四
	2013 年 4 月 25 日

23.5.3　无法表示意见审计报告

一、发表无法表示意见的条件

当存在下列情形之一时,注册会计师应当发表无法表示意见:

(1) 注册会计师无法获取充分、适当的审计证据以作为形成审计意见的基础,但认为未发现的错报(如存在)对财务报表可能产生的影响重大且具有广泛性。

(2) 存在多个不确定事项。尽管注册会计师对每个单独的不确定事项获取了充分、适当的审计证据,但由于不确定事项之间可能存在相互影响,以及可能对财务报表产生累积影响,注册会计师不可能对财务报表形成审计意见。

这里要说明的是,无法表示意见与否定意见不同。无法表示意见是注册会计师因审计范围受限等原因,无法获得充分、恰当的审计证据的情况下发表的;而注册会计师发表否定意见,必须是在获得充分、恰当的审计证据的基础之上。

否定意见与无法表示意见都只有在非常严重的情况下才会采用,因此在审计实务中,注册会计师发表这两种意见的情况比较少见。

二、无法表示意见审计报告的基本内容与专业术语

（1）在审计意见段之前增加一个说明导致发表无法表示意见的事项的段落。并使用恰当的标题，如或"导致无法表示意见的事项"。

（2）在导致无法表示意见的事项段中说明注意到的、将导致发表无法表示意见的所有其他事项及其影响。

（3）对审计意见段使用恰当的标题，如"无法表示意见"。

（4）由于无法获取充分、适当的审计证据而发表无法表示意见时，注册会计师应当在审计意见段中说明：由于导致无法表示意见的事项段所述事项的重要性，注册会计师无法获取充分、适当的审计证据以为发表审计意见提供基础，因此，注册会计师不对这些财务报表发表审计意见。

（5）由于无法获取充分、适当的审计证据而发表无法表示意见时，注册会计师应当修改审计报告的引言段，说明注册会计师接受委托审计财务报表。

（6）修改对注册会计师责任和审计范围的描述，并仅能作出如下说明："我们的责任是在按照中国注册会计师审计准则的规定执行审计工作的基础上对财务报表发表审计意见。但由于导致无法表示意见的事项段中所述的事项，我们无法获取充分、适当的审计证据以为发表审计意见提供基础。"

审 计 报 告

XXX 注册会计师事务所 （2013） 审字第 123456789 号

ABC 股份有限公司全体股东：

我们审计了后附的 ABC 股份有限公司（以下简称"ABC 公司"）财务报表，包括 2012 年 12 月 31 日的合并及母公司资产负债表，2012 年度的合并及母公司利润表、合并及母公司现金流量表、合并及母公司股东权益变动表，以及财务报表附注。

一、管理层对财务报表的责任

编制和公允列报财务报表是 ABC 公司管理层的责任，这种责任包括：(1) 按照企业会计准则的规定编制财务报表，并使其实现公允反映；(2) 设计、执行和维护必要的内部控制，以使财务报表不存在由于舞弊或错误导致的重大错报。

二、注册会计师的责任

我们的责任是在按照中国注册会计师审计准则的规定执行审计工作的基础上对财务报表发表审计意见。但由于导致无法表示意见的事项段中所述的事项，我们无法获取充分、适当的审计证据以为发表审计意见提供基础。

二、导致无法表示意见的事项

如财务报表附注所述，ABC 公司 2012 年 12 月 31 日的合并净资产为 −122 384 万元，已严重资不抵债，存在多项巨额逾期借款、对外担保，面临多项诉讼、部分资产被查封或冻结，生产经营规模萎缩。经债权人 EFG 有限公司申请，由 XX 省 XX 市中级人民法院裁定对 ABC 公司自 2012 年 10 月 17 日起进行重整。截至审计报告日，ABC 公司仍处于重整期间，管理人尚未向人民法院和债权人会议提交重整计划草案，我们无法获取充分、适当的审计证据以证实上述重整能否有效改善 ABC 公司的持续经营能力，因此我们无法判断 ABC 公司继续按持续经营假设编制的财务报表是否适当。

三、无法表示意见

由于上述事项可能产生的影响非常重大和广泛，我们不对 ABC 公司合并及母公司财务报表发表审计意见。

XXX 会计师事务所　　　　　　中国注册会计师　张三
中国　　　北京　　　　　　　中国注册会计师　李四
　　　　　　　　　　　　　　2013 年 3 月 26 日

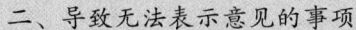

本章小结

本章阐述了审计报告的涵义和作用、分析重要性水平与审计意见类型的关系、审计报告的基本内容，并分别介绍各种审计报告类型的条件和基本内容。为了使读者对审计报告更好地理解，本章专门对审计报告以生动方式进行分析，同时还提供各种审计意见类型的审计报告的格式，便于读者更好地理解和运用审计报告。

1. 审计报告的涵义是什么？
2. 审计报告的作用是什么？
3. 请阐述重要性水平与审计意见类型的关系？
4. 审计报告的基本内容有哪些？
5. 审计报告的意见类型有哪些？发表这些审计意见类型各自的条件是什么？
6. 各种审计意见类型的审计报告如何撰写？

第 4 编

交易循环审计

- 第 24 章　销售与收款循环审计
- 第 25 章　购货与付款循环审计
- 第 26 章　生产与薪酬循环审计
- 第 27 章　筹资与投资循环审计
- 第 28 章　货币资金审计
- 第 29 章　特殊项目审计

第 24 章　销售与收款循环审计

引例：虚构近 16 亿主营收入　东方电子案主犯受惩

东方网消息：震惊全国的"东方电子"财务造假一案在山东一审终结，公司董事长兼总经理 XX 等三名主要犯罪分子，被以提供虚假财会报告罪分别判处有期徒刑。

法院审理查明，原"东方电子"董事长兼总经理 XX、原董事会秘书 XX、原总会计师 XX，自 1997 年 4 月至 2001 年 6 月，先后利用公司购买的 1044 万股内部职工股的股票收益和投入资金 6.8 亿元炒股票的收益，共计 17.08 亿元，通过虚开销售发票、伪造销售合同等手段，将其中的 15.95 亿元计入"主营收入"，虚构业绩，使"东方电子"自 1997 年起成为绩优股，并 4 次实行送、配股方案，人为制造了"股市神话"，内部职工股更是增长了 200 多倍！东方电子高管们推高股价，是为了"引君入瓮"，引诱蒙在鼓里的股民高位接盘。早期染指东方电子的大小庄家和个人发了大财，而在"击鼓传花"游戏中接最后一棒的投资者，赔得倾家荡产。

许多投资者纷纷质疑负责审计东方电子公司财务报告的会计师事务所为何长达几年都未发现东方电子管理层的会计造假行为，在东方电子长达 5 年的造假过程中一直出具了标准无保留意见的审计报告。

在一次次的审计过程中，面对一堆堆盖满假印章的假合同和一份份破绽百出的财务报表，会计师事务所并未认真复核，便一次次签发了"无保留意见"的审计报告，为此从东方电子获得 240 万元审计费用。然而，东方电子在进行财务报告时存在诸多瑕疵嫌疑。首先在函证审计程序方面，按惯例，应要求东方电子提供所有牵涉当期完成合同的原件，并进行核对，方法之一就是函证，函寄给相关单位进行确认。如果回函情况不好，要么采取其他方式进一步确认，否则就必须出具"有保留意见的审计报告"。然而该所声称，它们曾选择一些客户进行函证（接近 200 封），发函比例在 70% 以上，但回函情况不是很理想（大概 100 封左右）。然而，据《大众日报》报道，该会计师事务所存在违规放权嫌疑，使得东方电子演出了一幕幕"自己造假，自己调查"的闹剧：按照审计注册会计师有关职责规定，审计人员应亲自向银行和第三方发询证函，以验证被审计企业财会状况的真实性。但在具体操作过程

中,该所却把应亲自进行的调查、询证等工作交由东方电子公司自己去做,对部分回函印章不规范和多是复印件、传真件等不正常情况,不认真审查便大笔一挥,草草放行。

(摘自 http://finance.eastday.com/epublish/gb/paper92/20030124/class009200001/hwz980551.htm)

如此看来,销售与收款循环审计到底应如何进行呢?

表 24-1　各业务循环涉及资产负债表及利润表的项目举例

业务循环	资产负债表项目	利润表项目
销售与收款	应收票据、应收账款、长期应收款、预收账款、应交税金	主营业务收入、营业税金及附加、销售费用
购货与付款	预付账款、固定资产、累计折旧、固定资产减值、固定资产清理、工程物资、在建工程、无形资产、开发支出、商誉、应付票据、应付账款、长期应付款	管理费用
生产与薪酬	存货、存货跌价准备、应付职工薪酬、制造费用	主营业务成本 生产成本、制造费用
筹资与投资	短期借款、长期借款、应付债券、长期应付款、应付股利、其他应付款、股本、资本公积、盈余公积、未分配利润、交易性金融资产、应收股利、应收利息、其他应收款、长期投资	财务费用、资产减值损失、公允价值变动收益、投资收益、营业外收支、所得税

24.1　销售与收款循环概述

出售产品或者提供劳务,以期获取收入从而最终达到盈利的目的,是市场经济体制下公司生存和发展的基础。销售与收款循环主要指的是公司从营销产品接受顾客订单开始,通过向顾客提供商品或劳务,最终取得货款的整个过程。该循环涉及收入和资产项目,是财务报表审计中非常重要的内容。

24.1.1 销售与收款循环中的主要经济业务

一、销售业务

1. 接受顾客订单

顾客向企业发送订单,提出订货要求是整个销售与收款循环的起点。订单管理部门应随即区分现销和赊销,赊销订单只有在企业管理层所制定的赊销顾客名单当中,且赊销金额累计余额不超过信用额度的情况下,才能被批准。如果顾客未在赊销顾客名单当中或者赊销累计余额超过信用额度,则需经过有授权的管理人员来决定是否接受订单。

涉及的原始凭证:顾客订单、销售单(一式多联)。

2. 批准赊销信用

为了扩大销售渠道,公司经过信用评估,制定一份赊销顾客名单,并进行周期性的重新评估和更新。赊销信用的管理体现出公司授权管理,分层级审批的内部控制体系。

涉及的原始凭证:赊销顾客名单。

3. 按销售单供货与物流

公司管理层往往要求公司仓库只有在收到经过批准的销售单时才能供货。物流部门应当确定从仓库提取的商品附有经过批准的销售单才能装运。供货与物流部门的职责应分离并相互制约。

涉及的原始凭证:装运凭证。

4. 向顾客开具账单

开具账单主要是指开具并向客户送达有连续编号的销售发票。该业务控制程序如下:

(1) 开具账单前,应独立复核是否存在经批准的销售单及与之对应的装运凭证;

(2) 应复核销售单上的商品价格与公司规定的价目表是否相符,并据此开具发票;

(3) 内部复核。

涉及的原始凭证:销售发票记账联、汇款通知书、商品价目表。

5. 记录销售

记录销售应先区分现销和赊销,然后按照销售发票分别编制转账凭证或现金、银行存款的收款凭证。再据此登记销售明细账和应收账款或现金、银行存款日记账。该业务控制程序如下:

(1) 依据附有有效提货单和销售单的销售发票记录销售;

(2) 检查连续编号的销售发票;

(3) 记录销售的职责应独立;

(4) 定期向顾客寄送对账单,并要求顾客将任何例外情况直接向指定的未涉及该循环业务的会计管理人员报告。

涉及的原始凭证：月末客户对账单。

二、收款业务

办理和记录现金、银行存款收入。高度关注货币资金的安全性和入账的及时性。处理货币资金收入时要保证全部货币资金都必须如数、及时地计入现金、银行存款日记账或应收账款明细表，并如数、及时地存入银行。

涉及的原始凭证：银行存款凭证。

三、销售调整业务

（1）办理和记录销货退回、销货折扣与折让。发生此类事项，必须经过有授权的管理人员审批，同时要对实物和会计处理分别控制。

涉及的原始凭证：贷项通知单。

（2）提取坏账准备。按照会计准则和公司的会计政策计提坏账准备。

涉及的原始凭证：应收账款账龄分析表。

（3）注销坏账。对于确认无法收回的应收账款，经适当审批后及时进行会计调整。

涉及的原始凭证：坏账审批表。

24.1.2　销售与收款循环的内部控制和控制测试

一、接受顾客订单

（1）关键控制点：①确定顾客在已批准的顾客清单上；②每次销售都有已批准的销售单。

（2）防范的错报：可能把商品销售给了未经授权的顾客。

（3）可能的控制测试：审查已批准的顾客清单和销售单。

二、批准赊销信用

（1）关键控制点：①信用部门须对所有新顾客进行信用调查和评估；②是否定期进行信用的重新评估；③在销售前，检查顾客的信用额度；④要求被授权的信用部门人员在销售单上签署意见。

（2）防范的错报：承担了不适当的信用风险。

（3）可能的控制测试：①询问对新顾客进行信用调查的程序；②核对信用额度与销售情况，审查赊销信用是否经过适当的授权审批。

三、按销售单供货与物流

（1）关键控制点：①供货和物流部门都需有已批准的销售单；②按销售单供货和物流的职责相分离；③每次装运货都编制装运凭证。

（2）防范的错报：①所发出和装运的货物可能和被订购的货物不符；②可能有未经授权的发出、装运的货物。

（3）可能的控制测试：①观察供货和物流的职责分工情况；②审查装运凭证及

独立稽核的证据。

四、向顾客开具账单

（1）关键控制点：①每张发票须有与之对应的装运凭证和已批准的销售单；②每张装运凭证须有与之相匹配的销货发票；③由独立人员对销货发票的编制作内部核查。

（2）防范的错报：①可能对虚构的交易开单或重复开单；②有些装运凭证可能没有开单；③销售发票可能计价错误。

（3）可能的控制测试：①将发票核对至装运凭证和已批准的销售单；②追查装运凭证至销售发票；③检查和计算发票的计价。

五、记录销售

（1）关键控制点：①销售发票与销售账户的客户明细账户的金额一致；②每月定期给顾客寄送对账单。

（2）防范的错报：①发票可能未入销售账和客户账户；②发票可能入账到错误的客户账户。

（3）可能的控制测试：①复核独立检查证据；②观察月末对账单情况。

六、办理和记录库存现金、银行存款收入

（1）关键控制点：①采用汇款通知单；②独立检查入联、过账的金额与每日现金汇总表的一致性；③定期编制银行调节表。

（2）防范的错报：①货币资金失窃；②收款记录错误。

（3）可能的控制测试：①核对发运凭证与相关的销货发票和主营业务收入明细账及应收账款中的分录；②审查银行调节表。

24.2 销售与收款循环的实质性程序

24.2.1 销售交易的细节测试

一、测试登记入账的销货业务是否真实——真实性

在审计测试实务工作中，经常出现的错误有：未曾发货却已将销货业务登记入账、销货业务重复入账和向虚构的顾客发货，并作为销货登记入账。

1. 对于未曾发货却已将销货业务登记入账错误的审计

审计人员可以从主营业务收入明细账中随机抽取几笔业务，追查有无发运凭证及其他佐证凭证。

2. 对于销货业务重复入账错误的审计

审计人员可以通过复核企业为防止重复编号而设置的有序号的销货交易记录清单加以确定。

3. 向虚构的顾客发货并作为销货业务登记入账错误的审计

这种典型的舞弊行为往往是由登记销货的人员和批准发货的人员串通或两个岗位一人兼任造成的,同时不能排除管理层刻意舞弊的嫌疑。审计人员可以从主营业务收入明细账中抽取若干笔业务,审查其相应的销售单,确认销售单是否经过赊销批准手续和发货审批手续。当出现管理层舞弊时,要将多个疑点结合起来综合考虑。

测试登记入账的销货业务是否真实还有一个有效的办法,就是追查应收账款明细账中贷方发生额的记录。如果是收回货款或者收到退货,则原来记录入账的销货业务通常是真实的;如果贷方发生额是注销坏账,或者直到审计时所欠货款仍未收回,则有虚构销货的可能性。

二、测试所发生的销货业务是否均已登记入账——完整性

通常情况下,销货业务的审计重点主要是检查资产和收入的虚增问题。但在被审计单位内部控制体系不健全的情况下,需要进行完整性的实质性程序。

对销货交易完整性的测试通常是从发货部门的档案中选取部分发运凭证,并追查至有关的销货发票副本和主营业务收入明细账,以测试货已发出发票未开的情况。

真实性和完整性的审计,审计程序的顺序是截然相反的。真实性的审计程序是从明细账追查至原始凭证,即起点是明细账,从主营业务收入明细账中抽取样本,追查至销售发票副本、发运凭证以及顾客订单。完整性目标的审计程序是从原始凭证追查至明细账,即起点是发运凭证,从发运凭证中选取样本,追查至销售发票副本和主营业务收入明细账。

案例

小 B 在对 A 公司本年度的销售收入进行分析性复核时,发现本年度的销售收入比上年明显减少,而他在前期调查中了解到该公司本年度生产销售情况是历史上最好的。小 B 感到有蹊跷,于是,抽查了某些月份,特别是 12 月份相关的会计凭证,发现其原始凭证中有销货发票的记账联,而记账凭证中反映的是"应付账款",共计 1500 万元。于是询问了有关的当事人,并向应付账款的对方企业函证,结果发现 A 公司是将企业正常的销售收入反映在"应付账款"中。小 B 向主管领导汇报后,即采取以下步骤进行审计:(1) 扩大抽查原始凭证的比例,检查其他月份是否存在将正常销售收入反映在"应付账款"中的事项。(2) 提请被审计单位作相应的会计调整,并调整会计报表相关的数额。(3) 如果被审计单位拒绝接受调整,则把查证金额与重要性水平相比,选择相应的审计报告的类型。

因此,在审计销售收入时,要关注被审计单位是否多计或少计销售收入,对收入的真实性和完整性进行分析判断。

小知识：

在审计销售收入时，要关注被审计单位是否少计或多计销售收入。

一般情况下，企业少计销售收入的途径有：

（1）将正常的销售收入反映在"应付账款"中，作为其他企业的暂存款处理，将记账联单独存放，造成当期收入减少，达到少缴税的目的。

（2）已实现的销售收入，不确认或延期确认。

（3）以"应收账款"或"银行存款"账户与"库存商品"相对应，直接抵减"库存商品"或"产成品"，少计收入。

（4）虚增销售退回，即销售退回仅用红字借记"应收账款"，贷记"产品销售收入"、"应交税金——应交增值税（销项税额）"的会计分录，记账凭证后面没有红联销售发票、销售退回单、商品验收单等原始凭证等。

企业多计销售收入的方法有：

（1）把没有实现的销售提前确认销售收入。

（2）虚构销售业务，等次年作退货处理，虚构收入等。

（3）母子公司或关联企业之间在年底互开发票，虚构收入等。

注册会计师一般要实施顺查或逆查的方法查证这些事项，并提请被审计单位予以纠正，否则，发表保留意见或否定意见的审计报告。

三、测试登记入账的销货业务估价是否准确——计价和分摊

销货业务的准确估价包括：按发货数量准确的开单，及时将账单上的数额准确地记入会计账户。常用的实质性程序是重新计算会计记录中的数据。

四、测试登记入账的销货业务的分类是否正确——分类

首先要区分的是现销还是赊销，两者的会计处理有很大的不同。其次要对不同类别的销货业务，如主营业务和副营业务的区别。再次要注意对销货产品的分类是否正确。

五、测试销货业务的记录是否及时

审计人员在对销货业务是否及时记录进行审计时，一般要将选取的发运凭证的日期和相应的销售发票存根、主营业务收入明细账和应收账款明细账上的日期进行比较。如有重大差异，则可能存在销货跨期入账的问题。

六、测试销货业务是否已正确地记入明细账并准确地汇总

应收账款明细账和主营业务收入明细账必须予以准确地加总并过入总账。这一测试的样本量受到内部控制质量的影响。

24.2.2 销售交易的实质性分析程序

在审计实务当中，注册会计师在实施细节测试之前，为了提高审计效率，一般都先实施实质性分析程序。实质性分析程序是将分析程序用在了实质性程序上。如果数据之间具有稳定的预期关系，审计人员可以单独使用实质性分析程序获取充分、适当的审计证据。

实质性分析程序的应用包括如下步骤：
(1) 识别需要运用分析程序的交易或者账户余额；
(2) 确定期望值；
(3) 去掉可接受的差异；
(4) 识别和调查异常数据；
(5) 评估分析程序结果。

24.2.3 收款交易的实质性程序

收款交易的实质性程序和销售交易的实质性程序一样。由于销售与收款业务同属于一个循环，在经济活动中密切相关，所以，收款业务的部分测试可以和销售业务的测试一并进行。

24.3 主营业务收入审计

24.3.1 主营业务收入的审计目标

(1) 确定记录的主营业务收入是否已发生，且与被审计单位相关；
(2) 确定主营业务收入的记录是否完整；
(3) 确定记录的主营业务收入的金额是否恰当；
(4) 确定主营业务收入是否记录于正确的会计期间；
(5) 确定主营业务收入的内容是否正确；
(6) 确定主营业务收入的列报是否恰当。

24.3.2 主营业务收入的实质性程序

一、审核主营业务收入明细表

取得或编制主营业务收入明细表，复核其机械准确性；同时结合其他业务收入科目金额，与报表数核对相符。

二、审查主营业务收入的确认和计量是否正确

审计人员应当按照《企业会计准则第 14 号——收入》等相关规定的要求,对主营业务收入的确认和计量是否正确加以审查。

1. 销售收入的确认条件

(1) 企业已将商品所有权上的主要风险和报酬转移给购货方;

(2) 企业既没有保留通常与所有权相联系的继续管理权,也没有对已售出的商品实施有效控制;

(3) 收入的金额能够可靠计量;

(4) 相关的经济利益很可能流入企业;

(5) 相关的已发生或将发生的成本能够可靠计量。

2. 审计人员应对其主营业务收入确认的时间加以审查

(1) 采用交款提货销售方式,应于货款已收到或取得收取货款的权利,同时已将发票、账单和提货单交给买方时确认收入的实现;

(2) 采用预售账款销售方式,应于商品已经发出时,确认收入的实现;

(3) 采用托收承付结算方式,应于商品已经发出,劳务已经提供,并已将发票账单提交银行办妥托收手续时确认收入的实现;

(4) 委托其他单位代销商品的,如果代销单位采用视同买断方式,应于代销商品已经销售并收到代销单位代销清单时,按企业与代销单位确定的协议价确认收入的实现;

(5) 采用分期收款结算方式,应按合同约定的收款日期分期确认收入;

(6) 长期工程合同收入,一般应当根据完工百分比法合理确认收入;

(7) 委托外贸代理出口、实行代理制方式的,应在收到外贸企业代办的发运凭证和银行缴款凭证时确认收入;

(8) 对外转让土地使用权和销售商品房的,通常应在土地使用权和商品房已经移交并将发票结算账单提交对方时,确认收入。

三、主营业务收入的实质性分析程序

(1) 将本期与上期的主营业务收入进行比较,分析产品销售的结构和价格的变动是否正常,并分析异常变动的原因;

(2) 比较本期各月主营业务收入的波动情况,分析其变动趋势是否正常,并查明异常现象和重大波动的原因;

(3) 计算本期重要产品的毛利率,分析比较本期与上期各类产品毛利率的变化情况,注意收入与成本是否配比,并查清重大波动和异常情况的原因;

(4) 计算重要客户的销售额及其产品毛利率,分析比较本期与上期有无异常变化;

(5) 将上述分析结果与同行业企业本期相关资料进行对比分析,检查是否存在异常。

四、主营业务收入的截止测试

主营业务收入截止测试的目的主要在于确定被审计单位主营业务收入业务的会计记录归属期是否正确,应计入本期或下期的主营业务收入是否被推迟至下期或提前至本期。审计人员应该注意与主营业务收入确认有着密切关系的三个日期:一是发票开具日期或者收款日期,二是记账日期,三是发货日期。三个日期是否归属于同一适当会计期间是主营业务收入截止测试的关键。

围绕上述三个日期,审计人员在审计实务中可以考虑选择三条途径实施主营业务收入的截止测试:

一是以账簿记录为起点。从报表日前后若干天的账簿记录查至记账凭证,检查发票存根与发运凭证,目的是证实已入账收入是否在同一期间已开具发票并发货,有无多记收入。使用这种方法主要是为了防止多计主营业务收入。

二是以销售发票为起点。从报表日前后若干天的发票存根查至发运凭证与账簿记录,确定已开具发票的货物是否已发货并于同一会计期间确认收入。具体做法是抽取在报表日前后使用的若干张发票存根,追查至发运凭证和账簿记录,查明有无漏记收入现象。使用这种方法主要是为了防止少计主营业务收入。

三是以发运凭证为起点。从报表日前后若干天的发运凭证查至发票开具情况与账簿记录,确定主营业务收入是否已记入恰当的会计期间。使用这种方法主要也是为了防止少计主营业务收入。

上述三条审计路径在实务中被广泛运用,但它们并不是彼此孤立的,审计人员可以考虑将三条路径结合起来使用。

24.4 应收账款和坏账准备审计

24.4.1 应收账款审计目标

(1) 确定应收账款是否存在;
(2) 确定应收账款是否归被审计单位所有;
(3) 确定应收账款及其坏账准备的记录是否完整;
(4) 确定应收账款是否可收回,坏账准备的计提方法和比例是否恰当,计提是否充分;
(5) 确定应收账款及其坏账准备的期末余额是否正确;
(6) 确定应收账款及其坏账准备的列报是否恰当。

24.4.2 应收账款实质性程序

一、取得或编制应收账款明细表

复核应收账款明细表的机械准确性,与总账数核对是否相符;结合坏账准备科目与报表数核对是否相符。

二、分析应收账款账龄

应收账款的账龄，是指资产负债表中的应收账款从销售实现、产生应收账款之日起，至资产负债表日止所经历的时间。审计人员可以通过编制或获取应收账款账龄分析表来分析应收账款的账龄，以便了解应收账款的可回收性。编制应收账款账龄分析表时，可以选择重要的顾客及其余额列示，不重要的或余额较小的，可以汇总列示。

三、向债务人函证应收账款

向债务人函证应收账款的目的在于证实应收账款账户余额的真实性、正确性，防止或发现被审计单位及其有关人员在销售交易中发生的错误或舞弊行为。通过函证应收账款，可以比较有效地证明被询证者（即债务人）的存在和被审计单位记录的可靠性。

1. 函证的范围和对象

函证数量的大小、范围是由诸多因素决定的，主要有：

（1）应收账款在全部资产中的重要性。

（2）被审计单位内部控制的强弱。

（3）以前年度的函证结果。

（4）函证方式的选择。若执行积极式函证，可以相应减少函证量；若执行消极式函证，则要相应增加函证量。

2. 函证的方式

（1）积极的函证方式：被询证者在所有情况下都必须回函，确认询证函所列示信息是否正确，或填列询证函要求的信息。

（2）消极的函证方式：被询证者仅在不同意询证函列示信息的情况下才予以回函。

3. 函证时间的选择

为了充分发挥函证的作用，应恰当选择函证的实施时间。注册会计师通常以资产负债表日为截止日，在资产负债表日后适当时间内实施函证。如果重大错报风险评估为低水平，注册会计师可选资产负债表日前适当日期为截止日实施函证，并对所函证项目自该截止日起至资产负债表日止发生的变动实施实质性程序。

4. 函证的控制

注册会计师通常利用被审计单位提供的应收账款明细账户名称及客户地址等资料据以编制询证函，但注册会计师应当对选择被询证者、设计询证函以及发出和收回询证函保持控制。出于掩盖舞弊的目的，被审计单位可能想方设法拦截或更改询证函及回函的内容。如果注册会计师对函证程序控制不严密，就可能给被审计单位造成可乘之机，导致函证结果发生偏差和函证程序失效。

案例：函证的控制

小B参加定期的后续教育，听到这样的一个培训案例：有一家事务所根据审计准则的要求，对被审计单位进行了函证，得到结论后出具了无保留意见的审计报告。随之事隔不久，该事务所却因为被审计单位经营失败而受到牵连，还受到相应的处罚。该事务所所长百思不得其解："我们是严格按照审计准则开展业务的，我们执行了应执行的程序，怎么会出现这样情况？"经过调查，原来纰漏出现在函证的控制上。当初在发出函证函时，要求被审计单位提供客户的联系方式，并由审计人员亲自发出函证信。但部分客户没有联系方式，被审计方主动提出由他们负责寄出。审计人员亲自发出函证信的那些客户，其收回的函证地址寄到被审计单位，被该单位半路拦截，并篡改了函证结果。审计人员被蒙在鼓里。

所谓细节决定成败。这就是一个典型的因为一个小细节处理不当，而给被审计单位提供可乘之机，导致函证结果发生偏差和函证程序失效的案例。

5. 函证结果差异的分析

收回的询证函若有差异，即函证出现了不符事项，注册会计师应当首先提请被审计单位查明原因，并作进一步分析和核实。

不符事项的原因可能是：

（1）由于双方登记入账的时间不同。情形有四：①询证函发出时，债务人已经付款，而被审计单位尚未收到货款；②询证函发出时，被审计单位的货物已经发出并已作销售记录，但货物仍在途中，债务人尚未收到货物；③债务人由于某种原因将货物退回，而被审计单位尚未收到；④债务人对收到的货物的数量、质量及价格等方面有异议而全部或部分拒付货款等。

（2）由于一方或双方记账错误。

（3）被审计单位的舞弊行为。

6. 对函证结果的总结和评价

（1）注册会计师应重新考虑：①对内部控制的原有评价是否适当；②控制测试的结果是否适当；③分析程序的结果是否适当；④相关的风险评价是否适当等。

（2）如果函证结果表明没有审计差异，则注册会计师可以合理地推论，全部应收账款总体是正确的。

（3）如果函证结果表明存在审计差异，注册会计师则应当估算应收账款总额中可能出现的累计差错是多少，估算未被选中进行函证的应收账款的累计差错是多少。为取得对应收账款累计差错更加准确的估计，也可以进一步扩大函证范围。

案例：应付账款函证和应收账款函证

小B对手头上的审计项目进行函证，他将应收账款和应付账款按同样的比例、同样的抽样方式，以消极性函证方式寄出去。正在等回函和准备统计结果的期间，主管A过来指导时，看见这样情况后，A问："你知道应付账款和应收账款的函证是不同的吗？"小B觉得奇怪了，"那不都一样函证吗，有什么不同？"A笑了笑说："应收账款倾向于虚增，应付账款倾向于虚减。如果应付账款没有入账，那你又能发函到哪里函证呢？"小B顿时明白："是啊，如果都没有入账，我所寄出的函证都是小金额的应付账款，那有什么意义？"A又继续提问："那你觉得应收账款倾向于虚增，应付账款倾向于虚减会是什么原因？"小B毕竟是名牌大学毕业的优秀生，多少有"两把刷子"，他侃侃而谈："一是因为应收账款是属于销售与收款循环审计，相关凭证业务单据多是从内部产生，虚增比较容易和方便。而应付账款是属于购货与付款循环审计，相关凭证业务单据是从外部获得的。二是对于企业来说，为了提高流动比率和速动比率，使报表财务状况指标更好看，倾向于主动记录应收账款，少计应付账款，这样更容易得到贷款。"此时他神秘地眨了眨眼睛俏皮地说："三是债权人的记忆力总是比债务人的记忆要好。应收账款自己不主动记账，对方是难以主动上门付款，不记不行啊。而应付账款就是不记账，债主依然不依不饶找上门来……"尽管说得不完全有道理，但主管A听后还是赞赏地点头了。

知识点：应付账款函证和应收账款函证的异同点：

（1）必要性不同。一般情况下，应付账款不需要函证，因为函证不能保证查出未入账的应付账款，注册会计师能够取得购货发票等外部凭证来证实应付账款的余额。但是如果控制风险比较高，应付账款金额较大或被审计单位经济困难阶段，则应进行应付账款的函证。而应收账款的函证是应收账款审计中必要的且有效的方法，它可以证实应收账款账户余额的真实性、正确性，是应收账款审计时所必须采用的审计程序之一。

（2）函证对象的选择不同。应付账款函证时，注册会计师应选择较大金额的债权人，以及那些在资产负债表日金额不大甚至为零，但为企业重要供货人的债权人。而应收账款函证时，则应选择那些在全部资产中所占比例较大的应收账款,即应收账款余额较大的账户。

(3) 函证方式不同。应付账款函证最好采用积极方式,并具体说明应付金额。而应收账款函证,既可以采用积极方式,也可以采用消极方式,但消极方式一般只在个别账户的欠款金额较大和有理由相信欠款案可能会存在争议、差错或问题时采用。

另一方面,应付账款函证与应收账款函证一样,注册会计师都必须对函证过程进行控制,并要求将回函寄往会计师事务所。根据回函的情况,编制与分析函证结果汇总表,对未回函的,决定是否采用替代审计程序。

四、检查至审计日已收回的应收账款

审计人员在被审计单位的协助下,在应收账款明细账上标示出至审计时已经收回的应收账款。对已收回的应收账款当中金额较大的款项进行常规检查。

五、审查未函证的应收账款

对未函证的应收账款,注册会计师应抽查有关原始凭据,如销售合同、销售订单、销售发票副本及发运凭证等,以验证与其相关的应收账款的真实性,即执行函证的替代审计程序。

案例:应收账款的审计

小B在进行一个项目的应收账款审计,审计中发现有一个公司欠款4000万元,账龄已超过2年。由于该欠款公司是被审计单位的投资方(投资为8000万元),小B认为需要重视和关注。于是实施了以下审计程序:①向该欠款公司发出询证函;②查阅被审计单位和该欠款公司签章确认的购货合同、经被审计单位管理当局批准的发货凭证和该欠款公司收货验收证明等;③评价该欠款公司偿付货款的能力。

案例分析:

1. 由于欠款公司是投资方,首先要确认所欠款项是否为正常商业信用。如果双方有货款往来关系,下一步需要对应收账款项目的存在性和所有权归属予以确认,设计函证程序或替代性审计程序确认其存在性,如查验有无对方出具的具有法律效力的书面文件或对方的收货验收证明、运输部门出具的合法运输凭证或近期的双方对账记录等;同时,还要通过观察近期还款情况和了解对方现金流量及财务状况,确认其可收回性。最后就是确认属于正常结

> 算债权债务关系，也要注意被审计单位是否在财务报表附注中适当披露此关联业务。
>
> 2. 如果不能取得被审计单位提供的该欠款公司正常偿付货款的有效文件，根据职业判断，应考虑双方是否已有抽走投资资金的默契。审计人员应根据其具体情况和数额的大小，选择发表适当的审计意见。

24.4.3 坏账准备的审计目标

（1）确定计提坏账准备的方法和比例是否恰当；
（2）坏账准备的计提是否充分；
（3）确定坏账准备增减变动情况的记录是否完整；
（4）确定坏账准备期末余额是否正确；
（5）确定坏账准备的披露是否恰当。

24.4.4 坏账准备审计实质性程序

一、获取或编制坏账准备明细表

复核坏账准备明细表的机械准确性，与总账数核对是否相符；将坏账准备本期计提数与资产减值损失相应明细科目的发生额核对相符。

二、审查坏账准备的计提

审查坏账准备的计提方法和比例是否符合企业会计准则的规定，计提的数额是否恰当，会计处理是否正确，前后期是否一致。企业通常采用备抵法核算坏账损失，计提坏账准备的具体方法由企业自行确定。企业应当列出目录，具体注明计提坏账准备的范围、提取方法、账龄的划分和提取比例。

三、审查坏账损失

对于审计期间内发生的坏账损失，审计人员应检查其原因是否清楚，是否符合企业的有关规定，有无授权批准，有无已做坏账损失处理又重新收回的应收账款，相应的会计处理是否正确。

四、审查长期挂账应收账款

审计人员在审查应收账款明细账及相关原始凭证时，应查找有无财务报表日后仍未收回的长期挂账应收账款，如有，应提请被审计单位作适当处理。

24.5 其他相关账户审计

24.5.1 应收票据审计

一、应收票据的审计目标

(1) 确定应收票据是否存在；

(2) 确定应收票据是否为被审计单位所有；

(3) 确定应收票据及其坏账准备增减变动的记录是否完整；

(4) 确定应收票据可否收回，坏账准备的计提方法和比例是否恰当，计提是否充分；

(5) 确定应收票据及其坏账准备期末余额是否正确；

(6) 确定应收票据及其坏账准备的列报是否恰当。

二、应收票据的实质性程序

(1) 复核应收票据明细表的机械准确性，与总账数核对是否相符；结合坏账准备科目与报表数核对相符。

(2) 取得被审计单位"应收票据备查簿"，核对其是否与账面记录一致。在被审计单位的协助下，在应收票据明细表上标示出至审计时已兑现或已贴现的应收票据，核对收款凭证等资料，以确认其在资产负债表日的真实性。

(3) 监盘库存票据和函证应收票据。

(4) 检查应收票据的利息收入是否正确入账。

(5) 对于已贴现应收票据，审计人员应审查其贴现额、贴现息的计算是否正确，会计处理方法是否妥当。

(6) 对以非记账本位币结算的应收票据，应检查其采用的折算汇率是否正确。

24.5.2 长期应收款审计

一、长期应收款的审计目标

(1) 确定长期应收款和未实现融资收益是否存在；

(2) 确定长期应收款和未实现融资收益是否归被审计单位所有；

(3) 确定长期应收款的发生、回收和未实现融资收益的入账、摊销的记录是否完整；

(4) 确定长期应收款是否可收回，坏账准备的计提方式和比例是否恰当，计提是否充分，其坏账准备增减变动的记录是否完整；

(5) 确定长期应收款及其坏账准备和未实现融资收益期末余额是否正确；

(6) 确定长期应收款及其坏账准备和未实现融资收益的披露是否恰当。

二、长期应收款的实质性程序

(1) 获取或编制长期应收款明细表，复核其机械准确性，并与总账数和明细账合计数核对相符，结合未实现融资收益科目与报表数核对相符；检查长期应收款的内容，确定款项性质是否符合规定。

(2) 对于融资租赁产生的长期应收款项，取得相关的合同和契约，进行如下检查：

第一，关于租赁合同主要条款，检查是否满足企业会计准则对于融资租赁的相关规定，检查授权批准手续是否齐全；

第二，根据合同及协议，检查最低租赁收款额、每月租金、租赁期、担保余值和未担保余值等项目的金额是否正确，检查初始直接费用及相关会计处理是否正确；

第三，检查租赁资产在租赁期开始日的公允价值，如与账面价值有无差额，会计处理是否正确；

第四，检查应收租赁款项的收回情况，了解有无未能按合同规定收款或延期收款现象，并查明原因，检查坏账准备的计提是否恰当。

(3) 对于采用递延方式、有融资性质的销售形式的长期应收款项，取得相关的销售合同或协议进行检查：

第一，根据合同及协议，检查是否已满足确认销售的条件，检查合同规定的售价、每期租金、收款期等要素，检查所销售资产在销售确认日的公允价值，检查会计处理是否正确；

第二，检查应收款项的收回情况，了解有无未能按合同规定收款或延期收款现象，并查明原因；

第三，如果应收款项的收回存在问题，检查相关坏账准备的计提是否恰当。

(4) 向债务人函证重大的长期应收款。

(5) 对长期应收款相关的坏账准备进行审计。

(6) 如果被审计单位为上市公司，应标明应收关联方的款项，执行关联方及其交易审计程序，并注明合并报表时应予抵销的金额。

(7) 对于以非记账本位币结算的长期应收款，检查其采用的折算汇率是否正确。

(8) 确定长期应收款的披露是否恰当。注意一年内到期的长期应收款是否在编制报表时已分类至一年内到期的非流动资产。

24.5.3 预收账款审计

一、预收账款的审计目标

(1) 确定期末预收账款是否存在；
(2) 确定期末预收账款是否为审计单位应履行的偿还义务；
(3) 确定预收账款的发生及偿还记录是否完整；
(4) 确定预收账款的期末余额是否正确；
(5) 确定预收账款的披露是否恰当。

二、预收账款的实质性程序

（1）获取或编制预收账款明细表，复核其机械准确性，与报表数、总账数核对是否相符；对以非记账本位币结算的预收账款，检查其采用的折算汇率及折算是否正确；检查是否存在借方余额，进行必要的分类调整；检查是否存在应收、预收两方挂账的项目，必要时作出调整。

（2）在被审计单位的协助下，在预收账款明细表上标出截至审计日已转销的预收账款，对已转销金额较大的预收账款进行检查，核对记账凭证、仓库发运凭证、销售发票等，并注意这些凭证发生日期的合理性。

（3）抽查与预收账款有关的销售合同、仓库发运凭证、收款凭证；检查已实现销售的商品是否及时转销预收账款，确保预收账款余额的正确性和合理性。

（4）选择预收账款的重大项目进行函证。

（5）检查账龄超过一年的预收账款未结转的原因并做好记录。

案例：预收账款的审计

（一）案例线索

小 B 在审计某公司的预收账款项目时，发现以下审计线索：①3年前预收款项 800 万元，仍挂在账上；②被审计单位根据银行存款未达账项调整 2000 万元记入"预收账款"。小 B 逐笔核对了记账凭证及其后附的销售合同，根据合同所列产品名称及数量，到仓库审查了产品库存明细账，证实以上各批产品已发货，有关原始凭证已传递到会计部门。

（二）案例分析

（1）一般情况下，预收账款供货单位应按合同或约定及时向购货方提供货物，结算贷款。被审计单位有一笔账款余额为 800 万元，时间较长，数额较大，长时间无供货行为，应引起充分关注。对此，小 B 采取以下审计程序：①取得并审阅业务发生时会计处理的原始凭证，获取确认经济性质的审计证据，据以判定负债的存在性；②通过函证取得对方公司的数额确认情况说明；③如果经以上程序，证实此事项属非正常的事项，应根据其性质及对财务状况的影响程度，按照中国注册会计师独立审计准则的要求，发表适当的审计意见。

（2）根据会计制度的规定，上述预收账款 2000 万元的经济事项已表明销售收入的成立，应该作销售收入处理。因此小 B 在审查取得充分、适当的审计证据基础上，提请被审计单位进行账务调整，并把查证的情况客观地记录在审计工作底稿中。如果被审计单位拒绝调整，可考虑发表保留或否定意见的

> 审计报告。
> （3）审计预收账款时，要关注被审计单位以下项目：①是否与预收租金、预收利息等相混淆；②是否将预收账款作为销售收入入账；③是否利用"预收账款"截留收入；④是否利用"预收账款"账户进行舞弊行为。

24.5.4 应交税费审计

一、应交税费的审计目标：

（1）确定期末应交税费是否存在；
（2）确定期末应交税费是否为被审计单位应履行的偿还义务；
（3）确定应计和已缴税费的记录是否完整；
（4）确定应交税费的期末余额是否正确；
（5）确定应交税费的披露是否恰当。

二、应交税费实质性程序

（1）获取或编制应交税费明细表，复核其机械准确性，与报表数、总账数核对是否相符；核对年初应交税费与税务机关的认定数是否一致，并作出记录，如有差额，应查明原因，必要时建议作出适当调整。

（2）首次接受委托时，取得被审计单位的纳税鉴定、纳税通知、减免税的审批文件等，了解被审计单位适用的税种、附加税费、计税基础、税率以及征、免、减税的范围与期限。连续接受委托时，关注其变化情况。

（3）取得税务部门汇算清缴或其他确认文件、有关政府部门的专项检查报告、税务代理机构的专业报告、被审计单位纳税申报有关资料等，分析其有效性，并与上述明细表及账面情况进行核对。必要时，向主管税务部门函证应交税费的本期应交数和期末未交数。对于超过法定纳税期限的税项，应取得主管税务部门的批准文件。

（4）检查被审计单位获得税费减免或返还时的会计处理是否正确，依据是否充分、合法和有效。

（5）审查企业应交的所得税。

首先，结合所得税费用项目，确定应纳所得税及企业所得税税率，复核本期应交所得税的计算是否正确，是否按规定进行了会计处理。

其次，抽查本期交纳所得税资料，确定本期已交数的正确性。

（6）审查企业应交的增值税。

第一，获取或编制应交增值税明细表，加计复核其正确性，并与明细账核对相符。

第二，检查被审计单位增值税纳税申报表有无经税务机关认定，并将"应交增值税明细表"与"企业增值税纳税申报表"进行核对，检查进项税额、销项税额的入账与申报日期是否一致，金额是否相符，如不相符，应分析原因，并作出记录。

第三，通过"原材料"等科目匡算进项税额是否合理。

第四，抽查一定期间的进项税抵扣汇总表，与应交增值税明细表相关数额合计数核对，如有差异，应查明原因并作适当处理。

第五，抽查一定数量的重要进项税发票，注意进口货物、购进的免税农产品、接受投资或捐赠、接受应税劳务等应计的进项税额是否按规定进行了会计处理；因存货改变用途或发生非常损失应计的进项税额转出数的计算是否正确，是否按规定进行了会计处理。

第六，检查销项税适用税率是否符合税法规定。

第七，根据已审定的主管业务收入、其他业务收入及税法规定视同销售应税行为的有关记录，复核销项税额。注意计税依据的确定：在将自产、委托加工的货物用于非应税项目集体福利、个人消费等视同销售的情况下，税基计算是否正确；将自产、委托加工或外购的货物用于投资、捐赠时，是否分别按货物的合同价、不含税捐赠价计算；将自产、委托加工或外购的货物分配给股东或投资者及其他情况下是否按不含税销售额计算。

第八，取得出口退税申报材料及办理出口退税有关凭证，复核出口货物退税的正确性、合法性和及时性。

第九，对经主管税务机关批准实行核定征收税率征收增值税的被审计单位，应检查其是否按照有关规定正确执行。如果按照核定征收率计算的增值税金额大于申报增值税金额，应注意超过申报额部分的会计处理是否正确。

第十，抽查本期已交增值税资料，确定已交数的正确性。

（7）审查企业应交的其他税费。

企业应向国家交纳的税费除所得税和增值税外，还包括营业税、消费税、土地使用费、城市维护建设税、车船使用费、房产税和教育费附加等。对其进行审查的程序和方法与所得税和增值税的审查基本相同，这里不再叙述。

（8）确定应交税费的披露是否恰当。

如果被审计单位是上市单位，在其财务报表附注中应按税费种类分项列示应交税费金额，并说明本期执行的法定税（费）率。对于超过法定缴纳期限的，应列示主管税务部门的批准文件。

24.5.5 营业税金及附加审计

一、营业税金及附加审计目标

（1）确定记录的营业税金及附加是否已发生，且与被审计单位有关；

（2）确定营业税金及附加的记录是否完整；

（3）确定与营业税金及附加有关的金额及其他数据是否已恰当记录；

(4) 确定营业税金及附加是否已记录于正确的会计期间；
(5) 确定营业税金及附加的内容是否正确；
(6) 确定营业税金及附加的披露是否恰当。

二、营业税金及附加实质性程序

(1) 获取或编制营业税金及附加明细表，复核加计正确，并与报表数、总账数和明细账合计数核对相符。

(2) 确定被审计单位的纳税（费）范围与税（费）种是否符合国家规定。

(3) 根据审计的当期应纳营业税的主管业务收入，按规定的税率，分项计算、复核本期应纳营业税税额。

(4) 根据审定的应税消费品销售额（或数量），按规定使用的税率，分项计算、复核本期应纳消费税税额。

(5) 根据审定的应税资源税产品的课税数量，按规定使用的单位税额，计算、复核本期应纳资源税税额。

(6) 检查城市维护建设税、教育费附加等项目的计算依据是否和本期应纳增值税、营业税、消费税合计数一致，并按规定适用的税率或费率计算、复核本期应纳城市维护建设税、教育费附加等。

(7) 复核各项税费与应交税费项目的勾稽关系。

(8) 确定被审计单位减免税的项目是否真实，理由是否充分，手续是否完备。

(9) 确定营业税金及附加的披露是否恰当。如果被审计单位是上市公司，在其财务报表附注中应分项列示本期营业税金及附加的计缴标准及金额。

案例：应交税金的审计

（一）案例线索

小 B 发现被审计单位于当年 6 月与某公司签订的无形资产使用权转让协议书，将公司的专利技术使用权作价 2000 万元转让给对方使用；协议规定对方于当年的 6 月 30 日前付款 500 万元，余款于次年的年底前付清。无形资产转让手续分两次办理：第一次手续于当年的 11 月 30 日办理完毕；第二次手续目前正在办理中。被审计单位按 500 万元记其他业务收入。

（二）案例分析

按照税法规定，企业转让无形资产应按向对方收取的全部价款和价外费用（包括向对方收取的手续费、基金、集资款、代收款项、代垫款项及其他各种性质的价外收费）乘以税率缴纳营业税。根据所调查的情况，小 B 进一步检查了董事会决议及无形资产使用权有偿转让协议，证实了上述交易确实发生。但查阅有关纳税申报资料和税务部门汇算清缴确认文件时，发现没有按税法规定计缴有关税费。小B于是提请被审计单位作调整处理补交尚未支付款项但已发生的转让行为的营业税、城市维护建设税和教育费附加。

24.5.6 销售费用审计

一、销售费用审计目标

（1）确定记录的销售费用是否已发生，且与被审计单位有关；
（2）确定销售费用的内容是否完整；
（3）确定与销售费用有关的金额及其他数据是否正确；
（4）确定销售费用是否已记录于正确的会计期间；
（5）确定消费费用的内容是否正确；
（6）确定消费费用的披露是否恰当。

二、销售费用实质性程序

（1）获取或编制消费费用明细表，复核加计正确，并与报表数、总账数和明细账合计数核对相符。
（2）将本期与上期销售费用各明细项目作比较分析，必要时，比较本期各月份销售费用，如有重大波动和异常情况应查明原因，并作适当处理。
（3）检查各明细项目是否与被审计单位销售商品和材料、提供劳务以及销售机构经营相关，是否合规、合理，计算是否正确。
（4）核对有关费用项目与累计折旧、应付职工薪酬等项目的勾稽关系，作交叉索引。
（5）针对销售费用各主要明细项目，选择主要或异常的凭证，检查原始凭证是否真实有效，会计处理是否正确。注意广告费和业务宣传费划分是否合理，是否符合税前列支条件。
（6）抽取资产负债表日前后一定数量的凭证，实施截止测试，检查有无跨期入账现象，对于重大跨期项目应建议作必要调整。
（7）确定销售费用的披露是否恰当。

本章阐述了销售与收款循环审计主要经济业务，内部控制和控制测试，实质性程序；此外还介绍了主营业务收入的审计、应收账款和坏账准备的审计以及其他相关账

户的审计，包括应收票据审计、长期应收款审计、预收账款审计、应交税费审计、营业税金及附加审计和销售费用审计。为了使读者更好掌握，本章增加了一些生动的具体案例，以线索和分析的方式进行描述，使大家对销售与收款循环审计有更好的理解。

复习题

1. 销售与收款循环审计所涉及的主要经济业务有哪些？
2. 销售与收款循环有哪些内部控制流程，如何进行控制测试？
3. 如何进行销售与收款循环审计的实质性程序？
4. 如何进行主营业务收入审计？
5. 应收账款函证的方式、函证的范围和函证对象有哪些？
6. 注册会计师应当采取何种措施对函证实施控制？

第 25 章 购货与付款循环审计

25.1 购货与付款循环概述

购货与付款循环审计的内容是被审计单位的货物、原材料、劳务等的采购业务。购货与付款循环从申请购买商品或劳务开始,通过支付货款或劳务报酬,最终取得商品或劳务所有权的过程。该循环主要涉及资产项目,是财务报表审计中的重要内容。

25.1.1 购货与付款循环中的主要经济业务

一、购货业务

1. 请购商品或劳务

仓库负责对需要购买的已列入存货清单的项目填写请购单,其他部门也可以对所需要购买的未列入存货的项目编制请购单。大多数企业对正常经营所需的物资的购买均作一般授权,但对资本支出和租赁合同,企业政策则通常要求作特别授权,只允许指定人员提出请购。由于企业内不少部门都可以填列请购单,不便事先编号,为加强控制,每张请购单必须经过对这类支出负预算责任的主管人员签字批准。

涉及的原始凭证:请购单。

2. 编制订购单

采购部门在收到请购单后,只能对经过批准的请购单发出订购单。对每张订购单,采购部门应确定最佳的供应来源。订购单应正确填写所需要的商品品名、数量、价格、厂商名称和地址等,预先予以编号并经过被授权的采购人员签名。这项检查与采购交易的"完整性"认定有关。

涉及的原始凭证:订购单。

3. 验收商品

有效的订购单代表企业已授权验收部门接受供应商发运来的商品。验收部门首先应比较所收商品与订购单上的要求是否相符,如商品的品名、说明、数量、到货时间等,然后再盘点商品并检查商品有无损坏。

验收后,验收部门应对已收货的每张订购单编制一式多联、预先编号的验收单,作为验收和检验商品的依据。

验收单是支持资产或费用以及与采购有关的负债的"存在或发生"认定的重要凭证。随后执行的定期独立检查验收单的顺序以确定每笔采购交易都已编制凭单,则与采购交易的"完整性"认定有关。

涉及的原始凭证：验收单。

4. 储存已验收的商品存货

将已验收商品的保管与采购的其他职责相分离，可减少未经授权的采购和盗用商品的风险。存放商品的仓储区应相对独立，限制无关人员接近。这些控制与商品的"存在或发生"认定有关。

二、付款业务

1. 编制付款凭单

记录采购交易之前，应付凭单部门应编制付款凭单。这项功能的控制包括：

（1）确定供应商发票的内容与相关的验收单、订购单的一致性；

（2）确定供应商，发票计算的正确性；

（3）编制有预先编号的付款凭单，并附上支持性凭证；

（4）独立检查付款凭单计算的正确性；

（5）在付款凭单上填入应借记的资产或费用账户名称；

（6）由被授权人员在凭单上签字，以示批准照此凭单要求付款。

所有未付凭单的副联应保存在未付凭单档案中，以待日后付款。经适当批准和有预先编号的凭单为记录采购交易提供了依据，因此，这些控制与"存在或发生"、"完整性"和"估价或分摊"认定有关。

涉及的原始凭证：供应商提供的发票、付款凭单。

2. 确认与记录负债

正确地确认已验收货物的债务要求准确、迅速地记录负债。按正确的数额记载企业确实发生了的购货事项。

应付账款管理部门一般有责任核查购置的财产，并在应付凭单登记簿或应付账款明细账中加以记录。

应付账款管理部门的一项重要控制是要求记录现金支出的人员不得经手现金、有价证券和其他资产。恰当的凭证、记录与恰当的记账手续，对业绩的独立考核和应付账款职能而言是必不可少的控制。

3. 支付负债

这通常是由应付凭单部门负责确定未付凭单在到期日付款。该控制促成了现金支出交易的"存在或发生"、"完整性"以及"估价或分摊"认定。

4. 记录现金、银行存款支出

记录现金、银行存款支出的有关控制包括：

（1）会计主管应独立检查记入银行存款日记账和应付账款明细账的金额的一致性，以及与支票汇总记录的一致性；

（2）通过定期比较银行存款日记账记录的日期与支票副本的日期，独立检查入账的及时性；

（3）独立编制银行存款余额调节表。

25.1.2 购货与付款循环的内部控制与测试

一、请购商品或劳务

(1) 关键控制点：①由经授权的专门机构或人员填制请购单；②每张请购单应经过对这类支出负预算责任的主管人员签字批准。

(2) 防范的错报：可能请购过多的商品。

(3) 可能的控制测试：检查授权和批准的情况。

二、编制订购单

(1) 关键控制点：订购单一式多联，并预先连续编号，经被授权的采购人员签名。

(2) 防范的错报：可能有未经授权的采购。

(3) 可能的控制测试：抽查订购单连续编号。

三、验收商品

(1) 关键控制点：收到货物时，应由独立于采购、仓储、运输职能的验收部门或人员点收，根据订购单验收商品，并编制一式多联的验收报告单。

(2) 防范的错报：①可能收到未订购的商品；②收到商品的名称、数量、质量可能不符合要求。

(3) 可能的控制测试：①检查验收报告单后附有的请购单、订购单；②检查验收人员实际验收过程。

四、存储已验收的商品存货

(1) 关键控制点：①将保管与采购的其他职责相分离；②只有经过授权的人员才能接近保管的资产。

(2) 防范的错报：商品可能被盗走。

(3) 可能的控制测试：①检查入库单；②观察接近资产的情况。

五、编制付款凭单

(1) 关键控制点：每张凭单应与订购单、验收单和供应商发票相配合。

(2) 防范的错报：可能对未订购的商品或未收到的商品编制凭单。

(3) 可能的控制测试：检查与每张凭单相配合的订购单、验收单和供应商发票。

六、确认与记录负债

(1) 关键控制点：独立检查每日的凭单汇总表和有关记账凭证上的金额的一致性。

(2) 防范的错报：凭单可能未入账。

(3) 可能的控制测试：审查执行独立检查的证据，重新执行独立检查。

七、支付负债

(1) 关键控制点：①支票签署人应复核支付性凭单的完整性和批准情况；②支

票签发后应立即盖章注销已付款凭单和支持性凭证;③独立检查支票金额与凭单的一致性;④支票签署人应控制邮寄支票。

(2) 防范的错报:①可能对未授权的采购签发支票;②可能对一张凭证重复付款;③支票金额可能开错;④支票可能在签署后被篡改。

(3) 可能的控制测试:①观察支票签署人对支付性凭证进行的独立检查;②检查已付款凭单上的"已付讫"印章;③重新执行独立检查;④询问邮寄程序,观察邮寄过程。

八、记录现金支出

(1) 关键控制点:①使用和控制预先编号的支票;②定期独立编制银行存款余额调节表;③独立检查支票的日期和记账的日期。

(2) 防范的错报:①支票可能未入账;②记录支票时可能出错;③支票可能未及时入账。

(3) 可能的控制测试:①检查使用和控制预先编号支票的证据;②审查银行存款余额调节表;③重新执行独立检查。

25.2 购货与付款循环的交易类别测试

25.2.1 审查采购业务的真实性

审查采购业务的真实性即证明"所记录的采购都确认已收到物品或已接受劳务,并符合采购方的最大利益",其常用实质性程序有:

(1) 复核采购明细账、总账及应付账款明细账,注意是否有大额或不正常的金额;

(2) 检查采购发票、验收单、订货单和请购单等原始凭证是否合理与真实;

(3) 从原始凭证追查存货的采购至存货永续盘存记录;

(4) 检查取得的固定资产(从明细账追查到原始凭证,追查到实物,即"逆查",确认采购交易的高估问题)。

25.2.2 审查采购业务的完整性

审查采购业务的完整性即证明"已发生的采购业务均已记录",其常用的实质性程序有:

(1) 从验收单追查至采购明细账;

(2) 从采购发票追查至采购明细账。

25.3 固定资产的审计

25.3.1 固定资产审计目标

（1）确定固定资产是否存在；
（2）确定固定资产是否为被审计单位所有；
（3）确定固定资产增减变动的记录是否完整；
（4）确定固定资产的计价是否恰当；
（5）确定固定资产期末余额是否正确；
（6）确定固定资产在财务报表上的披露是否恰当。

25.3.2 固定资产的内部控制

一、固定资产的预算制度

预算制度是固定资产内部控制中最重要的部分。大企业应以年度预算控制固定资产的增减和合理运用资金；小企业没有预算，也应对固定资产的购置进行事前计划。如果固定资产增减均能处于良好的经批准的预算控制之下，注册会计师即可适当减少对固定资产增加、减少审计的实质性测试的样本量。

二、授权批准制度

完善的授权批准制度包括：企业的资本性预算只有经过董事会等高层管理机构批准方可生效，所有固定资产的取得和处置均需经企业管理当局的书面认可。注册会计师不仅要检查被审计单位固定资产授权批准制度本身是否完善，还要关注授权批准制度有否得到切实执行。

三、账簿记录制度

除固定资产总账外，被审计单位还须设置固定资产明细分类账和固定资产登记卡，按固定资产类别、使用部门和每项固定资产进行明细分类核算。固定资产的增减变化均应有充分的原始凭证。

四、职责分工制度

对固定资产的取得、记录、保管、使用、维修、处置等，均应明确划分责任，由专门部门和专人负责。明确的职责分工制度，有利于防止舞弊，降低注册会计师的审计风险。

五、资本性支出和收益性支出的区分制度

企业应制定区分资本性支出和收益性支出的书面标准。通常须明确资本性支出的范围和最低金额，凡不属于资本性支出的范围、金额低于下限的任何支出，均应列作费用并抵减当期收益。

六、固定资产的处置制度

固定资产的处置,包括投资转出、报废、出售等,均要有一定的申请报批程序。

七、固定资产的定期盘点制度

对固定资产的定期盘点,是验证账面各项资产是否真实存在和了解资产放置地点和使用状况以及发现是否存在未入账固定资产的必要手段。

注册会计师应了解和评价企业固定资产盘点制度,并应注意查询盘盈、盘亏固定资产的处理情况。

八、固定资产的维护保养制度

固定资产应有严密的维护保养制度,以防止其因各种自然和人为的因素而遭受损失,并应建立日常维护和定期检修制度,以延长其使用寿命。

25.3.3 固定资产控制测试

一、了解固定资产的内部控制制度

审计人员应向被审计单位索取或编制书面资料有:固定资产计划、预算和管理手册、固定资产内部控制调查表。

二、进行控制测试

(1) 固定资产预算与资产取得、报废情况是否相符,确定是否存在未经适当授权的固定资产业务;

(2) 资本性支出和收益性支出的划分标准是否得到遵守;

(3) 固定资产的记录是否完善,审计人员可以通过抽查应付账款、现金收支、营业外收支等账户和相关凭证,审查有无固定资产增加、报废、出售等业务未计入固定资产账户;

(4) 库存固定资产的控制状况。

三、评价内部控制

(1) 固定资产内部控制执行情况能在多大程度上确保被审计单位会计记录的可靠性和正确性;

(2) 内部控制制度的有效执行,能在多大程度上保护固定资产的完整性。

25.3.4 固定资产期初余额的审计

一、注册会计师对固定资产期初余额的审计应分三种情况

(1) 在连续审计情况下,应注意与上期审计工作底稿中的固定资产和累计折旧的期末余额审定数核对相符;

(2) 在变更会计师事务所时,后任注册会计师应查阅前任注册会计师有关工作底稿;

(3) 如果被审计单位以往未经注册会计师审计,即在首次接受审计情况下,注册会计师应对期初余额进行较全面的审计,尤其是当被审计单位的固定资产数量多、价值大、占资产总额比重高时,最理想的方法是全面审计被审计单位设立以来"固定资产"和"累计折旧"账户中的所有重要的借贷记录。

二、固定资产的实质性分析程序

(1) 计算固定资产原值与全年产量的比率,并与以前年度比较,分析其波动原因,可能发现闲置固定资产或已减少固定资产未在账户上注销的问题。

(2) 计算本期计提折旧额与固定资产总成本的比率,将此比率同上期比较,旨在发现当期折旧额计算上可能存在的错误。

(3) 计算累计折旧与固定资产总成本的比率,将此比率同上期比较,旨在发现累计折旧核算上可能存在的错误。

(4) 比较本期各月之间,本期与以前各期之间的修理及维护费用,旨在发现资本性支出中和收益性支出区分上可能存在的错误。

(5) 比较本期与以前各期的固定资产增加和减少。由于被审计单位的生产经营情况不断变化,各期之间固定资产增加和减少的数额可能相差很大。注册会计师应当深入分析其差异,并根据被审计单位以往和今后的生产经营趋势,判断差异产生的原因是否合理。

(6) 分析固定资产的构成及其增减变动情况,与在建工程、现金流量表、生产能力等相关信息交叉复核,检查固定资产相关金额的合理性和准确性。

三、实地检查重要固定资产

(1) 以固定资产明细分类账为起点,进行实地追查,以证明会计记录中所列固定资产确实存在,并了解其目前的使用状况;

(2) 以实地为起点,追查至固定资产明细分类账,以获取实际存在的固定资产均已入账的证据。

四、检查固定资产的所有权

(1) 对外购的机器设备等固定资产,通常经审核采购发票、采购合同等予以确定;

(2) 对于房地产类固定资产,尚需查阅有关的合同、产权证明、财产税单、抵押借款的还款凭据、保险单等书面文件;

(3) 对融资租入的固定资产,应验证有关融资租赁合同,证实其并非经营租赁;

(4) 对汽车等运输设备,应验证有关运营证件等;

(5) 对受留置权限制的固定资产,通常还应审核被审计单位的有关负债项目等予以证实。

五、检查本期固定资产的增加、减少

固定资产的增加和减少,《企业会计准则》及各行业的会计制度当中都有比较具体的规定。固定资产的增加有购入、自制自建、投资者投入、更新改造增加、债务人抵债增加、盘盈等多种渠道。固定资产的减少主要包括出售、报废、毁损、向其他单位投资转出、盘亏等。

六、累计折旧的审计

（1）确定被审计单位折旧政策的恰当性。审计人员应查阅被审计单位的经营手册或其他管理文件，确定其折旧方法的选择是否得当，前后期是否一致，或能否在固定资产使用年限内合理分摊成本。

（2）获取或编制累计折旧分类汇总表。

（3）审查本期折旧费用的计提和分配是否正确。

25.4 应付账款审计

25.4.1 应付账款的审计目标

（1）确定应付账款是否存在；

（2）确定应付账款的发生和偿还记录是否完整；

（3）确定应付账款确实是被审计单位应承担的偿还义务；

（4）确定应付账款的期末余额是否正确；

（5）确定应付账款在财务报表上的披露是否恰当。

25.4.2 应付账款的实质性分析程序

根据被审计单位实际情况，选择以下方法对应付账款执行实质性分析程序：

（1）将期末应付账款余额与期初余额进行比较，分析波动原因。

（2）分析长期挂账的应付账款，要求被审计单位作出解释，判断被审计单位是否缺乏偿债能力或利用应付账款隐瞒利润。并注意其是否可能无需支付，对确实无需支付的应付款的会计处理是否正确，依据是否充分。

（3）计算应付账款与存货的比率，应付账款与流动负债的比率，并与以前年度相关比率对比分析，评价应付账款整体的合理性。

（4）分析存货和营业成本等项目的增减变动，判断应付账款增减变动的合理性。

25.4.3 函证应付账款

（1）函证必要性。一般情况下，并不必须函证应付账款，这是因为函证不能保证查出未记录的应付账款，况且注册会计师能够取得采购发票等外部凭证来证实应付账款的余额。但如果控制风险较高，某应付账款明细账户金额较大或被审计单位处于财务困难阶段，则应进行应付账款的函证。

（2）函证对象。进行函证时，注册会计师应选择较大金额的债权人，以及那些在资产负债表日金额不大、甚至为零，但为企业重要供货人的债权人，应作为函证对象。

（3）函证方式。函证最好采用积极函证方式，并具体说明应付金额。

（4）函证控制。同应收账款的函证一样，注册会计师必须对函证的过程进行控制，要求债权人直接回函，并根据回函情况编制与分析函证结果汇总表，对未回函的，应考虑是否再次函证。

（5）函证的替代程序。如果存在未回函的重大项目，注册会计师应采用替代审计程序。比如，可以检查决算日后应付账款明细账及库存现金和银行存款日记账，核实其是否已支付，同时检查该笔债务的相关凭证资料，核实交易事项的真实性。

25.4.4 查找未入账的应付账款

（1）检查被审计单位在资产负债表日是否存在有材料入库凭证但未收到采购发票的经济业务；

（2）检查资产负债表日后收到的采购发票，关注采购发票的日期，确认其入账时间是否正确；

（3）检查资产负债表日后应付账款明细账贷方发生额的相应凭证，确认其入账时间是否正确；

（4）检查资产负债表日后若干天的付款事项，询问被审计单位内部或外部的知情人员，确定有无未及时入账的应付账款，检查相关记录或文件。

检查时，注册会计师还可以通过询问被审计单位的会计和采购人员，查阅资本预算、工作通知单和基建合同等来进行。

25.5 其他相关账户审计

25.5.1 预付账款审计

一、预付账款审计目标

（1）确定预付账款是否存在；
（2）确定预付账款是否为被审计单位所有；
（3）确定预付账款增减变动的记录是否完整；
（4）确定预付账款期末余额是否正确；
（5）确定预付账款在财务报表上的披露是否恰当。

二、预付账款审计实质性程序

（1）获取或编制预付账款明细表，复核其准确性，并核对其期末合计数与报表数、总账数是否相符；

（2）分析预付账款账龄及余额构成，正确确定函证对象，函证其余额是否正确；

（3）检查预付账款长期挂账的原因；

(4)关注是否存在预付关联方账款；

(5)分析预付账款明细账余额方向，如出现贷方余额的项目，应查明原因，必要时建议作重分类调整。

25.5.2 在建工程审计

一、在建工程的审计目标

(1)确定在建工程是否存在；

(2)确定在建工程是否归被审计单位所有；

(3)确定在建工程增减变动的记录是否完整；

(4)确定计提在建工程减值准备的方法和比例是否恰当，在建工程减值准备的计提是否充分；

(5)确定在建工程期末余额是否正确；

(6)确定在建工程在财务报表上的披露是否恰当。

二、在建工程审计实质性程序

(1)获取或编制在建工程明细表，复核其机械准确性，核对其期末合计数与报表数、总账数是否相符；

(2)检查本期在建工程的增减变动情况，看其会计处理是否正确；

(3)检查在建工程项目期末余额的构成内容，并实地观察工程现场，确定在建工程是否存在，查明是否存在实际已使用但未办理竣工决算手续、未及时进行会计处理的项目；

(4)检查在建工程减值准备的计提；

(5)检查在建工程合同，以确定是否存在与资本性支出有关的财务承诺；

(6)检查在建工程在资产负债表上的披露是否正确。

25.5.3 应付票据审计

一、应付票据的审计目标

(1)确定应付票据的发生和偿还记录是否完整；

(2)确定应付票据期末余额是否正确；

(3)确定应付票据在财务报表上的披露是否恰当。

二、应付票据审计实质性程序

(1)获取或编制应付票据明细表，复核其机械准确性，核对其期末合计数与报表数、总账数是否相符；

(2)函证应付票据；

(3)检查应付票据备查簿，抽查重要原始凭证，确定其真实性，会计处理是否正确；

(4)复核带息应付票据利息是否足额计提，其会计处理是否正确；

(5) 查明逾期未兑付应付票据的原因，是否已转入应付账款项目，其中带息应付票据是否已停止计息，确定是否存在抵押票据的情形，必要时，提请被审计单位予以披露；

(6) 关注是否存在应付关联方的票据；

(7) 审查外币应付票据的折算；

(8) 检查应付票据是否已在资产负债表上恰当披露。

25.5.4 固定资产清理的审计

一、固定资产清理审计目标

(1) 确定固定资产清理的记录是否完整；

(2) 确定固定资产清理反映的内容是否正确；

(3) 确定固定资产清理的期末余额是否正确；

(4) 确定固定资产清理在财务报表上的披露是否恰当。

二、固定资产清理实质性程序

(1) 获取或编制固定资产清理明细表，复核其机械准确性，核对其期末合计数与报表数、总账数是否相符；

(2) 检查固定资产清理的发生是否有正当理由，是否经相关技术部门鉴定，其发生和转销是否经授权批准，相关会计处理是否正确；

(3) 检查固定资产清理是否有长期挂账现象，如有，应作出记录，必要时建议作适当调整；

(4) 检查固定资产清理在财务报表上的披露是否恰当。

本章小结

本章阐述了购货与付款循环审计主要经济业务，内部控制和控制测试，购货与付款循环审计交易类测试，固定资产审计、应付账款审计、其他相关账户的审计。

复习题

1. 购货与付款循环涉及的主要经济业务有哪些？
2. 购货与付款循环有哪些内部控制流程？如何进行控制测试？
3. 如何进行固定资产审计？
4. 如何进行应付账款审计？
5. 应付账款函证的审计程序是否与应收账款函证一样重要？

第 26 章　生产与薪酬循环审计

> **引例**
>
> 　　小 B 正在开展一项工业企业的年报审计。他带着两个实习生开展工作。他在进行复核时发现这两个实习生没有对存货进行详细的测试。于是小 B 和两个实习生重新开展存货测试。他说："你们知道存货审计的重要性吗？"他们却说不上来。接着小 B 又说："存货审计之所以重要，是因为存货金额一般较大，甚至占资产负债表的'半壁江山'。如果存货余额不对，将影响到资产负债表上存货的列报。余额过大，则在资产负债表上是虚增；余额偏小，则在资产负债表上是虚减。同时，在倒挤成本的情况下，有可能余额不对，倒挤的主营成本也不对，那就会影响到利润表。存货的余额过小，倒挤的成本虚增，利润就虚减；如果存货的余额偏大，则倒挤的成本虚减，利润就虚增。因此存货的审计将影响到资产负债表和利润表。"两个实习生听得频频点头，小 B 在两个实习生心目中的形象变得可高大了。

26.1　生产与薪酬循环概述

26.1.1　生产循环概述

　　生产循环是指从请购原材料开始直到完成完工产品为止的过程。该循环涉及的主要内容是存货的管理及生产成本的计算。该循环的交易，又称为制造交易，是指从生产领料开始到加工出产品时结束。存货的审计比较重要，因为存货将会影响到流动资产、营运资本、总资产、销售成本、毛利、净利润。因此，应更充分重视存货和生产成本的审计，在审计中应重点关注监盘、计价、发出计价主营业务成本。

一、生产循环的主要业务活动

　　生产循环的主要业务活动包括：

　　1. 计划和安排生产（计划部门）

　　生产计划部门的职责是根据顾客订单或者对销售预测和存货需求的分析来决定生产授权。如决定授权生产，即签发预先编号的生产通知单，该部门通常应将发出的所有生产通知单编号并加以记录控制。

2. 发出原材料（仓库部门）

仓库部门的责任是根据从生产部门收到的领料单发出原材料。领料单上必须列示所需的材料数量和种类，以及领料部门的名称。

3. 生产产品（生产部门）

生产部门在收到生产通知单及领取原材料后，将生产任务分到每一个生产工人，并将所领取的原材料交给生产工人，据以执行生产任务。

4. 核算产品成本（财务部门）

为了正确地核算产品成本，对产品进行有效控制，必须将生产控制和成本核算有机结合在一起，建立健全成本会计制度。一方面，生产过程中的各种记录、生产通知单、领料单、计工单、入库单等文件资料都要汇集到会计部门，由会计部门对其进行审查和核对，了解和控制生产过程中存货的实物流转。另一方面，会计部门要设置相应的会计账户，同有关部门对生产过程中的成本进行核算和控制。

5. 储存产成品（仓库部门）

产成品入库，需由仓库部门先行点验和检查，然后签收。签收后，将实际入库数量通知会计部门。

6. 发出产成品（发运部门）

产成品的发出需由独立的发运部门进行。

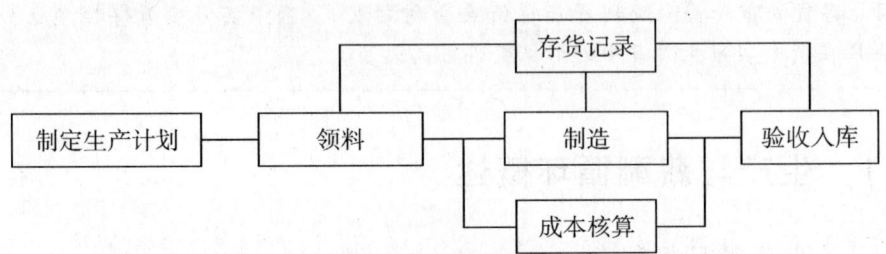

图 26－1　生产与存货循环的主要业务活动

二、生产与薪酬循环涉及的主要凭证和会计记录

生产循环涉及的主要凭证和会计记录有：

1. 生产指令

生产指令又称"生产任务通知单"，是企业下达制造产品等生产任务的书面文件，用以通知生产车间组织产品制造、供应部门组织材料发放、会计部门组织成本核算。

2. 领发料凭证

领发料凭证是企业为控制材料发出所采用的各种凭证，如材料发出汇总表、领料单、限额领料单、领料登记簿、退料单等。

3. 产量和工时记录

产量和工时记录是登记工人或生产班组在出勤日内完成的产品数量、质量和生产这些产品所耗费工时数量的原始记录。

4. 薪酬汇总表及人工费用分配表

薪酬汇总表是指为了反映企业薪酬的结算情况，以进行薪酬结算总分类核算和汇总整个企业薪酬费用而编制的，它是企业进行薪酬费用分配的依据。人工费用分配表反映了各生产车间各产品应负担的生产工人薪酬及福利费。

5. 材料费用分配表

材料费用分配表是用来汇总反映各生产车间各产品所耗费的材料费用的原始记录。

6. 制造费用分配汇总表

制造费用分配汇总表是用来汇总反映各生产车间各产品所应负担的制造费用的原始记录。

7. 成本计算单

成本计算单是用来归集某一成本计算对象所应承担的生产费用，计算该成本计算对象的总成本和单位成本的记录。

8. 存货明细账

存货明细账是用来反映各种存货增减变动情况、期末库存数量及相关成本信息的会计记录。

26.1.2 薪酬循环概述

薪酬循环由与员工报酬有关的事项和活动组成的。其内容主要包括薪金、计时和计件薪酬、奖金、津贴和薪酬、福利费。

一、薪酬循环涉及的主要业务活动

薪酬循环涉及的主要业务活动包括：

（1）雇用员工；

（2）授权变动薪酬；

（3）编制出勤和计时资料；

（4）编制薪酬计算表；

（5）记录薪酬；

（6）支付薪酬和保管未领薪酬；

（7）填写个人所得税申报表。

二、薪酬循环涉及的主要凭证和会计记录

薪酬循环涉及的主要凭证和会计记录主要有：

（1）人事授权表。它是指人事部门为了薪酬目的而签发的书面通知，说明每位新聘用员工每次职位变动情况。

（2）计时卡。它是记录每位员工在一个薪酬支付期内每日工作小时数的表格，一般情况下是使用打卡方式记录时间。

（3）记工单。它是用以记录每位员工完成某项特定工作的小时数。

（4）薪酬计算表。它是列示每一个薪酬支付期间员工的个人信息、薪酬总额、代扣薪酬以及支付净额等信息的表格，用以作为支付员工薪酬和记录薪酬的依据。

（5）人工成本上分配汇总表。它是列示每一个薪酬支付期间薪酬支付总额的会计分类报告。

（6）个人所得税申报表。它是列示每一位员工个人所得税申报与缴纳情况的报告。

（7）员工人事档案。它是记录每一位员工有关任用资料和签发的所有人事授权通知，以及奖励情况。

26.1.3 生产与薪酬循环的审计目标

（1）确定存货和各项生产费用发生的真实性。包括三个方面：①所记录的与存货相关的交易是否确实发生；②记录中的存货确实存在；③存货生产过程中发生的各项费用是否真实。

（2）确定存货和各项生产费用发生的完整性。

（3）确定存货的所有权。

（4）确定存货计价和成本计算正确性。包括三个方面：①存货的成本计算是否正确；②存货的计价方法是否合理；③存货跌价损失准备的计提是否合理。

（5）确定存货的分类及其表达和披露的恰当性。

26.2 生产与薪酬循环的内部控制测试

26.2.1 生产循环的内部控制及其控制测试

一、内部控制要点

生产循环的内部控制关键点包括：①恰当的授权审批，包括生产指令的授权审批和领料单的授权审批；②预先编号制度，包括生产通知单、领发料凭证、产量和工时记录、人工费用登记表、材料费用分配表、制造费用分配表均事先连续编号；③采用适当的成本核算方法和费用分配方法；④职务分离制度；⑤存货盘存控制制度。具体来讲，生产循环内部控制的要点有：

（1）计划和安排生产。生产计划部门根据顾客订单或对销售的预测和存货需求的分析决定生产授权，而后签发预先编号的生产通知单，对这些生产通知单进行编号并记录。同时编制材料需要报告，列出所需要的材料、零件及其库存。

（2）发出原材料。仓库部门根据生产部门的领料单发出原材料。领料单列示所需材料数量、种类和领料部门的名称。领料单一式三联，由领料部门、仓库部门和会计部门分别保管使用。

（3）生产产品。生产部门在收到生产通知单和领料单后，将生产任务分到每一个生产工人，并将原材料交给生产工人，以执行生产任务。工人将完成的生产产品交生产部门查点，移交检验员验收并办理入库手续，或将所完成的产品移交下一个部门，以进一步加工。

（4）转移成品。生产部门完成生产通知单上的产品生产，并经过检验部门的检验，应编制一份"已完工生产报告"，然后将这些产品送产成品库。仓库员在最后一张转移单上签字，以确定对这些产成品的保管责任。

（5）储存产成品。产成品入库时，应由仓库部门验收后签收。签收后，将实际入库数量通知会计部门。仓库部门根据产品的品质特征进行分类存放，并填制标签。

（6）确定和记录制造成本。主要包括：①将直接材料和直接人工计入生产成本；②归集制造费用并分配到生产成本；③在分步成本系统下，结转各生产部门之间的成本；④转出完工产品成本。

二、控制测试

（1）记录对内部控制的了解。

（2）测试控制制度与评价控制风险包括三个方面：

首先，审查有关成本的记账凭证是否附有生产通知单、领发料凭证、产量和工时记录、人工费用分配表、材料费用分配表、制造费用分配表，以及这些原始凭证的顺序编号是否完整。

其次，审查生产通知单、领发料凭证、产量和工时记录、人工费用分配表、材料费用分配表、制造费用分配表的顺序编号是否完整。

最后，选取样本测试各种费用的归集和分配以及成本的计算，测试是否按照规定的成本核算流程和账务处理流程进行核算和账务处理。

（3）工薪内部控制的测试。

首先，抽取若干月份工资汇总表，检查其计算、授权、检查应付工资与人工费用分配表中的合计数是否相符，检查代扣款项的账务处理，检查实发工资与银行付款凭单及银行对账单是否相符。

其次，从工资单中选择若干样本检查——工资卡或人事档案，确保工资发放的依据，检查工资的计算方法，检查实际工时统计记录、加班记录，检查工资签收证明等。

（4）生产循环交易类别测试，包括：①测试生产业务是否根据管理层的授权进行；②测试已记录的成本为实际发生而非虚构；③测试所耗费和物化劳动是否均已在成本中反映；④测试成本是否以正确的金额、在恰当的会计期间及时记录于适当的账户。

26.2.2 薪酬循环内部控制及其控制测试

> **案例**
>
> 小B所在的事务所接受委托,对某一家企业进行审计。在对生产与薪酬循环审计的时候,他根据人事部门员工的名单和企业已经发放的薪酬计算单进行核对,发现在员工的名单上找不到薪酬计算单上的人员,于是找来相关部门进行询问。原来是已经离职的员工一直在这个企业领取工资。通过调查得知,一开始是由于程序和时间差的问题,已经离职的员工多拿了一两个月工资,而后是财务人员发现这个"猫腻"后利用这个漏洞长期从这里"下手"得到好处。

一、内部控制要点

(1)雇用员工。由人事部门负责,在人事授权表上记录所有雇用员工的情况。同时列示员工的工种、起点薪酬和授权扣减的项目。该表一式两份,一份存于人事部门的员工人事档案里,一份交给薪酬部门。

(2)授权变动薪酬。所有的薪酬变动需由员工的主管提出更换工种或提高小时工资水平标准的申请,由人事部门授权,这有助于计算薪酬的正确性。这与"计价和分摊"的认定相关。对于离职人员,由人事部门签发离职通知单。离职通知应尽快送到薪酬部门,以防止对已离职员工发放薪酬。这与"存在"的认定相关。

(3)编制出勤和计时资料。记工单上面记录工人工作的种类和直接人工工时数。工时数需要由主管人员书面批准。计时部门在调节已批准的记工单和计时卡后,将其转到薪酬部门,薪酬部门据此编制薪酬单。这些控制与薪酬交易的"存在"、"完整性"、"计价和分摊"认定相关。

(4)编制薪酬计算表。薪酬部门根据计时卡和计工单,结合人事部门授权资料,计算每位员工的薪酬总额,提供一式两份的薪酬计算单和人工成本分配汇总表。一份连同计时卡和记工单留在薪酬部门,一份送财务部门。本项控制就关注员工编号是否有效以及工时数的合理性进行检查。这类控制与薪酬交易的"存在"、"完整性"、"计价和分摊"认定相关。

(5)记录薪酬。会计部门根据薪酬部门送来的"人工成本分配汇总表"登记有关账簿。

(6) 支付薪酬和保管未领薪酬。这主要包括以下几个环节：①由财务人员独立检查薪酬提现支票的金额与薪酬计算表的一致性；②薪酬提现支票由未参加计算和记录薪酬的人员签发；③薪酬应只发给经适当确认的员工；④未领薪酬应保存在财务人员的保险柜里。

二、控制测试

(1) 记录对内部控制的了解；
(2) 测试控制制度与评价控制风险。

26.3 存货成本审计

一、生产成本审计

1. 直接材料成本的审计

直接材料成本的审计一般应从审阅材料和生产成本明细账入手，抽查有关的费用凭证，验证企业产品直接耗用材料的数量、计价和材料费用分配是否真实、合理。其主要内容包括：

(1) 抽查产品成本计算单，检查直接材料成本的计算是否正确，材料费用的分配标准与计算方法是否合理和适当，是否与材料费用分配汇总表中该产品分摊的直接材料费用相符。

(2) 审查直接材料耗用数量的真实性，检查有无将非生产用材料计入直接材料费用。

(3) 分析比较同一产品前后各年度的直接材料成本，如有重大波动应查明原因。

(4) 抽查材料发出及领用的原始凭证，检查领料单的签发是否经过授权，材料发出汇总表是否经过适当的人员复核，材料单位成本计价方法是否适当，是否正确及时入账。

(5) 对采用定额成本或标准成本的企业，应检查直接材料成本差异的计算、分配与会计处理是否正确，并查明直接材料的定额成本、标准成本在本年度内有无重大变更。

2. 直接人工成本的审计

直接人工成本审计的内容主要包括：

(1) 抽查产品成本计算单，检查直接人工成本的计算是否正确，人工费用的分配标准与计算方法是否合理和适当，是否与人工费用分配汇总表中该产品分摊的直接人工费用相符。

(2) 将本年度直接人工成本与前期进行比较，查明其异常波动的原因。

(3) 分析比较本年度各个月份的人工费用发生额，如有异常波动，应查明原因。

(4) 结合应付工资的审查，抽查人工费用会计记录及会计处理是否正确。

（5）对采用标准成本法的企业，应抽查直接人工成本差异的计算、分配与会计处理是否正确，并查明直接人工的标准成本在本年度内有无重大变更。

3. 制造费用的审计

（1）获取或编制制造费用汇总表，并与明细账、总账核对相符，抽查制造费用中的重大数额项目及例外项目是否合理。

（2）审阅制造费用明细账，检查其核算内容及范围是否正确，并应注意是否存在异常会计事项。

（3）必要时，对制造费用实施截止测试，即检查资产负债表日前后若干天的制造费用明细账及其凭证，确定有无跨期入账的情况。

（4）审查制造费用的分配是否合理。重点查明制造费用的分配方法是否符合企业自身的生产技术条件，是否体现受益原则，分配方法一经确定，是否在相当时期内保持稳定，有无随意变更的情况；分配率和分配额的计算是否正确，有无以人为估计数代替分配数的情况。对按预定分配率分配费用的企业，还应查明计划与实际差异是否及时调整。

（5）对于采用标准成本法的企业，应抽查标准制造费用的确定是否合理，计入成本计算单的数额是否正确，制造费用的计算、分配与会计处理是否正确，并查明标准制造费用在本年度内有无重大变动。

二、主营业务成本的审计

（1）获取或编制主营业务成本明细表，与明细账和总账核对相符；

（2）编制生产成本及销售成本倒轧表，与总账核对相符；

（3）分析比较本年度与上年度主营业务成本总额，以及本年度各月份的主营业务成本金额，如有重大波动和异常情况，应查明原因；

（4）结合生产成本的审计，抽查销售成本结转数额的正确性，并检查其是否与销售收入配比；

（5）检查主营业务成本账户中重大调整事项（如销售退回等）是否有其充分理由；

（6）确定主营业务成本在利润表中是否已恰当披露。

三、存货成本相关项目的分析程序

1. 简单比较法

（1）比较前后各期及本年度各个月份存货余额及其构成，以确定期末存货余额及其构成的总体合理性；

（2）比较前后各期待摊费用、预提费用及待处理流动资产损失，以评价其总体合理性；

（3）对每月存货成本差异率进行比较，以确定是否存在调节成本的现象；

（4）比较前后各期及本年度内各个月份生产成本总额及单位生产成本，以评价本期生产成本的总体合理性；

（5）比较前后各期及本年度内各个月份制造费用总额及其构成，以评价制造费用及其构成的总体合理性；

（6）比较前后各期及本年度内各个月份工资费用的发生额，以评价工资费用的合理性；

（7）比较前后各期及本年度内各个月份主营业务成本总额及单位销售成本，以评价主营业务成本的总体合理性；

（8）比较前后各期及本年度内各个月份直接材料成本，以评价直接材料成本的总体合理性；

（9）将存货余额与现有的订单、资产负债表日后各期的销售额和下一年度的预测销售额进行比较，以评估存货滞销和跌价的可能性；

（10）将存货跌价损失准备与本年度存货处理损失的金额相比较，判断被审计单位是否计提足额的跌价损失准备；

（11）将与关联企业发生存货交易的频率、规模、价格和账款结算条件，与非关联企业对比，判断被审计单位是否利用与关联企业的存货交易虚构业务交易、调节利润。

2．比率分析法

（1）存货周转率。利用存货周转率进行纵向比较或与其他同行企业进行横向比较时，要求存货计价持续一致。存货周转率的波动可能意味着被审计单位存在以下情况：①有意或无意地减少存货储备；②存货管理或控制程序发生变动；③存货成本项目发生变动；④存货核算方法发生变动；⑤存货跌价准备计提基础或冲销政策发生变动；⑥销售额发生大幅度变动。

（2）毛利率。毛利率的波动可能意味着被审计单位存在以下情况：①销售价格发生变动；②销售产品总体结构发生变动；③单位产品成本发生变动；④固定制造费用比重较大时销售数量发生变动。

26.4 存货监盘

1．存货监盘的概念

存货监盘是指注册会计师现场观察被审计单位存货的盘点，并对已盘点存货进行适当的抽查。具体地说，包括两层含义：

（1）注册会计师亲临现场观察被审计单位盘点；

（2）注册会计师根据需要适当检查已盘点存货（双向抽查）。

2．制定存货监盘计划的基本要求

注册会计师应当根据被审计单位存货的特点、盘存制度和存货内部控制的有效性等情况在评价被审计单位存货盘点计划的基础上，编制存货监盘计划，对存货监盘作出合理安排。

3. 存货监盘程序包括控制测试与实质性程序

（1）如果只有少数项目构成了存货的主要部分，注册会计师以实质性程序为主的审计方式获取与存在认定相关的证据；

（2）对于单位价值较高的存货项目，应实施百分之百的实质性程序；

（3）在大多数审计业务中，注册会计师会发现以控制测试为主的审计方式更加有效；

（4）如果注册会计师采用以控制测试为主的审计方式，并准备信赖被审计单位存货盘点的控制措施与程序，注册会计师绝大部分的审计程序将限于询问、观察以及检查。

4. 与存货相关的内部控制

（1）购货订单：所有交易都已获得了适当的授权与批准；

（2）验收报告单：所有收到的货物都已记录；

（3）存储：确保存货的接触必须获得管理当局批准；

（4）领用申请单：所有存货的领用均应获得批准；

（5）使用生产报告单：所有的生产过程作出适当的记录；

（6）装运文件：所有的装运都已记录；

（7）存货盘存制度：使存货账实相符。

5. 注册会计师制定存货监盘计划应实施的工作

在编制存货监盘计划时，注册会计师应当实施下列审计程序：

（1）了解存货的内容、性质、各存货项目的重要程度及存放场所；

（2）了解与存货相关的内部控制；

（3）评估与存货相关的重大错报风险和重要性；

（4）查阅以前年度的存货监盘工作底稿；

（5）考虑实地察看存货的存放场所，特别是金额较大或性质特殊的存货；

（6）考虑是否需要利用专家的工作或其他注册会计师的工作；

（7）复核或与管理层讨论其存货盘点计划。

6. 存货监盘计划的主要内容

（1）存货监盘的目标、范围及时间安排；

（2）存货监盘的要点及关注事项；

（3）参加存货监盘人员的分工；

（4）检查存货的范围。

7. 存货监盘程序

（1）观察程序：注册会计师应在被审计单位盘点前到达现场，确定纳入盘点的范围是否恰当（应纳入的，未纳入的，所有权不属于受托代存的）被审计单位是否纳入盘点计划盘点。

(2) 检查程序。包括：①检查要求：将抽查结果与被审计单位盘点记录相核对，形成相应记录。②检查目的：确定被审计单位盘点计划是否得到执行（控制测试）；证实被审计单位的存货实物总额（实质性程序）。③检查范围：通常包括每个盘点小组盘点的存货以及难以盘点或隐蔽性较强的存货。④双向检查：注册会计师从存货盘点记录中选择项目追查至存货实物，以测试盘点记录的高估（即准确性）；从存货实物中选择项目追查至存货盘点记录，以测试存货盘点记录的低估（即完整性）。⑤对检查差异的处理：其一，可能表明盘点记录存在高估或低估的错误；其二，可能表明存货盘点中还存在其他错误；其三，注册会计师应当查明原因，及时提请被审计单位更正；其四，注册会计师可能考虑增加抽查范围以减少错误的存在，甚至要求重新盘点。

(3) 需特别关注的问题：①存货移动情况，防止遗漏或重复盘点；②存货状况（毁损、陈旧、过时及残次等存货的处置及存货跌价准备）；③存货截止测试；④特殊类型存货的监盘。

(4) 存货监盘结束时的工作：①再次回到现场，观察现场，确定有无漏盘存货（被审计单位所有应纳入盘点的存货是否都应纳入盘点）；②检查盘点单是否连续编号并全部收回（包括作废和未使用的）；③如果盘点日不是12月31日，注册会计师确定盘点日与12月31日之间存货变动是否已作出了正确记录；④被审计单位永续盘存记录与盘点结果有无重大差异，如果有重大差异，注册会计师应通过追加审计程序查明原因。

8. 存货监盘的替代审计程序

(1) 如果由于存货的性质或位置等原因导致无法实施存货监盘，注册会计师应当考虑能否实施替代审计程序，获取有关期末存货数量和状况的充分、适当的审计证据。

(2) 存货监盘的替代审计程序：①检查进货交易凭证或生产记录以及其他相关资料；②检查12月31日后发生的销货交易凭证；③向顾客或供应商函证。

26.5 存货计价审计和截止审计

1. 存货计价审计

(1) 测试样本的选择。计价审计的样本，应从存货数量已经盘点，单价和金额已经记入存货汇总表的结存存货中选择。抽样时可采用分层抽样法，着重选结存余额大，价格变化较频繁的项目。

(2) 计价方法的确认。注册会计师应掌握企业的存货计价方法，并应对这种方法的合理性与一致性予以关注，没有足够理由，计价方法在同一会计年度内不得变动。

(3) 计价审计。进行计价审计时，注册会计师应先对存货价格的组成内容予以审核,然后按照所了解的计价方法对所选择的存货样本进行计价测试。

注册会计师还应关注被审计单位对存货可变现净值的确定和存货跌价准备的计提。

2. 存货截止审计

购货业务年底截止测试就是要检查截至当年12月31日,所购入并已包括在12月31日存货盘点范围内的存货。购货交易正确截止的关键在于存货实物纳入盘点范围的时间与存货引起的借贷双方会计科目的入账时间都处于同一会计期间。

按照购货业务正确截止的基本要求,若未将年终在途货物列入当年存货盘点范围,只要相应的负债亦同时记入次年账内,对会计报表的影响并不重要。

购货业务年底截止测试的方法有两种:①抽查存货盘点日前后的购货发票与验收报告;②查阅验收部门的业务记录,凡接近年底购入的货物,必须查明其相应的购货发票是否在同期入账。

26.6 应付职工薪酬审计

(1) 获取或编制应付职工薪酬明细表,复核加计正确,并与报表数、总账数和明细账合计数核对是否相符。

(2) 对本期薪酬费用的发生情况执行分析程序:检查各月薪酬费用的发生额是否有异常波动,若有,则要求被审计单位予以解释;将本期薪酬费用总额与上期进行比较,要求被审计单位解释其增减变动原因,或取得公司管理当局关于员工薪酬水平的决议。

(3) 检查薪酬的计提是否正确,分配方法是否与上期一致,并将应付薪酬计提数与相关的成本、费用项目核对一致。

(4) 如果被审计单位是实行薪酬挂钩的,应取得有关主管部门确认的效益薪酬发放额的认定,并复核有关合同文件和实际完成的指标,检查其计提额是否正确。

(5) 检查应付职工薪酬的披露是否恰当。

本章阐述了生产与薪酬循环审计主要经济业务,内部控制和控制测试,存货成本审计、存货监盘,存货计价审计与截止审计,以及应付职工薪酬审计。

1. 生产与薪酬循环审计主要经济业务有哪些?

2. 生产与薪酬循环审计有哪些内部控制流程？如何进行控制测试？
3. 如何进行存货成本审计？
4. 存货监盘程序包括哪些环节？
5. 如何进行存货的截止测试？
6. 如何进行职工薪酬审计？

第 27 章 筹资与投资循环审计

> **引例：虚假增资**
>
> 小 B 所在的事务所接受了一项司法鉴定的审计项目。原来有家公司涉嫌虚假增资和抽逃资金 1000 万元。小 B 被分配到这个项目作为主审。经核查，该公司成立时注册资本 100 万元，因建设和购买设备的需要，需向银行贷款 2000 万元。为满足银行贷款要求，该公司的主管部门要求下属另一家公司借款 1000 万元注资后再返还抽走。小 B 经过详细审查，发现这家公司于 20XX 年 6 月 4 日收到另一个关联公司的借款 1000 万元，后于 20XX 年 6 月 10 日将此款项按股东比例分别汇至两个股东账户。20XX 年 6 月 23 日该公司验资户收到股东 700 万元和 300 万元的增资款，并于 20XX 年 6 月 25 日验资完毕后向银行申请贷款 2000 万元。第二年主管部门更换领导班子，要求该公司归还增资款 1000 万元（20XX 年 9 月 23 日还款 500 万元、20XX 年 8 月 31 日还款 100 万元、20XX 年 10 月 28 日还款 100 万元、20XX 年 12 月 1 日 300 万元）。上述行为已涉嫌触犯《刑法》第一百五十九条："公司发起人、股东违反公司法的规定未交付货币、实物或者未转移财产权、虚假出资，或者在公司成立后又抽逃其出资，数额巨大、后果严重，处五年以下有期徒刑或者拘役，并处或者单处虚假出资金额或者抽逃出资额百分之二以上百分之十以下罚金。"

27.1 筹资与投资循环概述

27.1.1 筹资与投资所涉及的主要业务活动

一、筹资循环

1. 筹资循环的业务特点

企业筹集资金活动主要由所有者（股东）权益交易和负债交易组成。按我国有关制度的规定，出资者投入企业的资本金，一经投入不得随意抽调，并按其投入的资本额享有所有者权益和承担责任。举借债务筹资包括短期借款、长期借款、应付债券和长期应付款等，这些债务有一定使用期限和使用成本，到期时必须以企业的资产或劳务偿还。发行股票和债券是企业最有代表性的筹资活动。

2. 筹资所涉及的主要业务活动

（1）审批授权。企业筹集资金需经管理当局的审批，其中债券的发行每次均要由董事会授权；企业发行股票必须依据国家有关法规或企业章程的规定，报经企业最高权力机构（如董事会）及国家有关管理部门批准。

（2）签订合同或协议。企业向银行或其他金融机构融资须签订借款合同，发行债券须签订债券契约和债券承销或包销合同。

（3）取得资金。

（4）计算利息或股利。

（5）偿还本息或发放股利。

二、投资循环

1. 投资循环的特点

企业的投资包括资金的投出、收益的取得和投出资金的收回等。

企业的对外投资分为短期投资和长期投资。

2. 投资所涉及的主要业务活动

（1）审批授权。投资业务应由企业的高层集体决策机构进行审批。

（2）取得证券或其他投资。

（3）取得投资收益。

（4）转让证券或收回其他投资。

3. 投资业务的特点

（1）投资循环的交易数量少，而每笔交易的金额较大；

（2）漏记或不恰当的会计处理，将会导致重大错误；

（3）投资循环交易必须遵守国家法律、法规和有关契约的规定。

27.1.2 筹资与投资业务中涉及的主要凭证与会计记录

筹资与投资业务中涉及的凭证与会计记录主要有：债券、股票、债券契约、股东名册、公司债券存根簿、承销或包销协议、借款合同或协议、有关的记账凭证。

27.1.3 筹资与投资循环的审计目标

1. 筹资业务的审计目标

（1）确定筹资业务的记录是否真实；

（2）确定是否所有的筹资业务均已记录；

（3）确定所记录的筹资业务是否全部应由被审计单位承担；

（4）确定记录的筹资业务的金额是否正确；

（5）确定股利和利息是否正确地计提并适当地支付；

（6）确定筹资业务的披露是否恰当。

2. 投资业务的审计目标
(1) 确定投资业务的记录是否真实;
(2) 确定投资业务及其收益的记录是否完整;
(3) 确定已记录的投资是否属于被审计单位;
(4) 确定投资业务的计价和投资收益的确认是否正确;
(5) 确定投资业务和投资收益的披露是否恰当。

27.2 筹资与投资循环内部控制及其测试

27.2.1 筹资业务的内部控制和内部控制测试

1. 筹资活动的内部控制
(1) 授权审批控制;
(2) 职责分离控制;
(3) 收入和支出款项的控制;
(4) 实物保管的控制;
(5) 会计记录控制。

案例:以应付债券为例的内部控制

一般来讲,应付债券的内部控制制度包括下列几个方面:
(1) 应付债券的发行要有正式的授权程序,每次均要由董事会授权。
(2) 申请发行债券时,应履行审批手续,向有关部门递交相关文件。
(3) 应付债券的发行,要有受托管理人来行使保护发行人和持有人合法权益的权利。
(4) 每种债券发行都必须签订债券契约。
(5) 债券的承销或包销必须签订有关协议。
(6) 记录应付债券业务的会计人员不得参与债券发行。
(7) 如果企业保存债券持有人明细分类账,应同总分类账核对相符;若这些记录由外部机构保存,则需定期同外部机构核对。
(8) 未发行的债券必须有专人负责。
(9) 债券的购回要有正式的授权程序。

---

2. 筹资业务的控制测试程序
(1) 了解筹资业务的内部控制。

（2）测试筹资业务的内部控制，包括：①筹资活动是否经过授权批准；②筹资活动的授权、执行、记录、实物保管是否严格分工；③筹资活动是否建立了严密的账簿体系和记录制度，并定期检查。

（3）评价筹资业务的内部控制。

> **案例：以应付债券为例的内部控制测试**
>
> （1）取得债券发行的法律性文件，检查债券发行是否经董事会授权，是否履行了适当的审批手续，是否符合法律的规定；
> （2）检查企业发行债券的收入是否立即存入银行；
> （3）取得债券契约，检查企业是否根据契约的规定支付利息；
> （4）检查债券入账的会计处理是否正确；
> （5）检查债券溢（折）价的会计处理是否正确；
> （6）取得债券偿还和购回时的董事会决议，检查债券的偿还和购回是否按董事会的授权进行。

27.2.2 投资业务的内部控制和内部控制测试

1. 投资业务的内部控制

（1）授权审批制度。

（2）合理的职责分工。长期投资业务，应在业务的授权、执行、会计记录以及长期投资资产的保管等方面都有明确的分工，不得由一人同时负责上述任何两项工作。

（3）健全的资产保管制度。在由企业自行保管的方式下，必须建立严格的联合控制制度，即至少要由两名以上人员共同控制，不得一人单独接触证券。

（4）详尽的会计控制制度。

（5）严格的记名登记制度。

（6）完善的定期盘点制度。对于企业所拥有的长期投资资产，应由内部审计人员或不参与投资业务的其他人员进行定期盘点。

2. 投资活动控制测试程序

（1）了解长期投资内部控制制度。主要检查：①投资项目是否经过授权批准，投资金额是否及时入账；②是否与被投资单位签订投资合同、协议，是否获得被投资单位出具的投资证明；③投资的核算方法是否符合有关规定，会计处理是否正确，手续是否齐全；④有价证券的买卖是否经恰当授权，是否妥善保管并定期盘点核对。

(2) 测试投资业务的内部控制。
(3) 评价投资业务的内部控制。

27.3 筹资与投资循环的交易类别测试

27.3.1 筹资的交易类别测试

(1) 测试入账的筹资业务是否真实；
(2) 测试已发生的筹资业务是否均已入账；
(3) 测试已入账的筹资业务估价是否准确；
(4) 测试已入账的筹资业务的分类是否正确；
(5) 测试筹资业务的记录是否及时；
(6) 测试筹资业务是否已正确地记入明细账并准确汇总。

27.3.2 投资的交易类别测试

(1) 测试入账的投资业务是否真实；
(2) 测试已发生的投资业务是否均已入账；
(3) 测试已入账的投资业务的估价是否准确；
(4) 测试入账的投资业务的分类是否正确；
(5) 测试投资业务的记录是否及时；
(6) 测试投资业务是否已正确地记入明细账并准确地汇总。

27.4 借款的审计

1. 银行借款的审计目标
(1) 了解并确定被审计单位有关借款的内部控制是否存在、有效且一贯遵守；
(2) 确定被审计单位在特定期间内发生的借款业务是否均已记录完毕，有无遗漏；
(3) 确认被审计单位所记录的借款在特定期间是否确实存在，是否为被审计单位所承担；
(4) 确认被审计单位所有借款的会计处理是否正确；
(5) 确定被审计单位各项借款的发生是否符合有关法律的规定，被审计单位是否遵守了有关债务契约的规定；
(6) 确认被审计单位借款余额在有关会计报表上的反映是否恰当。

2. 短期借款的实质性程序
(1) 取得或编制短期借款明细表；
(2) 审查短期借款的合理性；

(3)函证短期借款的实有数；
(4)检查短期借款的增加；
(5)审查短期借款的减少；
(6)检查短期借款的偿还情况；
(7)复核借款利息费用；
(8)检查外币借款的折算；
(9)审查短期借款在资产负债表上的反映是否恰当。

3．长期借款的实质性程序

(1)获取或编制长期借款明细表，复核其加计数是否正确，并与明细账和总账核对相符；

(2)了解金融机构对被审计单位的授信情况以及被审计单位的信用等级评估情况，了解被审计单位获得短期借款和长期借款的抵押和担保情况，评估被审计单位的信誉和融资能力；

(3)对年度内增加的长期借款，应检查借款合同和授权批准，了解借款数额、借款条件、借款日期、还款期限、借款利率，并与相关会计记录相核对；

(4)审查长期借款的使用是否符合借款合同的规定，重点审查长期借款使用的合理性；

(5)向银行或其他债权人函证重大的长期借款；

(6)对年度内减少的长期借款，注册会计师应检查相关记录和原始凭证，核实还款数额；

(7)检查年末有无到期未偿还的借款，逾期借款是否办理了延期手续，分析计算逾期贷款的金额、比率和期限，判断被审计单位的资信程度和偿债能力；

(8)检查一年内到期的长期借款是否已转列为流动负债；

(9)计算短期借款、长期借款在各个月份的平均余额；

(10)检查非记账本位币折合记账本位币采用的折算汇率，折算差额是否按规定进行会计处理；

(11)审查企业长期借款的抵押资产的所有权是否属于企业，其价值和现实状况是否与抵押契约中的规定相一致；

(12)检查企业重大的资产租赁合同，判断被审计单位是否存在资产负债表外融资的现象；

(13)确定长期借款是否已在资产负债表上充分披露。

27.5 所有者权益审计

一、股本的实质性程序

(1)审阅公司章程、实施细则和股东大会、董事会会议记录；

(2) 检查股东是否按公司章程、合同、协议规定的出资方式出资，各种出资方式的比例是否符合规定；

(3) 索取或编制股本明细表；

(4) 检查股票的发行、收回等交易活动；

(5) 函证发行在外的股票；

(6) 检查股票发行费用的会计处理；

(7) 检查股本是否已在资产负债表上恰当披露。

二、实收资本的实质性测试

1. 实收资本的业务活动主要包括

(1) 企业设立时，实际收到投资者的投资；

(2) 增资扩股时，收到新的投资者的出资；

(3) 资本公积、盈余公积转增资本；

(4) 减少资本。

2. 实收资本的实质性程序

(1) 索取被审计单位合同、章程、营业执照以及有关董事会会议记录；

(2) 索取或编制实收资本明细表；

(3) 检查出资期限、出资方式和出资额；

(4) 检查投入资本的真实存在；

(5) 检查实收资本的增减变动；

(6) 检查外币出资时实收资本的折算；

(7) 检查实收资本是否已在资产负债表上恰当披露。

三、资本公积的实质性程序

(1) 检查资本公积增减变动的内容及其依据；

(2) 检查资本溢价或股本溢价；

(3) 检查接受非现金资产捐赠准备、接受现金捐赠；

(4) 检查股权投资准备；

(5) 检查拨款转入；

(6) 检查外币资本折算差额；

(7) 检查其他资本公积；

(8) 检查资本公积转增资本是否经授权批准；

(9) 检查资本公积是否已在资产负债表上恰当披露。

四、盈余公积的实质性程序

(1) 获取或编制盈余公积明细表；

(2) 检查盈余公积的提取；

(3) 检查盈余公积的使用；

（4）检查盈余公积是否已在资产负债表上恰当披露。
五、未分配利润实质性程序
（1）检查利润分配比例是否符合合同、协议、章程以及董事会纪要的规定，利润分配数额及年末未分配数额是否正确；

（2）根据审计结果调整本年损益数，直接增加或减少未分配利润，确定调整后的未分配利润数；

（3）检查未分配利润是否已在资产负债表上恰当披露。

27.6 投资审计

27.6.1 投资循环的审计目标和范围

1. 目标

（1）确定被审计单位所记录的对外投资是否存在和确实被审计单位所拥有，对外投资收益是否为特定期间内所发生，有无高估对外投资额或投资收益的错误；

（2）确定被审计单位所记录的对外投资及其收益是否完整，有无低估对外投资额或投资收益的错误；

（3）确定被审计单位对外投资的计价和投资收益的确认是否正确，有无不符合企业会计准则或会计制度有关投资计量和投资收益确认规定的错误；

（4）确定对外投资和投资收益在会计报告中的披露是否恰当，有无与报告披露要求不符的错误。

2. 投资循环的审计范围

（1）投资活动的凭证和会计记录；

（2）股票或债券、经纪人通知书、债券契约、企业的章程及有关协议、投资协议、有关凭证和账簿。

27.6.2 投资的实质性程序

（1）获取或编制投资明细表。

（2）分析程序。

首先，计算短期股票投资、长期股权投资、期货等高风险投资所占的比例，分析短期投资和长期投资的安全性，要求被审计单位估计潜在的短期投资和长期投资损失。

其次，计算投资收益占利润总额的比例，分析被审计单位在多大程度上依赖投资收益，判断被审计单位盈利能力的稳定性；将当期确认的投资收益与从被投资单位实际获得的现金流量进行比较分析；将重大投资项目与以前年度进行比较，分析是否存在异常变动。

(3) 实地盘点投资资产，并审查账实是否相符。

盘点投资资产包括两个步骤：①盘点库存证券；②将盘点清单与前述明细表中有关账户相核对，并经企业管理人员签章后列入审计工作底稿。如果企业投资的证券是委托某些专门机构代为保管的，注册会计师应向这些保管机构发出询证函，以证实投资证券的真实存在。

(4) 审查投资的入账价值。包括：①检查短期投资的入账价值；②检查长期投资的入账价值；③检查长期债权投资的入账价值。

(5) 审查投资收益。包括：①从公开印发的股利手册、证券公司或付款单位查证各种股票的股利收入；②核对有关货币资金和投资收益账户，确认股利收入是否得到正确的记录；③采用权益法核算长期投资时，主要检查是否按被投资企业投资比例来分享投资收益。

(6) 审查长期投资业务是否符合国家的限制性规定。

(7) 审查长期投资的核算方法。

(8) 审查长期投资与短期投资在分类上相互划转的会计处理是否正确。包括：①对今后一年内将要到期的长期债权投资，是否已从资产负债表上"长期债权投资"剔除并单独列在"流动资产"类下"一年内到期的长期债权投资"项目内；②长期投资转化为短期投资的合理性；③检查有无长期投资性质的短期投资。

(9) 检查本期发生的重大股权变动。

(10) 检查短期投资跌价准备和长期投资减值准备的计提和会计处理是否正确：①对有市价的长期投资，应索取其市价资料，在考虑减值在可预见将来价值恢复的可能性的基础上，确认减值准备的计提是否正确；②对无市价的长期投资，应索取被投资单位经审计的会计报表和审计报告，在考虑减值在可预见将来价值恢复的可能性的基础上，确认减值准备的计提是否正确；③对已计提减值又回升的，应检查其会计处理是否充分；④对追溯调整期间各时点的长期投资，应检查其追溯调整是否正确；⑤对核销的长期投资，应取得核销依据，检查其核销的理由是否充分。

(11) 确定投资是否在资产负债表上恰当披露。

本章小结

本章阐述了筹资与投资循环审计所涉及的主要经济业务，内部控制和控制测试，筹资与投资循环审计交易类别测试、借款审计、所有者权益审计等。

复习题

1. 筹资与投资循环审计所涉及的主要经济业务有哪些？

2. 筹资与投资循环有哪些内部控制流程？如何进行控制测试？
3. 短期借款和长期借款的实质性程序有哪些？
4. 如何进行股本或实收资本的实质性程序？
5. 如何进行投资的实质性程序？

第 28 章　货币资金审计

> **引例**
>
> 　　主管 A 派出包括小 B 在内的两名得力干将,将银行存款余额调节表与银行对账单、银行存款日记账及总账进行一一核对。殊不知,却发现了一个巨大的秘密:在银行对账单上,时常会出现相同金额的一进一出的款项,而在企业的银行日记账上却没有任何记录。比如,某日银行对账单收取 5000 元,几天后同样金额的 5000 元被支付。这些相同金额一进一出的收支一般都是在同一个月内发生。由于在银行对账单上一增一减相同的金额,而另一边的企业银行日记账没有发生额,双方的余额相同。即使特殊情况下月末余额有差额,其他未达账款调整后也会相等。随着工作的进展,这种情况越来越多,金额累计也越来越大,审计人员感觉到事态越来越严重。经过进一步的取证研究以及寻找相关的人员进行调查访问,迷雾终于揭开了。出纳小 M 利用内部控制的漏洞,选择一些业务收入私自将其从银行支付出来,而在企业的银行日记账上,这些业务相同的收支不进行记录,于是神出鬼没地取走了单位的奖金。出纳小 M 从 10 年前就开始通过这种手法当起单位的"蛀虫",贪污金额累计近 100 万元!出纳小 M 经过一段时间的出逃后被捉拿归案。财务主管因此也羞愧不已,难辞其咎。
>
> 　　原来,财务主管为了自己工作的便利,将有关支票的财务专用章、法人章放在出纳处,每个月的银行存款余额调节表,也是因出纳"工作积极主动"由其代劳。该单位还准备参评全国先进财务单位的评选也成为笑话。此厢省级的先进证书还没有捂热,国家级的评选还没有结果,那厢却出了如此大的纰漏。

28.1　货币资金审计概述

　　货币资金是资产的重要组成部分,根据货币资金的存放形式及用途的不同,货币资金可分为现金、银行存款以及其他货币资金。

　　货币资金是所有资产中流动性最强的一种资产,极易产生被挪用、贪污、盗窃等弊端。同时，由于货币资金涉及多个业务循环，业务量大，收付业务频繁，也极易导致错误出现。因此，货币资金存在潜在的舞弊和错误的可能性较高，货币资金审计就尤为重要。

28.1.1 货币资金的审计范围

货币资金的审计范围包括：
(1) 有关货币资金的内部控制；
(2) 证实货币资金所有权的资料；
(3) 证实货币资金收支合法性的资料；
(4) 证实货币资金余额的账簿和其他相关资料。

28.1.2 货币资金涉及的主要凭证和会计记录

货币资金涉及的主要凭证和会计记录有：
(1) 有关原始凭证：现金盘点表、银行对账单、银行存款余额调节表等；
(2) 有关科目的记账凭证：现金收付款凭证、银行收付款凭证等；
(3) 有关会计账簿：现金总账、银行存款总账、现金日记账、银行存款日记账等。

28.1.3 货币资金与各业务循环间的关系

货币资金与其他几个交易循环都有密切关系（见图28-1）。在筹资与投资循环中，筹资可以增加货币资金，投资则会减少货币资金；购货与付款循环以及生产与薪酬循环会减少货币资金，而销售与收款循环则可以增加货币资金。

这里需要提出的是，一些影响货币资金收付的错报，在现金余额测试中不能发现，需采用前几章讨论过的有关交易循环的审计测试才能发现。比如，未给客户开票、重复付款、虚列货物或劳务开支、截留客户支付现金最后按坏账处理等。

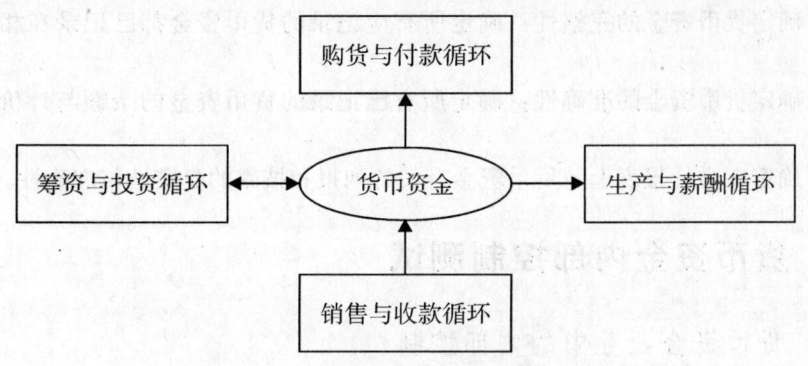

图28-1 货币资金与各交易循环的关系

28.1.4 货币资金可能存在的舞弊

利用现金和银行存款进行舞弊种类较多，但归纳起来主要有：

1. 在库存现金方面

（1）采取现金收入不入账，设置"小金库"或"账外账"，具体表现形态有截留各种现金收入款项、转移收入、虚列支出、虚报冒领、隐匿回扣佣金等。

（2）利用发票虚开交易事项套取现金。

（3）利用职权挪用现金，比较普遍的做法是白条抵库。

（4）贪污现金。此类属恶意舞弊，手法多样，但最基本的是利用职务上的便利，侵吞、窃取、骗取或者以其他手段非法占公为私。

2. 银行存款方面

相对于现金来说，银行存款的特点是涉及面广、内容复杂、金额较大以及收付凭证数量较多，发生舞弊的潜在风险和危害性也大。利用银行存款舞弊主要有：

（1）故意制造余额差错，保持结账时的试算平衡。具体手法就是将银行存款收支业务不入账，借以转移收入、挪用资金、出借账户、套取现金等。由于这类手法的舞弊有试算平衡作掩护，仅从账面上很难发现问题。

（2）利用未达账项掩饰舞弊行为。被审计单位往往会采取不按规定确认收支事项的办法，将已实现的收支当作未达账项处理，以达到调节收益的目的，也为转移、挪用资金作为未达账项加以掩饰。

（3）涂改票据，侵吞银行存款。常用的手法是利用管理漏洞或是职务便利，将以前年度的支票或银行进账单的日期涂改为当前日期，再次入账套取单位资金。

（4）利用银行存款科目借方和贷方同时发生增加或减少进行舞弊。

28.1.5 货币资金的审计目标

（1）确定货币资金的存在性：确定被审计单位会计报表中所列示的货币资金在会计报表日真实存在，且为被审计单位所拥有。

（2）确定货币资金的完整性：确定所有应记录的货币资金都已记录在相关的账簿中。

（3）确定货币资金的准确性：确定所有已记录的货币资金的余额与计价均是正确的。

（4）确定在会计报表上与货币资金有关的列报和披露的真实性与准确性。

28.2 货币资金内部控制测试

28.2.1 货币资金业务中的内部控制

货币资金由于其流动性强、涉及面广的特点，较易产生弊端。被审计单位的内部控制制度是否健全有效对货币资金的真实、完整、准确、合理、合法具有重大影响。注册会计师对货币资金进行审计，首先要审核被审计单位货币资金的内部控制是否健全有效。主要的审核内容包括岗位分工是否合理，现金和银行存款的管理制度是否严谨，授权批准制度是否严格，票据和有关印章的管理是否合规，监督检查机制是否健全。

1. 岗位职责制度

确保负责办理货币资金业务的出纳、记账、稽核等不相容岗位相互分离、制约和监督，职责分明。

2. 现金和银行存款的管理制度

（1）收入现金按规定送存银行，库存现金实行限额管理，库存现金不要超过核定的限额，超过限额的现金应及时存入银行。

（2）明确库存现金的开支范围，不属于库存现金开支范围的业务一律通过银行进行转账结算。

（3）无特殊情况，不能坐支现金。

（4）不能私设"小金库"。

（5）不得开发空头支票和空白支票，不得出借银行存款账户。

（6）应当指定专人定期盘点现金、核对银行账户，并按月编制每一银行账户的银行存款余额调节表，以做到账实相符，这一工作不能由出纳员兼任。

3. 票据和有关印章的管理制度

（1）票据管理。企业应当加强与货币资金相关的票据的管理，明确各种票据的购买、保管、领用、背书转让、注销等环节的职责权限和程序，并专设登记簿进行记录，防止空白票据的遗失和被盗用。

（2）印鉴管理。企业应当加强银行预留印鉴的管理，财务专用章应由专人保管，个人名章必须由本人或其授权人员保管。严禁一人保管支付款项所需的全部印章。

4. 授权批准制度

应对货币资金建立严格的授权批准制度，所有有关货币资金的经济活动必须经过授权审批，严禁未经授权的机构或人员办理货币资金业务或直接接触货币资金。

5. 监督检查制度

应建立对货币资金内部控制的监督检查制度，定期或不定期对货币资金内控系统做检查，加强对货币资金业务的内部审计。

28.2.2 内部控制测试

一、了解和描述货币资金内部控制

通过检查、询问、观察等审计程序与方法，了解、掌握被审计单位有关岗位职责、现金和银行存款的管理、票据和有关印章的管理、授权批准、监督检查等内部控制情况，并采用恰当的方法对被审计单位的内部控制情况进行记录和描述。

表 28-1 是货币资金内部控制调查表的一个示例。

表 28-1　内部控制制度问题式调查

调查部门：＿＿＿＿＿＿＿＿＿＿＿＿　　调查人员：＿＿＿＿＿＿＿＿＿＿

调查内容：　现金内部控制制度　　　　调查日期：＿＿＿＿＿＿＿＿＿＿

调查问题	回答结果			备注
	是	否	不适用	
1. 现金的收付和保管是否只由出纳负责？				
2. 出纳员是否将每天收到和支出的现金登记现金出纳备查簿？				
3. 出纳员是否同时还负责现金日记账及现金总分类账的登记？				
4. 负责应收账款的职员是否同时负责现金收入账的登记？				
5. 负责应付账款的职员是否同时负责现金支出账的登记？				
6. 支票簿保管员是否同时负责现金支出账和调整银行存款账？				
7. 负责调整银行存款账的职员是否同时负责银行存款账、现金支出账、应收账款或应付账款？				
8. 现金支出审批人是否和出纳员、支票保管员和记账员分离？				
9. 所有支票收入是否由两个以上职员处理，一位职员开出发票，另一位职员收入支票？				
10. 收入支票的职员是否对收入支票及时加盖"只限存款用"戳记，并交银行出纳员暂时保管及由专人解交银行？				
11. 开出发票的职员是否将发票存根交记账员，由记账员记入银行日记账？				
12. 所有销货发票和收款单是否预先连续编号，并按编号次序予以记录？				
13. 当日所有现金收入是否当日存入银行？				
14. 银行解款业务是否由独立的职员负责？				
15. 因经营需要而不必当日存日银行的现金收入，是否得到财务经理的签字批准？				
16. 当天不解入银行的现金，是否单独列表，注明金额及未解入银行的理由？				

续上表

调查问题	回答结果			备注
	是	否	不适用	
17. 预支现金用于零星开支时，是否先由预支人填制现金暂借款单说明预支理由，并经本部门主管审定签字？				
18. 财务经理或经其授权的人员，是否对预支部门主管签字同意的现金暂借款单的理由进行审核后决定是否同意预支现金？				
19. 出纳员是否在得到财务经理或经其授权的人员的签字同意的现金暂借款单，才出借现金？				
20. 记账员是否根据出纳签章的暂借款单及时登记日记账？				
21. 报销零星开支的现金时，是否必须填制现金报销单，附上所有原始凭证，并交使用现金者的部门主管审核签字？				
22. 工资薪金的现金支出，是否先由人事部门编制工资薪金支付单，并经人事部门主管签字同意？				
23. 财务部门是否根据经人事部门主管签字同意的工资薪金支付单来提取和发放现金？				
24. 企业是否建立了定额备用金？有哪些？				
25. 任何超过备用金定额的现金支出，是否得到特定的事先批准，并在一般现金中支付？				
26. 各备用金的保管人是否同时负责其他备用金、现金收入和支出的审批，以及该项备用金的补足和支付记录？				
27. 使用备用金时，证实该笔支出的发票等原始凭证是否由备用金使用者的审核人签字？				
28. 内部审计人员或其他独立的职员是否不定期清点备用金，以审核备用金的余额和已支付凭证的合计数是否等于备用金的固定金额？				
29. 补足备用金的付款凭证是否还到备用金保管人处？				
30. 各备用金的余额是否定期与控制该备用金的总账余额核对？				
31. 企业是否为备用金使用人在银行开设备用金专户？				
32. 往备用金专户存款时，是否只能以企业开出的补足备用金支票为依据？				
33. 从备用金专户取款时，是否只能由企业指定的备用金使用者才能提取？				

续上表

调查问题	回答结果			备注
	是	否	不适用	
34. 所有的支票是否预先连续编号？				
35. 空白支票是否存放在安全处，并由专人加以保管？				
36. 具有权力签署支票的职员是否同时保管空白支票？				
37. 每项支票支出，是否都必须经过指定的支票签署者的审批后签发？				
38. 支票签署者是否得到适当的授权？				
39. 支票的签署是否采用会签制度？				
40. 支票会签制度下，每个支票签署者是否均独立审核支票及附属凭证？				
41. 具有权利签署支票的职员，是否同时填写支票并编制付款凭证？				
42. 已签署的支票是否由支票签署人保管，直至支票由签署人或其授权的其他职员寄出或递交给受票人为止？				
43. 支票签署者是否定期受到其他熟悉业务的职员的检查，以确定他们是否签署了不适当的支票？				
44. 每项支票支出是否都有经核准的发票或其他必要的凭证作书面证据？				
45. 已经作为签署支票书面证据的有关凭证，是否于签署支票后，加盖"已付讫"戳记？				
46. 作废的支票是否加盖"作废"戳记，并和其他支票放在一起，按顺序加以留存？				
13. 当日所有现金收入是否当日存入银行？				
14. 银行解款业务是否由独立的职员负责？				
47. 所有已签发的支票，是否于当日及时记入银行存款日记账中，并定期于应付款或其他总分类账借方进行核对？				
48. 所有银行存款户的开设和终止是否都有正式的批准手续？				
49. 负责调节银行对账单和银行存款账面余额的职员是否同时负责现金收入、现金支出或编制收付款凭证业务？				
50. 是否定期进行银行往来账的调节？				

续上表

调查问题	回答结果			备注
	是	否	不适用	
51. 调节银行往来账的职员是否直接从银行取得银行对账单？				
52. 调节银行往来账时是否审核付讫支票的签署和背书？				
53. 调节银行往来账时是否核对银行对账单上所有的借项、贷项记录和账上的记录？				
关于现金内部控制，除了上面的问题所包括的之外，您是否认为还有被遗漏的地方？您是否认为某些方面仅仅用"是"或"否"难以回答某些问题？若有，请在下面简练地分项阐述。				

二、初步评估重大错报风险

根据之前了解的被审计单位的内部控制情况，评价被审计单位内部控制的有效性，并对其重大错报风险做初步评估。如果注册会计师认为被审计单位的内部控制设计不合理，不能够防止和纠正重大错弊，则注册会计师应跳过控制测试，直接进行实质性程序。

三、控制测试

1. 抽取收款凭证并进行检查

为测试货币资金收款的内部控制，注册会计师应抽取收款凭证样本，检查相关会计分录，检查内容包括：

（1）核对收款凭证与现金、银行日记账的日期、金额是否相符；

（2）核对收款凭证与应收账款是否相符；

（3）核对收款凭证与对账单是否相符；

（4）核对收款凭证与销售发票等相关凭证是否相符。

2. 抽取付款凭证并进行检查

（1）检查付款的授权批准；

（2）核对付款凭证与现金、银行日记账的日期、金额是否相符；

（3）核对付款凭证与应付账款是否相符；

（4）核对付款凭证与对账单是否相符；

（5）核对付款凭证与购货发票等相关凭证是否相符。

3. 抽取一定期间的现金、银行存款日记账与总账核对

核对现金、银行存款日记账与总账，检查有无计算、加总错误，如发现较多不一致性问题，说明被审计单位货币资金的会计记录不可靠。

4. 抽取现金盘点表和银行存款余额调节表并进行检查

抽取一定期间的现金盘点表和银行存款余额调节表,检查是否按期编制。将银行存款余额调节表与银行日记账、对账单及总账进行核对,复核调节表,并检查银行存款余额调节表是否由出纳人员以外的人编制。

5. 检查外币资金折算方法的一致性

对有外币资金的被审计单位,应检查其外币的折算方法是否与规定相符,选取方法是否前后一致,有关汇兑损益的记录和计算是否正确。

四、重新评估重大错报风险

注册会计师进行上述的内部控制测试之后,即根据测试结果,分析货币资金内部控制薄弱环节和缺点,对之前初步评估的重大错报风险进行重新评估,以便确定实质性测试的范围和审计程序。

28.3 现金的实质性程序

现金的实质性程序主要从以下几个方面进行:

1. 账表核对

注册会计师对现金做实质性程序,首先是要核对有关现金的报表、总账、明细账两两之间的余额是否一致。如有差异,应查明原因,并作为继续审查现金余额的基础。

2. 库存现金盘点

现金盘点是为测试库存现金与资产负债表所列金额是否账实相符的一项重要审计程序。

(1) 参加盘点人员:出纳员、会计主管和注册会计师;

(2) 盘点范围:一般包括企业各部门经营的库存现金;

(3) 盘点时间:最好选择在上午上班前或下午下班时进行;

(4) 盘点方式:通常采取突击进行,不同地点的库存现金同时进行盘点,以防有关人员做事前准备,掩盖真实问题,确保审计程序的有效发挥。

(5) 盘点过程:①制定库存现金盘点程序;②审阅现金日记账并同时与现金收付凭证相核对;③由出纳员根据现金日记账进行加计累计数额得出现金结余额;④盘点保险柜的现金实存数,同时编制"库存现金盘点表";⑤库存现金盘点表应由被审计单位相关人员和注册会计师共同签字,作为确认现金盘点情况的重要工作底稿;⑥盘点金额与现金日记账余额进行核对,如有不符,应查明原因,并作出记录或适当调整;⑦将盘点结果填表。

案例：盘点的那些事

小 B 刚工作时还是审计界的新人，在现金盘点方面曾经三番五次发生让人啼笑皆非的窘事，却给了我们警醒与启示。

在小 B 刚任职的第三天，他就跟随审计主管 A 及其他同事进点审计。考虑到现金盘点是简单事项，A 安排小 B 单独进行盘点。一上午的进点会议和交流，结束时已是中午时分。小 B 想起审计教材书说过，现金盘点最好在上班之前或快下班时，于是对财务经理说："现在盘点现金。"财务经理回到财务科后回复："出纳下班了，下午再盘吧。"主管 A 一听，心凉了半截，说："下午肯定盘点不出什么情况。"果不其然，下午盘点结果是账款吻合。

由于不认识出纳，无法确认出纳是不是真的"下班"，财务利用中午时间早把账做平了。

不久后的一天，来到第二个被审计单位，小 B 吸取了第一次的教训，在专门为审计人员准备的办公室里请来了出纳，说："现在现金盘点吧。"出纳很机灵，说："好的，您等一下。"然后回财务科把现金日记账和一包现金拿过来了。小 B 接过现金认真地点了起来。主管 A 在一旁看着，心想：这回肯定又盘不出什么来。果然，出纳的账面余额和现金一致。出纳是按现金日记账账面余额数拿来的现金。

第三次来到被审计单位，小 B 确保出纳在场的情况下，直接盘点保险柜。但盘点现金的范围包括公司几个分点，现金是分几处存放的。盘点总部的现金发现与账面数还差一大块。出纳说："有的现金另在分点。"但此时再到另外几个分点已来不及了。出纳乖巧地说："那明天再盘其他部分吧。"可想，此次现金盘点效果肯定不理想。

审计第四个单位时，小 B 总结上几次的教训，盘点很顺利，现金和账面一致，只是发现有几个户名是出纳的存折。出纳解释说是他私人存折，放在家里不安全，并且不想让家里人知道有这些钱。这些解释似乎说得过去，小 B 只在现金盘点表和工作底稿中做了记录，由于没有足够的证据说明问题，无法写入审计报告。

不久，该单位在有关检查中发现了小金库，就是这些存折。主管 A 重新看了存折的复印件后告诉小 B，如果存折里面经常有大额度的进出，应及时要求出纳做口供，因为私人工资较少有大额度的进出。

在对第五个被审计单位盘点时，小 B 下定决心要查出个所以然来。审计发现了白条抵库、额外的现金和存折，小 B 心中窃喜，登记下来后编制了库存现金盘点表，将有关情况记录在审计工作底稿，并写入审计报告。然而在征求意见时，该单位的财务主管、出纳不认可该事项，要求出具相关的证据，小 B 傻眼了。原来，库存现金盘点表上忘记要求被审计单位及出纳签字认证。

最近，小 B 来到第六个被审计单位，主管 A 亲自带队进行现金盘点。在出纳的办公桌下面的小保险柜，盘出的现金比账上少了 240 元。出纳带审计人员到后面档案柜里面的大保险柜，从里面拿出 250 元新的零钱，说这些钱加上刚好，差额十元是几年来没有零钱给对方四舍五入的盘盈。小 B 记录下来准备过关了，但主管 A 多了一个心眼，检查了大保险柜，发现里面有一堆乱七八糟的资料，副主管 V 提议拿到旁边慢慢清点。不盘不知道，一盘吓一跳，发现里面有私人存折 5 个，国库券若干，金戒指一枚。进一步核对发现一本笔记本和一份抵押收据：笔记本记载以出纳私人名义开立的账户中有 3 个属于该单位，并记有密码；抵押收据表明国库券和金戒指等实物为客户借款拿来抵押的。该单位库存实有现金与账面不符、公款私存、抵押财产没有及时上交或转作收入并相应冲销应收款项、出纳人员擅自取用现金私用等问题。审计组要求被审计单位及出纳对以上问题签字确认。这回，小 B 总算打了个大胜仗。

3. 抽查大额收支

检查大额收支是否与经济业务有关，是否经过授权审批，原始凭证是否完整。如存在有不合法、不合理的事项，应作必要记录。

4. 截止性测试

检查现金收支的截止日期是否以结账日为准，防止被审计单位将属于本期的现金收支归入下期，或属于下期的现金收支归入本期。一般注册会计师是通过抽查结账日前后若干天的、一定金额的现金凭证进行截止性测试，以确定是否存在跨期事项。

28.4 银行存款的实质性程序

银行存款的实质性程序主要从以下几个方面进行：

一、账表核对

注册会计师对银行存款做实质性程序，首先是要核对有关银行存款的报表、总账、明细账两两之间的余额是否一致。如有差异，应查明原因，并作为继续审查银行存款余额的基础。

二、分析性程序

计算定期存款以及存放于非银行金融机构的存款分别占全部银行存款的比例，分析这些存款形式的合理性和安全性。

三、审查银行存款余额调节表

审查银行存款余额调节表是为了证实会计报表所列银行存款的存在性与准确性。注册会计师取得银行存款余额调节表后,审查的内容包括:

1. 确认银行存款余额调查表数据的准确性
(1) 核对银行存款余额调节表和银行对账单的列示是否一致;
(2) 复核银行存款余额调节表调节计算是否正确;
(3) 逐笔核对银行对账单与银行存款日记账的发生额。
2. 对表中的未达账项的真实性进行审查

要特别关注较长时间的未达账(如超过一个月),这类未达账款很可能被挪用,是虚设的未达账项。

四、函证银行存款余额

注册会计师对全部银行存款账户余额进行函证是证实会计报表所列银行存款是否真实、完整的重要程序。注册会计师应对被审计单位所有存过款的开户银行进行函证。函证可使注册会计师在了解被审计单位银行存款的存在,发现未登记的银行借款的同时,帮助注册会计师了解被审计单位欠银行的债务。银行存款函证的方式是积极式询证函,即无论询证函记录与银行记录是否一致,都要求银行回函。

注册会计师向银行函证,应注意的几点是:①注册会计师应掌控函证的全过程;②对零余额的账户以及在本报告期结清的账户也要函证。

五、抽查大额收支

注册会计师需重视大额银行存款收支的审查,检查大额收支是否与经济业务有关,原始凭证是否完整。如存在有不合法、不合理的事项,应作必要记录。

六、截止性测试

检查银行存款收支的截止日期是否以结账日为准,与现金截止性测试相同,一般注册会计师是通过抽查结账日前后一段时期内、一定金额的银行存款凭证进行截止性测试。

本章阐述了货币资金审计所涉及的主要经济业务,内部控制和控制测试,货币资金可能涉及的舞弊风险、货币资金的内部控制测试、现金的实质性程序、银行存款的实质性程序。

复习题

1. 货币资金审计所涉及的主要经济业务有哪些？
2. 货币资金有哪些内部控制流程？如何进行控制测试？
3. 如何进行现金的盘点？和存货监盘有什么不同？
4. 银行存款的函证和应收账款的函证有何区别？
5. 银行存款余额调节表的审查重点是什么？

第 29 章 特殊项目审计

> **引例：为何要进行期初余额审计**
>
> 　　小 B 的师弟在实习的时候，问："我们不是只接受被审计单位今年的委托吗，为何要进行期初余额审计？那不是上任的会计事务所应负的责任吗？"此时的小 B 早已"出师"了。他说："恰恰相反，正是因为上一任的会计师事务所不是我们这一家，所以才更要对期初余额进行审计。只有上一期是我们审计的，我们对这个结果才有把握。对于期初余额审计，一是要关注期初余额是否存在对本期会有重大影响的错报漏报；二是上期期末余额是否已正确地结转到本期；三是上期遵循了恰当的会计政策，并与本期一致；四是上期审计报告的意见类型及其对本期报表数据的影响，特别是上期其他会计师事务所出具的非标准无保留意见审计报告中的说明内容对本期报表的影响。"师弟听得有点头晕，这个审计的学问可真深啊。

29.1 期初余额

29.1.1 期初余额的涵义

　　期初余额是指审计会计期间的期初就已存在的账户余额，也包括期初存在的需要披露的事项，如或有事项、承诺事项等。

　　期初余额是以上一个会计期间的期末余额为基础的，反映的是前期的交易事项和会计处理的结果。一般情况下，本期期初余额与上期期末余额相等。但若由于会计政策变化或由于前期期后事项等因素的影响，本期期初余额也会根据上期期末余额作合理的调整或重新表述。

　　这里需要强调的一点就是，只有在注册会计师首次接受被审计单位的审计业务委托时才需要对初期余额进行审计。这种情况出现有两种原因：①被审计单位的上期财务报表未经审计；②被审计单位更换注册会计师。

29.1.2 期初余额审计的必要性和一般要求

一、必要性

注册会计师接受被审计单位的委托对所审期间的财务报表进行审计,主要是对本期的期末余额负责,一般无须专门对期初余额发表审计意见。不过由于被审计单位的持续经营性质,期初余额是本期财务报表的基础,会影响期末余额,因此注册会计师就必须保持应有的职业谨慎,在首次接受委托审计时,要对期初余额的审核予以充分重视,对期初余额实施适当的审计程序,评估期初余额审计形成的相关结论对本期所审计财务报表的影响,以确定发表审计意见的类型。

二、一般要求

1. 对期初余额审计应关注的要点:

(1) 上期期末的账户余额结转至本期是否正确,或是否已经恰当的重新表述;

(2) 上期采用的会计政策是否恰当,本期采用的会计政策是否与上期一致;

(2) 上期审计报告的意见类型及其对本期报表数据的影响,尤其对上期其他会计师事务所出具的非标准无保留意见审计报告中的说明内容对本期报表的影响;

(4) 期初余额是否存在对本期会计报表有重大影响的错报或漏报;

(5) 上期已存在的或有事项和承诺事项。

2. 与前任注册会计师联系

注册会计师首次接受委托,如果被审计单位的上期会计报表已由前任注册会计师审计,后任注册会计师则要充分重视和利用前任注册会计师的工作底稿和审计报告的结论。后任注册会计师可考虑在征得被审计单位的同意后和前任注册会计师联系,取得前任注册会计师的合作。通过审核前任注册会计师的工作底稿和审计报告不仅能帮助注册会计师来了解被审计单位的期初余额情况,获取有关期初余额充分、恰当的审计证据,且能提高审计效率。同时,后任注册会计师也应考虑前任注册会计师的独立性以及专业胜任能力。

29.1.3 期初余额审计的目标

《中国注册会计师审计准则第1331号——首次审计业务涉及的期初余额》第六条指出:

> 第六条:在执行首次审计业务时,注册会计师针对期初余额的目标是,获取充分、适当的审计证据以确定:
>
> (一) 期初余额是否含有对本期财务报表产生重大影响的错报;

> （二）期初余额反映的恰当的会计政策是否在本期财务报表中得到一贯运用，或会计政策的变更是否已按照适用的财务报告编制基础作出恰当的会计处理和充分的列报与披露。

29.1.4 期初余额的审计程序

为达到上述期初余额审计的目标，注册会计师首次接受委托，对期初余额实施的审计程序包括：

一、考虑期初余额对于本期财务报表的重要程度

如果期初余额本身并不重要，或者虽然对于上期财务报表是重要的，但由于本期被审计单位资产规模和经营规模的迅速扩大，期初余额对于本期财务报表而言已经变得不重要，则注册会计师无需对其予以特别关注。

只有当期初余额对于本期财务报表重要时，注册会计师才需要对其予以特别关注并实施专门的审计程序。

二、分析上期期末的账户余额结转至本期是否正确，或是否已经恰当地重新表述

三、考虑被审计单位运用会计政策的恰当性和一贯性

注册会计师按照以下几个步骤分析被审计单位采用的会计政策的恰当性和一贯性（流程图见图 29-1）：

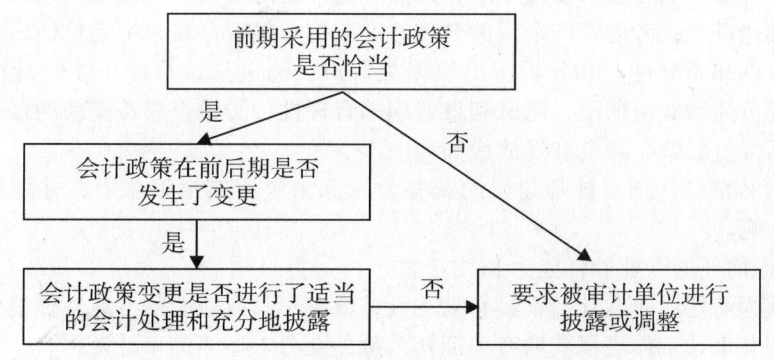

图 29-1 检验会计政策的恰当性和一贯性的步骤

（1）注册会计师首先分析被审计单位编制前期财务报表所选用的会计政策是否符合有关政策规定，是否恰当。

（2）如果注册会计师确认被审计单位所采用的会计政策恰当，则进一步分析被

审计单位所采用的会计政策是否在前后期发生了变更。

(3) 如发现被审计单位所采用的会计政策发生了变更，注册会计师应对会计政策变更的合理性进行审核，分析变更的会计政策是否符合有关政策法规，是否对会计政策变更进行了适当的会计处理和充分的披露。

(4) 如果被审计单位前期运用的会计政策不恰当或与本期不一致，注册会计师应要求被审计单位进行披露或调整。

四、考虑账户的性质和本期财务报表中的重大错报风险

注册会计师应当重点关注期初余额中性质重要、对本期财务报表中的重大错报风险产生较大影响的财务报表项目。

五、上期财务报表已由前任注册会计师审计情况下的审计程序

1. 取得被审计单位的同意，查阅前任的审计工作底稿

查阅的重点通常限于对本期审计产生重大影响的事项，如前任注册会计师对上期财务报表发表的审计意见的类型和主要内容，针对上期财务报表的审计计划和审计总结等，具体来讲：

(1) 查阅前任注册会计师工作底稿中的所有重要审计领域。

(2) 考虑前任注册会计师是否已实施下列审计程序，评价资产负债表重要账户期初余额的合理性：①函证货币资金余额，测试调节表，执行截止测试。②函证并测试投资，确认账面价值的合理性。③函证应收账款（且函证覆盖面适当），测试坏账准备计提的适当性，执行销售截止测试。④实施存货监盘；执行存货计价测试；确定是否存在存货积压、流动过慢或陈旧的情况；检查运输记录和收入记录，执行截止测试；考虑存货计价是否高于其可变现净值。⑤测试固定资产，考虑是否存在重大增加、减少，考虑折旧方法、使用年限和减值准备计提的适当性。⑥测试递延资产、无形资产和其他资产，考虑资产余额的合理性。⑦检查是否存在未记录负债，测试预计负债的有效性和充分性。⑧分析所得税相关账户，确定是否符合企业会计准则的规定。⑨函证负债余额及期限，测试利息费用的合理性。⑩检查权益变动的授权和支持文件，包括发行股票、减资和发放股利等。

(3) 复核前任注册会计师建议的调整分录和未更正错报汇总表，并评价其对当期审计的影响。

2. 考虑前任的专业胜任能力和独立性

如果认为前任注册会计师不具有独立性，或者不具有应有的专业胜任能力，则无法通过查阅其审计工作底稿获取有关期初余额的充分、适当的审计证据。

3. 关注前任注册会计师出具的审计报告

若前任注册会计师出具了非无保留意见的审计报告，则后任注册会计师应特别注意其中与本期会计报表有关的部分。

六、上期财务报表未经审计情况下的审计程序

若上期财务报表未经审计，或后任注册会计师通过查阅前任注册会计师的工作底

稿和财务报告未能获得有关期初余额充分、恰当的审计证据，注册会计师应对期初余额实施以下审计程序：

（1）询问被审计单位适当层级的管理层。

（2）审阅形成上期期初余额的会计记录以及相关资料。对非流动资产和非流动负债，注册会计师通常采用审阅前期会计记录以及相关资料的审计程序。在一些情况下，还可向第三方就期初余额进行函证。如注册会计师通过查阅被审计单位有关固定资产的原始凭证和会计记录，以确定固定资产的期初余额；通过审核长期借款的借款合同以及向借款单位发函的方式确认长期借款的期初余额。

（3）从对本期财务报表实施的审计程序中获取部分审计证据。对流动资产和流动负债的期初余额，注册会计师通常可以通过对本期实施的实质性程序予以确认。如对应收账款的期初余额进行审计，一般情况下，期初存在的应收账款，在本期即可收回，所以通过检查应收账款在本期的收回情况可作为应收账款期初余额存在的适当证据。

（4）对于存货这个比较特殊的项目，若存货对财务报表是重要的，注册会计师应对上期期末的存货进行盘点和检查，若不可行，则注册会计师应考虑实施追加的审计程序以证实存货的期初余额。

29.1.5 期初余额对审计意见的影响

注册会计师首次接受委托，根据上期财务报表是否经过其他注册会计师审计对期初余额实施相应的审计程序，获取充分、恰当的审计证据，形成审计结论，并确定其对本期财务报表的审计意见的影响。

（1）如果注册会计师认为期初余额存在错报或漏报，或采用的会计政策不恰当或不一致，注册会计师应及时与管理层沟通，并要求被审计单位进行相应的调整或披露。若被审计单位拒绝披露或更改错报，则注册会计师应评估未更改错报是否重大，以及对本期审计意见的影响。如若注册会计师认为期初余额存在重大错报，而被审计单位不接受更改建议，则注册会计师则应出具保留意见或否定意见。

（2）如果前任审计师对上期财务报表出具了非无保留意见，注册会计师应考虑导致发表非无保留意见的事项对本期财务报表是否仍然相关和重大，如果是，则注册会计师应对本期财务报表发表非无保留意见。

（3）如果注册会计师实施相关的审计程序后，无法获得有关期初余额充分、恰当的审计证据，则注册会计师应对财务报表出具保留意见或无法表示意见。

案例

一、公司背景

XX 公司系房地产开发公司，注册资本 3000 万元人民币，经济性质为有限责任公司，经营范围为房地产开发、出租房屋、销售商品房、物业管理等。XX 公司本年的审计报告由 XX 会计师事务所出具，审计报告意见类型为标准无保留意见。上年审计由另一家会计师事务所执行，审计报告意见类型也为标准无保留意见。

二、公司财务报表分析及会计处理

2009 年度 XX 公司未经审计的简要资产负债表情况如下：

单位：万元

项 目	2009.12.31	2009.1.1
资产总额	9837.73	9550.59
其中：存货	7747.16	7159.00
负债总额	5897.78	6037.38
所有者权益	3939.95	3513.21
其中：实收资本	3000.00	3000.00
资本公积	600.00	600.00

三、注册会计师对期初余额实施的审计程序

XX 会计师事务所的审计人员编制了期初余额核对表，将上年审定数与本年年初余额进行了核对。但在总体审计策略中，未考虑对期初余额实施审计程序。注册会计师认为编制了期初余额核对表，期初余额即可以确认。

四、案例评析

1. 未与前任注册会计师沟通。根据《中国注册会计师审计准则第 1153 号——前任注册会计师和后任注册会计师的沟通》规定，XX 会计师事务所为首次接受委托，应当与前任注册会计师沟通，但底稿中无前后任注册会计师沟通的情况记录。

2. 未针对首次接受委托情况制定总体审计策略和具体审计计划。对于首次接受审计委托，在制定总体审计策略和具体审计计划时，注册会计师还应当考虑下列事项：①就与前任注册会计师沟通作出安排，包括查阅前任注册会计师的工作底稿等；②与管理层讨论的有关首次接受审计委托的重大问题，就这些重大问题与治理层沟通的情况，以及这些重大问题是如何影响总体审计策略和具体审计计划的；③针对期初余额获取充分、适当的审计证据而计划

实施的审计程序；④针对预见到的特别风险，分派具有相应素质和专业胜任能力的人员；⑤根据会计师事务所关于首次接受审计委托的质量控制制度实施的其他程序。

然而，XX会计师事务所的注册会计师没有针对首次接受委托的实际情况，制定有针对性的总体审计策略和具体审计计划。

3．未对期初余额实施有效的审计程序，获取审计证据。根据《中国注册会计师审计准则第1331号——首次审计业务涉及的期初余额》第六条规定，对首次接受委托业务，注册会计师应当获取充分、适当的审计证据以确定：①期初余额不存在对本期财务报表产生重大影响的错报；②被审计单位一贯运用恰当的会计政策，或对会计政策的变更已按照适用的财务报告编制基础作出正确的会计处理和恰当的列报（包括披露）。

根据该准则第七条规定，如果上期财务报表由前任注册会计师审计，注册会计师应当考虑通过查阅前任注册会计师的工作底稿获取有关期初余额的充分、适当的审计证据，并考虑前任注册会计师的独立性和专业胜任能力。

然而，注册会计师没有对财务报表重要科目的期初余额实施充分的审计程序，获取充分、适当的审计证据，以支持审计结论，具体如下：

（1）存货科目。XX公司属于房地产行业，存货期初余额为7159万元，占期初资产总额的75%，其中开发成本5025万元、开发产品2134万元。鉴于存货期初余额对本期报表会产生重大影响，注册会计师应当对存货期初余额实施实质性审计程序，以获取充分、适当的审计证据。

注册会计师应该实施监盘和观察程序，并获取国有土地使用权证、土地出让合同、土地转让协议、销售许可证和预售许可证等资料；检查开发成本的明细构成和相关原始凭证，开发成本的归集与分类等资料；检查大额成本费用的凭证和账簿记录，检查有无不属于存货性质的成本费用。

（2）实收资本和资本公积科目。XX公司实收资本余额为3000万元，全部为法人股，其中2007年收到投资人1000万元货币投资，2008年以资本公积转增资本2000万元。针对XX公司2008年以资本公积转增资本2000万元情况，注册会计师未实施任何审计程序。同时，对资本公积科目，注册会计师也未实施任何审计程序，就直接确认了期初余额。

注册会计师应当检查资本公积的原始凭证和记录，以确定资本公积的性质、形成原因；资本公积项目是否可以转增资本，是否存在限制。同时还应当获取股东关于同意以资本公积增资的决议，经修改的公司章程、增资的验资报告等资料。

29.2 期后事项的审计

在现实中,有些会计师事务所在观念上对期后事项的审计没有足够的重视,不考虑期后事项对会计报表的影响。实际上,因期后事项的问题而被诉讼的会计师事务所是存在的。

29.2.1 期后事项的涵义和种类

一、期后事项的涵义

期后事项,是指财务报表日①至审计报告日②之间发生的,以及注册会计师在审计报告日后知悉的、会对财务报表产生影响的事项。

财务报表日后时期按时间顺序可分为三个阶段:

期后第一阶段:从财务报表日至审计报告日;

期后第二阶段:从审计报告日至财务报表报出日③;

期后第三阶段:财务报表报出日后。

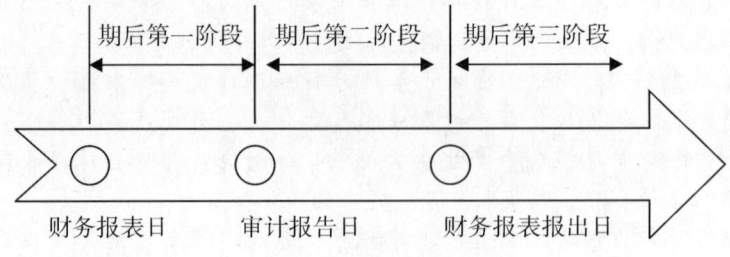

图29-2 期后事项的涵义

二、期后事项的种类

根据期后事项对被审计单位财务报表公允性的影响不同,可以将期后事项划分为调整事项和非调整事项两类:

1. 调整事项

这类事项对财务报表有直接影响,能为财务报表日账户余额提供补充证据,金额重大,需提请被审计单位调整财务报表。其特点是事项虽在财务报表日后才确认,但

---

① 财务报表日:财务报表涵盖的最近期间的截止日期。我国的会计年度采用公历年度,即1月1日至12月31日。因此,年度财务报表日是指每年的12月31日,中期财务报表日是指各会计中期期末,包括月末、季末和半年末。例如第一季度的资产负债表日是3月31日而半年的资产负债表日则为6月30日等。

② 审计报告日:注册会计师完成审计工作的日期,即注册会计师在对财务报表出具的审计报告上签署的日期。

③ 财务报表报出日:被审计单位将已审计财务报表和审计报告对外披露的日期。

在财务报表日前就已发生,其财务影响应归属到本期财务报表中反映。需要调整财务报表的期后事项常见的有:

(1) 财务报表日之前售出的商品,在财务报表日后发生退回的,注册会计师应考虑调整财务报表的收入、成本等。

(2) 被审计单位资产负债表日后不久,有大批产成品经验收不合格,注册会计师应提请被审计单位调整资产负债表的存货项目的数额。

(3) 已被证实某项资产价值损失和永久性减值。如资产负债表日被审计单位会计人员认为可以收回的大额应收款项,因资产负债表日后债务人突然破产而无法收回。注册会计师应考虑提请被审计单位增加备抵坏账数额,调整会计报表有关项目的数额。

(4) 被审计单位资产负债表日前将未使用的设备以低于当期账面价值的价格进行对外投资处理,而资产负债表日后双方签订的投资协议中该项设备的投资作价高于其当期账面价值,注册会计师就应要求被审计单位调整其资产负债表的有关项目,并加以说明。

(5) 处于协商中的债务重组事项已达成协议。

(6) 在财务报表日后发现的错误或舞弊。

(7) 被审计单位由于某种原因被起诉,法院于资产负债表日后作出判决,被审计单位应赔偿对方的损失。注册会计师应考虑提请被审计单位增加资产负债表的有关负债项目的数额。

2. 非调整事项

这类事项对会计报表没有直接影响,是财务报表日后发生的,可能影响对会计报表正确理解,所以不需要调整被审计单位的会计报表,应在报表中以附注的形式予以反映。其特点是事项在财务报表日后才发生或存在,不影响本期财务报表金额,只对后期财务报表有影响。

需要在会计报表附注披露的非调整事项主要有:被审计单位合并,应付债券的提前收回,所持用于短期投资和转卖的证券市价严重下跌,发行债券或权益性证券,由于政府禁止继续销售某种产品所造成的存货市价下跌,需要为新的养老保险金计划在近期支付大笔现金,偶然性的大笔损失等。

综上所述,我们可以看出,从期后事项的发生时间的角度区分调整事项和非调整事项,如图 29 - 3 所示:

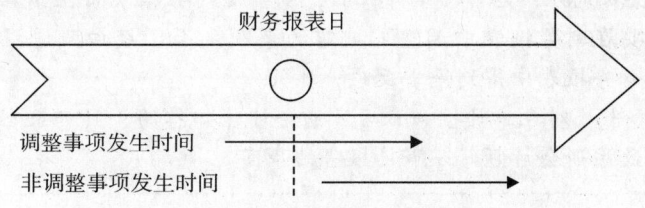

图 29 - 3　调整事项和非调整事项发生时间

29.2.2 期后事项审计的必要性和一般要求

1. 必要性

企业的经营活动是持续进行的,连续不断的,但会计报表的编制却是建立在"会计分期假设"的基础上的。进一步讲,作为审计对象的会计报表,其编制基础是对连续不断的经营活动的一种人为划分。因此,注册会计师在审计某一会计年度的会计报表时,就必须瞻前顾后,除了对所审计会计年度内发生的交易和事项实施必要的审计程序外,还必须对在会计期末之后发生的但又对所审计会计报表产生重大影响的期后事项进行审计。期后事项很有可能会改变注册会计师对被审计单位会计报表公允性的意见,所以注册会计师必须对期后事项予以充分关注。这样,才能使得会计报表审计更具有完整性。

2. 一般要求

(1) 对于期后第一阶段事项的要求:注册会计师应当设计和实施审计程序,获取充分、适当的审计证据,以确定所有在财务报表日至审计报告日之间发生的、需要在财务报表中调整或披露的事项均已得到识别。

(2) 对于期后第二阶段和期后第三阶段事项的要求:在审计报告日后,注册会计师没有义务针对财务报表实施任何审计程序,但管理层有责任告知注册会计师可能影响财务报表的事项。

在审计报告日后至财务报表报出日前,如果知悉了某事实,且若在审计报告日知悉可能导致修改审计报告,注册会计师应当:①与管理层和治理层(如适用)讨论该事项;②确定财务报表是否需要修改;③如果需要修改,询问管理层将如何在财务报表中处理该事项。

29.2.3 期后事项审计的目标

《中国注册会计师审计准则第1332号——期后事项》第八条指出了期后事项审计的目标:

> 第八条:注册会计师的目标是:
>
> (一) 获取充分、适当的审计证据,以确定财务报表日至审计报告日之间发生的、需要在财务报表中调整或披露的事项是否已经按照适用的财务报告编制基础在财务报表中得到恰当反映;
>
> (二) 恰当应对在审计报告日后注册会计师知悉的、且如果在审计报告日知悉可能导致注册会计师修改审计报告的事实。

29.2.4 期后事项的审计程序

（1）了解管理层为确保识别期后事项而建立的程序；

（2）对管理层、治理层和其他有关人员进行询问，了解财务报表日后的一些异常项目，确定是否已发生可能影响财务报表的期后事项；

（3）查阅被审计单位股东大会、董事会和管理层在财务报表日后举行会议的纪要，在不能获取会议纪要的情况下，询问此类会议讨论的事项；

（4）查阅被审计单位最近在财务报表日后编制的中期财务报表（如月报、季报等）；

（5）结合对财务报表进行截止性测试审计程序，审查有无对财务报表有重大影响的期后事项。

29.2.5 期后事项对审计意见的影响

一、期后第一阶段发现的事项

如果注册会计师识别出存在对财务报表有重大影响的期后事项，那么注册会计师应根据期后事项的类型，提请被审计单位就期后事项对财务报表进行调整或披露。如果被审计单位没有采取相应措施，注册会计师应当采取适当措施，以设法防止财务报表使用者信赖该审计报告。

二、期后第二阶段发现的事项

在期后第二阶段（审计报告日后至财务报表报出日前）知悉的可能会影响财务报表的期后事项，注册会计师应当考虑是否需要修改财务报表，并与被审计单位管理当局讨论，同时根据不同情况采取适当措施：

（1）如被审计单位修改了财务报表，注册会计师应当追加适当的审计程序，并根据具体情况作如下处理：

第一，出具新的审计报告，更改审计报告日期。注册会计师追加适当的审计程序以发现原报告日至新报告日之间发生的其他期后事项，并针对修改后的财务报表出具新的审计报告。更改审计报告日期的方式，在会计报表审计范围内全面到扩大了审计人员的责任范围。

第二，如果管理层对财务报表的修改仅限于反映导致修改的期后事项，注册会计师应选择如下措施之一：①修改审计报告，签署双重报告日期。即保留原定审计报告日，并就该期后事项针对财务报表修改部分注明新的审计报告日期，从而表明注册会计师对期后事项实施的审计程序仅限于财务报表相关附注所述的修改。签署双重报告日期的方式，仅在反映有关的特定项目方面扩大了审计人员的责任范围。②出具新的或经修改的审计报告，在强调事项段或其他事项段中说明注册会计师对期后事项实施的审计程序仅限于财务报表相关附注所述的修改。

> 在实务中，注册会计师很少考虑日期对审计责任的影响，审计报告很少是双重日期的，大部分是单一日期的，忽略对自身的应有保护，仅靠有限的复核来承担风险。

第三，新的审计报告日期不应早于董事会或类似机构批准修改后的财务报表的日期。

（2）如果注册会计师认为应当修改财务报表而管理层没有修改，并且审计报告尚未提交给被审计单位，注册会计师应当出具保留意见或否定意见的审计报告。

三、期后第三阶段发现的事项

在期后第三阶段（财务报表报出后）知悉的可能会影响财务报表的期后事项，注册会计师应当考虑是否需要修改财务报表，并与被审计单位管理当局讨论，同时根据具体情况采取适当措施。

（1）如果管理层修改了财务报表，注册会计师应：①根据具体情况实施必要的审计程序；②检查被审计单位管理层是否采取了措施以确保所有收到原财务报表和审计报告的人士了解这一情况；③追加适当的审计程序以发现原报告日至新报告日之间发生的其他期后事项，并针对修改后的财务报表出具新的审计报告；④管理层对财务报表的修改仅限于反映导致修改的期后事项的处理方法和期后第二阶段的处理方法相同；⑤新的审计报告应当增加强调事项段，提请财务报表使用者注意财务报表附注中对修改原财务报表原因的详细说明，以及注册会计师出具的原审计报告；⑥新的审计报告日期不应早于董事会或类似机构批准修改后的财务报表的日期。

（2）如果管理层既没有采取必要措施确保所有收到原财务报表和审计报告的人士了解这一情况，又没有在注册会计师认为需要修改的情况下修改财务报表，注册会计师应当采取措施防止财务报表使用者信赖该审计报告，并将拟采取的措施通知治理层；采取的措施取决于自身的权利和义务以及征询的法律意见。

（3）如果临近公布下一期财务报表，且能够在下一期财务报表中进行充分披露，注册会计师应当根据法律法规的规定确定是否仍有必要提请被审计单位修改财务报表，并出具新的审计报告。

29.3 会计政策与会计估计

> **趣闻：怎么也会有会计政策？**
>
> 小B的审计主管A作为专家，给经理总裁们进行会计审计专业入门知识的培训。A讲到会计政策时，讲台下的一位老总站起来问："老师，我从小就听党的话，我知道有党的政策，有国家的政策，怎么也会有会计政策？"A扶了扶眼镜含笑说："作为公司经理，还对会计政策感到震惊，不仅有点OUT了，还有点不称职哦。会计政策有时会给企业带来秘密武器，起着重要的作用呢。"
>
> 会计政策是企业为实现一定时期经营管理目标而选定或制定的会计规范和策略。宏观的会计政策是指有关法规和会计准则。微观的会计政策是指企业在有关法规和会计准则范围内所选择的会计原则、方法和程序。

29.3.1 会计政策变更与会计估计变更的涵义

1. 会计政策及其变更的涵义

会计政策是指被审计单位在会计核算和编制财务报表的过程中所遵循的基础和具体原则，以及被审计单位采用的具体会计处理方法，如固定资产计价与折旧方法、存货计价方法、成本计算方法等。

会计政策变更，是指企业对相同的交易或事项由原来采用的会计政策改用另一会计政策的行为。比较常见的会计政策变更有：企业在对被投资单位的股权投资在成本法和权益法核算之间的变更、坏账损失的核算在直接转销法和备抵法之间的变更、外币折算在现行汇率法和时态法或其他方法之间的变更等。

会计政策变更的原因有：一是法律法规、会计准则等要求的变更，二是被审计单位自主的变更。

> **案例：会计政策选择**
>
> 某上市公司为 PT 一族，只有进行企业重组后扭亏为盈才能恢复上市交易，保住宝贵的"壳"资源。2000 年中期每股收益是 -0.14 元，每股净资产仅为 0.0176 元，但 2000 年年末仅半年的时间，公司扭亏为盈，其年报每股收益高达 0.91 元，净资产收益率 81.18%。经证监会批准，重新恢复了上市交易。公司的目标居然实现了，在管理上创造了什么奇迹？原来是通过说服有关债权人放弃了部分债权，该公司一下子获得债务重组收益 16999.62 万元，该公司通过利用债务重组的准则和股份公司会计制度实现了目标。正是看到这一会计政策显示的不良经济后果，财政部在 2001 年修订了《企业会计准则——债务重组》，并于当年实施。
>
> 这案例让我们看到了会计政策选择的力量，也给制定准则和制度带来压力和动力，促使准则制定者更合理更完善地推出审计准则和制度。

2. 会计估计及其变更的涵义

会计估计是指被审计单位在对交易或事项的结果不确定和缺乏精确计量手段的情况下，以最近可利用的信息为基础所采用的某项数额的近似值。常见的需要进行会计估计的事项有：固定资产折旧年限和残余价值、无形资产的摊销期、长期待摊费用的摊销期、存货的毁损和过时损失、收入能否实现以及实现的金额、坏账计提比率、或有事项的发生以及发生的数额等。会计估计需要会计人员运用职业判断，存在较大的主观因素。

而会计估计变更，是指由于资产和负债的当前状况及预期未来经济利益和义务发生了变化，从而对原会计估计的结果进行调整的行为。比较常见的会计估计变更有：固定资产、无形资产的预计使用寿命、净残值和摊销方法变更，计提坏账准备的方法变更等。

被审计单位对会计估计进行变更的可能原因：一是由于被审计单位掌握了新的信息，积累了更多经验，或者是由于会计估计的依据发生了变化。如某企业原本对无形资产的成本按 10 年的使用年限进行摊销，但公司现在掌握了新的市场信息，发现该无形资产能给企业带来经济利益的年限只有 5 年，企业将其成本分摊期限改为一年。二是被审计单位人为利用会计估计的职业判断空间，调整会计信息，粉饰报表。如被审计单位可通过降低计提坏账准备的比率达到提高利润的效果。

被审计单位变更会计政策和会计估计需要符合以下两个条件之一：①相关的法规制度要求变更；②变更能给信息使用者提供更真实、可靠的财务信息。

会计政策变更和会计估计变更会导致被审计单位的会计信息在不同的会计期间不

可比。

29.3.2 会计政策变更与会计估计变更审计的必要性和一般要求

从目前的现状来看，存在某些上市公司在不符合变更会计政策或会计估计所需要的两个条件的情况下，故意地调整会计信息，进行利润操纵，损害会计信息使用者的利益。因此，当被审计单位涉及会计政策变更或会计估计变更时，注册会计师应实施进一步的审计程序，获取充分、适当的审计证据，以判断特定环境下的会计政策变更或会计估计变更是否适当、合理。

注册会计师在审计过程中，应保持高度的职业谨慎，特别关注一般企业单位利用会计政策变更与会计估计变更进行舞弊的常用手法。如：

（1）提前或滞后确认收入，特别是在财务报表的截止日前后。

（2）改变固定资产折旧政策，根据企业当年效益情况，改变折旧年限或折旧率，以调节当期成本和利润。

（3）降低应收账款坏账准备的提取率，虚增当期利润。

（4）改变存货计价方法，平滑当期利润。

（5）改变长期股权投资的核算方法，利用长期股权投资在成本法和权益法的变换，达到虚增当期利润的目的。

（6）借款费用会计处理方法的转变，即是采用费用化还是资本化。如工程已竣工并投入使用，将本应费用化的利息资本化，从而达到虚增资产价值和当期利润的目的。

29.3.3 审计目标

如果被审计单位变更了会计政策或会计估计，注册会计师应考虑会计政策或会计估计变更的原因及其合理性，其审计目标是通过获取充分、适当的审计证据，以判断：

（1）会计政策变更和会计估计及其变更是否符合相关的法律法规和会计制度；

（2）会计政策变更和会计估计及其变更的会计处理是否正确、合理，是否有助于提供更可靠、更相关的会计信息；

（3）会计政策或会计估计的变更是否得到充分、恰当的披露。

29.3.4 审计程序

一、会计政策变更的审计程序

（1）与被审计单位管理层进行沟通，对相关人员进行询问，了解管理层在会计政策上的重大判断；

（2）查阅被审计单位所有者、管理层和治理层进行的会议的有关记录，确认是否存在会计政策变更的情况；

(3) 获取关于会计政策的说明，并与前期的会计政策说明进行对比，确定哪些会计政策发生了变更；

(4) 查阅相关制度规范，分析会计政策变更是否恰当、合理；

(5) 审核相关会计记录，分析会计政策变更对所有者权益及净利润的影响，检查会计政策的变更是否有助于提供更可靠、更相关的会计信息；

(6) 查阅财务报表附注，检查会计政策变更是否得到充分、恰当的披露。

二、会计估计变更的审计程序

1. 识别和评估与会计估计相关的舞弊行为导致的重大错报风险

(1) 了解与会计估计相关的会计制度以及财务报表编制规定。

(2) 了解管理层是如何对可能需要作出会计估计的事项进行识别的。

(3) 了解管理层作出会计估计的方法以及所依据的数据。对此，注册会计师应考虑如下事项：①用以作出会计估计的方法；②用以作出会计估计所依据的假设；③用以作出会计估计的方法或所依据的方法是否与上期一致，若有变化需了解变化的原因；④作出会计估计的人员的能力水平和经验；⑤管理层是否评估以及如何评估估计不确定性的影响；⑥管理层对会计估计过程实施的内部控制。

(4) 复核上期财务报表中会计估计的结果，或者复核管理层在本期财务报表中对上期会计估计作出的后续重新估计。通过执行此程序，注册会计师能判断会计估计过程的有效性。

(5) 注册会计师应当评价与会计估计相关的估计不确定性的程度，并根据职业判断确定识别出的具有高度估计不确定性的会计估计是否会导致特别风险。

2. 针对该风险设计和实施进一步审计程序

(1) 确定会计估计及其变更是否已恰当、充分的披露，是否符合相关的财务报告编制规定。

(2) 确定会计估计方法的恰当，并得到一贯运用，若发生会计估计变更，则确定变更是否适合于具体情况。

(3) 确定截至审计日发生的事项是否提供有关会计估计的审计证据。

(4) 测试管理层如何作出会计估计以及会计估计所依据的数据。在进行测试时，注册会计师应当评价采用的计量方法在具体情况下是否恰当，以及根据适用的财务报告编制基础确定的计量目标，管理层使用的假设是否合理。

(5) 测试与管理层如何作出会计估计相关的控制的运行有效性，并实施恰当的实质性程序。

(6) 作出注册会计师的点估计或区间估计，以评价管理层的点估计。

(7) 复核管理层在作出会计估计时的判断和决策，以识别是否可能存在管理层偏向的迹象①。在得出某项会计估计是否合理的结论时，可能存在管理层偏向的迹象本身并不构成错报。

29.3.5 会计政策变更与会计估计变更对审计意见的影响

一、会计政策变更对审计意见的影响

注册会计师应当首先判断其合法性和合理性。如果符合有关规定，又具有合理性，并已按会计准则的要求进行正确的会计处理和充分披露，在不存在其他影响因素的情况下，注册会计师可以发表无保留意见的审计报告。反之，注册会计师应当考虑调整审计意见的类型。

二、会计估计审计结果的处理

注册会计师应当根据对被审计单位及其环境的了解，对会计估计的合理性以及会计估计是否与审计过程中获取的其他审计证据相一致作出最终评价。

如果依据审计证据得出的估计结果与包括在财务报表中的估计金额存在差异，注册会计师应当确定是否需要调整该项差异。

如果认为该项差异不合理，注册会计师应当提请管理层予以调整。如果管理层拒绝调整，注册会计师应当将该项差异视为一项错报，并连同所有其他错报一并考虑，以评价对财务报表的影响是否重大。

如果认为被接受的各项差异合理但均偏向一个方向，以致各项差异的累积数可能对财务报表产生重大影响，注册会计师应当从整体上评价会计估计的合理性。

XX 会计师事务所有限公司

XX 审字 XXX 号

ABC 股份有限公司会计政策变更专项审计报告

ABC 股份有限公司：

我们接受 ABC 股份有限公司（以下简称"ABC"）的委托，对 ABC 会计政策中关于投资性房地产后续计量方法的变更进行了专项审计。按照企业会计准则的规定选择和运用恰当的会计政策是 ABC 的责任。我们的责任是在实施

---

① 与会计估计相关的、可能存在管理层偏向迹象的例子包括：
(1) 管理层主观地认为环境已经发生变化，并相应地改变会计估计或估计方法；
(2) 针对公允价值会计估计，被审计单位的自有假设与可观察到的市场假设不一致，但仍使用被审计单位的自有假设；
(3) 管理层选择或作出重大假设以产生有利于管理层目标的点估计；
(4) 选择带有乐观或悲观倾向的点估计。

审计工作的基础上对 ABC 本次会计政策变更的合法性和公允性发表审计意见。我们按照《中国注册会计师其他鉴证业务准则第 3101 号——历史财务信息审计或审阅以外的鉴证业务》和《深圳证券交易所上市公司信息披露工作指引第 7 号——会计政策及会计估计变更》的规定执行了审计工作，我们相信，我们获取的审计证据是充分、适当的，为发表审计意见提供了基础。

一、会计政策变更的情况

（一）变更概述

1. 变更日期

根据 ABC 第五届董事会第四十五次决议批准，确定本次会计政策变更日期为 2013 年 6 月 1 日。

2. 变更原因

更公允、恰当反映 ABC 的财务状况和经营成果。

3. 变更事项

对投资性房地产的后续计量方法由成本模式变更为公允价值模式。

4. 变更前后会计政策

（1）变更前会计政策

2012 年 3 月经 ABC 第五届董事会第二十五次会议决议批准，对投资性房地产后续计量方法采用成本模式，按年限平均法计提折旧，预计使用年限和预计残值率如下：

资产类别	预计使用年限	预计残值率%	年折旧率%
房屋建筑物	35	5	2.71

（2）变更后会计政策

根据 ABC 第五届董事会第四十五次决议批准，对投资性房地产采用公允价值模式进行后续计量，不对其计提折旧或进行摊销，并以资产负债表日投资性房地产的公允价值为基础调整其账面价值，公允价值与原账面价值之间的差额计入当期损益。

（二）根据企业会计准则本次会计政策变更应当对 2012 年 12 月 31 日、2013 年 3 月 31 日会计报表进行追溯调整，ABC 第五届董事会第四十五次会议决议中，对合并所有者权益及合并净利润的影响如下：

1. 对 2012 年 12 月 31 日、2013 年 3 月 31 日合并所有者权益的影响

单位：人民币万元

项目	2012年12月31日				2013年3月31日			
	变更前	变更后	影响金额	影响比例%	变更前（未经审计）	变更后	影响金额	影响比例%
股本	13440.00	13440.00			13440.00	13440.00		
资本公积	174.81	2849.36	2674.55	1529.96	174.81	3405.32	3230.51	1847.99
盈余公积	1048.12	3732.14	2684.02	256.08	1048.12	3732.14	2684.02	256.08
未分配利润	-5982.81	25606.36	31589.17	528.00	-5410.84	26266.03	31676.87	585.43
归属于母公司所有者权益合计	8680.13	45627.86	36947.73	425.66	9252.09	46843.48	37591.39	406.30
少数股东权益	11997.77	12029.33	31.56	0.26	10021.57	10098.42	76.85	0.77
所有权权益	20677.89	57657.18	36979.29	178.83	19273.67	56941.90	37668.23	195.44

2. 对2012年1月—12月、2013年1月—3月合并净利润的影响

单位：人民币万元

项目	2012年1月—12月				2013年1月—3月			
	变更前	变更后	影响金额	影响比例%	变更前（未经审计）	变更后	影响金额	影响比例%
净利润	9695.38	43900.29	34204.91	352.80	985.42	1073.33	87.91	8.92
归属于母公司所有者的净利润	7492.98	41697.52	34204.54	456.49	571.97	659.67	87.70	15.33
少数股东损益	2202.40	2202.77	0.38	0.02	413.45	413.66	0.21	0.05

ABC对本次会计政策变更采用追溯调整法，其中：作为存货的房地产及自用房地产转换为投资性房地产，其转换日公允价值大于账面价值的差额相应调整增加资本公积；自行建造的投资性房地产，其公允价值大于账面价值的差额相应调整公允价值变动损益。

2012年期初ABC涉及以公允价值计价的投资性房地产账面价值13 585 511.82元，公允价值为46 233 000.00元，公允价值大于其账面价值的差额32 647 488.18元，相应调整增加递延所得税负债10 773 671.10元、资本公积21 132 371.88元、未分配利润686 437.46元、少数股东权益55 007.74元。

2012年12月31日ABC涉及以公允价值计价的投资性房地产账面价值156 690 798.53元,公允价值为649 748 000.00元,公允价值大于其账面价值的差额493 057 201.47元,相应调整增加递延所得税负债123 264 300.39元、资本公积26 745 478.07元、盈余公积26 840 151.44元、未分配利润315 891 663.67元、少数股东权益315 607.90元。该项会计政策变更对2012年年度报告的损益影响为增加归属于母公司的净利润342 045 377.66元、增加少数股东损益3 753.32元。

2013年3月31日ABC涉及以公允价值计价的投资性房地产账面价值168 334 888.09元,公允价值为670 578 000.00元,公允价值大于其账面价值的差额502 243 111.91元,相应调整增加递延所得税负债125 560 777.99元、资本公积32 305 056.57元、盈余公积26 840 151.44元、未分配利润316 768 673.15元、少数股东权益768 452.76元。该项会计政策变更对2013年1季度报告的损益影响为增加归属于母公司的净利润877 009.48元、增加少数股东损益2 068.23元。

二、审计意见

我们认为,ABC上述会计政策变更在所有重大方面符合企业会计准则的规定。

三、其他需要说明的事项

1. 本次会计政策变更经ABC第五届董事会第四十五次会议决议批准。

2. ABC按照企业会计准则制定了《投资性房地产公允价值计价内部控制制度》,据此本次投资性房地产公允价值的获取,是通过聘请EFG房地产咨询有限公司对相关市场交易情况进行调查,并提供《高新区住宅与一环以内商业物业销售状况调查报告》后,由XXX会计师事务所有限公司对2013年3月31日、2012年12月31日、2011年12月31日的投资性房地产公允价值涉及的相关资产提供价值咨询意见,并出具《价值咨询意见书》。ABC第五届董事会第四十五次会议决议中是依据前述《价值咨询意见书》确定本次会计政策变更对所有者权益和净利润的影响。

3. 本次会计政策变更按照企业会计准则和《深圳证券交易所上市公司信息披露工作指引第7号——会计政策及会计估计变更》的规定,尚需ABC股东大会批准。

XXX会计师事务所有限公司	中国注册会计师:张三
	中国注册会计师:李四
中国·北京	2013年6月12日

本章小结

本章阐述了期初余额审计、期后事项的审计和会计政策与会计估计。对于期初余额的涵义、目标和程序,期后事项的涵义、种类、目标和程序进行详细地介绍。接着介绍了会计政策变更与会计估计的涵义、目标和程序。

复习题

1. 期初余额的审计目标是什么?
2. 怎么样根据期初余额的审计结论确定其对本期审计意见的影响?
3. 期后事项是什么?期后事项分为哪两种类型?对财务报表各有什么影响?
4. 会计估计的审计目标是什么?如何实施会计估计的审计?

参考文献

1. 陈思维. 经济效益审计 [M]. 北京：中国时代经济出版社，2002
2. 王光远. 管理审计理论 [M]. 北京：中国人民大学出版社，1996
3. 袁军，等，译. 政府绩效审计 [M]. 北京：中国财政经济出版社，1992
4. 审计署外事司. 国外绩效审计简介 [M]. 北京：中国时代经济出版社，2003
5. 鲍国明. 国外绩效审计方法与案例 [M]. 北京：中国时代经济出版社，2003
6. 邢俊芳. 最新国外效益审计 [M]. 北京：中国时代经济出版社，2004
7. 邢俊芳. 效益审计中国模式探索 [M]. 北京：中国财政经济出版社，2005
8. 深圳市审计局. 走进深圳政府绩效审计 [M]. 北京：中国时代经济出版社，2005
9. 效益审计理论与实务研讨会论文集 [C]. 北京：中国审计学会，2004
10. 全国人民代表大会常务委员会. 中华人民共和国审计法 [Z]. 2006
11. 审计署. 审计署十二五审计工作发展规划（征求意见稿）[Z]. 2011
12. 卓越. 政府绩效管理概论 [M]. 北京：中国人民大学出版社，2007
13. 曹宏举. 美国与瑞典政府绩效审计比较研究 [D]. 博士论文，吉林大学，2010
14. 基于公共受托责任理论的政府绩效审计研究 [D]. 博士论文，厦门大学，2006
15. 李凤鸣. 审计学原理 [M]. 北京：中国审计出版社，2008
16. 丁朝霞. 案例通略——由内部审计案例透视审计方法与技巧. 广州：中山大学出版社，2006
17. 中国证券监督管理委员会. 证券公司客户资产管理业务试行办法 [Z]. 2003
18. 中国证券监督管理委员会. 证券公司管理办法 [Z]. 2001
19. 上海证券交易所. 上海证券交易所上市公司内部控制指引 [Z]. 2006
20. 全国人民代表大会常务委员会. 中华人民共和国证券法（修订）[Z]. 2005
21. 方红星，池国华. 内部控制 [M]. 大连：东北财经大学出版社，2011
22. Treadawy 委员会起组织委员会. 内部控制：整合框架（方红星主译）[M]. 大连：东北财经大学出版社，2008
23. 周在霞等. 内部控制 [M]. 上海：立信会计出版社，2009
24. Alvin A. Arens, Randal J. Elder, Mark S. beasley. 审计学：一种整合方法（谢盛纹译）[M]. 北京：中国人民大学出版社，2009
25. 中国注册会计师协会. 中国注册会计师审计准则 [Z]. 2010
26. 刘明辉. 审计 [M]. 大连：东北财经大学出版社，2007

后　记

　　本书终于编完，即将收笔之际，百感交集，别有一番滋味在心头。

　　写作过程中，我常常为某一问题寝食难安，又常常为得到某一观点异常兴奋。每天下班，即是自己开始忙碌的时候；作为一名妻子和一名母亲，只有处理完工作和家庭事宜后，才继续挑灯写作，冥想苦想。这些日子里，写作是业余生活的全部，往往疏于与同学、朋友的联络，于是常常汗颜自己的写作过程给家庭和社交生活带来了矛盾，给大家增添了不少麻烦。

　　常常有朋友问："这么辛苦，到底为何？"扪心自问，源于自己对专业的热爱和理想的追求。"虽不能至，心向往之。"在追求实用价值和完美的过程中我走了不少弯路，但这一切未免不是一种沉淀和积累。

　　初稿到定稿的过程，经过三个阶段。初稿出来后，自认为"见山是山，见水是水"，可以交稿了。而经过大家讨论和专家的指导后，才知道是"见山不是山，见水不是水"，问题还多着呢。此后又经历了十几次修改，才终于"见山是山，见水是水"。正如辩证法的肯定—否定—肯定，每一次否定都是前进一个境界。真所谓"烦恼即菩提"，没有第二阶段的历练，如何能从第一阶段跨越到第三阶段？没有在不断的反省中艰苦提炼，只会一直停滞在第一阶段。至此，才能真正体现到"文章是改出来的"这话的含义。"师傅领进门，修行靠个人。"搁笔反观自己的文字时，许多段落仍不忍卒读。

　　回顾写书稿的历程，经过十多年的思考，可谓"坎坷"，然，能坚持下来，心中充满着感激之情，在此一并致谢。

　　首先衷心感谢我的导师张立民教授。他对于审计及资本市场有着敏锐的触觉，他丰富的案例、先进的理念和独特的研究角度，屡屡给我启发。他多次强调，审计实质是个道德问题。这种善于从哲学高度分析问题的思维方式，使我终生受益。张老师一直给予理解和支持，总是以宽容大度的人格魅力熏陶着我。凡我的稿件，老师总是通宵达旦阅读和提出意见，第一时间给我。我深深感谢老师多年对我的悉心指导和辛勤批改。老师对我的谆谆教诲和无微不至的关怀与鼓励，将永远铭刻于我心。

　　其次，衷心感谢教育部贷款办副主任、原财务司教育室办公室主任刘宜，卫生计生委办公室主任、原规财司审计处处长任西岳多年来对我工作的指导和支持。

　　再次，在这里还要特别感谢教育部财务司教育审计办公室主任沈志超，卫生计生委规财司审计处处长曹惠玲、中国内部审计协会卫生分会常务副会长兼秘书长李新、中国教育审计学会会长、北京交通大学校长宁滨、中国教育审计学会副会长曹永模、王雷、吴小蕾、杨明亮以及中国教育审计学会学术委员会主任朱守真等有关领导的指导和支持。同时感谢广东省审计厅厅长蓝佛安，广东省编办常务副主任、原审计厅副厅长潘享清，广东省审计厅副厅长、广东省内部审计协会会长李心，广东省审计厅副训视员李伟红，广东省内部审计协会副会长兼秘书长余志敏等广东省审计厅有关领导。本书还得到了广东省教育纪工委书记、监察专员、广东省教育厅党组成员赵康，广东省教育厅审计室主任唐云宏，副主任武电平等领导的指导。感谢党委副书记、纪委书记国亚萍，感谢中山大学管理学院会计系魏明海教授、谭劲松教授、谭燕教授、林斌教授、唐清泉教授、刘运国教授、卫建国副教授、漆江娜副教授多年的指导和细心的教诲。感谢暨南大学会计系宋献中教授、张国常教授、邬励军副教授。最后感谢编辑熊锡源对本书的精心策划和编辑。

感谢我的整个编委会的其他写作成员，他们的写作、合作、帮助和鼓励，使我感受到温馨。他们的友谊和搭建的桥梁给予我鼓励和支持。

最后，我要感谢我的亲人。感谢我的先生，他对我的写作以极大的理解和支持，尽量不打扰我，帮助我很多事情；要感谢我的父母，从儿时咿呀学语到学业和工作，他们一直是我最坚强的后盾，他们不仅在生活上给我呵护与关爱，更在人生道路上不断为我指点迷津，让我寻找属于自己的人生坐标。父爱如山的伟大让我在外打拼从不觉得孤单，也希望在天有灵的妈妈能感受到我的成长。感谢我的公公婆婆，他们对照顾孩子和家务给予最大的帮忙，使我能全心投入业余的爱好；感谢我的阿姨、哥哥和其他亲朋好友，感谢他们在生活上和精神上给我的支持和鼓励。

最感谢我至爱的儿子，是他的稚趣、灵性和乖巧支撑我到现在。几年前，一件意外事件让孩子和全家经历了"兵荒马乱"的日子。命运有着"倒霉定律"，有时候，所有的不幸事情都会连接降临到一个人的身上，怎么也避不过，甚至比周星驰无厘头黑色幽默电影还更悲惨。可孩子不只一次地说："妈妈，不要活在过去的回忆里。"正是与孩子相处，让我和孩子获得了战胜困难的勇气。

以上不能完全表达我心中的感慨、感念、感动与感恩。每每在我觉得难以继续的时候，总有朋友对我伸出援助之手。许多未尽之言及未尽之意无以言表，总之，感谢大家！

丁朝霞于康乐园
二〇一三年五月